Monika Obendorfer

Manebua
Schamanische Psycho-Kinesiologie - Heilen auf Energieebene

Manebua – Zentrum für spirituelles Wachsen
Regerstraße17, 70195 Stuttgart
Tel.: 0711-6203288-0, Fax: 0711-6203288-19
e-mail: info@manebua.de; Internet: www.manebua.de

Die Deutsche Bibliothek – CIP-Einheitsaufnahme

Obendorfer, Monika:
Manebua Schamanische Psycho-Kinesiologie - Heilen auf Energieebene
Erstveröffentlichung – Stuttgart: Manebua, Zentrum für spirituelles Wachsen, 2005
ISBN 3-9810216-0-6

Copyright ©2005 by Manebua, Zentrum für spirituelles Wachsen, Stuttgart, www.manebua.de
Das gesamte Werk ist im Rahmen des Urheberrechtsgesetzes geschützt. Jegliche von Manebua nicht genehmigte Verwertung ist unzulässig. Dies gilt auch für die Verbreitung durch Film, Funk, Fernsehen, fotomechanische Wiedergabe, Tonträger jeder Art, elektronische Medien sowie für auszugsweisen Nachdruck und die Übersetzung.

Abbildungsnachweise:
Autorin und Herausgeberin danken den Bildrechtinhabern für die freundliche Überlassung von Druckvorlagen und deren Abdruckgenehmigung. Im Detail sind dies folgende:
S. 70, 71: Dr. Johann Lechner, Grünwalder Straße 10 a, 81547 München
S. 201, 202: Der Abdruck der Bilder geschieht mit freundlicher Genehmigung des Verlags Zweitausendeins. © Zweitausendeins, Postfach, 60381 Frankfurt am Main. www.zweitausendeins.de
Farbbildteil S. 3, 4: Nigel Garion-Hutchings, Haywards Heath, Sussex/GB
S. 11: Obwohl sich Autorin und Herausgeberin nachdrücklich bemüht haben, die Abdruckgenehmigung für diese dem Urheberrecht unterliegende Abbildung einzuholen, ist es uns nicht gelungen, den Rechteinhaber ausfindig zu machen. Sofern uns dieser davon in Kenntnis setzt, werden wir ihn in zukünftigen Auflagen selbstverständlich gerne als Rechteinhaber ausweisen.

Lektorat: Dr. Theo Jentgen, Aachen; Monika Obendorfer, Stuttgart
Zeichnungen: Berry
Einband: Berry
Druck und Bindung: AZ Druck und Datentechnik GmbH, Kempten
Printed in Germany

Dieses Buch ist in Liebe
meinen Kindern
Jens und Bianca
gewidmet

Die hier dargestellten Methoden sind nach bestem Wissen und Gewissen erklärt; sie ersetzen aber keinen Arzt oder Heilpraktiker. Autorin und Herausgeberin übernehmen keinerlei Haftung für Schäden, die sich eventuell aus dem Gebrauch oder Missbrauch der in diesem Werk erläuterten Methoden ergeben können.

Inhalt

Vorwort 12

Danksagung 13

Einleitung 15

Teil I
Grundlagen von Manebua Schamanische Psycho-Kinesiologie (MSPK)

1. Was ist unter Manebua Schamanische Psycho-Kinesiologie (MSPK) zu verstehen?
   1.1 Definition von Psycho-Kinesiologie 18
   1.2 Definition von Schamanisch / Schamane / Schamanismus 18
      1.2.1 Definition von Schamanisch 18
      1.2.2 Definition von Schamane 19
      1.2.3 Definition von Schamanismus 20
         1.2.3.1 Grundlagen im Schamanismus 20
         1.2.3.2 Schamanisches Heilen 21
         1.2.3.3 Schamanische Praktiken 22
            1.2.3.3.1 Seelenrückholung 23
            1.2.3.3.2 Extraktion 23
            1.2.3.3.3 Weitere Praktiken 24
   1.3 Definition von Schamanischer Psycho-Kinesiologie 25
   1.4 Definition von Manebua 25

2. Die Fünf Körper oder Ebenen des Menschen
   2.1 Der Erste oder Physische Körper 26
      2.1.1 Wissenschaftliche Betrachtungsweise 27
      2.1.2 Verschmutzungen im Physischen Körper 27
      2.1.3 Heilung des Physischen Körpers 28
   2.2 Der Zweite oder Elektrische Körper 29
      2.2.1 Wissenschaftliche Betrachtungsweise 30
      2.2.2 Verschmutzungen im Elektrischen Körper 30
      2.2.3 Heilung des Elektrischen Körpers 31
   2.3 Der Dritte oder Mentalkörper 31
      2.3.1 Wissenschaftliche Betrachtungsweise 32
      2.3.2 Verschmutzungen im Mentalkörper 33
      2.3.3 Heilung des Mentalkörpers 33
   2.4 Der Vierte oder Intuitive Körper (Traumkörper) 34
      2.4.1 Wissenschaftliche Betrachtungsweise 36
      2.4.2 Verschmutzungen im Intuitiven Körper (Traumkörper) 36
      2.4.3 Heilung des Intuitiven Körpers (Traumkörpers) 36
   2.5 Der Fünfte oder Seelenkörper 37
      2.5.1 Wissenschaftliche Betrachtungsweise 39
         2.5.1.1 Die Geistigen Gesetze 39
            2.5.1.1.1 Das Gesetz der Liebe 39
            2.5.1.1.2 Das Gesetz der Harmonie 40
            2.5.1.1.3 Das Gesetz der Evolution 40
            2.5.1.1.4 Das Gesetz der Schwingung 40
            2.5.1.1.5 Das Gesetz der Polarität 40

2.5.1.1.6	Das Gesetz des Rhythmus...	41
2.5.1.1.7	Das Gesetz der Entsprechung.......................................	41
2.5.1.1.8	Das Gesetz der Resonanz...	41
2.5.1.1.9	Das Gesetz der Fülle...	41
2.5.1.1.10	Das Gesetz der Freiheit...	42
2.5.1.1.11	Die Gesetze des Denkens..	42
2.5.1.1.12	Das Gesetz des Ärgerns...	42
2.5.1.1.13	Das Gesetz der Imagination..	43
2.5.1.1.14	Das Gesetz des Glaubens..	43
2.5.1.1.15	Das Gesetz des Segnens..	43
2.5.1.1.16	Das Gesetz von Ursache und Wirkung..........................	44
2.5.1.1.17	Das Gesetz des Schicksals..	44
2.5.1.1.18	Das Gesetz der Wiedergeburt.......................................	44
2.5.1.1.19	Das Gesetz der Gnade...	45
2.5.1.1.20	Das Gesetz des Glücks..	45
2.5.1.1.21	Das Gesetz des Dankens...	46

2.5.2 Verschmutzungen im Seelenkörper.. 46
2.5.3 Heilung des Seelenkörpers.. 47

3. Aufbau und Funktion der vier Energiekörper (Zweiter bis Fünfter Körper)

3.1 Aufbau und Funktion des Zweiten oder Elektrischen Körpers................... 51
   3.1.1 Die Aura... 52
   3.1.2 Die Chakren... 53
      3.1.2.1 Die sieben Hauptchakren.. 54
         3.1.2.1.1 Das Wurzel- oder Basischakra...................... 55
         3.1.2.1.2 Das Sakral- oder Sexualchakra..................... 55
         3.1.2.1.3 Das Solarplexuschakra.................................. 56
         3.1.2.1.4 Das Herzchakra... 56
         3.1.2.1.5 Das Hals- oder Kehlchakra........................... 57
         3.1.2.1.6 Das Stirnchakra oder Dritte Auge................. 58
         3.1.2.1.7 Das Kronen- oder Scheitelchakra................. 58
      3.1.2.2 Wichtige Nebenchakren.. 59
         3.1.2.2.1 Die Fußchakren... 59
         3.1.2.2.2 Die Handchakren.. 60
         3.1.2.2.3 Das Milzchakra... 60
         3.1.2.2.4 Das Lungenchakra.. 61
         3.1.2.2.5 Das Thymuschakra....................................... 62
      3.1.2.3 Chakra Diagnostik.. 62
      3.1.2.4 Chakra Behandlung.. 63
   3.1.3 Die Meridiane.. 65
      3.1.3.1 Die beiden Hauptmeridiane.. 66
         3.1.3.1.1 Das Konzeptions- oder Zentralgefäß........... 66
         3.1.3.1.2 Das Gouverneurs- oder Lenkergefäß........... 66
      3.1.3.2 Die paarigen Meridiane... 67
         3.1.3.2.1 Die Meridiane des Elements Feuer.............. 67
            3.1.3.2.1.1 Der Dünndarm-Meridian............. 67
            3.1.3.2.1.2 Der Herzmeridian......................... 67
            3.1.3.2.1.3 Der Dreifache Erwärmer-Meridian........................ 67
            3.1.3.2.1.4 Der Kreislauf-Sexus-Meridian.................... 68
         3.1.3.2.2 Die Meridiane des Elements Holz................ 68
            3.1.3.2.2.1 Der Lebermeridian....................... 68

	3.1.3.2.2.2 Der Gallenblasenmeridian...................................	69
3.1.3.2.3	Die Meridiane des Elements Wasser...................................	69
	3.1.3.2.3.1 Der Nierenmeridian...................................	70
	3.1.3.2.3.2 Der Blasenmeridian...................................	70
3.1.3.2.4	Die Meridiane des Elements Metall...................................	70
	3.1.3.2.4.1 Der Lungenmeridian...................................	70
	3.1.3.2.4.2 Der Dickdarmmeridian...................................	71
3.1.3.2.5	Die Meridiane des Elements Erde...................................	71
	3.1.3.2.5.1 Der Milz- / Pankreasmeridian...................................	71
	3.1.3.2.5.2 Der Magenmeridian...................................	71

3.2 Aufbau und Funktion des Dritten oder Mentalkörpers 72
   3.2.1 Phänomene im Mentalkörper................................... 72
      3.2.1.1 Selektive Wahrnehmung................................... 72
      3.2.1.2 Das Resonanzphänomen................................... 73
      3.2.1.3 Kommunikation über morphogenetische Felder – Telepathie................. 74
      3.2.1.4 Der Mentalkörperabriss................................... 75
3.3 Aufbau und Funktion des Vierten oder Intuitiven Körpers (Traumkörpers).................. 75
   3.3.1 Phänomene im Intuitiven Körper (Traumkörper)................................... 76
      3.3.1.1 Träume................................... 76
      3.3.1.2 Trance................................... 77
      3.3.1.3 Mediale Zustände................................... 77
      3.3.1.4 Erhöhte Sinneswahrnehmung oder außersinnliche Wahrnehmungen............. 78
         3.3.1.4.1   Astralreisen................................... 79
            3.3.1.4.1.1 Nahtodeserfahrungen................................... 80
      3.3.1.5 Besetzungen................................... 81
      3.3.1.6 Symbole................................... 83
      3.3.1.7 Zufälle................................... 83
3.4 Aufbau und Funktion des Fünften oder Seelenkörpers................................... 84
   3.4.1 Phänomene im Seelenkörper................................... 84
      3.4.1.1 Gebet und Meditation................................... 84
      3.4.1.2 Höhere Erkenntnis, inneres Wissen................................... 85
      3.4.1.3 Einssein mit Gott................................... 86
         3.4.1.3.1   Kindliches Erleben von Einssein................................... 86

Teil II
Heilen auf Energieebene

4. Was ist Heilen auf Energieebene?
4.1 Äußeres Heilen................................... 89
   4.1.1 Heilen mit Regulations-Diagnostik nach Dr. Klinghardt (RD)®................. 89
      4.1.1.1 Die Bedeutung von Erregern................................... 89
      4.1.1.2 Die Bedeutung von toxischen Stoffen................................... 90
      4.1.1.3 Die Bedeutung von Infektionen................................... 91
         4.1.1.3.1   Abkapselung als Heilversuch................................... 92
4.2 Inneres Heilen................................... 92
   4.2.1 Heilen durch Energiefluss................................... 93
4.3 Definition: „Heilen auf Energieebene"................................... 94
4.4 Erforderliche Maßnahmen zum Heilen auf Energieebene................................... 94
   4.4.1 Erdung................................... 94
      4.4.1.1 Erdungsmaßnahmen................................... 95
         4.4.1.1.1   „Stoffliche" Erdungsmaßnahmen................................... 95

4.4.1.1.1.1 Erdung durch körperliche Übungen............................		96
4.4.1.1.1.2 Erdung durch rotfarbige Kleidungsstücke................		97
4.4.1.1.1.3 Erdung durch Heilsteine...		97
4.4.1.1.1.4 Erdung durch Essenzen..		97
4.4.1.1.1.5 Erdung durch Ätherische Öle oder Aromaöle...........		98
4.4.1.1.1.6 Erdung durch Klang..		98
4.4.1.1.1.7 Erdung durch Farbfrequenzen..................................		99
4.4.1.1.2 „Feinstoffliche" Erdungsmaßnahmen..........................		99
4.4.1.1.2.1 Erdung durch bewusstes Atmen................................		99
4.4.1.1.2.2 Erdung durch „Three Point Attention"....................		100
4.4.1.1.2.3 Erdung durch Meditation...		100
4.4.2 Reinigung des Energiekörpers..		101
4.4.2.1 „Stoffliche" Reinigungsmaßnahmen...		101
4.4.2.1.1	Reinigung durch körperliche Übungen..............................	101
4.4.2.1.2	Reinigung durch Kleidung...	102
4.4.2.1.3	Reinigung durch Wasser..	103
4.4.2.1.4	Reinigung durch Edelsteine...	104
4.4.2.1.5	Reinigung durch Crystal-Cards...	104
4.4.2.1.6	Reinigung durch Essenzen...	105
4.4.2.1.7	Reinigung durch Ätherische Öle oder Aromaöle..................	105
4.4.2.1.8	Reinigung durch Klang...	106
4.4.2.1.9	Reinigung durch Räuchern..	106
4.4.2.2 Reinigung durch „feinstoffliche" Mittel..		107
4.4.2.2.1	Reinigung durch bewusstes Atmen....................................	107
4.4.2.2.2	Reinigung durch Rituale...	108
4.4.2.2.2.1 Energetische Reinigung durch die Hände................		108
4.4.2.2.2.2 Fotoritual..		108
4.4.2.2.3	Reinigung durch Meditation..	109
4.4.2.2.4	Reinigung durch die geistige Welt.....................................	109
4.4.2.2.5	Reinigung durch Auflösen von negativen Gedanken, Flüchen, Verwünschungen, Versprechungen, Gelübden.................	110
4.4.3 Schutz des Energiekörpers...		111
4.4.3.1 Schutz durch „stoffliche" Mittel...		111
4.4.3.1.1	Schutz durch Kleidung..	111
4.4.3.1.2	Schutz durch Edelsteine...	112
4.4.3.1.3	Schutz durch Crystal-Cards...	112
4.4.3.1.4	Schutz durch Essenzen...	113
4.4.3.1.5	Schutz durch Ätherische Öle oder Aromaöle.......................	113
4.4.3.1.6	Schutz durch Klang..	114
4.4.3.1.7	Schutz durch Farbe..	114
4.4.3.2 Schutz durch „feinstoffliche" Mittel...		115
4.4.3.2.1	Schutz durch Symbole..	115
4.4.3.2.1.1 Das Labyrinth von Chartres....................................		115
4.4.3.2.1.2 Der Fünfzack...		115
4.4.3.2.1.3 Die Form der „Acht"...		116
4.4.3.2.1.4 Die Lichtpyramide..		116
4.4.3.2.2	Schutz durch bewusstes Atmen..	117
4.4.3.2.3	Schutz durch Meditation..	118
4.4.3.2.4	Schutz durch die geistige Welt...	118
4.4.3.2.5	Schutz durch „Hindurchlassen" (Annehmen und Loslassen)......	119
4.5 Heilmaßnahmen auf Energieebene...		119

4.5.1 Heilen durch unterstützende Mittel... 119
   4.5.1.1 Heilen durch „stoffliche" Mittel... 120
      4.5.1.1.1 Heilen durch Pflanzen oder Pflanzenteile............................ 120
      4.5.1.1.2 Heilen durch Steine, Edelsteine und Kristalle...................... 121
      4.5.1.1.3 Heilen mit Essenzen.. 123
         4.5.1.1.3.1 Bach-Blüten.. 123
         4.5.1.1.3.2 IUG-Essenzen... 124
         4.5.1.1.3.3 Perelandra-Blütenessenzen.. 124
         4.5.1.1.3.4 Aura Soma Öle und Essenzen..................................... 125
         4.5.1.1.3.5 Orchideen-Essenzen... 125
         4.5.1.1.3.6 Green Man Tree-Essenzen... 126
         4.5.1.1.3.7 Spagyrische Essenzen.. 126
         4.5.1.1.3.8 Kalifornische Blütenessenzen..................................... 127
         4.5.1.1.3.9 Australische Busch-Blüten.. 127
         4.5.1.1.3.10 LichtWesen Meisteressenzen..................................... 127
         4.5.1.1.3.11 Engelessenzen.. 128
         4.5.1.1.3.12 Manebua-Essenzen.. 128
         4.5.1.1.3.13 Anwendung der Essenzen... 129
      4.5.1.1.4 Heilen durch Ätherische Öle oder Aromaöle........................ 129
      4.5.1.1.5 Heilen durch Klang.. 130
         4.5.1.1.5.1 Heilen mit Musikinstrumenten.................................... 130
         4.5.1.1.5.2 Heilen mit der Stimme.. 131
            4.5.1.1.5.2.1 Heilen mit einer Solostimme............. 131
            4.5.1.1.5.2.2 Heilen mit Stimmen einer Gruppe........ 132
         4.5.1.1.5.3 Selbstbehandlung mit Musik....................................... 133
      4.5.1.1.6 Heilen durch Farbe... 134
         4.5.1.1.6.1 Farbige Stoffe... 134
         4.5.1.1.6.2 Farbige Edelsteine... 134
         4.5.1.1.6.3 Crystal Cards.. 135
         4.5.1.1.6.4 Farbbrillen.. 135
         4.5.1.1.6.5 Farbtherapiegeräte... 136
         4.5.1.1.6.6 Farbfolien... 136
         4.5.1.1.6.7 Aura Soma Farböle und Essenzen............................... 136
         4.5.1.1.6.8 IUG Farbessenzen.. 137
         4.5.1.1.6.9 Unicorn Chakraessenzen... 138
   4.5.1.2 Heilen durch „feinstoffliche" Mittel.. 138
      4.5.1.2.1 Heilen mit Schwingungsgeräten... 138
      4.5.1.2.2 Heilen mit Homöopathie... 139
      4.5.1.2.3 Bewusstes Atmen.. 140
         4.5.1.2.3.1 Farbatmung... 143
      4.5.1.2.4 Heilen durch Symbole.. 143
      4.5.1.2.5 Heilen durch Traumarbeit.. 145
      4.5.1.2.6 Heilen durch Meditation.. 146
         4.5.1.2.6.1 Farbmeditationen... 148
      4.5.1.2.7 Heilen durch die Hände.. 149
      4.5.1.2.8 Heilen durch die geistige Welt... 151
      4.5.1.2.9 Heilen durch Zurückholen von Seelenanteilen.................... 153
4.5.2 Geistheilen – Fernheilungen.. 154

5. Qualifikationen des Therapeuten für das Arbeiten auf Energieebene
5.1 Gesunderhaltung des Physischen Körpers.. 156

5.1.1 Gesunde Ernährung	156
5.1.2 Nahrungsergänzung	157
5.1.3 Gesundes Wasser	158
5.1.4 Kristallsalz	159
5.1.5 Schlafverhalten	160
5.1.6 Bewegung	161
5.2 Gesunderhaltung des Elektrischen Körpers	162
5.2.1 Gesunde Beleuchtung	162
5.2.2 Vermeiden von Elektrosmog	163
5.2.3 Vermeiden von Erdstrahlen	164
5.2.4 Entstören von Narben	164
5.2.5 Klärung negativer Emotionen	164
5.3 Gesunderhaltung des Mentalkörpers	165
5.3.1 Gesunde Einstellungen	165
5.3.2 Achtsame innere Haltung	166
5.3.3 Freimachende Glaubenssätze	166
5.3.4 Positives Denken	167
5.4 Gesunderhaltung des Intuitiven Körpers (Traumkörpers)	167
5.4.1 Familienstellen	167
5.4.2 Farb- und Klangtherapie	168
5.4.3 Kunst- und Traumtherapie	168
5.4.4 Energetische Selbstbehandlung	169
5.5 Gesunderhaltung des Seelenkörpers	170
5.5.1 Gebet	170
5.5.2 Echte Meditation	170
5.6 Adäquater Umgang mit Patienten	171
5.6.1 Aufmerksamkeit und Achtsamkeit	171
5.6.2 Akzeptanz und Respekt	172
5.6.3 Wahrheit und Ehrlichkeit	172
5.6.4 Freisein von Angst	173
5.6.5 Hingabe und Demut	174
5.6.6 Bedingungslose Liebe und Gnade	175

Teil III
Die Behandlung mit Manebua Schamanische Psycho-Kinesiologie (MSPK)

6. Die Anwendung von Manebua Schamanische Psycho-Kinesiologie (MSPK)	
6.1 Vorbereiten der Behandlung	177
6.1.1 Vorbereiten des Therapeuten	177
6.1.2 Vorbereiten des Patienten	178
6.1.3 Erdung von Therapeut und Patient	179
6.1.4 Reinigung von Therapeut und Patient	180
6.1.5 Schutz von Therapeut und Patient	180
6.2 Kinesiologische Testung auf der Vierten Ebene	180
6.2.1 Testung im Liegen	180
6.2.2 Testung im Stehen	181
6.2.3 Testung im Sitzen	181
6.2.4 Alternative Testung im Liegen	182
6.2.5 Alternative Testung im Stehen	182
6.2.6 Alternative Testung im Sitzen	183
6.2.7 Der Armlängenreflex-Test	183

6.2.8 Selbsttestung	184
6.2.8.1 Selbsttestung im Sitzen	184
6.2.8.2 Selbsttestung im Stehen	185
6.2.8.3 Selbsttestung im Liegen	186
6.3 Vortests	186
6.4 Diagnostisches Vorgehen	188
6.4.1 Test auf Sabotagen	188
6.4.1.1 Sabotage auf der physischen Ebene	188
6.4.1.2 Sabotage auf der emotionalen Ebene	189
6.4.1.3 Sabotage auf der mentalen Ebene	189
6.4.1.4 Sabotage auf der spirituellen Ebene	189
6.4.2 Test auf benötigte Substanzen	190
6.4.3 Test auf zugehörige Emotionen / Themen	190
6.4.4 Der Dialog mit dem Höheren Selbst	193
6.4.4.1 Klärung der Umstände in Gegenwart und / oder Vergangenheit	193
6.5 Durchführen der Behandlung	193
6.5.1 Auflösung des Stresses	194
6.5.1.1 Orte des Energieflusses	194
6.5.1.2 Prinzipien bei der Energiearbeit	195
6.5.1.3 Zum Behandlungsort gehörige Themen	196
6.5.1.4 Individuelle Heilerzeichen	198
6.5.2 Abschließen der Behandlung	199
6.5.2.1 „Homeplay"	199
6.5.2.2 „Verankerung"	199
7. Nachweis über die Wirksamkeit des Heilens auf Energieebene	
7.1 Nachweis des Energieflusses mittels Kirlianphotographie	200
7.2 Nachweis des Energieflusses mittels Photomultiplier	200
7.3 Nachweis des Energieflusses mittels Restlichtverstärker	201
7.4 Messungen mit der Heart Rate Variability (HRV) Methode	201
8. Die Entwicklung des Patienten zur Eigenverantwortlichkeit für seine Gesundheit	**203**
9. Fallbeispiele	**205**
ANHANG	
10. Meditationen	213
10.1 Meditation zum Erden (Baummeditation)	213
10.2 Reinigungsmeditation	214
10.3 Schutzmeditation	214
10.4 Chakrameditation	215
10.5 Farbmeditation	216
10.6 Heilmeditation (Gruppenmeditation)	217
10.7 Meditation mit dem Auge der Liebe (Gruppenmeditation)	218
11. Flussdiagramm Manebua Schamanische Psycho-Kinesiologie (MSPK)	**219**
Literaturverzeichnis	**220**
Glossar	**227**
Personen- und Sachregister	**244**
Hilfreiche Anschriften	**255**

Vorwort

Monika Obendorfer ist es gelungen, ein Buch über Schamanismus zu schreiben, das als Nachschlagewerk zum Thema ebenso geeignet ist wie als Lehrbuch über schamanische Techniken. Bei der Lektüre des Buches eröffnen sich dem Leser die Heilebenen, auf der schamanisches Heilen möglich wird, und er erhält gleichzeitig Werkzeuge, mit denen er als Lernender an die praktische Umsetzung herangeführt wird. Die Kernfrage Lehrbarkeit schamanischen Heilens wird in diesem Buch eindeutig positiv beantwortet.

Mir selbst wurde in einem Seminar mit Monika Obendorfer klar - und meine anfängliche Skepsis genommen -, dass schamanisches Heilen lernbar ist, jedem offen steht, der die Prinzipien verstanden hat.

Der berühmte hawaiianische Schamane (und an der California Western University promovierte Psychologe) Serge Kahili King definiert den Schamanen als Heiler zwischen Geist und Körper, zwischen Menschen, zwischen Menschen und Lebensumständen, zwischen Mensch und Natur sowie zwischen Materie und Geist. Dies ist wahrhaft universell und mutet auf eigentümliche Weise vertraut an.

Was dieses Buch unterscheidet von den zahlreichen anderen Publikationen zum Thema Schamanismus, ist die Verbindung mit der Psycho-Kinesiologie nach Dr. Klinghardt®.

Monika Obendorfers jahrelanger Weg von der Lehrerin, Heilpraktikerin, Psycho-Kinesiologin hin zur schamanischen Heilerin ist spannend und lehrreich. Zeigt er doch den Weg, den manche Therapeuten gehen können, wenn die Entwicklung zu immer höherer Spiritualität voranschreitet.

In der Schamanischen Psycho-Kinesiologie vereinigt Monika Obendorfer die geniale Psycho-Kinesiologie Dietrich Klinghardts, den „Dialog mit dem Unterbewußtsein", mit dem schamanischen „Dialog mit dem Höheren Selbst". Das ideale Werkzeug ist der kinesiologische Muskeltest.

Die Lektüre des Buches macht neugierig und wird sicher viele zu entsprechenden Seminaren über Schamanische Psycho-Kinesiologie motivieren, in denen die Autorin in gleichsam liebevoller wie professioneller Weise diese Heilweise lehrt.

Es ist schwierig und wohl auch mutig, in der heutigen Zeit der wissenschaftlichen Beweisführung für eine Heilweise einzutreten, die nach rationalen, naturwissenschaftlichen Kriterien weder erklärbar noch messbar ist. Dennoch ist sie erfahrbar, vorausgesetzt man lässt sich ein. Diese Erfahrung führt in der modernen „evidence based medicine", der Medizin der sog. „doppelblinden randomisierten cross over"- Studien jedoch nicht zur Anerkennung.

Ein Zitat von Albert Einstein bringt uns hier zum Nachdenken: „Es ist durchaus möglich, dass sich hinter unseren Sinneswahrnehmungen (unseren Studien, Anm.) ganze Welten verbergen, von denen wir keine Ahnung haben".

Vielerorts ist deshalb Unbehagen zu spüren, ob unser heutiges, von Wissenschaft und Technik geprägtes Denken zu eindimensional ist. Die Erweiterung desselben ist angesagt, ein Schritt in diese Richtung ist die Lektüre auch dieses Buches. Es wird neugierige Laien wie erfahrene Therapeuten inspirieren können.

Dr. med. Theo Jentgen, Aachen, 2005

Danksagung

Ich danke allen meinen Lehrerinnen in Angewandter Kinesiologie, vor allem Else Louis, Johanna Haarer und Ingeborg Kilgus, für die Einführung in die Arbeit mit Kinesiologie, und dass sie in mir so viel Begeisterung dafür hervorrufen konnten. Ingeborg Kilgus verdanke ich die Hinführung zu meinem heutigen Beruf als Heilpraktikerin, ihre tatkräftige Hilfe auf dem Weg dorthin und die ersten Schritte in diesem Beruf in ihrer Ludwigsburger Praxis. Sie war es auch, die meine Öffnung zur Spiritualität verstehen und mir erklären konnte und mich bis heute durch eine von ihr geführte Meditationsgruppe sowie einen Arbeitskreis begleitet. Durch sie lernte ich meine treue therapeutische Freundin Marie-Luise Stabenow-Held kennen, die mir schon in vielen „brenzligen" Situationen, mich und meine Familie sowie meine Arbeit betreffend, immer wie ein rettender Engel zur Seite stand. Durch ihre parallele Entwicklung zu meiner eigenen in der Arbeit mit Manebua Schamanische Psycho-Kinesiologie konnten wir uns immer wieder gegenseitig bestätigen, während wir unsere Erfahrungen sammelten.

Meinem Lehrer und langjährigem Geschäftspartner Dr. Dietrich Klinghardt, zu dem mich Frau Renate Laessing über das Video „Psycho-Kinesiologie" brachte, verdanke ich sehr viel, da er mich schon 1994 zur ersten Ausbilderin in seiner Methode, der Psycho-Kinesiologie nach Dr. Klinghardt® (PK) autorisierte. Er hat die Fähigkeit, verborgene Talente in Menschen zu entdecken und hervorzuholen, indem er ihnen einfach bestimmte Aufgaben zuteilt, an denen diese Menschen wachsen können. So geschah es auch bei mir mit dem Auftrag, ein Institut für seine Heilmethoden zu gründen und zu leiten sowie meine Rolle als Ausbilderin und Vortragende auf Kongressen auszubauen. Sein letzter Auftrag an mich, der mich wiederum vor eine große Aufgabe stellte, ist dieses Buch über Manebua Schamanische Psycho-Kinesiologie (MSPK).

Loyal begleitet hat mich in der Zeit meiner Institutstätigkeit stets Frau Dr. Katrin Bieber.

Sehr viel Wachstum verdanke ich meinem inzwischen verstorbenen Lehrer Jeru Kabbal, der mich drei Jahre lang im „Clarity Process" führte und mir 1998 die Genehmigung gab, diesen in seinem Namen weiterzugeben. In Jeru habe ich einen Menschen kennen gelernt, der nur Liebe ausstrahlte und mir zeigte, was bedingungslose Liebe ist. In seinem Seminar wurde bei mir das Wunder wahr, dass ich nach 30-jähriger Kurzsichtigkeit wieder zu 100 Prozent sehen konnte.

Mein besonderer Dank gilt meinem langjährigen Lebensgefährten Dipl.-päd. Detlef Träbert, der mich in teils schwierigen Jahren zu Zeiten meines labilen Gesundheitszustandes stets gestützt und geachtet hat, so dass es mir möglich war, diesen Weg überhaupt zu gehen; meinen Kindern Jens und Bianca, die Rücksichtnahme und Verständnis zeigten und mich dadurch ebenfalls unterstützten. Meine Tochter war und ist eine große Lehrerin für mich im Feld von Manebua Schamanische Psycho-Kinesiologie (MSPK), die diesbezüglich immer an mich glaubte und mir zeigte, dass die Energiewelt für sie etwas Selbstverständliches ist, was mein Vertrauen in diese stark wachsen ließ.

Weiter haben mich auf meinem Weg begleitet meine frühere Realschullehrerkollegin Edith Held, die stets hilfreiche Tipps und Adressen für mich hatte; der heutige Allergie- und Asthmabund in Mönchengladbach, als dessen Ortsverbandsvorsitzende für Stuttgart ich eine Zeitlang viel lernen durfte; meine Therapeutinnen im Bochumer Gesundheitstraining für Allergiker; meine Bach-Blüten- und Edelstein-Therapeutin Brigitte Grzybowski; meine Freundin und jahrelange Co-Referentin Gabriele Widmann; meine Heilpraktiker-Ausbilderin

Inge Kuhn; Christine Schenk und Dr. Steven Vazquez in der Vertiefung meiner Einsicht in die Welt der Energie; meine Jeru-Kabbal-Gruppe sowie alle Patienten, Seminarteilnehmer und Institutsmitarbeiter, die sich von mir behandeln, unterrichten und führen ließen, wodurch ich enorm viel gelernt habe.

Mein besonderer Dank im Zusammenhang mit diesem Buch geht an Dr. Theo Jentgen und seine Ehefrau Dagmar Stiefel-Jentgen. Beide sind jahrelange Anwender der Methoden von Dietrich Klinghardt und haben mein Manuskript gelesen. Dr. Jentgen war lektorisch tätig und bot während der Teilnahme in einem meiner Seminare Manebua Schamanische Psycho-Kinesiologie (MSPK) spontan an, das Vorwort zu schreiben.

Zum Schluss bedanke ich mich noch bei meinem langjährigen Freund Berry, der mich ermunterte und motivierte, dieses Buch zu schreiben, die darin enthaltenen Zeichnungen anfertigte und mich die ganze Zeit während der Entstehung des Manuskripts liebevoll begleitete.

Einleitung

Im Jahr 1990 kam ich auf Grund eigener Erkrankung, die sich in multiplen Funktionsstörungen bis hin zu anaphylaktischen Schockreaktionen zeigte, zur Angewandten Kinesiologie. Mit Hilfe dieser Testmethode, einem Biofeedback-Verfahren mittels Muskeltest, stellte die erfahrene Therapeutin *Else Louis* (damals Schmauz) sofort Nahrungsmittelallergien als Ursache meiner verschiedenartigsten Symptome fest. Durch Weglassen der belastenden und mit Toxinen belasteten Nahrungsmittel und kinesiologischen Behandlungen ging es mir nach Jahren des Krankseins sehr schnell wieder gut. Ich war deshalb so fasziniert von dieser Methode, dass ich einen Kurs um den anderen in Angewandter Kinesiologie besuchte und das Wissen sowohl in mein Berufsleben als Realschullehrerin als auch in mein privates Leben einbaute.

Während der Zeit meiner Erkrankung hatte ich gleichzeitig Erlebnisse auf der Vierten und Fünften Ebene (siehe Kapitel 2, Die Fünf Körper oder Ebenen des Menschen nach *Dr. Dietrich Klinghardt*), die mein Weltbild, das von einer katholischen Erziehung geprägt war, von den Grundfesten her erschütterte und schließlich nachhaltig änderte. Das Wissen, dass alle lebendigen Wesen einen Energiekörper besitzen, kam in mein Bewusstsein. In dieser Zeit hatte ich ein Nahtodeserlebnis, sah plötzlich die Aura der Menschen in verschiedenen Farben und konnte Heilenergien durch meine Hände fließen lassen.

Mittels kinesiologischer Hilfe machte ich mich auf den Weg, Heilpraktikerin zu werden und Menschen in Gesundheits- und Lebenskrisen zu beraten, indem mittels der Energie, die durch meine Hände floß, deren Selbstheilungskräfte angeregt wurden. Dabei geschahen immer wieder kleinere und größere „Wunder". Zusammen mit den Erfahrungen in meinen eigenen Behandlungen und der entsprechenden Literatur, die ich fand, bestätigte sich, dass das Heilen auf Energieebene funktioniert.

Je mehr ich mich auf den Weg machte, umso gesünder wurde ich selbst. Mit meinen Patienten arbeite ich auf diese energetische Weise und erlebe damit immer wieder spontane und teilweise auch spektakuläre Heilungen, die meine eigenen Zweifel, die lange Zeit immer wieder kamen, beseitigten.

Im Mai 1994 lernte ich *Dr. Dietrich Klinghardt* kennen, als er sein erstes Psycho-Kinesiologie (PK) Seminar in Freiburg hielt. Seine Methode faszinierte mich von Anfang an und war sofort auch „meine" Methode, die ich noch im selben Jahr lehren durfte. Seitdem entstand zwischen uns eine Geschäftsbeziehung, die in die Gründung eines gemeinsamen Instituts mündete, welches wir erfolgreich aufbauten. Nach acht Jahren des Auf- und Ausbaus habe ich das INK Anfang des Jahres 2005 verlassen, um mit Manebua Schamanische Psycho-Kinesiologie (MSPK) meinen eigenen Weg weiterzugehen.

1996 erschien Dr. Klinghardts „Lehrbuch der Psycho-Kinesiologie" (Klinghardt 1), in welchem er das nachfolgende Buch über „Schamanische Psycho-Kinesiologie" ankündigte. Da sich in seiner Methode in der Zwischenzeit sehr viel veränderte und er ständig neben seiner Praxisarbeit zu Vorträgen, Workshops und Seminaren auf den verschiedenartigsten Veranstaltungen überall auf der Welt unterwegs ist, übertrug er mir im Frühjahr 2003 die Aufgabe, das Buch über Schamanische Psycho-Kinesiologie zu schreiben; eine Aufgabe, die ich sehr gern annahm.

Der vorangestellte Name Manebua wurde mir auf meine Bitte hin von der geistigen Welt für die von mir aus der Psycho-Kinesiologie heraus entwickelte Methode gegeben. Meine Tochter Bianca hatte die Idee, unsere neue Wirkungsstätte in Stuttgart ebenfalls Manebua,

Zentrum für spirituelles Wachsen, zu nennen, um entsprechend interessierten Menschen eine Begegnungsstätte zu geben.

Wie kam *Dr. Dietrich Klinghardt* auf die Idee, ein Buch über Schamanische Psycho-Kinesiologie zu schreiben oder von mir schreiben zu lassen? Er hatte circa 12 Jahre lang eine Schmerzpraxis in Santa Fé, New Mexico / USA, wo viele Indianer leben. Als ich 1995 das erste PK III Seminar unter seiner Leitung dort miterlebte, hatte ich die Gelegenheit, bei den Anasazi einen Schamanen kennen zu lernen und etwas über dessen Arbeitsweise zu erfahren.
Außerdem lud ich Dr. Klinghardts frühere Mitarbeiterin *Rabia*, eine Schamanin, die ebenfalls bei den Indianern gelernt hatte, zu mir nach Stuttgart ein. Sie lebte und arbeitete im Jahr 1996 vier Monate lang bei mir und meiner Familie, und wir organisierten viele Workshops für sie, an denen ich selbst teilnahm. So konnte ich mein Wissen und meine Erfahrungen mit dem Schamanismus vertiefen und in die Kinesiologie einbringen.

1997 begann ich auf Empfehlung von *Dietrich Klinghardt* den „Clarity Process"® bei dem amerikanischen Hypnotherapeuten *Jeru Kabbal*, von dem Dr. Klinghardt sagte, dieser habe „weltweit die beste Lehre vom Unterbewusstsein". Ich durfte erkennen, dass es sich dabei nicht wirklich um eine „Lehre", sondern um tiefe Erfahrungen mit dem eigenen Innern handelt, die häufig nicht verbal beschreibbar sind, weil sie jenseits der Worte liegen. Über den Weg des Atmens gelangen wir dabei immer mehr ins „Hier und Jetzt", anstatt dass unser Unterbewusstsein aktuelle Situationen sofort mit alt vertrauten Gefühlen und Verhaltensmustern assoziiert. Es ist ein spiritueller Weg, ohne diesen Anspruch zu haben, weil der Weg das Ziel ist.
Nach einem dreiwöchigen Intensivseminar auf Bali gab auch *Jeru Kabbal* mir die Erlaubnis, die „Werkzeuge", wie er seine Selbsterforschungsmethoden nennt, in „Clarity Process"-Seminaren zu lehren.

Nach dieser Zeit besuchte ich noch einen Ausbildungsabschnitt in der CHRIS®-Technik bei der Hellsichtigen *Christine Schenk* aus Wien und Energie-Medizin-Seminare bei dem Heiler *Dr. Steven Vazquez* aus Texas, um auf dem Gebiet des Energiekörpers noch weiter vorzudringen.

Mein ganzes Wissen und meine Erfahrung aus der Angewandten Kinesiologie, der Psycho-Kinesiologie, dem Schamanismus, der energetischen Heilarbeit und die Erfahrungen aus dem Clarity Process passen nahtlos ineinander und machen heute mich und meine Arbeit aus, die ich als „Manebua Schamanische Psycho-Kinesiologie" (MSPK) in der Praxis anwende und in diesem Buch beschreibe.

Vom Zeitpunkt her ist es kein Zufall, dass dieses Buch entsteht und von einer Frau geschrieben wird. Denn indianischen Prophezeiungen nach sind jetzt im Wassermann-Zeitalter „Kräfte am Werk, die die meisten von uns nicht anerkennen wollen...denn dies ist die Zeit der Frau, die Zeit des Weiblichen. ... Das Weibliche bewirkt den spirituellen Austausch. ... Handeln ist männlich. Produzieren ist männlich. Aber es muss einen Ausgleich geben. Wenn wir der freundlichen inneren Stimme lauschen, sind wir im Gleichgewicht."
(Eine alte Indianerin, die nicht genannt sein will, in: Schenk, A., S. 5)
Die Tewa-Indianerin Vickie Downey führt dazu aus: „Jetzt ist die Zeit der Frauen. Die Frau zeigt uns, was wir fühlen. Wenn ich mir verschiedene Frauen in meiner Umgebung anschaue, sehe ich Traurigkeit und eine Schwere in ihnen. Die machen mit, was die Erde mitmacht – ihre Traurigkeit und Schwere, weil ihre Kinder heute solch ein Leben führen. Die Frauen spüren das; das Gefühl ist da in ihren Herzen, mehr als bei den Männern, denn die Männer

sind immer am Tun. Der Mann muss erkennen, dass auch er einen weiblichen Teil hat, und er muss anfangen, das gleiche zu fühlen.
Frauen müssen anerkannt werden. Die Worte der Frauen müssen anerkannt werden. Die Frauen werden sich zeigen. ... Ob die Leute das hören wollen oder nicht, es passiert, weil es so sein soll. Die Zeit ist reif." (Downey, Vickie in: Schenk, A., S. 7)

Meine Arbeit in der Praxis sehe ich als moderne schamanische Arbeit an, weil sie Elemente des traditionellen Schamanismus mit Erkenntnissen der neuen Medizin verbindet, und ich als „Werkzeug" den kinesiologischen Muskeltest verwende.

In dem vorliegenden Buch sind die Grundlagen von Manebua Schamanische Psycho-Kinesiologie (MSPK) als Heilmethode auf Energieebene beschrieben. Dabei stütze ich mich auf das von *Dr. Dietrich Klinghardt* entwickelte Modell der Fünf Körper des Menschen und deren wissenschaftliche und empirische Hintergründe.
Sofern es möglich ist, nehme ich immer wieder Bezug auf die indianische Tradition zum jeweiligen Thema, so dass sich das Schamanische wie ein roter Faden durch das ganze Buch hindurch zieht.
Einen großen Teil nehmen die unterstützenden Mittel ein, die heilende Frequenzen abgeben oder produzieren, und damit der Erdung, der Reinigung, dem Schutz und der Heilung dienen können.
Außerdem gebe ich meine Arbeitsweise sowie viele praktische Tipps für den Therapeuten- und Patientenalltag weiter.
Einige Fallbeispiele sind in die verschiedene Abschnitte passend integriert und sollen Therapeuten und Klienten zur Anwendung dieser Methode anregen.
Meine geführten Meditationen gibt es auch auf CD und können durch den Einzelnen oder in Gruppen angewendet werden.

Die einzelnen Kapitel des Buches mit ihren Unterteilungen sind relativ kurz gehalten, weil es nicht nur als „Lesebuch", sondern vielmehr auch als kleines Nachschlagewerk gedacht ist, um aus dem Inhaltsverzeichnis immer wieder einmal mühelos ein besonderes Thema heraussuchen und ihm Aufmerksamkeit schenken zu können.

Zur Klärung von Fachbegriffen, die im Buch selbst nicht näher erläutert sind, dient das anhängende Glossar.

Für die weitere Beschäftigung mit speziellen Themen habe ich ein nach Autoren alphabetisch sortiertes Verzeichnis von Büchern zusammengestellt, die in den Texten erwähnt werden oder eine Zusatzlektüre darstellen.

Einige hilfreiche Anschriften für die Kontaktaufnahme zu Organisationen, welche Seminare oder die beschriebenen Mittel anbieten, runden dieses Werk ab.

Teil I
Grundlagen von Manebua Schamanische Psycho-Kinesiologie (MSPK)

1. Was ist unter Manebua Schamanische Psycho-Kinesiologie (MSPK) zu verstehen?

Um zu einer Definition für Manebua Schamanische Psycho-Kinesiologie zu gelangen, sehe ich mich veranlasst, die einzelnen Wortbestandteile aufzuschlüsseln und zunächst einzelne Definitionen anzubieten, um diese dann zu einer Gesamtdefinition zusammenzuführen.

1.1 Definition von Psycho-Kinesiologie (PK)

Die Psycho-Kinesiologie nach *Dr. Klinghardt*® (PK) ist eine Psycho-Biofeedback-Methode, die es über Reaktionen des Autonomen Nervensystems (ANS) mittels Muskeltest erlaubt, mit dem Unterbewusstsein Kontakt aufzunehmen. Innerhalb weniger Minuten kann man auf diese Weise an den einer Erkrankung oder sonstigen Problemen zugrunde liegenden „Unerlösten Seelischen Konflikt (USK)" gelangen. Über das Organ, das die zugehörige Emotion in sich trägt, wird eine Verbindung zum Limbischen System im Gehirn geschaffen, wo alle Ereignisse aus dem Leben eines Menschen wie in einem Computer abgelegt sind. So findet man über geeignete Fragen den Zeitpunkt der Entstehung des USK und die damaligen Umstände, die zum USK führten beziehungsweise damit verbunden sind.
Mit den von *Dr. med. Dietrich Klinghardt* entwickelten Methoden, der Klopfakupressur (KA), der Augen-Bewegungs-Methode (ABM) und / oder der Farbbrillenmethode (FBM) sowie heilenden Sätzen in Anlehnung an die systemische Familientherapie nach *Bert Hellinger* wird der USK „entkoppelt".
Einschränkende, behindernde Glaubenssätze werden durch sinnvollere, freimachende ersetzt. (Vgl. Klinghardt 2, S. 67ff.)

1.2 Definition von Schamanisch / Schamane / Schamanismus

In verschiedenen Büchern und Lexika findet man Erklärungen zur Arbeit und dem Wirken von Schamanen sowohl unter dem Adjektiv „schamanisch" als auch unter der Bezeichnung der Person, die derart arbeitet, sowie unter dem Begriff der Methode. Insbesondere werden diese Worte für süd- und nordamerikanische Indianer benutzt und ihre Art, die Welt und den Kosmos zu sehen und damit umzugehen.
Um einen klaren Überblick zu erhalten, gehe ich etwas intensiver auf diese verschiedenen Termini ein.

1.2.1 Definition von Schamanisch

Schamanisch bedeutet, dass Methoden zur Heilung verwendet werden, die außerhalb des Bereichs des physischen Körpers liegen, nämlich im Bereich des Energiekörpers, des Unbewussten, des Non-Verbalen, der Träume, der Symbole, der Trance, der medialen Zustände. (Vgl. Klinghardt 2, S. 24ff.)
Damit wird dieses Adjektiv benützt für „besondere", auch ekstatische Zustände, die nicht alltäglich sind, in denen jedoch Heilung erbeten wird oder geschieht für die behandelten Lebewesen: Menschen, Tiere, Pflanzen, Steine, die Erde, andere Gestirne, den Kosmos. Dieses Lebendige ist auf Energieebene als Einheit miteinander verbunden, so wie viele Puzzleteile ein großes ganzes Bild ergeben.

Alle diese Wesen „verkörpern eine Vielzahl *spiritueller Kräfte*. Die Natur ist sozusagen durchdrungen von unsichtbaren intelligenten Energien." (Luna, in: Rosenbohm, S. 82)

Bei den Indianern wird diese intelligente, mächtige Kraft „Großer Geist" oder „manitu" genannt. (Schultze, in: Rosenbohm, S. 193)

1.2.2 Definition von Schamane

Angewendet wurden oder werden diese nicht alltäglichen Methoden üblicherweise von Schamanen. Schamanen sind die Heiler bei den Naturvölkern, die überall auf der Welt ähnliche Praktiken und Rituale haben (Woydt, S. 12).

Ondruschka definiert Schamane folgendermaßen: „>Saman< (aus dem Sibirischen) ist die Person, Frau oder Mann, die sieht und weiß. Schamanen arbeiten mit den unsichtbaren Energien, die die sichtbaren Dinge bewegen." (Ondruschka, S. 24) Das heißt, Schamanen haben Zugang zu einer anderen Ebene, auf der sie inneres Wissen erlangen, welches sie auf Energieebene anwenden, um auf der physischen Ebene etwas verändern zu können.

Schamanen werden bei den Indianern auch „Medizinmänner" genannt, die selbst erst viel erlebt, gelernt und erfahren haben müssen, bevor sie – üblicherweise von einem alten Schamanen - „eingeweiht" werden und als Medizinmann arbeiten dürfen.
Ein Lakota meint dazu (Übersetzung durch die Autorin): „Um Medizinmann zu sein, musst du alles erfahren, im Leben aus dem Vollen schöpfen. Wenn du nicht die menschliche Seite von allem erfährst, wie kannst du dann jemandem etwas beibringen oder jemanden heilen? Um ein guter Medizinmann zu sein, musst du demütig sein. Du musst niedriger als ein Wurm und höher als ein Adler sein." (Archie Fire Lame Deer, in: McFadden, S. 27)

Alexandra Rosenbohm, Ethnologin und Medienwissenschaftlerin, beschäftigt sich seit den 80er Jahren mit Schamanismus und bringt den Begriff des Schamanen auf einen Nenner: für sie sind es „Spezialisten, die sich vor allem dadurch auszeichnen, mit dem Übernatürlichen zu kommunizieren." (Rosenbohm, S. 7)

Die Anthropologin *Amélie Schenk* hat sich intensiv mit Schamanen und ihrer Arbeit im direkten Kontakt mit ihnen auseinandergesetzt und gibt folgende Erklärung:
„Es gibt Menschen auf diesem Planeten ... die ein gespaltenes Leben führen und mit beiden Beinen nicht nur fest auf dem Boden dieser Welt stehen, sondern gleichzeitig tief in einer jenseitigen Welt verwurzelt sind. Wir kennen sie als Schamanen, Magier, Heiler, Medizinleute und Orakel. Den schönsten Namen aber finde ich, der ihrem Wesen am ehesten entspricht, besitzen wir im Deutschen: Zauberer!" (Schenk, A., S. 5)

Durch diese Fähigkeit, in zwei Welten zugleich „zu Hause" zu sein, kommt den Schamanen eine wichtige soziale Aufgabe in der Gemeinschaft, in der sie leben, zu. „Er ist derjenige, der stark mit der Alltagsrealität verwurzelt ist, der niemals unwillentlich die Kontrolle verliert und sehr konzentriert zwischen den Welten hin- und herpendeln kann." (Schultze, in: Rosenbohm, S. 199)
Damit sorgt er für das Gleichgewicht zwischen den verschiedenen Welten und hat damit eine stabilisierende Funktion in der Gemeinschaft.

Deshalb spricht auch Christoph Vonderau davon, dass „die Tätigkeit des indianischen Schamanen in hohem Maße gemeinschaftsbildend und somit eine echte Berufung" ist. (Vonderau, in: Rosenbohm, S. 135)

Bis der Schamane diese wichtige Rolle einnehmen kann, hat er meist einen langen Werdegang hinter sich: „schwere Erkrankungen, Krisen, Rückzug ins Innere, Naturverbundenheit, Kontakt mit unsichtbaren Mächten, „Entdiesigung" alter Weltbilder, Neusicht der Welt und Ausbildung besonderer Kräfte und Fähigkeiten bis hin zur Aufhebung der Naturgesetze." (Bauer, in: Rosenbohm, S. 184)

Für uns westeuropäische wissenschaftlich ausgerichtete Menschen erscheint die schamanische Arbeit wirklich oft als Zauberei. Dieser Begriff hat allerdings für mich in Bezug auf Heilung einen negativen Beigeschmack. Denn was wie „Zauberei" aussieht, wird verständlich und nachvollziehbar, wenn wir uns mit dem Energiekörper des Menschen auseinandersetzen und mit der neuen Physik, die erkannt hat, dass die Welt „nicht einmal mehr aus Materie besteht, sondern aus Energie" (Ayren).

1.2.3 Definition von Schamanismus

In einem neueren Lexikon steht folgende Definition für Schamanismus: „Religionsform, bei der Schamanen (Bewahrer mag.-religiösen Wissens) durch Opfer, ekstat. Tänze u.a. Kontakt mit Gottheiten u. Dämonen aufnehmen zur Abwehr v. Krankheit u. Gefahr, zum Schaden der Feinde u.Ä.; bes. bei nord-, zentralasiat. u. indian. Völkern." (Meyers, S. 608)

Auch in einer anderen Quelle ist zu lesen: „Indianischen und zirkumpolaren Völkern gemein sind mit dem Schamanismus der Glaube an Geister, Tierzeremonielle, Jagdtabus." (Vonderau, in: Rosenbohm, S. 135)

Diese Definitionen lesen sich, als ob ein „zivilisierter" Mensch über „unzivilisierte", auf gewisse Art unwissende oder primitive Menschen schreibt und treffen für das, was ich selbst bei den Indianern beziehungsweise einer dort ausgebildeten Schamanin gelernt und erlebt habe, in keiner Weise zu.
Vielmehr habe ich die Erfahrung gemacht, dass bestimmte Praktiken und Rituale verwendet werden, die uns von der westlichen Tradition her betrachtet zunächst irgendwie seltsam erscheinen, so lange wir den Hintergrund und die andersartige Sichtweise der Dinge nicht kennen und verstehen.

Deshalb möchte ich einen Exkurs über die Grundlagen und Praktiken im Schamanismus machen, bevor ich zu einer Definition für „Schamanische Psycho-Kinesiologie" kommen kann.

1.2.3.1 Grundlagen im Schamanismus

Dem schamanischen Weltbild liegt die Auffassung zugrunde, dass alles mit allem verbunden ist, und dass Gott in jeder kleinen Zelle lebt. Daher ist die Natur nicht nur von Gott gemacht, sondern sie ist Gott.

Alles hat eine Ursache und eine Wirkung. Die Ursache entspricht dem Geist, die Wirkung der Materie. Deshalb kann bei den Indianern alles visionär erdacht werden, bevor es zur greifbaren, dreidimensionalen Realität wird.
Diese Denkweise ist auch den Wissenschaftlern nicht fern, weil sie genauso erkennen, dass zuerst der Gedanke oder Wunsch, beispielsweise fliegen zu können, vorhanden sein muss, bevor er Wirklichkeit werden kann, indem ein Fluggerät erfunden und gebaut wird.

Luis E. Luna beschreibt die Grundlagen des Schamanismus folgendermaßen:
„Der Schamanismus als religiöses Glaubenssystem geht von der Existenz einer komplexen, oft mehrschichtigen, vom Zeitbegriff losgelösten, intelligenten Realität aus, die nicht jedem sofort zugänglich, gleichzeitig aber nicht vollkommen fremd ist. Diese und die „normale" Welt überschneiden sich teilweise und sind interdependent." (Luna, in: Rosenbohm, S. 82)

In diesem Weltbild ist alles, was existiert, aus der ersten Zelle entstanden und somit miteinander verwandt. Alles hat eine Seele, in die wir uns einstimmen können, weil wir miteinander verbunden sind. Auf Grund dieser Verbindung ist es nicht unerheblich, was jemand tut, wie es jemandem geht und was mit dem Einzelnen oder einer Gruppe, auch einem ganzen Volk, geschieht. Denn alles hat eine Auswirkung auf alle, und alles ist abhängig von allem; es bedingt einander.
Durch dieses Einssein können wir mit allem Kontakt aufnehmen und nicht nur mit Menschen, sondern auch mit Tieren, Pflanzen, Steinen und Wasser kommunizieren. Sie alle kennen genauso wie wir in unserem Innersten die „Wahrheit" über die Schöpfung und darüber, wer oder was wir sind:
„Wenn wir uns auf unsere innerste Wahrheit einstimmen, schließen wir uns an unser volles Potential an, das wir im Alltag gewöhnlich nur zu einem geringen Teil leben. Wenn wir die Welt durch das Auge unserer Seele betrachten, finden die Dinge ihren Platz, sehen wir die Antworten für unsere Fragen und erleben nicht selten erstaunliche Wendungen im Alltag ohne äußeres Zutun." (Ondruschka, S. 27)

Daher spielt die Seele die zentrale Rolle beim schamanischen Heilen mit schamanischen Praktiken, die davon abhängen, welche Art von Krankheit beim jeweiligen Patienten vorliegt. Für alle Krankheiten gibt es im Prinzip nur zwei Gründe: Energieverlust durch einen verlorenen Seelenanteil oder das Eindringen unerwünschter, krankmachender Energien. (Vgl. Ondruschka, S. 76)

1.2.3.2 Schamanisches Heilen

Ein Schamane heilt einen Kranken, indem er sich - möglichst zusammen mit ihm – in einen veränderten, tranceartigen Bewusstseinszustand begibt (nach *Klinghardt* auf der Ebene des Traumkörpers oder Intuitiven Körpers, siehe Kapitel 2) und die dort vorhandenen Energien wirken lässt.

Somit ist der Schamane „Mittler zwischen den Welten" (Woydt, S. 13), zwischen Himmel und Erde. Im Himmel, der Oberen Welt, trifft er Engel in Menschengestalt, die zum Beispiel Einsicht in die persönliche Lebensaufgabe geben. In der Unteren Welt trifft er Kraftwesen in Tiergestalt. Mit beiden Wesen kann der Schamane kommunizieren, um bei ihnen Kraft und Wissen für die Lösung praktischer Alltagsfragen oder die Heilung des Patienten zu erhalten.

Dabei geht es um das Bewusstsein für die heilenden Kräfte in uns und um uns herum. „Schamanisches Heilen setzt genau hier an. Neben dem Gebrauch äußerer, z.B. pflanzlicher

Mittel, „träumt" der Schamane den gesunden Menschen und heilt ihn dadurch. Oder anders gesagt, er träumt den Menschen gesund." (Ondruschka, S. 71)

Heilen geschieht hier durch Berührung und Liebe. Die Berührung kann zwar auch physisch erfolgen, aber in erster Linie bedeutet das „unser Herz muss berührt sein." (Ondruschka, S. 109)

Deshalb kann schamanische Arbeit zusammenfassend als „Dienst in Liebe" aufgefasst werden (Ondruschka, S. 17).

Dieser „Dienst in Liebe" ist bei den Indianern zusammengefasst in den folgenden Zehn Indianischen Geboten:
„1. Behandle die Erde und alle, die auf ihr leben, mit Respekt.
2. Suche die Nähe zum Großen Geist.
3. Zeige großen Respekt für deine Mitmenschen.
4. Arbeitet zusammen zum Wohl der ganzen Menschheit.
5. Gib Unterstützung und Freundlichkeit, wo immer sie gebraucht werden.
6. Tue das, wovon du weißt, dass es richtig ist.
7. Achte auf das Wohlergehen von Geist und Körper.
8. Widme einen Teil deiner Energie dem Wohl des Ganzen.
9. Sei zu allen Zeiten wahrhaftig und ehrlich.
10. Übernimm volle Verantwortung für deine Handlungen." (Ondruschka, S. 112)

1.2.3.3 Schamanische Praktiken

„Schamanen arbeiten mit den unsichtbaren Energien, die die sichtbaren Dinge bewegen." (Ondruschka, S. 24).
Dies tun sie im Allgemeinen unter Mithilfe von Geistwesen in Ritualen und Zeremonien, die einen gewissen Eindruck auf das Unterbewusstsein des Menschen machen und zusammen mit der energetischen Veränderung etwas Positives bewirken.

Die wichtigste Voraussetzung für die Arbeit auf Energieebene ist Erdung, die bei den Schamanen zum Beispiel durch langsame, stampfende Tänze mit einfachen Instrumenten, die „Erdtöne" von sich geben, geschieht. Dazu wird gesungen und gebetet, zur Mutter Erde und zum Vater Himmel. Bäume, Felsen, Wasser und Krafttiere spielen beim Erden eine große Rolle.
Ist ein Mensch nicht gut geerdet, so „schwebt" er durchs Leben, ist oberflächlich, hyperaktiv, verletzt sich häufig und setzt Ideen und Pläne nicht in die Tat um. Auch eine übertriebene Form von Religiosität kann an den Tag gelegt werden.

Da es Energien gibt, die das Energiefeld verschmutzen können, was zu Krankheiten führt, ist die Reinigung des Körpers die zweitwichtigste Prozedur. Diese wird rituell und zeremoniell durchgeführt, zum Beispiel mit Wasser, Rauch und Vogelfedern.

Damit die derart gereinigte Aura nicht wieder durch eine Anhaftung oder dergleichen verschmutzt wird, ist als nächster Schritt eine Schutzmaßnahme angesagt, die meist meditativ im Gebet, ebenfalls in einem Ritual oder in einer Zeremonie geschieht.

Rosenbohm fasst diese Praktiken wie folgt zusammen: „Um Kontakt mit den spirituellen Wesen der mythischen Urzeit, den Göttern und Geistern, aufnehmen zu können, müssen die

Schamanen ihre Seelen auf Reisen schicken. Dies geschieht mit Hilfe eines ekstatischen Zustands, den sie durch verschiedene Methoden hervorrufen können: durch Atemtechniken, Fasten, rhythmische Stimulation (Trommeln, Rasseln, Tanzen), die Einnahme geistbewegender Substanzen (Tabak, Fliegenpilz, Peyote usw.) oder aber durch kontemplative Methoden wie beispielsweise die Konzentration auf bestimmte Kraftobjekte." (Rosenbohm, S. 7f.)

1.2.3.2.1 Seelenrückholung

Tritt ein Energieverlust ein, weil ein Seelenanteil in einem Trauma abgespalten wurde, oder wenn jemand seine Seele irgendwo verloren hat, so holt der Schamane ihn oder sie in einer Art von Trauma Behandlung wieder zurück. (Woydt, S. 14).

Auf der physischen Ebene kann sich diese Abspaltung als chronische Erschöpfung oder als Verwirrung bis hin zur Psychose, aber auch als fehlende Zuwendung zum Leben mit einer unerklärlichen Trauer oder depressiven Verstimmungen zeigen.

Die Seelenanteile wurden in einzelnen als traumatisch erlebten Ereignissen irgendwann im Leben abgespalten zusammen mit der emotionalen und mentalen Energie des Erlebnisses. Da das Erlebnis sehr schmerzhaft war, kommt der Seelenanteil meistens nicht mehr freiwillig zurück, weil dies die Wiederholung des Schmerzes bedeuten würde, wenigstens für einige Zeit.
Deshalb holt der Heiler einen Seelenanteil zurück und „schweißt" ihn energetisch an die Aura des Patienten wieder an, so dass der Schmerz auf sanfte Weise gelöst wird.

Die Seele kann auch bei einem traumatischen Ereignis verlorengegangen sein oder noch bei einem früheren Partner beziehungsweise einer Partnerin hängen. Hier holt der Schamane die Seele zurück mit den zugehörigen Emotionen und Gedanken und „bindet" sie quasi an den physischen Körper wieder an.

Fallbeispiel:

> Seit einiger Zeit betreue ich einen Patienten, dem ich mit meiner Arbeit bisher die Klinik erspare. Alles Medizinische war schon geschehen, als er zu mir kam. Seine Diagnose lautete auf „Dissoziation", was für mich immer bedeutet, dass Aurateile abgespalten sind und der Grund dafür geklärt werden muss, um Heilung erreichen zu können.
> Bei diesem Mann habe ich herausgefunden, dass seine Zeugung eine negative Zeugung war, nämlich eine Vergewaltigung in der Ehe. Weil später ebenfalls Gewalt im Spiel war, da er schon als Kleinkind regelmäßig geschlagen wurde, spalteten sich Seelenanteile, oder anders ausgedrückt, Teile des Energiekörpers, ab. Dieses ungeliebte Kind wurde zusätzlich für alles Mögliche in der Familie und dem Umfeld verantwortlich gemacht, so dass auch ein psychischer Missbrauch, der oft mit kirchlichen Regeln begründet wurde, vorlag.
> In den verschiedenen Sitzungen deckte ich die Details auf und holte die abgespaltenen Teile mit großem Erfolg wieder heran.

1.2.3.2.2 Extraktion

Sind unerwünschte, krank machende Energien eingedrungen, so handelt es sich um eine Besetzung durch einen Geist oder sogar mehrere Geister.

Der Patient wird durch den damit einhergehenden Energieverlust krank oder verändert sich stark im Verhalten. Die Besetzung kann durch einen Verstorbenen geschehen oder durch einen Lebenden, der meist selbst eine Besetzung hat.
Die Aufgabe des Schamanen besteht darin, die besetzende Energie zu entfernen. Ondruschka nennt das „Extraktion". (Ondruschka, S. 76).
Auch in verschiedenen Religionen und in der katholischen Kirche ist diese Art von Arbeit als „Teufelsaustreibung" im Exorzismus bekannt.

Der Schamane führt die Extraktion zum Beispiel folgendermaßen durch: er „nimmt Geister, die er aus den Körpern von Kranken vertreibt, in sich auf und lässt sie auf einsamen Bergen wieder frei." (Bauer, in: Rosenbohm, S. 171).
Oder er gibt die Energie nach ihrer Transformation in den Kreislauf der Natur zurück (Woydt, S. 15). Dazu gehören auch negative Gedanken, Flüche und Verwünschungen, die mit Hilfe bestimmter Rituale in positive Energie verwandelt werden.
Diese Transformation wird durch den Heiler individuell verschieden durchgeführt, je nach Fähigkeit, die er speziell für diese Aufgabe von der Schöpfung verliehen bekam.

Handelt es sich bei dem Eindringling um eine anhaftende Seele, so wird diese an Ahnen, Verstorbene aus der Sippe, übergeben, damit sie ihr den rechten Weg weisen können (Woydt, S. 14f.).

Nach der Reinigung des Energiekörpers von Eindringlingen und Fremdenergien wird zu deren Schutz ein Krafttier oder spirituelle Energie durch den Schamanen rituell eingeblasen, damit der frei gewordene Raum wieder sinnvoll gefüllt wird (Woydt, S. 14) und kein Vakuum bildet für neue Eindringlinge.
Diese Vorgehensweise benützt der Schamane nicht nur bei Personen, sondern auch bei Dingen: „Er besitzt die Gabe, Dinge zu beseelen und sich neben der materiellen auch die spirituelle Seite eines Gegenstandes zugänglich und zugeneigt zu machen." (Bauer, in: Rosenbohm, S. 171).
Das betrifft besonders Gegenstände, die sich gerade die Indianer für ihren Alltag selbst hergestellt haben, zum Beispiel Pfeil und Bogen, Rassel, Trommel, Tabakbeutel und anderes.

Außer dieser Art der Reinigung des Energiekörpers und der Seelenrückholung gibt es noch einige weitere Aufgaben des Schamanen:

1.2.3.2.3 Weitere Praktiken

Schamanen helfen einem Menschen, an seine Seelenerinnerung zu gelangen, so dass er sich seiner Lebensaufgabe bewusst wird und verborgene Talente und Fähigkeiten hervorgeholt werden können (Woydt, S. 14). Dazu begibt sich der Schamane auf Visionssuche, entweder allein für den Erkrankten oder mit dem Kranken zusammen. Dabei kann der Patient auch den eigenen Schutzgeist kennen lernen.

In manchen Fällen müssen die zürnenden Götter durch Tieropfer beruhigt werden. Der Schamane weiß, welche Anzahl an Tieren und welche Arten benötigt werden, hat aber auch für deren Seelenheil zu sorgen: „Bei Opferung bringt er die Seelen der geopferten Tiere dem betreffenden Geist dar." (Rosenbohm, S. 8)

Außerdem übernimmt er globale Aufgaben wie die Reinigung der Erde „von den Folgen menschlicher Tabuverletzungen" (Bauer, in: Rosenbohm, S. 171), wenn beispielsweise zu viel abgeholzt wurde oder andere ökologische Sünden begangen wurden.

Falls nötig, verwendet der Schamane Hilfsmittel, die eigene Frequenzen haben und abgeben, wie zum Beispiel Pflanzen oder Pflanzenteile wie Kräuter und Tabak, Steine, Tierknochen, einfache Musikinstrumente, den eigenen Körper und die eigene Stimme sowie Symbole. Die „heiligen" Gegenstände werden in einem Medizinbeutel verwahrt, dem man eine besondere Kraft und Schutzfunktion zuspricht.

Viele dieser überlieferten beziehungsweise entsprechende moderne Mittel habe ich in den Kapiteln über Erdungsmaßnahmen, Reinigung und Schutz, den Grundlagen schamanischen Heilens, sowie im Kapitel über die Heilung des Energiekörpers näher beschrieben.

1.3 Definition von Schamanischer Psycho-Kinesiologie

Unter Schamanischer Psycho-Kinesiologie verstehe ich also eine Biofeedback-Methode, die es mittels Muskeltest erlaubt, mit dem Intuitiven Körper oder Traumkörper Kontakt aufzunehmen, um auf diese Weise die einer Erkrankung oder sonstigen Lebensproblemen zugrunde liegenden Ursachen, die von dieser Ebene oder vom Seelenkörper herrühren, aufzufinden. Mit energetischen schamanischen Methoden wird der Traumkörper wieder in den „normalen" Zustand überführt, was eine Auswirkung auf die darunter liegenden Körper bis hin zum physischen Körper hat, so dass der Patient gesunden kann oder das Problem im Alltag sich löst.

1.4 Definition von Manebua

Der Eigenname Manebua (Betonung auf der zweiten Silbe) für die Methode Schamanische Psycho-Kinesiologie kam auf meine Bitte hin über Nacht aus der geistigen Welt. Er ist angelehnt an das lateinische Wort „manes" mit der deutschen Bedeutung „Hände" und dem lateinischen Wort „elaborare", welches erarbeiten, herausarbeiten bedeutet. Die Endung kommt aus dem Schamanismus der Indianer Nordamerikas und stellt den erdenden Vokal „u" sowie den Herzton „a" dar. Durch das Herz fließt Liebe, die den beim Heilen notwendigen Schutz darstellt. In seiner Gesamtheit bedeutet Manebua folglich **„mit den Händen arbeiten und dabei Erdung und Schutz haben durch die Liebe"**. Dieser Name birgt also die Art von Behandlung mit der Schamanischen Psycho-Kinesiologie in sich.

Entsprechend meinem Anspruch, als „moderne" Schamanin in der Stadt zu arbeiten, habe ich bei den im Buch aufgeführten Hilfsmitteln und Methoden auch die jeweils heutzutage „modernen", die man leicht und schnell in einer therapeutischen Praxis anwenden kann, aufgenommen.

Der Einfachheit halber benütze ich die ganze Zeit über die männliche Form in den Personenbezeichnungen „Schamane", „Heiler", „Therapeut" usw., möchte aber die weibliche Form bewusst eingeschlossen wissen.

2. Die Fünf Körper oder Ebenen des Menschen nach *Dr. Dietrich Klinghardt*:

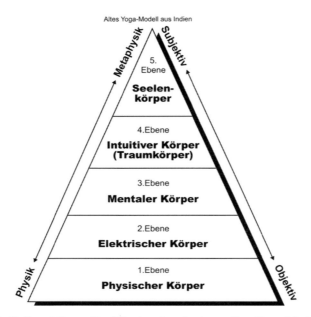

Dieses Vertikale Heilmodell von *Dr. Klinghardt* nach einem alten Yoga-Modell aus Indien ist jedem Psycho-Kinesiologen wohl bekannt (vgl. Klinghardt 2, S. 24ff.). Deshalb beschränke ich mich bei der näheren Erläuterung der einzelnen Körper auf die Prinzipien, die im Physischen Körper als sichtbarem Ausdruck der Energiewelt wirken, sowie deren Erscheinungsformen in den einzelnen Energiekörpern. Zur Untermauerung wird ferner die moderne wissenschaftliche Betrachtungsweise der einzelnen Ebenen beschrieben.

Außerdem mache ich einige Anmerkungen dazu, weshalb wir den verschiedenen Ebenen eine bestimmte Aufmerksamkeit geben. Am meisten interessieren uns dabei Verschmutzungen aller Art in den verschiedenen Körpern, weil sie es sind, die letztlich Krankheitssymptome auslösen. Prinzipiell kann jeder Körper auf irgendeine Weise „verschmutzt" sein, wie ich im Einzelnen erläutern werde.

Die sich logisch daraus ergebenden Heilmethoden und Heilmittel werden allgemein beschrieben.

2.1 Der Erste oder Physische Körper

Der Physische Körper ist der dreidimensional wahrnehmbare Ausdruck der Schöpfung, den wir mit unseren fünf Sinnen erfassen können über Sehen, Hören, Riechen, Schmecken und Tasten. So gesehen, haben alle Lebewesen (Menschen, Tiere, Pflanzen) und Objekte (sowohl natürliche als auch künstlich geschaffene) einen Physischen Körper, der aus bestimmten Materialien besteht. Er wird ernährt durch Essen und Trinken sowie durch die Atemluft, bei Objekten durch adäquate Mittel, die das einzelne Objekt am Leben erhalten.

2.1.1 Wissenschaftliche Betrachtungsweise

Es gilt heute in der Wissenschaft als selbstverständlich, dass Materie nichts anderes ist als verdichtete Energie, was bedeutet, dass der Physische Körper ein Ausdruck des Zustandes der verschiedenen Energieebenen ist (vgl. Ludwig, S. 10ff.; Bischof, S. 216ff.). Für diese Erkenntnis, dass Materie aus Schwingungen aufgebaut ist, gibt es moderne Messverfahren. Der Physiker *Dr. Ludwig* führt aus: „Die genauesten Messverfahren, die wir in der Naturwissenschaft haben, liefert die sog. Spektroskopie. Darunter versteht man die Aufschlüsselung eines Gemisches von Materie oder Energiequanten in seine Bestandteile. Die Massenspektroskopie zerlegt ein Gemisch von Atomen und Molekülen in seine Einzelteile. ... Die Frequenzspektroskopie zerlegt ein Schwingungsgemisch in Grundschwingung und Oberschwingungen." (Ludwig, S. 10).
Anders ausgedrückt kann man sagen: „Selbst in der scheinbar so festen Materie sind die Moleküle in ständiger Schwingung." (Tepperwein, S. 57).
Sherwood schreibt, dass der Physische Körper „aus dichter Materie von langsamer Schwingung" besteht „und aus den Energien und Kräften, die zu Reaktionen der Materie führen." (Sherwood, S. 33).

Daher gelten für den Physischen Körper die gleichen Gesetze wie in der nicht-materiellen Welt, was oft ausgedrückt wird mit den Worten „wie innen, so außen" oder „Mikrokosmos wie Makrokosmos", weshalb auch das Gesetz der Resonanz funktioniert (vgl. Kapitel 2.5.1.1.8). *Dr. Ludwig* definiert diese folgendermaßen: „Unter Resonanz versteht man die Wechselwirkung zweier schwingungsfähiger Systeme aufgrund Übereinstimmung der Wellenlänge ihrer Frequenzen." (Ludwig, S. 26).
Das bedeutet, was außerhalb eines Menschen da ist, ist auch innerhalb vorhanden, weil es die gleiche Energie ist, die den Physischen Körper durchdringt, im Außen und im Innen. Die ganze Schöpfung ist also „durchdrungen von einer inneren Ordnung, die bestimmten Gesetzmäßigkeiten gehorcht. Diese geistigen Gesetze haben ihren eigenen Rhythmus, in den wir alle eingebettet sind." (Tepperwein, S. 2).

Diese universellen oder geistigen Gesetze werden im Kapitel über den Fünften Körper (2.5.1.1 Die Geistigen Gesetze), von wo sie nach unten auf die anderen Körper wirken, näher beschrieben.

2.1.2 Verschmutzungen im Physischen Körper

Der Physische Körper speichert häufig Giftstoffe wie Schwermetalle, zum Beispiel Quecksilber aus Amalgamfüllungen, chemische Stoffe wie Lösungsmittel, beispielsweise Formaldehyd, oder Spritzmittel, wie sie in der Landwirtschaft verwendet wurden oder noch verwendet werden (durch Export in Länder der Dritten Welt), wie zum Beispiel E 605, DDT (dichlor-diphenyl-trichlor-Äthan) und andere Pestizide.
Das Gefährliche daran ist, dass mehrere solcher negativer Umwelteinflüsse im Physischen Körper sich nicht nur addieren, sondern vielmehr potenzieren. (Vgl. Ludwig, S. 18).

Diese Toxine befinden sich häufig in den Nahrungsmitteln, weil es auf Grund unserer heutigen Umweltsituation kein reines Wasser, keine reine Nahrung und keine reine Luft mehr gibt. Viele Giftstoffe sind bereits im Grundwasser, in der Erde, im Regen und damit im Nahrungsmittelkreislauf enthalten.
Der Körper mit seiner wunderbaren Intelligenz erkennt, dass das Nahrungsmittel nicht einwandfrei und bekömmlich ist und eliminiert die Gifte. Diese lagert er in den

Körperorganen oder damit in Verbindung stehenden Körperstellen ein, die einen „Unerlösten Seelischen Konflikt (USK)" beherbergen. (Vgl. Klinghardt 10, S. 12).

Weil sich die Giftstoffe oder Spritzmittel mit dem Lebensmittel verbinden, reagiert der Körper häufig allergisch auf das Nahrungsmittel, da er ja „weiß", dass hier irgendetwas nicht „richtig" ist. Wahrscheinlich haben in der westlichen Welt, wo die Allergien seit dem Zweiten Weltkrieg sehr stark zugenommen haben, die größten Veränderungen im Bereich des Weizens und der Kuhmilch stattgefunden. Sowohl Getreide- als auch Milchprodukte werden meist täglich in irgendeiner Form gegessen, so dass eine große Nachfrage nach diesen Nahrungsmitteln besteht. Diese hat zur Folge, dass auf immer kleinerer Fläche immer mehr Weizen produziert wird, weshalb chemische Stoffe zum Wachstum der Ähren und zur Fernhaltung von Schädlingen eingesetzt werden. Außerdem wird Weizen mit Wachstumshemmern wie Chlormequat behandelt, damit die Stiele der Pflanzen nicht so hoch wachsen und die Bauern es leichter haben bei der Ernte. Schon das verwendete Saatgut ist gegenüber dem früheren mutiert.
Entsprechend haben sich die Tierhaltung der Kühe und das Tierfutter verändert, so dass schon die Milch Toxine enthält. Viele Milchprodukte wie zum Beispiel Käse werden oft mit Hilfe von chemischen Mitteln hergestellt oder mit chemischen Zusätzen versehen wie zum Beispiel Fruchtquark, Jogurt oder Sahne in der Sprühdose. Unverträglichkeiten und Allergien sind die (logische) Folge.

Der amerikanische Zahnarzt *Dr. Weston Price* aus Cleveland, Ohio, konnte durch Studien an Naturvölkern bereits in den 30er und 40er Jahren des 20. Jahrhunderts beweisen, dass der Genuss von Weißmehl, Zucker und denaturierten Nahrungsmitteln Zähne und Kiefer schädigt sowie chronische und degenerative Erkrankungen hervorruft. (Vgl. Price; vgl. Byrnes)

Weiterhin können Parasiten im Körper, vor allem im Darm mit seinem riesigen Immunabwehrsystem, eine Giftquelle sein. (Vgl. Klinghardt 8, S. 88, und Klinghardt 9, S. 62) Dies sind verschiedene Würmer wie Askariden und Taenien oder Pilze, zum Beispiel Candida albicans. Ebenso können alle anderen Erreger wie Viren und Bakterien eine toxische Wirkung im Körper haben und ihn „verschmutzen".

2.1.3 Heilung des Physischen Körpers

Zum Auffinden der toxischen Stoffe muss individuell berücksichtigt werden, mit welchen Substanzen ein Mensch im Lauf seines Lebens in Berührung kam oder aktuell in Berührung ist. Die Suche muss das häusliche und berufliche Umfeld einer Person umfassen, zum Beispiel die täglich verwendete Zahnpasta, Kosmetika und Kleidung genauso wie die Baustoffe der Wohnung oder des Hauses, die verwendete Farbe an den Wänden oder die Beschaffenheit von Möbeln und Einrichtungsgegenständen. Auch einmal eingenommene Medikamente oder Narkotika und Lokalanästhetika, die injiziert wurden, Impfungen in der Kindheit und im Erwachsenenalter sind zu berücksichtigen.

Zur Heilung auf der Ersten Ebene muss deshalb zuerst die Giftquelle eliminiert werden, damit der Körper nicht ständig dem Einfluss von negativ wirkenden Dingen ausgesetzt ist. Dies kann das Herausbohren von Amalgamfüllungen, das Aussortieren von Einrichtungs- und Gebrauchsmaterialien oder sogar ein Wohnungsumzug bedeuten.

Als eine gute Methode zum Auffinden von Substanzen, Parasiten und Erregern sowie deren Ansiedlungsorten im Physischen Körper hat sich die Regulations-Diagnostik nach *Dr.*

Klinghardt® erwiesen. Mit ihrer Hilfe kann der Therapeut über den neuralkinesiologischen Muskeltest sowohl extra- als auch intrazellulär diagnostizieren. Über das Resonanzphänomen können die individuell verschiedenen optimalen Ausleitungs- und Heilmittel herausgefunden werden, mittels derer die Therapie zur Reinigung des Physischen Körpers erfolgt.

Durch die ausgiebige Reinigung des Physischen Körpers mittels Ausleitungsverfahren in Kombination mit Manebua Schamanische Psycho-Kinesiologie (MSPK) oder in Folge davon findet auch eine Bewusstseinserweiterung statt, die durch die Giftstoffe, insbesondere Quecksilber, verhindert wird. Dann kommt die Zeit, dass der Patient, wenn er zum Beispiel Raucher ist, ganz von alleine merkt, dass das Rauchen für ihn nicht mehr passt, weil er damit den Körper ständig vergiftet. Mit Hilfe der Psycho-Kinesiologie (PK), der Mentalfeldtherapie nach *Dr. Klinghardt*® (MFT) oder von Manebua Schamanische Psycho-Kinesiologie (MSPK) ist es möglich, dieses „Laster" aufzugeben.

Ebenso verhält es sich mit dem übermäßigen Genuss von Kaffee und Alkohol oder dem Essen von „junk food": der Körper sehnt sich von alleine nach möglichst reinem Essen und Trinken und sucht sich entsprechende Nahrung aus biologisch-dynamischem Anbau aus, die meist wesentlich besser vertragen wird als die herkömmlichen Nahrungsmittel aus dem Supermarkt. Es ist dann auch keine Strafe, Alkohol zu meiden, sondern ein Genuss, reines Quellwasser ohne Kohlensäure zu trinken. Und ein „Joint" oder härtere Drogen kommen einfach nicht mehr in Frage, weil der Patient spürt, dass diese Zufuhr seinem Körper absolut nicht mehr gut tut und alles Mögliche unternimmt, um eine eventuelle Sucht zu überwinden.

2.2 Der Zweite oder Elektrische Körper

Der Elektrische Körper entsteht und hat seinen Namen dadurch, dass die Impulse im Nervensystem elektrischer Art sind. Auf ihrem Weg von A nach B fließen Ströme, die ein sich gleichmäßig nach außen ausbreitendes elektromagnetisches Feld bilden, das ins Unendliche reicht. *Bischof* erklärt: „Alle biologischen Wechselwirkungen, selbst diejenigen, die die Chemie erforscht, sind elektromagnetischer Natur. Dies gilt auch für die Signalübertragung, die von der Biochemie für die chemischen Botenstoffe beansprucht wird" (Bischof, S.216).

Entsprechend der polyvagalen Theorie der Emotionen entstehen die unterschiedlichen Gefühle eines Menschen in verschiedenen Körperorganen, indem diese bestimmte Neuropeptide, Neurotransmitter und andere chemische Stoffe produzieren, die zum Physischen Körper gehören. (Vgl. Porges und Klinghardt 2, S. 62ff.) Die elektromagnetische Form der Emotionen befindet sich in diesem Zweiten Körper und ist von uns durchaus wahrnehmbar. Die meisten Menschen spüren nämlich, welche Gefühle ein anderer gerade hat, ob Zorn oder Zuneigung usw., sind sich dessen nur nicht immer bewusst.

Der noch relativ junge Zweig der Psycho-Neuro-Immunologie (PNI) in der Medizin widmet sich der Erforschung von psychischen und physischen Zusammenhängen. *Dr. Ludwig* schreibt dazu: „Die moderne Psycho-Neuro-Immunologie konnte beweisen, dass seelische Störungen über das Nervensystem das Immunsystem schwächen und zu organischen Schäden führen können." (Ludwig, S.19). Über die physische Manifestation des Elektrischen Körpers im Nervensystem werden also Störungen in den oberen Körpern auf den Physischen Körper übertragen, damit der Mensch merkt, dass etwas „nicht in Ordnung" ist mit ihm.

Viele Menschen können diesen Elektrischen Körper, der nah um den Physischen Körper herum verläuft und wie ein schmaler Lichtsaum erscheint, sehen, alle können ihn spüren - wenn uns ein Gegenüberstehender zum Beispiel zu nahe kommt, was von uns als unangenehm empfunden wird - oder sogar ertasten.

2.2.1 Wissenschaftliche Betrachtungsweise

Das den Menschen umgebende elektromagnetische Spektrum reicht von Kosmischer Höhenstrahlung über Gamma- und Röntgenstrahlung, UV- und sichtbarem Licht bis zu Mikro- und anderen Kurz-, Mittel- und Langwellen. Von diesem Spektrum nehmen wir nur einen winzigen Bruchteil mit den Augen wahr, nämlich das sichtbare Licht. Die anderen Strahlungen können von eigens dafür hergestellten Geräten wie dem Radio empfangen werden. (Vgl. Ludwig, S. 10f.).
Die elektromagnetische Abstrahlung des Menschen reicht jedoch über den gesamten Frequenzbereich! *Dr. Ludwig* schreibt über eine Messung an Versuchspersonen durch *Bigu del Blanco* in Kanada: „Das Maximum der Abstrahlung eines Menschen befindet sich im infraroten Spektral-Bereich und ist noch in km-Entfernung mit Nachtsichtgeräten (IR-Kameras) festzustellen!" (Ludwig, S. 25). Das bedeutet, dass wir mit unseren Energiekörpern in Resonanz gehen können zu der Außenstrahlung und Kontakt zu anderen Energiekörpern aufnehmen können. Laut *Dr. Klinghardt* geschieht dies sehr wahrscheinlich über das Autonome Nervensystem, das somit unseren „Sechsten Sinn" darstellt.

2.2.2 Verschmutzungen im Elektrischen Körper

Auf dieser Zweiten Ebene kommt es zu Verschmutzungen durch geopathischen Stress wie Erdstrahlen, kosmischen Strahlen und Elektrosmog aller Art. Die Errungenschaften der Technik, die meist elektrischer oder elektronischer Natur sind, wie das weltweit aufgebaute Funknetz für den Betrieb von mobilen Telefonen, aber auch beispielsweise die Elektronik in Automobilen sowie die heutige Beschaffenheit der meisten Arbeitsplätze mit Computertechnik spielen bei der Verschmutzung des Elektrischen Körpers eine beachtliche Rolle, da sie das menscheneigene Energiefeld empfindlich stören. (Vgl. Seiler / Zwerenz)
Die Konsequenz ist, dass die Energie in den Chakren und Meridianen (vgl. Kapitel 3.1.2 Die Chakren und 3.1.3 Die Meridiane) nicht mehr „normal" fließen kann, weil die Energiezentren, Akupunkturpunkte und Meridiane gestört oder „verstopft" werden. Als Folge davon wird der physische Körper krank.

Auch Impfnarben oder Operations- und Unfallnarben können den Energiefluss behindern, vor allem, wenn sie quer zu den Meridianen verlaufen und ihr emotionaler Inhalt noch nicht verarbeitet ist. Das Gleiche gilt für den Bauchnabel, Dammschnitte, Ohrringlöcher, Piercings und Tätowierungen.

Metallene Jeansknöpfe oder Reißverschlüsse, die auf dem vorderen Hauptmeridian zwischen Schambein und Kinn verlaufen, ziehen Energie an und können bei einer Vorbelastung des Körpers durch Schwermetalle beispielsweise Nickelallergien verursachen. Der Ersatz der Knöpfe und Reißverschlüsse durch Plastikmaterialien kann Linderung verschaffen, bis die Hauptursache, die Schwermetalle, durch Ausleiten beseitigt ist.
Auch geschlossene Energiekreisläufe um den Hals, die Arme oder Beine durch Schmuckketten, selbst wenn sie aus Edelmetallen bestehen, können Allergien auf die entsprechenden Materialien hervorrufen. In diesem Fall helfen kleine Kettenglieder aus

Plastik mit gold- oder silberfarbigen Verschlüssen zum Einhaken in das Schmuckstück, weil sie den Energiefluss unterbrechen.

Verschiedene metallische Zahnmaterialien im Mund lassen Ströme fließen, die das Gehirn blockieren und Tinnitus hervorrufen können und ebenfalls den Zweiten Körper „verschmutzen". Hier hilft meistens leider nur das Austauschen der Zahnmaterialien durch gut ausgetestete Kunststoffe.

Eine andere Art der „Verschmutzung" geschieht durch fortgesetzt „schlechte" oder negative Gefühle, beispielsweise Aggressivität, Hass, Verzagtheit, Misstrauen, Unzufriedenheit usw., die jemand hat. Hierbei laufen elektrische Signale über die Nervenbahnen in die Peripherie, die an den Synapsen in chemische Reaktionen umgesetzt werden und das schlechte Gefühl auch physisch hervorrufen.

Gefühle entstehen aber aus einem bestimmten Denken oder gewissen Lebenseinstellungen heraus, die zur Dritten Ebene gehören. Damit werden wir uns im Kapitel über den Mentalkörper (Kapitel 2.3) näher befassen.

2.2.3 Heilung des Elektrischen Körpers

Um Erkrankungen im Zweiten Körper heilen zu können, müssen wiederum die Quellen geopathischen Stresses oder von Elektrosmog, so weit überhaupt möglich, eliminiert werden. Dies kann zum Beispiel durch Umstellen des Bettes im Schlafzimmer geschehen, durch Abschalten des Stromes bei Nacht mittels eines Netzfreischalters, der mühelos in den Sicherungskasten eingebaut werden kann, oder durch den Verzicht auf Mobiltelefone beziehungsweise den Einbau von Schutzvorrichtungen.

Es gibt unzählige Objekte auf dem Markt, die vor Elektrosmog schützen sollen. Viele haben bei der kinesiologischen Testung zunächst ein positives Ergebnis, können aber einem Langzeit-Belastungstest oft nicht Stand halten.
Eine wichtige Erkenntnis ist, dass auch die Schutzvorrichtungen von Zeit zu Zeit gereinigt werden müssen, seien es Rosenquarze oder Salzkristalle, Pyramiden oder spezielle Betteinlagen, oder Chips für Handys.
Gut bewährt haben sich bei mir bis jetzt Schutz- und Entstörungssymbole, weil sie langfristig die Information auf Schwingungsebene verändern.

Zur Heilung der Gefühle gibt es unzählige Methoden (Kinesiologie, Energieströmen, Akupressur,...), die eine Reinigung des Elektrischen Körpers bewirken und zum Ziel haben, negative Gefühle zu eliminieren oder dauerhaft in positive umzuwandeln, um den Physischen Körper heil werden zu lassen.

2.3 Der Dritte oder Mentalkörper

Der Mentalkörper heißt so, weil in ihm Vorgänge stattfinden, die das Denken, die innere Haltung und das daraus resultierende Handeln eines Menschen ausmachen. Im Mentalkörper befindet sich der Bereich der Ideen und des Geistes (vgl. Sherwood, S. 15). „Er wirkt sowohl als Empfänger als auch als Übermittler der Gedanken anderer empfindungsfähiger Wesen. Er empfängt aber auch die vom <All-Seienden> ausgehenden Gedanken" und lässt sie „in die Begrenztheit menschlichen Bewusstseins eingehen" (Sherwood, S. 35).

Entsprechend seiner Erfahrungen bei der Zeugung, mit der ein Mensch auch Vorerfahrungen aus vorangegangenen Leben mitbringt, in der pränatalen Zeit, vor allem aber bei der Geburt oder kurz danach und während der ersten vier Lebensjahre, trifft das Unterbewusstsein des Menschen bestimmte Entscheidungen. Diese werden als vorgefasste Meinungen, Einstellungen und Glaubenssätze abgespeichert, welche eine bestimmte Lebensstrategie, die sich in den Handlungen und Verhaltensmustern zeigt, bewirken. In den meisten Lebenssituationen werden diese Programme unbewusst wieder abgerufen, egal, ob es die entsprechende Situation so erfordert oder nicht. Damit wird das Finden einer neuen Lösungsmöglichkeit automatisch blockiert.

2.3.1 Wissenschaftliche Betrachtungsweise

Materie kann nicht denken, also muss der Mentalkörper zu einem Bewusstsein gehören, das die Essenz des Menschen ausmacht: „Das Wesentliche an allem Materiellen ist also das Immaterielle, die geistige Struktur, die man beim Menschen Bewusstsein nennt." (Tepperwein, S. 60). Und weiter: „Dieser Geist ist der Urgrund aller Materie. Nicht sichtbare, aber vergängliche Materie ist das Wirkliche, Wahre, sondern der Geist dahinter ist die Wahrheit und Wirklichkeit. Materie ist Energie, und Energie ist nichts anderes als die Tätigkeit des einen bewussten Geistes." (Tepperwein, S. 61f.)
Kurz gesagt: Der Geist steht über der Materie und veranlasst diese, sich auf eine bestimmte Weise zu „verhalten"!

Das wohl umfassendste Werk über den Geist und seine Funktionsweise hat *Dr. Joseph Murphy* geschrieben. Er erklärt: „Sie denken mit Ihrem bewussten Geist, und Ihre Denkgewohnheiten prägen sich Ihrem Unterbewusstsein ein, das dann den betreffenden Gedankeninhalten Gestalt verleiht." (Murphy, S. 38). Weiter fährt er fort: „Das Gesetz Ihres Geistes lautet wie folgt: *Ihre bewussten Gedanken und Vorstellungen rufen eine vom Wesen nach identische Reaktion Ihres Unterbewusstseins hervor.*" (Murphy, S. 39). Diese Sichtweise entspricht der des Direkten Resonanzphänomens nach *Prof. Omura*, bei ihm allerdings auf den Physischen Körper bezogen. Demnach hinterlassen alle dem Unterbewusstsein übermittelten Gedanken ihre Eindrücke in den Gehirnzellen, die für die Verwirklichung der Gedanken sorgen. „Um das betreffende Ziel zu verwirklichen, verbündet sich Ihr Unterbewusstsein mit allen Kräften und Gesetzen der Natur." (Murphy, S. 39). Es unterscheidet allerdings nicht zwischen gut und schlecht, weil es nicht logisch denkt, nicht wertet und nicht inhaltlich auf Richtigkeit oder Unrichtigkeit prüft. Deshalb können „falsche" Gedanken zu „Verschmutzungen" des Mentalkörpers führen mit oft fatalen Folgen.

Eine kürzlich veröffentlichte Studie zeigt, dass ein Krebspatient, dem eine entsprechende Diagnose genannt wurde, viermal schneller stirbt und viermal mehr Symptome hat sowie sämtliche Nebenwirkungen der verabreichten Medikamente als ein Patient aus einer uninformierten Kontrollgruppe. Dieses Phänomen wird als „Nozebo Effekt" bezeichnet (Klinghardt in: Döring-Meijer, Heribert (Hrsg.), S. 153).
Das heißt konkret, jeder Arzt oder Therapeut, der eine Krankheit benennt, setzt einen negativen „Anker" in den Mentalkörper, der im Patienten seine Wirkung tut.
Weil auch die Mitbehandler und Angehörigen im selben Feld wirken, ist es ebenfalls erforderlich, deren Einstellung zur Krankheit und den daraus resultierenden Erwartungen zu behandeln.
Auch das Feld der Erkrankung selbst muss berücksichtigt werden. Es enthält alles, „was über eine Erkrankung bekannt ist, entdeckt, niedergeschrieben oder gedacht wurde und das ganze Leiden der Menschheit, das mit dieser Erkrankung in Zusammenhang steht. Dieses Feld der

Erkrankung hängt über dem Patienten wie ein Damoklesschwert. Durch das Aussprechen der Diagnose wird der Patient an dieses Feld angeknüpft, und ab diesem Zeitpunkt verhält er sich genau so, als hätte er die diagnostizierte Krankheit" (Klinghardt, in: Döring-Meijer, Heribert (Hrsg.), S. 154).

2.3.2 Verschmutzungen im Mentalkörper

Geistige Fehlhaltungen sind Verschmutzungen, die Krankheiten auslösen können (vgl. Ludwig, S. 19). *Murphy* beschreibt dazu eine schöne Metapher: „Ihr Unterbewusstsein gleicht dem Erdreich, das jeden Samen, ob gut oder schlecht, in sich aufnimmt. ... Negative, zersetzende Vorstellungen setzen ihre zerstörende Wirkung im Unterbewusstsein fort und bringen früher oder später die entsprechenden Früchte hervor, die in Form unangenehmer Erlebnisse in Ihr Leben treten." (Murphy, S. 40)
Deshalb ist es wichtig, die Gedanken und Worte, die man benützt, zu überprüfen und sorgfältig zu wählen. Denn „jeder Gedanke verursacht etwas – ist Ursache; und jeder Zustand ist durch etwas bewirkt worden – ist also Wirkung. ... Das Gesetz des Lebens und das Gesetz des Glaubens sind ein und dasselbe. Glauben heißt Denken, in Ihrem Geist denken. Glauben Sie – das heißt denken Sie – an nichts, was Sie schädigen oder verletzen könnte!" (Murphy, S. 37)

2.3.3 Heilung des Mentalkörpers

Der Mentalkörper oder die Dritte Ebene braucht zur Heilung also Reinigung von negativen Gedanken, Einstellungen und Glaubenssätzen sowie daraus resultierenden Verhaltensmustern. Da jeder einzelne Gedanke unser Schicksal verändert, müssen die Menschen lernen, möglichst optimal mit ihrem Denksystem umzugehen. „Das heißt vor allem wahres Positives Denken. Also zu erkennen, dass alles, was mir widerfährt, in Wirklichkeit für mich gut ist, weil ich es not-wendig gemacht habe und es mir nur dienen und helfen will." (Tepperwein, S. 83).
Man sollte sich also in oder nach jeder schwierigen Situation die Frage stellen: „Was habe ich daraus zu lernen?" „Was ist letztlich Positives daraus entstanden?"
Dazu braucht es eine Öffnung des Glaubenssystems für „Wunder", das heißt, die Verankerung des Satzes „Alles ist möglich" sollte im System angestrebt werden.
Einengenden Aussagen von Ärzten und Therapeuten wie „Sie müssen lernen, mit Ihren Schmerzen zu leben" oder „Jetzt gehen Sie noch zehn Jahre arbeiten und lassen sich dann frühzeitig pensionieren" oder gar „Sie haben noch circa drei Monate zu leben" sollte man keinerlei Glauben schenken. Wenn man sich selbst dabei „ertappt", dass negative Gedanken oder Bilder aufkommen (das Unterbewusstsein „denkt" nämlich in Bildern), hilft folgende kleine Übung:

Übung 1:

Zeichnen Sie gedanklich sofort ein großes rotes Kreuz (wie auf dem Lottoschein) über den Gedanken oder das Bild, was „stopp!" bedeutet, „ich möchte anders weiterdenken". Sprechen Sie vor allem anfangs diese Worte möglichst laut aus. Das ist alles!

Mit dieser kleinen Übung habe ich sehr gute Erfahrungen gemacht, negatives Denken dauerhaft zu unterbinden.

Eine Heilung von Problemen und Erkrankungen, die auf dieser Ebene ihren Ursprung haben, wird möglich durch die Umänderung des Glaubenssystems von einschränkenden zu freimachenden Glaubenssätzen. Das Unterbewusstsein ist nämlich gut durch Suggestion beeinflussbar. Außerdem muss der Patient von dem Feld der Erkrankung selbst abgekoppelt werden und von dem, was die Angehörigen und Behandler darüber wissen und denken.

Mit Hilfe von Manebua Schamanische Psycho-Kinesiologie (MSPK), der Mentalfeldtherapie (MFT)® oder der Psycho-Kinesiologie nach Dr. Klinghardt® (PK) (vgl. 8 Klinghardt) ist dies möglich, und die Menschen können selbstbewusster, sicherer, freier, liebender und achtender werden. Diese Methoden werden in den gleichnamigen Seminaren gelehrt.

Fallbeispiel:

> Eine 19-jährige Patientin konnte einfach alles an Gedanken sehen, die im Raum herum schwirren. Gedanken sind Energieformen in der Luft, und ein Mensch, der „dicht gemacht" hat, kann diese Formen nicht sehen, aber ein Mensch, der offen ist nach „oben", ist eben auch offen für diese Gedankenformen und kann sie wahrnehmen.
> Diese junge Frau war allerdings schon ganz verwirrt davon und sagte: „Was soll ich denn machen, wenn ich die Gedanken der Leute sehe in der S-Bahn, beim Einkaufen und im Büro?"
> Ihr habe ich beigebracht, sich energetisch davon zu distanzieren. Sie musste lernen, dass sie die Gedanken Anderer nichts angehen. Dazu musste ich ihre Aura stärken und herausfinden, warum sie so offen war für alles, was von außen kam. Die zugrunde liegenden Traumata, Glaubenssätze und Einstellungen mussten herausgefunden und mit Manebua Schamanische PK behandelt werden.
> Diese Patientin ist inzwischen völlig stabil und kümmert sich nicht mehr um die Gedanken Anderer.

2.4 Der Vierte oder Intuitive Körper (Traumkörper)

Dieser Körper wird auch als der transpersonale Bereich bezeichnet und ist aktiv tätig in Träumen, in Trance, in medialen Zuständen, beim Familienstellen nach *Hellinger* und Ähnlichem. Hier „findet all das Zwischenmenschliche statt – das, was sich als Feld zwischen den Menschen befindet und mit dem „Ganzen" in Verbindung steht. Es ist der Teil von uns, der verbunden ist – mit dem Lebendigen und dem Toten – dem Vergangenen und dem Gegenwärtigen" (Klinghardt in: Döring-Meijer (Hrsg.), S. 155).

Auf dieser Ebene übernehmen Familienmitglieder entsprechend der von dem Nobelpreisträger in Chemie, *Ilja Prigogine*, entdeckten „dissipativen Strukturen" den Stress eines anderen Familienmitglieds. „Der Stress wird gleichmäßig im System an empfängliche, lebende, zukünftige und vergangene Mitglieder verteilt. ... Dadurch ist es der ursprünglich betroffenen Person möglich, zu überleben und das Leben weiterzugeben" (Klinghardt in: Döring-Meijer (Hrsg.), S. 157).

Nach *Hellinger* geschieht dies aus Liebe zu den Mitgliedern der Familienseele und aus der Zugehörigkeit zum Familiensystem heraus, die den Mitgliedern meist wichtiger ist als das eigene Leben.

Es ist aber auch die Ebene, wo geistige Phänomene stattfinden wie außersinnliche Wahrnehmungen, wenn sich zum Beispiel jemand über seinem Körper an der Decke des Raumes schwebend empfindet oder zu gleicher Zeit an verschiedenen Orten die Gespräche von Personen registrieren kann. Denn hier gibt es keine Chronizität, so dass ein späteres Ereignis schon jetzt gesehen werden kann oder ein früheres Ereignis aus einem Vorleben wahrgenommen wird.

Im Intuitiven Körper wirken auch unsere geistigen Helfer, zum Beispiel Engel, die entsprechend dem Schamanismus verstorbene Angehörige sind, die uns aus dem Jenseits begleiten und schützen und manchmal direkt zu sehen oder zu spüren sind.
Mit dem Traumkörper können Menschen Geistwesen wie Elfen, Gnome usw., aber auch Fratzen und andere durch ihr Aussehen Angst einflößende Wesen wahrnehmen.

Schulmedizinisch werden derartige Erlebnisse im Allgemeinen als Psychose bezeichnet. (Vgl. Pschyrembel, S. 1378).

Der Traumkörper kann sich vom Physischen Körper entfernen, was automatisch bei physischen und psychischen Traumen zu geschehen scheint, wenn jemand beispielsweise sexuell oder körperlich missbraucht wird, also irgendeine Form von physischer oder psychischer Gewalt angewendet wird. Dies zeigt sich dadurch, dass jemand trotz Verletzungen für einige Zeit schmerzfrei ist.

Fallbeispiel:

> Als junge Frau hatte ich einen Autounfall auf der Autobahn, bei dem ich – da noch keine Sicherheitsgurte im PKW vorhanden waren – aus dem sich im Kreis drehenden Wagen auf die Fahrbahn geschleudert wurde.
> Ich stand auf und fühlte keinerlei Schmerzen, so dass ich dachte, alles sei in Ordnung.
> Ein nachkommender Autofahrer brachte mich an meinen Zielort, weil mein PKW einen Totalschaden hatte. Mein Verlobter erwartete mich und bestand darauf, dass ich ärztlich untersucht würde, was ich – da ich immer noch vollkommen Schmerz frei war – nicht für nötig hielt.
> Als ich schließlich im Wartezimmer der Arztpraxis saß, mehr als eine Stunde nach dem Unfall, spürte ich, wie plötzlich meine Energie wiederkam und gleichzeitig damit Schmerzen am ganzen Körper. Erst im Behandlungsraum bemerkte ich, dass ich am linken Oberschenkel einen riesigen Bluterguss hatte. Außerdem hatte ich diverse Prellungen und Schürfwunden an Händen und Armen, von denen ich bis dahin absolut nichts gespürt hatte, weil mein Traumkörper sich in Trance vom Physischen Körper entfernt hatte.

Dieses Entfernen des Intuitiven Körpers vom Physischen Körper kann – wenn der Energiekörper nicht vollständig zurück kommt - eine „Psychose" unterschiedlichster Art (z.B. Stimmen hören, irreale Bilder sehen, die Gedanken Anderer wahrnehmen) hervorrufen und bis zum Realitätsverlust und einer Multiplen Persönlichkeit führen, weil andere Energien die Chance nutzen, den nicht eingenommenen Platz zu besetzen. Diese Besetzung oder Fremdenergie verhindert wiederum das völlige „Bewohnen" des „Hauses" Körper (vgl. Kapitel 1.2.3.3.2 Extraktion).

2.4.1 Wissenschaftliche Betrachtungsweise

Der Intuitive Körper besteht aus Licht und tritt in Resonanz mit Licht. Professor *Popp* konnte in seinen umfangreichen Versuchen zeigen, dass Zellen über Lichtquanten, die er Biophotonen nennt, miteinander kommunizieren.
Dr. Ludwig definiert Biophotonen folgendermaßen: „Photonen sind die Quanten des elektromagnetischen Feldes, d.h. deren kleinste Einheiten. In Lebewesen sind Photonen gespeichert und übernehmen den Informations-Austausch zwischen den Zellen. Diese Photonen werden Biophotonen genannt." (Ludwig, S. 142).

Eine weitere Definition fand ich bei *Stoll und Stoll*: „Wenn Photonen, Albert Einstein bezeichnete sie als „Lichtquanten", in Verbindung mit biologischen Systemen stehen, nennt man sie Biophotonen." (Stoll / Stoll, S. 22)

Die Biophotonen-Ebene ist der Materie übergeordnet und steuert diese. Sämtliche Lebensvorgänge laufen mittels Biophotonen ab. (Vgl. Ludwig, S. 27)

Die Biophotonenstrahlung hat ihren Ursprung in elektronisch angeregten Molekülen, die durch Zufuhr von Energie auf eine höhere Umlaufbahn springen, also einen „Quantensprung" tätigen. Springt das Elektron wieder zurück, so wird Energie frei, die zum Lichtquant wird mit einer bestimmten Frequenz. Diese Frequenz entspricht beim sichtbaren Licht einer Farbe (vgl. Bischof, S. 25f.).

Alle Lebewesen beziehen ihre Energie von der Sonne, die in den Pflanzen als chemische Energie gespeichert wird. Jede Zelle von Mensch und Tier besitzt ein regelrechtes Kraftwerk, die Mitochondrien, um diese Energie aufnehmen zu können. In ihnen wird die Nahrung mit Hilfe von Sauerstoff in ihre Bestandteile zerlegt, wobei die gespeicherte Energie freigesetzt wird. Diese Energie kann nicht vernichtet, allenfalls in eine andere Form umgewandelt werden, zum Beispiel in Licht oder Wärme, nach *Albert Einstein* auch in Materie, da diese nur eine besondere Erscheinungsform von Energie ist (vgl. Kapitel 2.1.1 Wissenschaftliche Betrachtungsweise des Ersten oder Physischen Körpers). (Vgl. Tepperwein, S. 59).
Das heißt, Zellen müssen mit Licht gespeist werden, um funktionsfähig zu sein. Eine Stunde täglich Spazierengehen bei Tageslicht ist die beste „Nahrung" und Gesundheitsprophylaxe.

Auch im Bereich der Biophotonen können „Verschmutzungen" auftreten.

2.4.2 Verschmutzungen im Intuitiven Körper (Traumkörper)

Dieser Körper, der jenseits von Worten agiert, kann verschmutzt sein durch das Anwenden negativer Symbole, schwarzer Magie, durch Flüche, Verwünschungen und Ähnliches. Sie alle können bewirken, dass die Lichtstrahlung blockiert wird und damit zu wenig Energie zur Verfügung steht, oder aber von einer Frequenz = Farbe zu viel vorhanden ist, während eine andere fehlt.

2.4.3 Heilung des Intuitiven Körpers (Traumkörpers)

Hier ist es wichtig, dass die Aura des Patienten gereinigt und ein Schutz aufgebaut wird, der ihn vor weiteren Angriffen auf dieser Ebene bewahrt. Auch ungute energetische Verbindungen, die durch Versprechen, Gelübde, Flüche und Ähnliches entstanden sind, müssen aufgelöst werden. Dann kann die echte Intuition des Individuums hindurch kommen und positiv wirken.

Hilfsmittel auf dieser Vierten Ebene sind energetische Verfahren wie das Zuführen von Frequenzen auf die unterschiedlichste Art und Weise oder Lösen von Verstrickungen durch Familienstellen nach *Bert Hellinger*. In der Psycho-Kinesiologie nach *Dr. Klinghardt*® werden dazu Farbbrillen sowie lösende Sätze im inneren Dialog mit einer Person verwendet.

Schamanen sehen die „eigentliche" Grundursache in früheren - auch schon in einem Vorleben - gegebenen Versprechen auf der Seelenebene oder in anhängigen Flüchen und Verwünschungen. Sie reagieren darauf mit deren Auflösung in einem Reinigungs- und Loslass-Ritual.

Wenn der Traumkörper gereinigt ist, ist es den feinen Schwingungen des Seelenkörpers, der Fünften Ebene, leicht möglich hindurch zu kommen und sich über den Mentalkörper und den Elektrischen Körper bis nach unten in den Physischen Körper fortzusetzen, wodurch wunderbare Heilungen geschehen können. Außerdem können sich Fähigkeiten entwickeln, von denen bisher niemand auch nur etwas ahnte.

Beispiel:

Ein guter Freund, der Lehrer war und noch nie etwas fürs Malen übrig gehabt hatte, wurde nach einem längeren inneren Prozess von der Seelenebene „angewiesen", farbige Bilder zum Schutz von Räumen und ganzen Häusern zu malen.
Er war höchst erstaunt darüber und musste sich einfach an die Arbeit machen, weil er sich innerlich so stark dazu hingezogen fühlte. Zu seiner eigenen Überraschung wusste er, wenn er einen Raum anschaute, intuitiv, welche Farben und Formen er aufs Bild setzen musste und welche Bildgröße für die Räumlichkeiten benötigt wurde.
Mit seiner Malart und deren Wirkung ist er inzwischen auf der ganzen Welt unterwegs, um Gebäude und deren Bewohner oder Bedienstete auf diese Art erfolgreich zu schützen.

2.5 Der Fünfte oder Seelenkörper

Nach *Hunter Beaumont* ist die Seele ein Erfahrungsbereich und „bezeichnet Erfahrungen wie Sehnsucht oder Hoffnung. Die Sehnsucht wirkt auf mehreren Ebenen. Sie ist zum Teil leiblich, zum Teil mental, und gleichzeitig etwas anderes als nur leiblich oder mental. Die Sehnsucht ist spürbar, sie ist erfahrbar. Dieser Bereich ist das, was ich „Seele" nenne" (Hunter Baumont, S. 63).

Der Seelenkörper befindet sich auf der Ebene des spirituellen Lichts und hat die direkte Verbindung zur Existenz, zu Gott, welcher Licht und Liebe und Wahrheit ist. Dort ist das Ziel des „Spiels des Lebens", der Sehnsucht, nämlich das Zuhause, wo sich die Gemeinschaft der Seelen befindet, die losgezogen sind, um im Körper lernen zu können.

Die Indianer sehen dies so: „Der Körper stirbt. Der Körper ist nur das, was die Seele hält oder was sie bewohnt hat. Die Seele lebt weiter. Sie wandert an den Ort, wo alle anderen Seelen sind. Die leben weiter wie vorher, denn sie schließen sich den anderen Seelen an, die auch dort sind. Sie treffen die anderen Familienmitglieder, die gegangen sind. ... Unser Todesdatum steht bei der Geburt schon fest, und unsere Tage sind gezählt." (Billie, Susie, S. 76)

Warum kommen wir dann auf die Welt? Eine Indianerin beschreibt dies folgendermaßen: „Jeder, der in diese Welt kommt, hat eine Aufgabe zu tun, und es gibt bestimmte Kräfte, die ihn leiten, damit diese Aufgabe gelingt. Um dafür den reinsten Ausdruck zu finden, musst du seelisch und körperlich mit dem Geist zusammenwirken." (Eine alte Indianerin, die nicht genannt sein will, in: Schenk, A., S. 5/6)
Auf unserem Weg finden die „Bewegungen der Seele" statt, die wir wahrnehmen können, indem wir „das ‚Öffnen' oder das ‚Sich-Schließen' der Seele wahrnehmen können. ... Dann spüren wir eine innere Berührung oder Bewegtheit." (Hunter Baumont, S. 64). Diese „Bewegungen der Seele" wiederum bieten die Chance für individuelle Entwicklung und individuelles Wachstum.
Jede Seele bringt ihren Anteil in die Gemeinschaft zurück, so dass alle voneinander profitieren können und nicht alle die gleichen Erfahrungen sammeln müssen.

Doch leider geben wir von Geburt an oder schon im Mutterleib beginnend für jedes Stück an Erfahrung, das wir sammeln, ein Stück des reinen Bewusstseins der Seele ab, so dass wir uns im Zuge der Sozialisation nicht mehr an dieses Zuhause und unsere Bestimmung, warum wir ausgezogen sind, was wir auf der Erde lernen wollen, erinnern können. Und dennoch ist die Sehnsucht der Seele da, die uns auf die Suche gehen lässt nach unserer Lebensaufgabe und uns erst dann glücklich sein lässt, wenn wir sie gefunden haben und danach leben, wie immer sie auch aussehen mag. Jedoch ist sie stets gekoppelt an das Bewusstsein der Einheit mit allem, und dass die eigene Seele ein Teil des Gesamten ist, das wie ein Puzzleteil in das Gesamtbild passt.

Diese Verbindung „nach oben" ist etwas völlig Individuelles, das heißt, die spirituelle Erfahrung einer Person lässt sich nicht einfach auf eine andere übertragen. So ist diese Ebene zum Beispiel in der Natur, beim Singen, im Sport, in echter Meditation oder tiefem Gebet als „in Einheit mit allem sein" erfahrbar, was bedingungslose Liebe sowie tiefe Freude und Dankbarkeit dem Leben gegenüber hervorruft. Deshalb werden „wirkliche Erlebnisse auf dieser Ebene ... immer als Geschenk von oben erfahren, als Segen – Heilung, die als Geschenk gegeben wird und die aus einer Welt kommt, die größer ist und anders als unsere" (Klinghardt, in: Döring-Meijer, S. 159).

Hierzu möchte ich nochmals eine Indianerin zu Wort kommen lassen: „Wer sagt dem Baum, wann die Zeit kommt, seine kleinen Blätter auszutreiben? Wer sagt den Drosseln, dass es warm geworden ist und sie wieder nach Norden fliegen können? Vögel und Bäume hören auf etwas, das weiser ist als sie. ... Das, was größer ist als wir, lehrt alle Lebewesen, was sie tun sollen." (Chiparopai, in: Schenk, A., S. 32)

Der energetische Teil von uns, der mit dem „Großen Bild" in Verbindung steht, wird auch als „Geist", „Höheres Bewusstsein" oder „Höheres Selbst" bezeichnet. Letzteren Begriff werde ich in diesem Buch weiter verwenden.

Wenn die Verbindung dorthin unterbrochen ist, weil das Vertrauen in die Existenz nicht aufgebaut oder zerstört wurde, gibt es kein oder ein brach liegendes spirituelles Bewusstsein. Diese Menschen bezeichnen sich selbst als Atheisten oder wollen von Gott nichts wissen. Häufig spielen dabei „falsch" vermittelte Gottesbilder aus der Kindheit oder Jugend eine Rolle, wo beispielsweise Gott als strafender Übervater auftritt.

Es gibt Religionen, die die Auffassung haben, dass Gott „irgendwo da oben im Himmel ist mit seinem Königreich, und die Menschen hier unten versuchen, sich in den Himmel hochzuarbeiten.

In der Auffassung der Indianer dagegen bist du Gott. Er ist in dir, Teil von dir. Und das ist unser Anfang, unsere Schöpfung, als wir zum ersten Mal erschaffen wurden. Das tragen wir in uns." (Downey, Vickie, in: Schenk, A., S. 38).

2.5.1 Wissenschaftliche Betrachtungsweise

Hinter diesen Ausführungen über den Seelenkörper verbirgt sich die uralte Frage „Wer bin ich?", die dahin führt, dass wir von unserem wahren Wesen her reines Bewusstsein sind. „Ich bin nicht der Körper, nicht der Verstand, nicht das Gemüt und auch nicht das Unterbewusstsein. Ich bin nicht der Name, den ich trage, und auch nicht die Rolle, die ich spiele. *Ich bin vollkommenes, unsterbliches Bewusstsein.* Ich bin ein Teil des einen, allumfassenden Bewusstseins. Ich war immer und werde immer sein, denn ICH BIN! Ich komme aus der Einheit und bin auf dem Weg über die Vielfalt zurück zur Einheit." (Tepperwein, S. 29).

Die Seele ist Teil der Einheit, und diese ist identisch mit Gott oder allumfassender Liebe, welche die gesamte Schöpfung hervorbringt. Daher ist jemand, der reinen Bewusstseins ist, ein bedingungslos liebender Mensch.

Meister Eckhart drückt dies folgendermaßen aus: „Der wahrhaft Liebende liebt Gott in allem und findet Gott in allem." (Tepperwein, S. 22).

Neo-physikalisch betrachtet hört sich das so an: „Was wir bisher Materie nannten, ist ... nichts anderes als Energie, Strahlung. Was also hindert uns, Gott als etwas unermesslich Großes zu denken, als einen Geist aus Energie, der das ganze All füllt? Vielleicht sind seine Gedanken nichts anderes als gewaltige Strahlungen, und den Elektronen, die um den Atomkern kreisen, entsprechen in seinem Kopf die um ihre Mitte kreisenden Galaxien – sodass er, wenn er denkt, diese Welten, diese ungeheuren Energien in Bewegung setzt." (Ayren)

Auf dieser Ebene des Seelenkörpers gelten universelle oder geistige Gesetze, die durch alle Ebenen hindurch bis in den Physischen Körper hinein wirken.

2.5.1.1 Die Geistigen Gesetze

Diese sind nach *Tepperwein* in Kurzform folgende:

2.5.1.1.1 Das Gesetz der Liebe

Die Liebe ist das Grundgesetz der Kraft, die wir Gott nennen. Es ist die allumfassende, bedingungslose Liebe, die gibt, ohne etwas dafür haben zu wollen, und niemanden ausschließt.

Der Indianer Großvater sagt über die Liebe: „Die Liebe ist der Motor unseres Lebens. ... Liebe ist der Schlüssel zum Frieden, den wir uns alle so sehr wünschen. Nicht nur in den Kriegsregionen dieser Welt, Liebe ist auch der Schlüssel zu unserem eigenen, inneren Frieden." (Buzzi, S. 214)
Dieses Gesetz der Liebe hat *Bert Hellinger* in seinen phänomenologischen Familienaufstellungen als „Ordnungen der Liebe" erkannt, die bestimmten Regeln folgen.

Werden diese Regeln verletzt, kommt es zu Chaos im Familiensystem. (Vgl. Hellinger; vgl. Schäfer, T.)

2.5.1.1.2 Das Gesetz der Harmonie

Wenn etwas ins Extreme geführt wird, geht es wie bei einem Pendel in der Bewegung wieder rückwärts, um durch die Wechselwirkung die Harmonie wieder herzustellen, wie zum Beispiel bei Tag und Nacht. In diesem Gesetz sind alle anderen geistigen Gesetze enthalten.
Die Indianer verstehen dieses Gesetz so, „dass wir in Harmonie und Gleichgewicht mit allen Dingen leben sollten, einschließlich der Sonne." (Brooke Medicine Eagle, in: Schenk, A., S. 46)
In diesem Sinne ist auch die Bewegung „Zurück zur Natur" zu sehen, die erkannt hat, dass es mit der Zerstörung unserer Erde so nicht weitergehen darf und dass eine Umkehr notwendig ist, um die Erde und das Leben auf ihr zu erhalten.
Eine andere Indianerin äußert sich dazu folgendermaßen: „Für uns ist die Lebensweise, die uns am ehesten Befreiung bringt, vielleicht ein Leben in der natürlichen Welt, für die wir geschaffen wurden – die Harmonie zu finden, über die unsere Vorfahren so viel wussten. Und vor allem neue Alternativen zu finden, die wirkliche Alternativen sind und nicht ein Neuaufguss dieses Systems, das uns bei lebendigem Leibe auffrisst." (Esparza, Roberta, in: Schenk, A., S. 48)

2.5.1.1.3 Das Gesetz der Evolution

Dieses Gesetz besagt, dass alles sich ständig verändert, dass alles fließt und sich fortschreitend zu einem höheren Sein hin entwickelt. Alles ist einmalig, in diesem Augenblick. Alles, was beginnt, trägt das Ende bereits in sich, dieses ist aber wieder der Anfang von etwas Neuem und ist damit ein ewiger Kreislauf.
Die Mystiker aller Zeiten verweisen darauf, dass das Leben immer im Hier und Jetzt, in diesem Augenblick, stattfindet und dass jeder Moment anders ist. Die aneinander gereihten Augenblicke stellen die Evolution dar wie aneinander gereihte Einzelbilder einen Film ergeben.

2.5.1.1.4 Das Gesetz der Schwingung

Alles befindet sich in ständiger Schwingung unterschiedlicher Frequenzen und wirkt so entsprechend ihrer Kraft und ihres Inhalts.
Das bedeutet, dass verschiedene Frequenzbänder mit unterschiedlichen Schwingungen existieren, welche unterschiedliche Kräfte frei setzen und verschiedene Inhalte haben.
Ganz praktisch ist dies in der Kommunikation zwischen zwei Menschen feststellbar, wenn sie einander nicht verstehen, weil beide sich in verschiedenen Frequenzbereichen befinden.

2.5.1.1.5 Das Gesetz der Polarität

Entsprechend diesem Gesetz hat alles zwei Pole, ist in Wirklichkeit aber eins. Die scheinbaren Gegensätze sind ihrem Wesen nach identisch, nur verschieden im Grad ihres Ausdrucks, zum Beispiel heiß – kalt. In beiden Fällen geht es um Temperatur mit ihren gegensätzlichen Ausprägungen. Da sich die beiden Pole gegenseitig anziehen, kommt es zum Ausgleich.

Wenn wir im Ein-Klang sind, verschwindet die scheinbare Dualität.

2.5.1.1.6 Das Gesetz des Rhythmus

Jedes kleinste Teilchen in der Schöpfung hat seinen individuellen Rhythmus, und der Ausschlag des Pendels geht genau so weit in die eine wie in die andere Richtung. Deshalb ist dieses Gesetz eng verbunden mit dem Gesetz der Polarität. Dem Werden folgt das Vergehen, das wiederum ein neues Werden hervorbringt. Der Mensch bewegt sich zwischen Geburt, Tod und Wiedergeburt, denn das Leben ist ewig, ein immer wiederkehrender Rhythmus.

2.5.1.1.7 Das Gesetz der Entsprechung

Dieses Gesetz sagt aus: „Wie oben, so unten, wie unten, so oben; wie im Kleinsten, so im Größten; wie innen, so außen." Inhalt und Form sind also identisch. Alles, was ist, hat seine Entsprechung auf allen Ebenen des Seins oder in allen Fünf Körpern des Menschen (vgl. Kapitel 2).

2.5.1.1.8 Das Gesetz der Resonanz

Resonanz bedeutet, dass Gleiches sich gegenseitig anzieht und durch Gleiches verstärkt wird, während Ungleiches einander abstößt. Es entspricht der jeweiligen Schwingung. Das Gesetz der Resonanz ist das Gesetz der Übertragung von Energie auf jeden gleich schwingenden Körper.

In der Anwendung dieses Gesetzes konnten *Dr. Omura* und *Dr. Klinghardt* neue, bahnbrechende Erfolge bei der Diagnose von Erkrankungen mit dem „Direkten Resonanzphänomen" erzielen. Dabei wird eine Substanz, zum Beispiel Quecksilber, von außen an den Körper herangeführt. An den Stellen, welche die identische Substanz enthalten, verändert sich der Muskeltest und zeigt somit das Vorhandensein dieser Substanz im Körper an.
Diese Vorgehensweise funktioniert auch zum Herausfinden von Schadstoffen in Wasser, Lebensmitteln usw.
Das gleiche Prinzip wird von *Dietrich Klinghardt* verwendet beispielsweise zum Auffinden von Tumoren mit Hilfe spezieller Dias, auf denen der vermutete Tumor abgebildet ist. Durch das Resonanzphänomen kann die exakte Größe des Geschwürs bestimmt werden.

2.5.1.1.9 Das Gesetz der Fülle

Das Gesetz der Fülle besagt, dass uns die Fülle des Lebens als unser geistiges Erbe zusteht. Es ist sozusagen unser Geburtsrecht, dass wir in der Fülle leben dürfen. Innere Fülle bewirkt auch die Manifestation von Fülle im äußeren Leben. Empfangen und Geben gehören jedoch zusammen, damit nicht die Kraft dieses Gesetzes durch Selbstsucht aufgehoben wird. Es kann nur wirken, wenn wir selbst zum Kanal werden, durch den die Fülle sich manifestiert.

2.5.1.1.10 Das Gesetz der Freiheit

Dieses Gesetz gibt dem Menschen die Freiheit der Wahl, aber auch den Zwang zur Entscheidung, deren Folgen er tragen muss. Die Freiheit hat drei Ebenen:
1. Die Freiheit, sich aus der Sklaverei der Wunscherfüllung zu entlassen durch die Erkenntnis, dass die Schöpfung ihm alles zur Verfügung stellt, was er braucht. Ein wichtiger Schritt dabei ist das Loslassen von Gefühlen, Verhaltensweisen, Erwartungen und der Vergangenheit.
2. Die Freiheit, sich als Teil des Ganzen zu erkennen und frei zu sein für seine Lebensaufgabe.
3. Die einzige wahre Freiheit, nach den universellen Gesetzen zu leben, sie als Wirklichkeit zu nehmen.

Der „Clarity Process nach *Jeru Kabbal*"® stellt einen Weg dar, auf dem alle diese Ebenen mittels bestimmten „Werkzeugen" erkannt, bearbeitet und verändert werden können, wobei jeder Mensch sein eigenes Tempo haben darf.

2.5.1.1.11 Die Gesetze des Denkens

Wahres Positives Denken verändert unser Schicksal; denn unsere Gedanken erschaffen unsere Wirklichkeit. Also ist regelmäßige Psychohygiene notwendig, sich auf das eine Bewusstsein auszurichten. Die folgenden sieben Schritte sind dazu erforderlich:
1. Positives Denken
2. Positives Fühlen
3. Positives Wollen
4. Positives Reden
5. Positives Handeln
6. Positives Bewusstsein
7. Positives Leben

Das bedeutet, dass der Einzelne zu ständiger Achtsamkeit angehalten ist bezüglich seines Ausdrucks – sowohl gedanklich als auch verbal oder tatkräftig. Praktisch bedeutet das, seine Gedanken, Worte und Handlungen wohl überlegt auszuwählen.

2.5.1.1.12 Das Gesetz des Ärgerns

Ärger ist immer das Produkt einer schlechten Gefühlskontrolle. Wir bestrafen uns damit für die Fehler der Anderen und schwächen uns durch schlechte Schwingungen und Aggression. Der Preis ist immer die Gesundheit.
Ich lasse den Ärger los, indem ich...
1. ...den Anderen annehme, wie er ist, und ihn als meinen Lehrer sehe;
2. ...alle Erwartungen loslasse;
3. ...erkenne, dass nur ich selbst es bin, der sich ärgert, also kann auch nur ich es lassen!

Eine gute Hilfe ist hier die Meditation, das In-Sich-Gehen, um zur Ruhe zu kommen und Ärger gar nicht erst aufkommen zu lassen.

Mein Lehrer *Jeru Kabbal* pflegte zu sagen: „Freue dich morgens schon auf den Ersten, der dich heute ärgert – denn da weißt du, wo du noch nicht klar bist."

Das bedeutet, dass ich erkenne, dass nicht der Andere mich ärgert, sondern dass ich mich ärgere über etwas in mir, das es herauszufinden gilt. Wenn es gelöst ist, brauche ich mich nicht mehr zu ärgern, weil es mich nicht mehr berührt und ich die Angelegenheit in Ruhe beim Anderen lassen kann.

2.5.1.1.13 Das Gesetz der Imagination

Jede bildhafte Vorstellung, die uns erfüllt, hat das Bestreben, sich zu verwirklichen, aber nur, wenn sie ohne Anstrengung geschieht, sonst bewirkt sie das Gegenteil. Deshalb ist es so wichtig, dass in der Imagination wirklich positive, auch übertriebene Bilder, die Lebenslust und Lebensfreude ausdrücken, erzeugt werden und keine negativen lebensverneinenden.

Auf diese Weise funktionieren Visionen und „Bestellungen ans Universum", wie sie als 33-Sekunden-Technik im Seminar Psycho-Kinesiologie IV von *Dr. Dietrich Klinghardt* oder von *Bärbel Mohr* gelehrt werden. (Vgl. Mohr)

Auch in der Transformations- und anderen Techniken im „Clarity Process nach *Jeru Kabbal*"® wird mit Imagination und Phantasiereisen gearbeitet, um das Unterbewusstsein positiv zu stimmen, damit es sich öffnen kann zur Existenz.

2.5.1.1.14 Das Gesetz des Glaubens

Damit ist gemeint, dass der Mensch sich an die eigene, göttliche Natur erinnert. Die Geisteskraft des Glaubens schließt uns an die eine Kraft des Universums an, der nichts unmöglich ist. Glaube schafft Tatsachen durch „inneres Wissen", dem inneren Erkennen der Wahrheit und Wirklichkeit. *„Alle Dinge sind möglich dem, der da glaubt."* (Tepperwein, S. 106).

Im Volksmund heißt es nicht umsonst „Glauben kann Berge versetzen".

2.5.1.1.15 Das Gesetz des Segnens

Das Gesetz des Segnens lautet:
1. „Was immer ich ehrlichen Herzens segne, ist im gleichen Augenblick gesegnet. Die Macht des Segens beginnt sofort segensreich zu wirken."
2. „Was immer ich ehrlichen Herzens segne, muss mir zum Segen werden. Segne ich einen <Feind>, gewinne ich einen Freund." (Tepperwein, S. 107).

Segnen bedeutet, Gottes Gnade zu erbitten.

Bei den Indianern habe ich das Segnen der Nahrung kennen gelernt, mit dem sie der Schöpfung für das Essen danken, aber auch, um schlechte Gedanken und Zutaten, die durch Personen, die mit der Herstellung der Nahrung zu tun hatten, ins Essen geraten sein könnten, zu transformieren.

Außerdem gibt es bei ihnen sogenannte „heilige Frauen", die viel beten und an ihre Religion glauben. Sie sind die Schirmherrinnen der Sonnentanz- oder Medizinhütten-Zeremonien und besitzen besonderes Ansehen in ihrem Stamm. Jedes Stammesmitglied kann in die Sonnenhütte vor die heilige Frau treten, um von ihr Segnungen zu erhalten. (Vgl. Hungry

Wolf, S. 24f.) Der durch sie hindurch fließenden Kraft wird mehr Stärke zugeschrieben als den eigenen Segnungen.

2.5.1.1.16 Das Gesetz von Ursache und Wirkung

Alles Geschehen auf der Welt gehorcht dem Prinzip von Ursache und Wirkung. Alle sichtbare Schöpfung ist eine Wirkung, hinter der ein Schöpfer steht, dessen Wille sich auswirkt. So gibt es auch keinen Zufall, denn auch dieser gehorcht dem Gesetz von Ursache und Wirkung.

Auf der Existenz dieses Gesetzes beruht die aus dem Buddhismus stammende Idee des Karma, dass ein Mensch alles, was er jemandem angetan hat, ausgleichen muss, auch wenn es erst in einem späteren Leben geschieht. Das bedeutet, dass ein Täter zu einem anderen Zeitpunkt Opfer wird und umgekehrt.

Nach *Jeru Kabbal* gilt es, diese Idee des Karma loszulassen; denn „Existenz wertet nicht." Existenz ist so großzügig, dass sie einfach alles zulässt, was wir Menschen in unserem Leben und aus unserem Leben machen: Lieben oder bekriegen, kämpfen oder ergeben, fliehen oder bleiben,...
In der bedingungslosen Liebe Gottes hat die Vorstellung von Karma keinen Platz, weil alles aus dem Grund geschieht, dass die Seele lernen kann. Indem sie aus einer Situation gelernt hat und sich von da an anders verhält, ist eine „Bestrafung" im Sinne des Karma nicht mehr nötig. Das Gelernte ist die Wirkung des Geschehenen, der Ursache. Man könnte auch sagen: Was für eine große Seele hat sich für eine so schwere Aufgabe gegeben!

2.5.1.1.17 Das Gesetz des Schicksals

Das Gesetz von Ursache und Wirkung kann als Schicksal in Erscheinung treten. Schicksal ist die Summe der Folgen unserer Entscheidungen. Es ist nicht möglich zu handeln und der Wirkung zu entfliehen. Das Gesetz des Schicksals fordert vom Menschen die bewusste Übernahme der vollen Verantwortung für sein Leben. Dies geschieht durch die Annahme aller Ereignisse im Leben, welcher Art auch immer sie sein mögen.

Das Schicksal als Teil der Kette von Ursache und Wirkung verbindet ebenso die einzelnen Inkarnationen. Das bedeutet, dass es keine Zufälle gibt, sondern auch diese eine Ursache haben.

Auf diese Weise entstehen Schicksalsgemeinschaften, deren Beteiligte sich nach dem Resonanzprinzip angezogen haben; zum Beispiel eine Gruppe von Flüchtlingen, die Insassen eines abgestürzten Flugzeugs usw.

2.5.1.1.18 Das Gesetz der Wiedergeburt

Entsprechend den Gesetzen des Rhythmus und der Evolution werden wir in immer neuen Körpern wiedergeboren, damit die Seele all das lernen kann, was sie auf der Erde lernen möchte; denn in einem männlichen Körper macht sie andere Erfahrungen als in einem weiblichen. Genauso verhält es sich mit verschiedenen Kulturen und Lebensumständen.

Durch immer neue Erkenntnisse sind wir eines Tages bereit, den Schritt in die Vollkommenheit zu tun und damit „nach Hause zu gehen" zu unserem Ursprung. Vorher müssen wir jedoch sieben Geburten durchleben:

Die erste Geburt:	Beginn der physischen Manifestation durch Zeugung und Empfängnis.
Die zweite Geburt:	Körperliche Trennung von der Mutter.
Die dritte Geburt:	Individualisierung des Bewusstseins durch Lösen aus der Einheit mit der Mutter und Erwachen des Ego (in der „Trotzphase").
Die vierte Geburt:	Die Pubertät mit dem Verlangen nach Gemeinschaft.
Die fünfte Geburt:	Sie ist die wesentliche, die geistige Geburt, durch Erkennen des Wahren Selbst mit dem Bewusstsein, ein individualisierter Teil des Einen Bewusstseins, GOTT, zu sein. Die „Eltern" der geistigen Geburt sind Weisheit und Liebe.
Die sechste Geburt:	Selbst-Beherrschung und Leben aus der „inneren Führung" heraus.
Die siebte Geburt:	Selbst-Vollendung, in der Wollen und Tun identisch sind mit dem Schöpfungswillen. („Nicht mein, sondern dein Wille geschehe!")

2.5.1.1.19 Das Gesetz der Gnade

Gnade ist der Geist Gottes, der durch den Menschen wirkt, wenn dieser darum bittet.

Im christlichen Glauben existieren aber auch Mittler zwischen Gott und den Menschen, die Engel. Sie haben verschiedene Aufgaben und sind für verschiedene Gebiete zuständig. Zum Beispiel gibt es verschiedene Engel der Gnade: der Engel für spirituelles Wissen, der Engel für Weisheit, der Engel für Gnade, der Engel für Friede, der Engel für Freiheit, der Engel für Gerechtigkeit und der Engel für Mitgefühl. Alle diese Tugenden gelten als Gnade.
Im religiösen Sinn wird Gnade wie folgt definiert: „Gnade ... ist eine Segnung oder eine Tugend, die den Menschen erhebt, indem sie ihn seines Selbst bewusster werden lässt und Gott näher bringt. Tugenden wie Weisheit, Gerechtigkeit und Barmherzigkeit werden den Menschen als Gnade des Allmächtigen durch den Dienst seiner Engel zuteil. Alle Engel befinden sich im Zustand der Gnade, da sie sich in liebender Harmonie mit dem Schöpfer befinden." (Melville, S. 80)

Bei den Indianern entsprechen die verstorbenen Ahnen den Engeln, und die Tugenden sind für sie ein selbstverständlicher Bestandteil ihres Lebens.

2.5.1.1.20 Das Gesetz des Glücks

Dieses Gesetz besagt, dass Glück nicht von außen kommt, sondern nur im eigenen Innern zu finden ist, indem ich bedingungslos JA sage zum Leben, ohne es von äußeren Umständen oder dem Erreichen eines Ziels abhängig zu machen. Das bedeutet Harmonie und Erfüllen der Lebensaufgabe in jedem Augenblick.

Die Pueblo-Indianerin *Beryl Blue Spruce* drückt den Inhalt dieses Gesetzes folgendermaßen aus: „Wie glücklich bin ich? – Das ist für uns die wichtigste Frage im Leben. Für einen Indianer hängt Erfolg nicht davon ab, wie viel er verdient oder welche gesellschaftliche Stellung er einnimmt – sondern einzig und allein davon, wie glücklich er ist." (Blue Spruce, in: Schenk, A., S. 49)

Während bei uns im Allgemeinen das Jagen nach Geld und Gut im Vordergrund steht, weil dies angeblich Glück bringt, habe ich bei den Indianern und auf Bali sehr arme Menschen gesehen, die nur ein Kleidungsstück besaßen und damit auf dem bloßen Lehmboden schliefen, aber vor innerem Glück strahlend ihre letzte Tasse Tee mit mir teilten. Das Glück oder vermeintliche Unglück ist an den jeweiligen Gesichtern sehr leicht abzulesen.

2.5.1.1.21 Das Gesetz des Dankens

„Indem ich mein Herz mit Dankbarkeit für jeden Umstand in meinem Leben erfülle, beginnt die höchste Kraft des Universums durch mich zu wirken." (Tepperwein, S. 147).

Auch mein Lehrer *Jeru Kabbal* sagte: „Dankbarkeit ist der Weg; denn sie neutralisiert den Film". Gemeint sind damit die Bildergeschichten, die unser Unterbewusstsein ständig produziert entsprechend den Erfahrungen, die wir meist in früher Kindheit machten und in unserem Gehirn abgespeichert haben. Sie hindern uns daran, die Realität im Hier und Jetzt zu sehen und Neues unvoreingenommen anzunehmen. Dankbarkeit für alles, was uns im Leben widerfahren ist in dem Sinn, dass wir daraus lernen konnten und es ein Teil unseres Weges war, lässt die Dinge in einem anderen Licht erscheinen. Dankbarkeit bringt uns aus der Opferrolle heraus und lässt uns in einem positiven Sinn demütig und bescheiden werden, weil wir sehen, was wir alles haben und nicht mehr ständig auf das schauen, was wir nicht haben.

Der Indianer Großvater führt zur Dankbarkeit aus: „Wann hast du das letzte Mal deinem Herzen dafür gedankt, dass es jeden Tag für dich schlägt und dich am Leben erhält? ... Du musst auch deinem Körper gegenüber Dankbarkeit und Demut zeigen. Nichts ist selbstverständlich im Leben. Auch nicht, dass unser Herz Stunde um Stunde schlägt, wie ein Motor, dem niemals der Sprit ausgeht. ... Das Herz ist die Sonne in unserem Körper. Wenn es aufhört zu schlagen, sind wir tot. ... Versuche, dich auf die Schwingung deines Herzens einzustellen, sprich mit ihm. Sag: ‚Mein Herz, ich danke dir dafür, dass du mich am Leben erhältst. Ich danke dir, dass du unermüdlich schlägst, auch wenn ich nicht immer auf dich achte.' Es ist wie ein kleines, kurzes, aber kraftvolles Gebet. ...Gebete stärken das Immunsystem, auch das des Herzens." (Buzzi, S. 66f.)
Dasselbe gilt für unsere Wahrnehmungsorgane, für unsere anderen inneren Organe und alle Körperteile. „Sie werden krank, wenn du dich nicht um sie kümmerst und ein nettes Wort für sie übrig hast." (Buzzi, S. 67)

Werden alle diese universalen Gesetze befolgt, so gibt es im Menschen und in der Natur ein Gleichgewicht: Körper, Geist und Seele beziehungsweise die Fünf Ebenen sind im Einklang.

2.5.2 Verschmutzungen im Seelenkörper

Werden die universalen Gesetze dagegen nicht befolgt, so sind Unglücklichsein und Krankheit die Folge.

Wie es überhaupt zur Abweichung von den universalen Gesetzen kam, überliefert die Tewa-Indianerin *Vickie Downey*: „Am Anfang der Zeit kamen wir aus der Liebe. Wir waren alle miteinander verwandt. In unseren Legenden ist von einer Zeit die Rede, in der wir mit den Tieren sprechen konnten, und sie verstanden uns, und wir konnten uns untereinander verständigen. Irgendwann im Laufe der Zeit gehorchten wir den Weisungen, dem universellen

Gesetz nicht mehr, also konnten wir auch nicht mehr miteinander kommunizieren. Und so entfernten wir uns von der Liebe." (Downey, in: Schenk, A., S. 20)

Bei Menschen ohne spirituelles Bewusstsein ist der Zugang zur Fünften Ebene quasi „verstopft" oder verunreinigt, was oft schwere Erkrankungen oder Störungen hervorruft. Eine Ursache kann sein, dass diese Personen in der Familie oder in ihrem näheren Umfeld nie an spirituelles Bewusstsein herangeführt wurden, oder dass sie ein Gottesbild vermittelt bekamen, das sie nicht akzeptieren konnten, ohne einen annehmbaren Ersatz dafür zu finden. Diese Patienten gilt es allmählich zu öffnen und ihnen ein anderes Gottesbild zu vermitteln, das für einen Erwachsenen adäquat ist. Das Modell über die Fünf Körper des Menschen kann dabei gute Dienste tun, damit ein neues Bewusstsein entstehen und sich dann vertiefen kann.

Tritt die Öffnung zur Spiritualität allerdings unverhofft und unvorbereitet ein, so geschieht dies häufig auf dramatische Weise. Sie kann wegen des „Durchbruchs" von der Vierten zur Fünften Ebene beziehungsweise von der Dritten zur Vierten Ebene Angst und Panik auslösen, weil der Patient nicht versteht, was mit ihm geschieht. Auch hier ist professionelle Hilfe gefordert, welche die Lehre über die Fünf Körper einbezieht.

2.5.3 Heilung des Seelenkörpers

Werden diese Blockaden zur Fünften Ebene überwunden, kommt es oft zu Gotteserlebnissen und tiefen inneren Erkenntnissen, die durch die Erweiterung des Bewusstseins einen dauerhaften Eindruck hinterlassen und zu Spontanheilungen führen können.

Fallbeispiel:

> Eine Patientin mit der schulmedizinischen Diagnose Multiple Sklerose (MS) musste wegen ihrer Gehunfähigkeit bereits im Rollstuhl sitzen. Ich hatte sie schon einige Male mit Manebua Schamanische Psycho-Kinesiologie behandelt, als ich einen Anruf von ihr bekam, in welchem sie mir mitteilte, dass sie über Nacht ein wunderbares Gottes- und Marienerlebnis hatte, so dass sie seit heute Morgen wieder gehen könne. Außerdem seien ihre grauen Haare wieder braun geworden. Sie wolle gerne zu mir fahren, um mir ihre Heilung zu zeigen, habe aber kein Auto zur Verfügung.
> „Zufällig" hatte ich an diesem Tag keine Patienten mehr und konnte deshalb umgehend zu ihr aufbrechen.
> Auf mein Klingeln hin hörte ich langsame Schritte, die auf die Tür zukamen. Und tatsächlich: die Patientin öffnete mir selbst und hatte in der Tat wieder braune Haare, von wenig grau durchsetzt. Ich inspizierte diese noch, um eventuelle Spuren einer Haarfärbung erkennen zu können – vergeblich.
> Die Patientin erzählte mit strahlend von ihrem nächtlichen Lichterlebnis und konnte von da an ihren Rollstuhl in die Ecke stellen.
> Hätte ich die Spontanheilung nicht mit eigenen Augen gesehen, ich hätte die Erzählung nicht glauben können. Doch dieses und ähnliche Erlebnisse verhelfen mir selbst immer wieder dazu, die Wahrheit und ihre Wirkung zu erkennen.

Der Kern der Erkenntnis ist die Verbindung von Himmel und Erde. Das heißt, dass Geist und Seele nur im Physischen Körper die Möglichkeit der Begegnung haben, da sie entgegengesetzte Kräfte sind. Die Verbindung von Himmel und Erde geschieht durch ein bewusstes JA zum Leben mit all seinen Facetten und allem, was es uns an Möglichkeiten bietet. Gleichzeitig wird die eigene Lebensaufgabe gelebt mit allen Fähigkeiten, welche die Schöpfung dem Individuum dafür mitgibt.

In *Dietrich Klinghardts* Pyramidenmodell gibt es die wichtige Regel, dass alle Heilungen auf höheren Ebenen einen sehr schnell durchschlagenden Effekt auf die unteren Ebenen haben, während Heilungen auf der physischen Ebene kaum einen Effekt auf die höheren Ebenen haben. Das heißt, dass Krankheiten und Störungen im Physischen Körper mit energetischen Methoden im Intuitivkörper geheilt werden können und Heilungen von der Fünften Ebene her auch völlig unerwartet möglich sind.

Auf jeden Fall ist es von Vorteil, wenn ein Patient, der auf den höheren Ebenen behandelt wird, über den Aufbau der Fünf Körper und die Wirkungsweise dieser Fünf Ebenen Bescheid weiß.

Für den schamanisch arbeitenden Therapeuten ist es unerlässlich, leicht und sicher auf die Vierte Ebene kommen und mit dem Traumkörper stabil arbeiten zu können, weil die göttliche Energie aus dem Universum via Seelenkörper herab fließt. Dies ist prinzipiell jedem Menschen möglich, da wir alle einen Vierten und Fünften Körper haben. Allerdings sollte die Verbindung von Himmel und Erde richtig gehend trainiert werden, damit die Heiler Schaden von sich selbst abhalten können. (Vgl. Klinghardt 2, S. 31ff.)

Wichtigste Voraussetzung ist jedoch, dass die unteren drei Körper gereinigt sind, damit der Traumkörper und der Seelenkörper sich gut mit ihnen verbinden und den Physischen Körper als Haus fest bewohnen können. Des Weiteren sind bestimmte therapeutische Qualifikationen nötig, auf die ich in Kapitel 5 näher eingehe.

Letztlich gehen zwar alle Fünf Körper grenzenlos ineinander über, aber dennoch möchte ich hier zum besseren Verständnis Struktur und Funktion des Zweiten bis Fünften Körpers im Detail näher erläutern.

3. Aufbau und Funktion der vier Energiekörper (Zweiter bis Fünfter Körper)

Das Vertikale Heilmodell von *Dietrich Klinghardt* stellen wir gern wie folgt in Kreis- oder Ovalform dar, weil es damit von der Form her in etwa den bekannten und überlieferten Modellen des Energiekörpers oder der Aura aus verschiedenen Zeiten entspricht:

Jedoch werden die vier Energiekörper dieses Modells in der einschlägigen Literatur im Allgemeinen unter dem einen Begriff „Energiekörper" (Vgl. Schenk 1 und 2) oder „Aura" (vgl. Leadbeater) zusammengefasst, weil es in unserem dynamischen Energiesystem keine strikte Abgrenzung zwischen den einzelnen Körpern gibt. Vielmehr durchdringen die verschiedenen Ebenen einander von außen nach innen. Letztlich finden sich alle Ebenen als verdichtete Energie im Ersten Körper wieder. Von dort strahlen sie ihre Energie unterschiedlich stark wieder nach außen ab, so dass der Zweite Körper einen geringeren Abstand vom Physischen Körper hat als der Dritte Körper, dieser wieder als der Vierte Körper und dieser als der Fünfte Körper. Daher ist der Elektrische Körper, der sich ganz nahe am Physischen Körper befindet, oft am leichtesten zu sehen, die weiter nach außen strahlenden Körper sind weniger leicht zu erkennen.

Siehe Abbildung 1 Farbteil: Zeichnung der Aura (Zweiter bis Fünfter Körper)

Die Aura-Sichtigen und –Forscher sind sich darüber einig, dass es eine „innere Aura" gibt (entspricht dem Elektrischen Körper), „die den Umrissen des menschlichen Körpers folgt" (Bischof, S. 75), und eine „äußere Aura" (entspricht dem Mentalkörper, Intuitivkörper und Seelenkörper), „die nebliger und unbestimmter ist" (Bischof, S. 76).

Es gibt Beschreibungen Hellsichtiger über die verschiedenen existierenden Ebenen (vgl. Schenk 1 und 2; Brennan 1 und 2; Choa 1, 2 und 3), und es gibt fotografische Verfahren, mit deren Hilfe die Aura mit ihren Farben sowie Energieströme abgebildet werden können (vgl. Bischof, S. 376).

Siehe Abbildung 2 Farbteil: Aurafotografie

In diesem Kapitel werden zunächst einige grundsätzliche Ausführungen über den Energiekörper oder die Aura als Ganzes dargestellt, bevor ich nochmals gezielt auf die einzelnen Schichten nach dem Modell von *Dr. Klinghardt* eingehe.

Alle Lebewesen - Menschen, Tiere, Pflanzen, Steine - haben eine Aura, einen Lichtkörper, oder physikalisch ausgedrückt ein Energiefeld. Darüber hinaus haben aber auch alle natürlichen oder von Menschen geschaffene Dinge und Objekte – zum Beispiel Erdhügel,

Wassertropfen, Lebensmittel und Essenzen, Geld, Geräte - ein Energiefeld, das der Aura lebender Organismen sehr ähnlich ist.

Barbara Ann Brennan, amerikanische Physikerin und Psychotherapeutin, die zu den erfahrensten und besten Heilerinnen der westlichen Welt in der heutigen Zeit zählt, führt dazu aus: „Das menschliche Energiefeld ist die Manifestation der universalen Energie auf der menschlichen Ebene. Man kann es als Lichtkörper beschreiben, der den physischen Körper umgibt und durchdringt, und der eine spezifische Ausstrahlung besitzt. ... Die Aura ist der Teil des universalen Energiefeldes, der alle Objekte umgibt." (Brennan 1, S. 88) Und weiter: „Unbelebte Objekte haben auch eine Aura. Die meisten persönlichen Gegenstände werden mit der Energie ihres Besitzers durchtränkt und strahlen diese Energie aus." (Brennan 1, S. 85).

Eine Indianerin beschreibt dies folgendermaßen: „Manche Leute meinen, nur Menschen könnten Gefühle wie Stolz, Angst und Freude empfinden, aber die Wissenden sagen uns, alles sei lebendig.
Vielleicht nicht auf die gleiche Art lebendig, wie wir es sind, alles ist auf seine eigene Weise lebendig, denn wir sind nicht alle gleich.
Die Bäume unterscheiden sich von uns in punkto Aussehen, Lebensdauer, Zeit und Wissen, dennoch sind sie lebendig. Genauso wie die Felsen und das Wasser.
Und alle haben Gefühle." (Eine Nootka in: Schenk, A., S. 40)
Durch diese Einstellung zu allem, was existiert, haben die Indianer einen tiefen Respekt vor der Natur entwickelt, der Vielen in unserer westlichen Welt abhanden gekommen ist, weshalb die Erde ausgebeutet und zerstört wird.

Zurück zum Energiefeld, wie *Brennan* es beschreibt:
Sie führt aus, dass es zu allen Zeiten und in allen Kulturen Kenntnisse über das universale Energiefeld gab, dass es schon immer beobachtet wurde und Messmethoden dafür entwickelt wurden, die sich bis zur heutigen Zeit immer mehr verfeinerten. Demnach besteht es aus „einer universalen, die ganze Natur durchdringenden Energie" (Brennan 1, S. 69), das bestimmte Eigenschaften hat: „Es durchdringt den gesamten Raum, alle belebten und unbelebten Objekte, und verbindet alles miteinander; es fließt von einem Objekt zum anderen, und seine Dichte verhält sich umgekehrt zur Entfernung von seiner Quelle. Es gehorcht den Gesetzen harmonischer Induktanz und Resonanz – was sich zum Beispiel in dem Phänomen äußert, dass beim Anschlagen einer Stimmgabel eine andere Stimmgabel in der Nähe in Schwingung versetzt wird und den gleichen Ton erzeugt. ... Das universale Energiefeld wirkt organisierend und formbildend auf die Materie. Es scheint in mehr als drei Dimensionen zu existieren. Jeder Veränderung in der materiellen Welt geht eine Veränderung im Energiefeld voraus. Das universale Energiefeld ist immer an eine Bewusstseinsstufe gekoppelt, sei sie hochentwickelt oder primitiv. Das hochentwickelte Bewusstsein geht mit „hohen Schwingungen" und hoher Energie einher."(Brennan 1, S. 86f.).

Siehe Abbildung 3 Farbteil: das Energiefeld einer Apfelhälfte
Abbildung 4 Farbteil: das Energiefeld eines Schmetterlings

Auf das universale Energiefeld kann immer zurückgegriffen werden, weil es offensichtlich ununterbrochen Energie erzeugt: „Wie das Füllhorn bleibt es immer voll, gleichgültig, wie viel man herausnimmt." (Brennan 1, S. 87). Dies entspricht dem physikalischen Gesetz, dass keine Energie verloren geht, höchstens umgewandelt werden kann. (Vgl. Tepperwein, S. 59).

Die hohen Schwingungen dieser Energie werden vom Heiler im Heilprozess aufgenommen und in der Frequenz, welche die Aura des Patienten benötigt, an diese abgegeben. Dadurch wird zuerst das Energiefeld geheilt, dem dann der Physische Körper folgt, der länger braucht, weil er viel langsamer schwingt als der Energiekörper. (Vgl. Sherwood, S. 33).

Die Energiefelder kommunizieren miteinander, weil das die Ebene ist, auf der alle Wesen miteinander verbunden sind. Die Kommunikation erfolgt nach *Prof. Fritz Popp* vermutlich über die Biophotonenstrahlung lebender Zellen, wie er seine 1975 gemachte Entdeckung, dass Licht in unseren Zellen ist, nennt. (Vgl. Bischof, S. 13).
Zuvor hatte schon der russische Mediziner *Prof. Alexander Gurwitsch* im Jahr 1922 diese Lichtstrahlung zum ersten Mal an Zwiebelwurzeln festgestellt. (Vgl. Bischof, S. 13).

Prof. Popp konnte das Licht in den Zellen mit modernsten Forschungsgeräten wie dem Spektrometer klar nachweisen. Die Biophotonenstrahlung dient den Zellen zu einer Art Funkverkehr, dessen Signale mit weit größerer Geschwindigkeit und Effizienz Informationen weitergeben und biologische Prozesse steuern können als dies über biochemische Kanäle möglich ist. (Vgl. Bischof, S. 2).
Das Licht in den Zellen scheint unterschiedlich stark zu sein. Durch die Entwicklung eines spirituellen Bewusstseins und bewusstseinserweiternden Methoden wie Atemarbeit und Meditation, Singen und Musik kann die Lichtstrahlung vergrößert werden. So kommt es, dass Menschen universelle Energie aufnehmen und heilende Hände entwickeln können, durch die hindurch das Licht des Universums fließen kann.

Störungen in einer Auraschicht finden ihren Ausdruck durch das Bewusstsein dieser Schicht und äußern sich immer in Schmerzen: im Ersten, dem Physischen Körper durch physische Schmerzen, im Zweiten, dem Elektrischen Körper, erleben wir emotionale Schmerzen, im Dritten, dem Mentalkörper, sind es schmerzhafte Gedanken, innere Haltungen und Einstellungen, im Vierten, dem Traumkörper, sind es Beziehungsschmerzen, die zum Beispiel aus dem Familiensystem herrühren, und im Seelenkörper sind es Schmerzen, weil wir vergessen haben, wer wir wirklich sind und was unser Lebenssinn und unsere Lebensaufgabe ist. „Schmerz ist der Regulationsmechanismus, der uns darauf hinweist, dass etwas aus dem Gleichgewicht geraten ist, und uns dazu aufruft, die Situation zu korrigieren." (Brennan 1, S. 258). *Dr. Bach* bezeichnet Leiden deshalb als ein „Korrektiv" der Seele. (Bach, S. 109)

Zur genaueren Differenzierung möchte ich hier nun nochmals die vier Energiekörper entsprechend dem Modell von *Dr. Klinghardt* voneinander abgrenzen.

3.1 Aufbau und Funktion des Zweiten oder Elektrischen Körpers

In *Dr. Klinghardts* Modell der Fünf Körper befindet sich die Aura auf der Zweiten Ebene und damit dem Elektrischen Körper. In der Realität ist es jedoch so, dass sich der Zweite Körper auch über den Dritten und Vierten bis zum Fünften nach Außen erstreckt, dass die Aura also auf der Zweiten Ebene beginnt und die verschiedenen Körper durchdringt wie in Kapitel 3 ausführlich dargestellt.

Hier gehe ich zunächst auf den Aufbau und die Funktion der Aura insgesamt ein, bevor ich ihre feineren Details näher beschreibe.

3.1.1 Die Aura

Mensch mit seiner Aura

Man könnte sagen, dass die Aura das elektromagnetische Energiefeld eines Lebewesens oder Objektes ist, welches dessen Zustand widerspiegelt in der Weise, wie die Ströme im Energiefeld fließen (stark – schwach), in welcher Geschwindigkeit (schnell – langsam), welche Fließeigenschaften sie haben (zäh – „dünnflüssig"), wo Blockaden sind (Stagnation – Stau), wo sich die Energie verdichtet oder auflöst usw.

Dieser Zustand verändert sich in dem Maße, wie sich die Bedingungen für das Lebewesen oder Objekt ändern. Für die menschliche Aura bedeutet das, welche Gefühle sich in welcher Intensität zeigen und wie die Emotionen wechseln. Deshalb sieht die Aura praktisch ständig anders aus, obwohl sich grundsätzliche Gefühlseigenschaften konstant zeigen.

Außerdem gibt es die Möglichkeit von „Löchern", quasi defekten Stellen im Energiefeld, aus denen die Energie entweicht, wie wenn aus einem Fahrradschlauch die Luft langsam herausfließt, was zur Erschöpfung des Systems führt.

Barbara Ann Brennan hat in ihrem Buch einige Zeichnungen, wie sie Blockierungen, Energieerschöpfung und Energieleck sieht, dargestellt und beschrieben (Brennan 1, S.191).

Außerdem hat sie einige Eigenschaften, die oft als Redewendungen verwendet werden und wie diese sich in der Aura zeigen, erklärt, zum Beispiel „Stacheln aufstellen", „Neben sich stehen" und „Machtwillen zur Schau stellen" (Brennan 1, S. 196f.).

„Neben sich stehen"

Die Aura wird mit Energie „gespeist" über verschiedene Chakren, die im nächsten Abschnitt erläutert werden.

3.1.2 Die Chakren

Chakren (auch Chakras) sind Energiezentren des Körpers, und es gibt sowohl Hauptchakren entlang der Wirbelsäule als auch Nebenchakren. Wichtige Energiezentren sind dabei die Hand- und Fußchakren.

Die Chakren, auch Energieräder genannt, sind dazu da, Energie aufzunehmen, nicht nur durch die Nahrung, sondern durch die Umwelt überhaupt, und sie im Körper gleichmäßig zu verteilen. Wenn das gut funktioniert, sind die Chakren in Ordnung, ist unser Energiesystem gesund und damit im Allgemeinen auch der Physische Körper.

Wenn das Energiefeld aber zum Beispiel durch Gifte angegriffen ist, dann machen einzelne Energiezentren zu, und wir können nicht mehr „normal" funktionieren. Unsere Energie verringert sich und damit unsere Aktivität, zuletzt wird der Physische Körper krank, das heißt, die Störung geht herunter von der Zweiten auf die Erste Ebene.

Es kommt allerdings auch vor, dass einzelne Chakren zu weit offen sind. Das bedeutet Hyperaktivität des Chakras mit Überreizung des dazu gehörenden Themas beziehungsweise entsprechender Überreaktion auf dieses Thema.

Die Chakren sind nach vorn und manche auch nach hinten geöffnet. Sie leiten Energie ein, aber auch aus. Das zeigt sich zum Beispiel so:

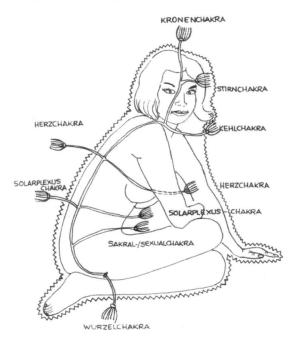

Dabei können sich die Chakren wie eine Blüte öffnen und schließen, von ein wenig über ganz weit bis zu gar nicht. Damit ist das Ein- und Ausfließen der Energie dosierbar beziehungsweise bei Gefahr ganz abzustellen. Die Blüte geht über in einen Kelch, der schneller oder langsamer im Uhrzeigersinn oder gegen den Uhrzeigersinn rotieren kann, um die Fließgeschwindigkeit der Energie variieren zu können entsprechend den momentanen Anforderungen.

Sind die Chakren verschmutzt und die Kelche verstopft, so ist die Funktion der Energiezentren gefährdet. Zuerst wird der Energiekörper krank, bis sich die Erkrankung auch im Physischen Körper manifestiert.
Wenn die Energie gut fließt, dann sind wir im Gleichgewicht, sind wir im Allgemeinen gesund.

Barbara Ann Brennan drückt das so aus: „Da durch die Chakras am meisten Energie aufgenommen wird, sind sie für das Gleichgewicht des Energiesystems entscheidend. Wenn ein Chakra nicht richtig funktioniert, führt das zu Krankheit. Je mehr ein Chakra aus dem Gleichgewicht ist, umso ernster ist die Krankheit. ... In einem gesunden System drehen sich die spiralförmigen Kegel in rhythmischem Einklang und ziehen Energie vom universalen Energiefeld in den Körper hinein. Jeder Kegel ist auf eine spezifische Frequenz „gestimmt", die der Körper für sein gesundes Funktionieren braucht. In einem kranken System arbeiten die Energiewirbel nicht synchron." (Brennan 1, S.255).

Die Chakren stehen alle miteinander in Verbindung, so dass beim Ausfall eines Chakras das benachbarte Chakra die Energetisierung der zugehörigen Organe und Drüsen vornehmen kann.

Beim Schreiben dieses Buches habe ich mich noch einmal intensiv mit den Chakren von meiner Wahrnehmung her befasst und mit der dazu vorhandenen Literatur verglichen. In den folgenden Abschnitten möchte ich die Resultate über die Energiezentren, von denen jedes eine bestimmte Farbe und bestimmte damit verbundene Themen hat, näher vorstellen. (Vgl. Sharamon / Baginski; Choa 2 und 3.) Die Lage kann allerdings individuell etwas variieren und muss bei Bedarf ausgetestet werden (vgl. Klinghardt 6, S. 11ff.).

3.1.2.1 Die sieben Hauptchakren

In den meisten Chakra Büchern sind sich die Autoren darüber einig, dass es sieben Hauptchakren (auch Chakras) gibt, wobei ihre Lagebeschreibung und Benennung teilweise stark differieren.
Hier gebe ich die von mir wiederholt durch Wahrnehmung und / oder kinesiologische Testung herausgefundene Lage wieder, die je nach Gemüts- und Gesundheitszustand einer Person variieren kann, sowie die für mich schlüssige Bezeichnung der jeweiligen Energiezentren.

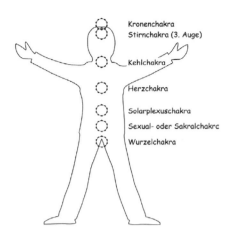

Die sieben Hauptchakren

3.1.2.1.1 Das Wurzel- oder Basischakra

Dieses Energiezentrum hat seinen Sitz an der Basis der Wirbelsäule, im Bereich des Steißbeins, und öffnet sich zwischen Anus und Genitalien in Richtung Boden. Es hat die Frequenz einer kräftig roten Farbe.
Bei der Entwicklung dieses Chakras geht es um Materie und Materielles, um Erdung und dem Dasein auf der Erde. Es ist das Zentrum unseres Überlebenswillens oder Selbsterhaltungstriebs.
Menschen, bei denen dieses Chakra ausgeprägt ist, stehen mit beiden Beinen fest auf der Erde; manchmal so stark, dass sie gar keinen Zugang zu den oberen Ebenen finden. Sie glauben nur, was sie mit ihren fünf Sinnen auf der physischen Ebene erfahren können und brauchen für alles handfeste Beweise.

In unseren Praxen sehen wir allerdings viel häufiger Patienten, die nicht gut geerdet sind, sondern eher „mit beiden Beinen fest in der Luft stehen", wie dies *Dietrich Klinghardt* einmal treffend ausgedrückt hat. Die Symptome reichen entsprechend von Unkonzentriertheit, Fahrigkeit, Tagträumerei, Unruhe und Schlaflosigkeit bis zu schweren psychischen Störungen wie Depressionen mit Suizidgefahr, Realitätsverlust u.ä.

3.1.2.1.2 Das Sakral- oder Sexualchakra

Das Sexual- oder Sakralchakra liegt etwa in der Mitte zwischen Bauchnabel und Schambein und öffnet sich nach vorn. Seine Farbe ist ein kräftiges Orange, und das Thema – wie der Name sagt – Sexualität in einer sakralen Form zur Erhaltung des Menschen in der Schöpfung, aber vor allem auch Kreativität.
Funktioniert dieses Chakra gut, so lebt der Mensch eine gesunde, natürliche Sexualität und hat in allen Bereichen seines Lebens kreative Einfälle, die er auch verwirklicht.

Wenn das Chakra zu aktiv ist, kann die Sexualität sehr triebhaft werden, oder die Person ist äußerst kreativ und hat ständig neue Ideen, die sie aber nicht in die Tat umsetzt.

Bei wenig geöffnetem Sakralchakra fehlt häufig die Kreativität oder die Libido, und Beschwerden im Blasenbereich oder der Prostata sind ebenfalls ein Zeichen dafür.

Sind die obersten beiden Energiezentren (Stirn- und Scheitelchakra) ebenfalls gut ausgeprägt und die Verbindung von unten nach oben im Fluss, so kann sexuelle Energie mühelos in spirituelle Energie umgewandelt werden, was für allein lebende Menschen von Vorteil ist, aber vor allem auch tantrischen Sex zulässt. Bei diesem wird mit dem Partner im sexuellen Zusammensein die Einheit auf der Fünften Ebene und damit höchste Erfüllung erlebt.

3.1.2.1.3 Das Solarplexuschakra

Der Name dieses Chakras bedeutet „Sonnengeflecht" und bezieht sich auf das Nervengeflecht des Bauchraums in der Magengegend. Von dort breitet es sich strahlenförmig aus und befindet sich auch an der gleichen Stelle am Rücken. Wie die Sonne hat es die Farbe Gelb.

Bei diesem Chakra geht es um die Entwicklung der Persönlichkeit, des Ego, mit den Themen Macht und Ohnmacht, Täter und Opfer, Recht haben und Recht haben wollen; schlicht und einfach um ungute Verbindungen zwischen zwei oder mehreren Personen, die nicht als Herzensverbindungen aus Liebe vorhanden sind, sondern in Form eines Hin- und Herziehens (wie beim Tauziehen) zwischen ihnen. Das sind meist Beziehungen, bei denen es einem Partner schlecht geht, wenn es dem anderen gut geht und umgekehrt, und wo sehr genau eine Handlung gegen eine andere aufgerechnet wird. Es ist aber unerheblich, ob diese Personen Partner oder Geschwister oder Eltern und Kind oder Kollegen sind; die Auswirkungen zeigen sich auf die gleiche Weise.

Ein eher geschlossenes Solarplexuschakra manifestiert sich häufig in Magen-Darm-Störungen sowie Leber-Galle-Leiden, beim rückwärtigen Energiezentrum in Störungen der Bauchspeicheldrüse und damit des Zuckerstoffwechsels und der Verdauung.

Ein zu weit geöffnetes Sonnengeflecht zeigt nach außen hin einen großzügigen Menschen, der aber immer eine Gegenleistung erwartet und nicht aus Freude gibt, sondern aus Egoismus, weil er selbst etwas davon hat beziehungsweise haben will. Diese Erwartungshaltung betrifft nicht nur materielle Dinge, sondern vor allem auch Anerkennung, Zuwendung und Liebe, die dann mitsamt der zugehörigen Person als Besitztum angesehen wird.

Sind die beiden Chakren harmonisch geöffnet, so strahlt dieser Mensch eine Persönlichkeit aus von natürlicher Autorität, mit Offenheit und Liebe für die Menschen, ohne nach dem eigenen Vorteil zu trachten, sich aber dennoch auf natürliche Weise abgrenzen zu können.

3.1.2.1.4 Das Herzchakra

Dieses Chakra liegt im vorderen Bereich in der Mitte zwischen den beiden Brüsten. Ihm werden zwei Farben zugesprochen: ein zartes Grün sowie Rosa als Farbe der zärtlichen Liebe. Und genau das ist – wie beim vorigen Chakra kurz beschrieben – das Thema: eine Herzensverbindung zwischen Menschen, geprägt von bedingungsloser Liebe und nicht in Form eines „Geschäfts": ich tue das für dich, wenn du jenes für mich tust.

Mein Lehrer *Jeru Kabbal* hat „wahre Liebe" folgendermaßen definiert: „Wahre Liebe erwartet nichts vom Anderen zurück, weil sie nichts braucht. ... Liebe ist ein Überfließen, ein

Geben, ein Gefühl der Ganzheit und Erfüllung" beziehungsweise „Liebe ist wie eine Lampe, die in einem Zimmer brennt. Sie beleuchtet nicht eine bestimmte Person. Sie scheint einfach, und es ist ihr sogar egal, ob jemand im Zimmer ist, sie scheint einfach. Das Licht ist sich selbst genug, es braucht niemanden, der beleuchtet werden will, um hell zu schienen. Genau so ist es mit der Liebe." (Kabbal 3, S. 41).
Hass, Neid, Eifersucht, Misstrauen, Wut, Groll und Rachsucht gegenüber einem anderen Menschen haben hier keinen Platz mehr.

Da in unserer materiell ausgerichteten Gesellschaft die Herzchakren eher verschlossen sind, gibt es viele Herz-Kreislauf-Symptome bis hin zum Herzinfarkt („gebrochenes Herz") sowie Schmerzen in der vorderen Brustwirbelgegend.

Ist das Herzchakra sehr weit geöffnet, so können diese Menschen aufopferungsvolle Liebe geben wie zum Beispiel im Dienst am Nächsten als Entwicklungshelfer in Afrika oder Pfleger in Altenheimen etc., weil hier Emotionen wie Mitgefühl, Friedfertigkeit, Gelassenheit, Freude, Güte, Zärtlichkeit, Geduld und Rücksichtnahme zu Hause sind.

Allerdings besteht durch eine zu starke Aktivität des Herzchakras die Gefahr des Burn-out-Syndroms, weil diese Menschen ständig mehr geben als sie bekommen und dadurch „ausgelaugt" werden.

3.1.2.1.5 Das Hals- oder Kehlchakra

Das Halschakra öffnet sich in der Gegend der Schilddrüse nach vorn. Es ist hellblau und hat mit allen Aspekten der Kommunikation zu tun: Sprechen und Zuhören, Verstehen und Verstanden werden, fließende oder fehlende und unterdrückte sowie einseitige Kommunikation.

Ist das Kehlchakra zu weit geschlossen, so hat die Person üblicherweise Kommunikationsschwierigkeiten oder Symptome, die mit der Stimme oder der Schilddrüse zu tun haben. In der Stimme zeigen sie sich beispielsweise durch Heiserkeit, Räuspern und eine quäkende, gepresste Stimmlage. In der Schilddrüse, dem Motor des Physischen Körpers, zeigen sie sich beispielsweise in Störungen des Wärme-Kälte-Haushalts sowie in hormonellen Dysfunktionen (die Schilddrüse ist der obere Teil der „Hormonellen Achse" zur Gebärmutter mit den Eierstöcken oder der Prostata, die über das Sakral- oder Sexualchakra energetisiert werden).

Ein zu offenes Kehlchakra lässt nur einseitige Kommunikation zu, indem diese Person selbst ohne Unterbrechung spricht, aber nicht zuhören kann und oft eine hohe und kindliche, auch „überhauchte" Stimme hat (beim Sprechen wird zu viel Luft mit abgegeben, so dass diese Menschen nicht laut und deutlich sprechen können).

Ist dieses Chakra bei miteinander kommunizierenden Menschen harmonisch geöffnet, so sind die Gespräche gut, weil jeder die Chance hat, zu Wort zu kommen und die eigene Auffassung darzulegen mit dem Gefühl, wirklich verstanden zu werden.

3.1.2.1.6 Das Stirnchakra oder Dritte Auge

Wo anders sollte das Dritte Auge liegen als zwischen den beiden physischen Augen? Es rutscht allerdings bei vielen Menschen höher Richtung Haaransatz und hat die Farbe Indigo, die einem dunkelblauen Nachthimmel bei Sternenlicht entspricht.

Bei diesem Chakra geht es um Einsicht im Sinne von Hinein-Sicht in tiefere Sinnzusammenhänge und um Intuition (im Gegensatz zum Glaubenssystem), die echte Erkenntnisse bringt. Physisch hat es einen Zusammenhang mit dem Funktionieren des Nervensystems und des Gehirns.

Ist das Dritte Auge ausgeprägt, so bekommt dieser Mensch Informationen aus der Fünften Ebene, die zum Beispiel in der Therapie oder im eigenen Leben weiterhelfen, indem sie Zusammenhänge herstellen und den nächsten Schritt oder weiteren Weg weisen können. Auch Hellsichtigkeit hat hier ihren Sitz.

Bei zu weit geöffnetem Dritten Auge kommt es physisch zu Sehschwierigkeiten in Form von Weitsichtigkeit, zu Hyperaktivität und „psychotischen" Erscheinungen.

Ist das Stirnchakra jedoch verschlossen, so fehlt der Zugang zu den höheren Ebenen. Das Leben dieser Menschen ist meist von Engstirnigkeit und Prinzipien geprägt, die mit Einschränkenden Glaubenssätzen einhergehen. Sie geben diesen im Grunde sehr unsicheren Menschen eine vermeintliche Sicherheit, Ordnung und Struktur. Auf der Physischen Ebene zeigen sich Sehstörungen aller Art, am häufigsten Kurzsichtigkeit sowie Kopfschmerzen bis hin zur Migräne.

3.1.2.1.7 Das Kronen- oder Scheitelchakra

Wie der Name Kronenchakra aussagt, sitzt dieses Chakra oben in der Kopfmitte und öffnet sich in Richtung Himmel. Seine Farbe ist Violett, aber auch Weiß, die Summe aller Farben. Es ist die Farbe der Spiritualität und des „Sehers", der Weisheit und des inneren Wissens. Genau das sind auch die Themen, um die es hier geht: echte Religiosität, Einheit, „Nachhausekommen".
Physisch steuert dieses Chakra die Gehirnaktivität.

Ist dieses Energiezentrum geöffnet, so hat die Person Vertrauen in die Existenz und das Leben und weiß tief innen, dass alles, was geschieht, einen Sinn hat im Leben in der Form, dass jede Erfahrung eine Lernsituation für die Seele bedeutet.

Fehlt die Öffnung nach oben, so gibt es Angst und Panik im Leben der Person, welches sinnlos erscheint. Quälende Fragen nach dem Warum, die unbeantwortet bleiben müssen, sind an der Tagesordnung. Denn die Existenz lässt den Menschen den freien Willen und somit alles zu, was die Menschen tun wollen, egal ob sie sich lieben oder bekriegen. Diese Erkenntnis kann jedoch bei wenig ausgeprägtem oder geschlossenem Scheitelchakra nicht aufkommen. Physisch betrachtet haben diese Menschen oft Depressionen.

Die Entwicklung der Chakren im Bewusstwerdungsprozess erfolgt im Allgemeinen von unten nach oben. Das heißt, zunächst sind Themen des Überlebens wichtig, die mit materiellen Dingen zu tun haben, auch die Entfaltung der Sexualität spielt eine große Rolle sowie die Entwicklung der Persönlichkeit. Dann erst entwickeln sich Herzensqualitäten, kommunikative

Fähigkeiten, die Intuition und die Verbindung zur göttlichen Ebene. Dieser Prozess ist an der Aurafarbe, die mit dem jeweiligen Chakra korreliert, erkennbar.

Als Beispiel dafür dienen die Abbildungen 5 – 9 der Aurafotos im Farbteil des Buches.

3.1.2.2 Wichtige Nebenchakren

Außer den sieben Hauptchakren gibt es noch einige wichtige Nebenchakren: die Handchakren in der Mitte der Handflächen und die Fußchakren in der Mitte der Fußsohlen. Daneben gibt es Chakren einzelner Organe, zum Beispiel das Milzchakra.

Auf diese ebenfalls wichtigen Nebenchakren, die sich bei den einzelnen Autoren noch stärker unterscheiden als die Hauptchakren, gehe ich im nächsten Teil dieses Kapitels näher ein. Dabei greife ich wieder auf die von mir ausgetesteten Stellen und schlüssigen Bezeichnungen zurück, auch wenn sie in manchen Büchern anders oder gar nicht zu finden sind.

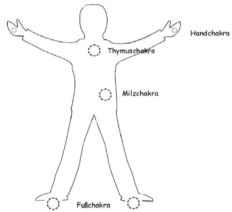

Einige wichtige Nebenchakren

3.1.2.2.1 Die Fußchakren

In der Mitte der Fußsohlen befinden sich die Fußchakren, die gegenüber dem restlichen Körper eine doppelt negative Ladung haben (vgl. Klinghardt / Williams, S.3) und quasi die Verlängerung des Wurzel- oder Basischakras darstellen. Sie sind die Haupteintrittspforten für Erdenergie. Daher haben sie ebenfalls wie das Basischakra die Farbe Rot und dieselben Themen wie dieses.

Menschen, bei denen die Fußchakren geschlossen sind, stehen nicht fest auf dem Boden, was sich über kalte Füße ausdrückt. Diese Personen stolpern oft über die eigenen Füße oder über Gegenstände, weil sie häufig Tag träumen. Oder sie poltern die Treppen hinunter und haben einen „schweren Gang", weil sie den unteren Teil ihres Körpers nicht richtig fühlen und deshalb nicht sachte koordinieren können.

Außerdem stehen die Füße für „Vorangehen im Leben", was manch einem im wahrsten Sinne des Wortes „kalte Füße" macht aus Angst vor dem nächsten Schritt. Ist irgendwo Angst im Spiel, so zieht sich die Energie zurück oder sie zieht sich zusammen, was sich physisch oft in

Verspannungen und Krämpfen aller Art zeigt. Im Fall der geschlossenen Fußchakren gibt es diese Symptome im Bereich der Füße oder Beine.

Zu weit geöffnete Fußchakren lassen den Menschen wiederum so sehr geerdet sein, dass er kaum vorwärts kommt, weil er schon fast am Boden „klebt" und sich nur schwer in „höhere Sphären" aufschwingen kann.

Sind die Fußchakren dagegen schön ausgeprägt geöffnet, können die Menschen sehr achtsam gehen, und sie stehen mit warmen Füßen fest auf dem Boden. Sie packen den Alltag an und gehen die notwendigen Schritte mit Selbstbewusstsein.

3.1.2.2.2 Die Handchakren

Die Handchakren befinden sich in der Mitte der Handflächen und haben wie die Fußchakren eine doppelt negative Ladung (vgl. Klinghardt / Williams, S. 3). Sie haben die Frequenz der Farbe Rosa, weil sie die direkte Verlängerung des Herzchakras über die Arme in die Hände darstellen. Von dort fließt die Energie nach außen in die Fingerspitzen, wo sie über die dortigen kleinen Fingerspitzenchakren genauso wirkt wie in den Handflächen selbst.

Sind diese Chakren gut geöffnet, so kann im Handeln dieser Menschen Liebe fließen, die anstehenden Tätigkeiten werden leicht und mit Freude ausgeführt. Die „helfende Hand" ist bereit zu geben und zu empfangen. Dies geschieht normalerweise so, dass rechts nimmt und links (vom Herzen her) gibt. Deshalb sollte die rechte Hand nach oben und die linke Hand nach unten geöffnet sein, wenn man nebeneinander oder im Kreis jemandem die Hand gibt.

Hat eine Person die Handchakren geschlossen, so zeigt sich das physisch häufig in Form von kalten Händen. Dieser Mensch kann weder geben noch nehmen und ist meist sehr egoistisch, oft auch verhärmt und verbittert. Meistens ist dann auch das Herzchakra entsprechend zu, was einen „verschlossenen" Menschen kennzeichnet.
Das Geben geschieht unter dem Aspekt, dass auf jeden Fall eine Gegenleistung erbracht werden muss oder der Andere einem zumindest etwas schuldig ist, worauf man zu gegebener Zeit zurückgreifen möchte, und was auf diesen „Anderen" einen inneren Druck ausübt.

Sind die Handchakren übermäßig stark geöffnet, so ist bei den Menschen meist eine Überaktivität vorhanden, die ungeordnet, chaotisch abläuft.

3.1.2.2.3 Das Milzchakra

Das Milzchakra ist das wichtigste Nebenchakra des Rumpfes und befindet sich vorn an der linken Bauchseite im mittleren Teil der linken untersten Rippe (vgl. Choa 2, S. 119). Seine Farbe ist Dunkelgrün.

So wie die Milz eine wichtige Rolle für die Qualität des Blutes und des Immunsystems spielt, ist das Milzchakra für die Abwehr und Transformation negativer Energien zuständig. Ist das Energiezentrum zu wenig geöffnet, so kann es seiner Aufgabe nicht nachkommen. Der Mensch spürt dies durch allgemeine Körperschwäche und geringe Vitalität sowie häufige Infektanfälligkeit.

Ist das Milzchakra zu weit geöffnet, kommt es zu einem Energieverlust, weil mehr Energie abgegeben als aufgenommen wird. Durch den Versuch, die ausweichende Energie aus den übrigen Energiezentren heranzuziehen, leidet dieser Mensch an chronischer Erschöpfung, oft einhergehend mit chronischen Infekten.

Bei einem harmonisch geöffneten Milzchakra werden „energetische Eindringlinge" erfolgreich abgewehrt. Ein starker Energiekörper hat einen gesunden, starken Physischen Körper zur Folge.

3.1.2.2.4 Das Lungenchakra

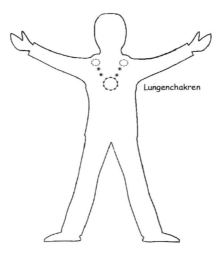

Dieses Chakra befindet sich auf dem Rücken gegenüber dem Herzchakra und steht in Verbindung mit zwei kleineren Chakren im oberen Lungenbereich links und rechts (Gegend der Schulterblätter). Es hat die Farbe Türkis und ist das Zentrum für Emotionen, im negativen Fall von Traurigkeit und Kummer und für Lebensphasen, in denen oft die „Luft angehalten" wird oder die „Luft ausgeht". Positive Emotionen sind tiefe Freude und Gelassenheit, und es ist mit der Fähigkeit verbunden (nach Überwindung von Phasen der Trauer und des Kummers), als Heiler tätig sein zu können.

Siehe dazu Abbildung 10 im Farbteil.

Bei zu ausgeprägter Öffnung sind die Emotionen ebenfalls sehr stark ausgeprägt in Form von Hysterie oder einem Hypochonder. Als physische Symptome zeigen sich Asthma bronchiale (es kommt zu viel Energie hinein, aber nicht genügend verschmutzte wieder heraus) oder Lungenemphysem (Lungenüberblähung).

Ist das Lungenchakra zu weit verschlossen, so können Emotionen nicht oder fast nicht gefühlt werden, weder positiv noch negativ. Als physische Symptome des Atemtrakts kommt es zu Chronischer Bronchitis, Atemnot u.a. Außerdem gehören Verspannungen im Schulterbereich zu den Störungen in diesem Chakra.

3.1.2.2.5 Das Thymuschakra

Dieses Energiezentrum befindet sich am Thymus, der ihm auch den Namen gegeben hat. Es ist wie das Lungenchakra Türkis. Wie der Thymus für die Immunabwehr zuständig ist, ist dieses Chakra – ähnlich wie das Milzchakra - für energetische Abwehr und zusätzlich für die Fähigkeit zu spirituellem Heilen zuständig. Ein „gesundes" Thymuschakra ist daran zu erkennen, dass der Person die eigene Gesundheit am Herzen liegt und sie nicht „Raubbau" damit betreibt.

Ein zu weit geöffnetes Thymuschakra lässt zum einen zu viel Energie herein; dabei kann es auch fremde oder verschmutzte Energie nicht mehr abwehren. Zum anderen wird zu viel Energie an die Umgebung abgegeben, indem andere Personen völlig vereinnahmt werden, oder mit „missionarischem Eifer" aus egoistischen Gründen von einer Sache überzeugt werden sollen.

Ist dieses Energiezentrum hingegen geschlossen, kann die Heiler-Energie nicht hindurchkommen, meistens, weil die Selbstannahme fehlt. Selbstverleugnung und mangelndes Selbstbewusstsein sind die Folge. Der eigene Körper wird nicht wert geschätzt und deshalb nicht achtsam behandelt.

3.1.2.3 Chakra Diagnostik

Dr. Dietrich Klinghardt entwickelte ein Verfahren zur Chakra Diagnostik innerhalb seiner Methode der Autonomen Regulations-Diagnostik (RD)®, mit dem sowohl die exakte Lage, Schwingungsrichtung und Abstrahlungsweite des jeweiligen Chakras vom Physischen Körper herausgefunden werden kann als auch, wie gut oder schlecht es funktioniert bezüglich seiner Energieabstrahlung (vgl. Klinghardt 6, S. 11ff.).
Eine Grundannahme hierbei ist, dass „das abgestrahlte Licht ... hochgradig polarisiert (F.A. Popp) und verwendet (ist). Innerhalb eines aktiven Chakras verlässt das Licht den Körper spiralförmig wie eine Wendeltreppe, die nach außen trichterförmig immer weiter wird, nach innen in den Körper hinein immer enger. ... Je stärker verwendet, desto aktiver das Chakra. Je aktiver das Chakra, desto aktiver sind die damit verbundenen Prozesse." (Klinghardt 6, S. 11f.).
Und weiter:
„Bei Gesunden oszilliert die Aktivität des Chakras ständig um einen für diese Person typischen Normalwert (ähnlich wie HRV). Dieser ist Ausdruck der Vitalität dieser Person, seiner Persönlichkeit, seiner für ihn / sie typischen Art, in der Welt zu sein, aber auch Ausdruck der unerlösten Konflikte und Lebensthemen und der systemischen Verstrickungen."
(Klinghardt 6, S. 12).

Um diese Diagnostik anwenden zu können ist es notwendig, den neuralkinesiologischen Muskeltest erlernt zu haben, und dass der Therapeut mit dem Signalverstärker und Polfilter umgehen kann. Letzteres wird in fortgeschrittenen Regulations-Diagnostik-Seminaren vermittelt.
Eine weitere Möglichkeit, den Zustand eines Chakras zu diagnostizieren, bietet das Holz-Pendel, welches in der Psycho-Kinesiologie (PK) nach *Dr. Klinghardt*® verwendet wird. Durch seine Materialart und seine Form verteilt sich dessen eigenes Energiefeld symmetrisch um die Pendelachse, was für die Chakra Diagnostik wichtig ist.

Mit dem Pendel kann man sehr gut die Rotationsrichtung und den Durchmesser eines Chakras in verschiedenen Abständen vom Physischen Körper erfassen. Die Energiestärke zeigt sich dadurch, wie schnell oder langsam das Pendel sicht dreht.
Hierzu sollte der Anwender das Pendeln gut beherrschen, damit er bereits Erfahrungen gesammelt hat über die verschiedenen Pendelrichtungen und die Stärke, mit der ein Pendel schwingen kann, bevor er sich an die Chakrendiagnostik heranwagt.

Wer gelernt hat, Energie mit den Händen zu spüren, kann seine Hände an den verschiedenen Chakraregionen langsam von außen auf den Physischen Körper zubewegen oder vom Körper weg in die Aura. So kann er die Abstrahlung eines Energiezentrums von ihrer Stärke und Dichte her spüren, meist in Form von Wärme, und ob die Energie frei fließt oder irgendwie „klumpt". Außerdem ist auf diese Weise zu spüren, wie weit die Chakraenergie in den Raum hinaus strahlt.

Wenn man dazu noch den kinesiologischen Muskeltest verwendet, kann man Unterbrechungen des Energieflusses oder Stellen von Störungen in der Aura austesten.

Mit erhöhter Sinneswahrnehmung lassen sich dann die Chakren und ihre Drehrichtung, ihre Farben sowie ihr Zustand direkt sehen und energetisch korrigieren.

3.1.2.4 Chakra Behandlung

Eine Behandlung der Chakren geschieht auf die gleiche Weise wie die Behandlung anderer Körperstellen (sowohl im Physischen Körper als auch im Energiekörper), nur dass sie meist lokal am entsprechend zu unterstützenden Chakra selbst oder an einem Nachbarchakra vorgenommen wird.

Die Behandlung kann eher „stofflich" mit Hilfe von Substanzen in der Farbe des jeweiligen Chakras mit passenden Tüchern, Edelsteinen, Essenzen und Aura Soma Ölen erfolgen oder „feinstofflich", also eher meditativ-imaginär, auch mit Hilfe von Tonträgern (siehe Kapitel 4). Vor allem bei sensiblen Patienten teste ich die Art und Vorgehensweise im Allgemeinen aus.

Fallbeispiel:

> Im Juli 1997 kommt ein Gesangslehrer, der seit zwei Jahren seine Stimme verloren hat, zum 1. Termin zu mir. Nach einer Grippe mit Stimmverlust als Symptom hat er die Stimme nicht zurückerhalten. Medizinisch ist alles abgeklärt, die behandelnden Ärzte wissen keinen Rat mehr und meinen, der Patient müsse sich damit abfinden, dass seine Stimme nicht wieder komme.
> Für mich ist das ein typisches Symptom für das Kehlchakra, das aufgrund irgendwelcher Umstände, die herauszufinden sind, geschlossen ist und nicht mehr arbeitet.
> Mein kinesiologischer Test ergibt, dass ich die Nosode Influencinum vesiculosum auf den Körper legen muss (wahrscheinlich die Grippeart, die der Patient vor zwei Jahren hatte), während ich das Kehl-Chakra in circa 5 cm Abstand vom Physischen Körper mit meiner linken Hand „bestrahle". Außerdem melden sich die Nieren mit der Emotion Angst. Als Entstehungszeitpunkt des Gefühls teste ich die Geburt. Der Patient weiß nichts darüber. Mein Test ergibt, dass es um den Geburtsvorgang als solches geht, ohne dass wir Näheres dazu erfahren müssen. Zum Ablösen benötigen wir den Roten Pomander von Aura Soma, der den Energiekörper eines Neugeborenen erdet.

Beim zweiten Termin im Oktober 1997 berichtet der Patient über eine Verschlimmerung: er hat jetzt zusätzlich Schlafstörungen und nächtliche Panikattacken. Als Ursache finde ich den Glaubenssatz „Ich bin nicht gut genug" und muss damit wieder zurückgehen zum Geburtsvorgang. Energetisch brauchen nacheinander der Magen, das Herz und das Kronenchakra eine Korrektur, also benachbarte Regionen des Halses, nicht die Kehle selbst.

Im Dezember 1997 sind die Panikattacken besser, jedoch ist der Wärmehaushalt gestört, ein typisches Symptom für eine Irritation der Schilddrüse, also auch wieder im Bereich des Kehlchakras angesiedelt. Außerdem hat der Patient Angst vor dem Unterrichten, weil er nicht mehr vorsingen kann.

Laut kinesiologischer Testung muss zuerst die Niere mit der Angst – er fühlt sich unerwünscht bei seinen Studenten - behandelt werden. Wir gehen zurück in den vierten Schwangerschaftsmonat, die Angst lag damals bei der Mutter. Die rechte Niere braucht eine energetische Behandlung.

Beim vierten Termin im Januar 1998 zeigt sich im Test eine Sabotage: der Satz „Ich möchte wirklich ganz gesund sein" testet schwach. Als Ursache finde ich die Schilddrüse mit dem Gefühl „sich übersehen fühlen", was in der Gegenwart auf seine Kollegen zutrifft. Die Schilddrüse wird über die Energie, die aus meiner linken Hand fließt, energetisch behandelt. Wir gehen zum Ursprung der getesteten Emotion. Es ist wieder die Geburt, diesmal die Zeit kurz danach, die Situation im Krankenhaus, die ich nicht näher austesten muss. Hier muss die Neben-Schilddrüse energetisch behandelt werden. Danach meldet sich per Test noch der zweite Schwangerschaftsmonat, in dem die Mutter wegen der damaligen Kriegssituation sich mit dem Kind im Bauch nicht weiter befassen konnte. Jetzt testen die Nieren mit der Emotion „Angst" und müssen energetisch ausgeglichen werden. Außerdem benötigen wir die rote Quintessenz von Aura Soma.

Im März 1998 meldet sich per Test die Schilddrüse mit dem Stichwort „gelingen", der Patient ist misserfolgsorientiert und glaubt nicht, dass er seine Stimme voll und ganz wieder bekommt, obwohl sie schon wesentlich besser geworden ist. Die Schilddrüse wird energetisch behandelt. Wir kommen wieder zur Geburt und müssen die Nieren energetisch behandeln sowie das Kehl-Chakra im Abstand von ungefähr 80 cm vom Physischen Körper weg. Außerdem meldet sich noch eine kleine Stelle an der linken unteren Rippe als Energieleck, das energetisch „gestopft" wird.

Beim sechsten Behandlungstermin im Juni 1998 wird wieder einmal eine Sabotage aufgedeckt: der Satz „Ich will eine gesunde Stimme haben" testet schwach. Der Grund ist, dass das Unterbewusstsein des Patienten durch das Versagen der Stimme sein Ziel, nämlich Ruhe haben wollen, erreichen möchte. Dazu testet wieder einmal die Schilddrüse und wird energetisch behandelt. Als früherer Zeitpunkt testet der vierte Lebensmonat mit einer plötzlich eingeführten Nahrungsumstellung. Der Magen braucht einen energetischen Ausgleich. Auch die Nieren testen wieder mit dem Gefühl Angst, und zwar, diesen neuen Anforderungen nicht gewachsen zu sein. Auch hier wird energetisch behandelt. Schließlich kommen wir nochmals zum Geburtsvorgang, und die Stelle am linken Rippenbogen vom letzten Mal meldet sich wieder, um erneut energetisch ausgeglichen zu werden.

Beim nächsten Termin im Juli 1998 berichtet der Patient: seine Stimme ist wieder vollkommen da und zwar sehr viel besser als je zuvor!

Bis heute ist die Stimme des Gesangslehrers sehr gut, aber der Patient hat gelernt, dass sie ein Anzeiger für Störungen in seinem Energiehaushalt ist, der ausgelöst wird durch Emotionen, die der Patient nicht fühlen kann, und die immer energetisch behandelt sein wollen.

> Selbstverständlich ist es das Ziel der weiteren Behandlungen, dass der Patient seine Gefühle spüren kann, damit nicht der Physische Körper leiden muss.

Die Energiezentren des Körpers sind verbunden mit einem zugehörigen Energiesystem, den Meridianen, auf die ich im Folgenden näher eingehe.

3.1.3 Die Meridiane

Meridiane sind die Energiebahnen des Körpers, in welchen die durch die Chakren ankommende Energie weitergeleitet beziehungsweise aus dem Energiesystem über die Chakren an die Aura abgegeben wird.

Sie haben insgesamt zwei Fließrichtungen: von oben nach unten oder von unten nach oben. Das heißt, die Energie fließt entweder von den Extremitäten (Beine oder Arme) zum Körper oder umgekehrt. Die von oben nach unten verlaufenden Energiebahnen werden dem weiblichen Prinzip, dem Yin, und die entgegengesetzten dem männlichen Prinzip, dem Yang, zugeschrieben. Das Yin ist empfangend, passiv, das Yang aktiv.

Entlang eines Meridians gibt es viele Meridianpunkte, die je nach der Länge des jeweiligen Meridians in ihrer Anzahl variieren. Sie werden entsprechend mit Zahlen bezeichnet, so dass Dü 3 zum Beispiel bedeutet, es handelt sich um den dritten Akupunkturpunkt vom Anfangspunkt entfernt auf dem Dünndarm-Meridian. Die Zählung beginnt immer an der Stelle, von wo der Energiefluss des Meridians ausgeht.

Jeder Meridian hat einen äußeren Verlauf, der im Allgemeinen bei den üblichen Behandlungsmethoden verwendet wird, aber auch einen inneren Verlauf, der ebenfalls wichtige Funktionen erfüllt.
In der Aktivität der paarigen Meridiane (alle außer den beiden Hauptmeridianen) gibt es eine Hauptaktivitätszeit, in der verstärkt Energie in diesen Meridian „gepumpt" wird. Das heißt, im zugehörigen Organ kommt es zu verstärkter Aktivität und bei Blockierungen zu verstärkter Symptomatik in dieser Zeit.
Die Hauptaktivitätszeiten sind bei den einzelnen Meridianen als MEZ (Mitteleuropäische Zeit) angegeben. Während der Sommerzeit (MESZ) muss 1 Stunde zugegeben werden, 12 Uhr ist dann also 13 Uhr usw.

In den vergangenen Jahren konnten die Meridiane mit Hilfe modernster Geräte fotografiert und nachgewiesen werden.

Schon seit Jahrtausenden werden sie zu Diagnose- und Therapiezwecken eingesetzt in der Akupunktur, Akupressur und ähnlichen Methoden.
In der Akupunktur werden spezielle Akupunkturnadeln in einzelne Akupunkturpunkte gestochen, um die Energie an dieser Stelle sich sammeln oder abfließen zu lassen zur Aktivierung oder Sedierung eines Meridians.
Bei der Akupressur werden die Punkte mit den Fingern auf bestimmte Weise rhythmisch gedrückt (akupressiert), um das System ins Gleichgewicht zu bringen.
In der Psycho-Kinesiologie (PK) und Mentalfeldtherapie (MFT) nach *Dr. Klinghardt*® werden bestimmte Akupunkturpunkte beziehungsweise ganze Linien mit den Fingerkuppen rhythmisch beklopft. In der PK werden auf diese Weise die aus dem Unterbewusstsein frei

gegebenen Unerlösten Seelischen Konflikte (USK) „entkoppelt" beziehungsweise Freimachende Glaubenssätze in das System integriert.
Eine weitere Möglichkeit besteht darin, Akupunkturpunkte zu halten, bis die Energie wieder gleichmäßig fließt („Energieströmen"). Dazu werden im Allgemeinen die Anfangspunkte eines Meridians verwendet, bisweilen auch die Endpunkte oder beide in Kombination.

Das gesamte Meridiansystem ist im Kleinen als „Mikrokosmos" nochmals im Ohr abgebildet. Deshalb können Akupunkturnadeln statt in den Körper einfach ins Ohr gestochen werden, um die gleiche oder eine sogar noch bessere Wirkung zu erzielen. Diese Methode ist unter der Bezeichnung Ohrakupunktur bekannt.
In der Regulations-Diagnostik nach *Dr. Klinghardt*® wird die Lage der Meridiane über das „Direkte Resonanzphänomen nach *Dr. Omura*" (RD III) exakt mit Hilfe des Muskeltests herausgefunden. *Dr. Omura* konnte nachweisen, dass die wirkliche Lage der Energiebahnen häufig von den Abbildungen der Meridiane in Akupunkturatlanten abweicht, manchmal um mehrere Zentimeter. Diese Abweichung kann ein Merkmal für eine Erkrankung in diesem Meridianbereich beziehungsweise den zugehörigen Organen sein.

Übereinstimmend in der Literatur gibt es zwei Hauptmeridiane sowie zwölf wichtige paarige Meridiane, die ich im Einzelnen vorstelle.

3.1.3.1 Die beiden Hauptmeridiane

Es gibt sowohl einen vorderen als auch einen hinteren Hauptmeridian, der jeweils in der Mitte des Körpers verläuft.

Im Thema der beiden Hauptmeridiane geht es darum, wie verletzbar oder angreifbar jemand ist. Ein „starkes" Zentral- und Gouverneursgefäß (wenn die Energie ungehindert fließt) gibt Haltung und Stärke, ein „schwaches" (wenn wenig Energie fließt) macht tatsächlich schwach und angreifbar, die Person befindet sich meist in einer Opferhaltung.
Dabei geht es auch um die Widersprüche von Starksein und Schwachsein und wie jemand mit sich selbst umgeht. (Wann und in welcher Situation ist es gut für mich, stark / schwach zu sein?)

3.1.3.1.1 Das Konzeptions- oder Zentralgefäß

Der vordere Hauptmeridian, Konzeptionsgefäß (KG) oder Zentralgefäß (ZG) genannt, verläuft von der Mitte des Schambeins ventral gerade nach oben und endet unterhalb der Unterlippe. Von ihm aus gehen Äste in die verschiedenen Organe des Bauchbereichs zu ihrer energetischen Versorgung.

3.1.3.1.2 Das Gouverneurs- oder Lenkergefäß

Der hintere Hauptmeridian, das Gouverneursgefäß (GG) oder Lenkergefäß (LG), fängt am Steißbeinende an, verläuft über die gesamte Wirbelsäule und die Kopfmitte und endet oberhalb der Oberlippe. Er versorgt alle Meridiane auf der Rückseite des Körpers mit Energie.
Ein „schwaches" Lenkergefäß (wenn wenig Energie fließt) zeigt sich durch fehlende Aufmerksamkeit und „Fahrigkeit", ein „starkes" Lenkergefäß (wenn die Energie ungehindert

fließt) schafft Aufmerksamkeit und Konzentration und ermöglicht es, zwei Dinge gleichzeitig zu tun (zum Beispiel hinhören und auf den Atem achten).

3.1.3.2 Die paarigen Meridiane

Außer den beiden Hauptmeridianen sind alle anderen Energiebahnen des Körpers paarig (links und rechts) angeordnet, auch wenn es bei einigen nur ein zugehöriges Organ gibt (beispielsweise Herz). Außerdem gehören immer zwei Meridiane zu einem Element nach der Fünf-Elemente-Lehre aus der Traditionellen Chinesischen Medizin (TCM), die eng miteinander verbunden sind.
Sie werden im Folgenden kurz beschrieben. Dabei steht die Bezeichnung „innen" für alles, was zur Körpermitte hin zeigt, und „außen" für das, was zur Außenseite des Körpers führt. Beispiel: Schaue ich meinen rechten Handrücken an, so zeigt die linke Zeigefingerseite nach innen und die rechte Seite nach außen.

3.1.3.2.1 Die Meridiane des Elements Feuer

In diesem Element gibt es als Einziges nicht nur zwei, sondern gleich vier zusammengehörige Meridiane: Dünndarm-, Herz-, Dreifacher Erwärmer- und Kreislauf-Sexus-Meridian.

3.1.3.2.1.1 Der Dünndarm-Meridian

Der Dünndarm-Meridian verläuft vom äußeren Nagelwinkel des Kleinen Fingers zum Kiefergelenk vor dem Ohr.

Die damit verbundenen Themen sind im blockierten Zustand Kummer, Leid und Traurigkeit oder Freude im Zustand des Energiefließens.

Seine Hauptaktivitätszeit ist von 13 bis 15 Uhr (Aufnahme der Nahrungsstoffe aus dem Mittagessen, weshalb mittags die Hauptmahlzeit des Tages sein sollte).

3.1.3.2.1.2 Der Herzmeridian

Dieser Meridian hat seinen Anfangspunkt unter dem Arm, in der Mitte der Achselhöhle. Sein Endpunkt befindet sich am inneren Nagelwinkel des Kleinen Fingers.

Thematisch geht es dabei um starken oder schwachen Fluss von bedingungsloser Liebe.

Die Hauptaktivitätszeit ist 11 bis 13 Uhr.

3.1.3.2.1.3 Der Dreifache Erwärmer-Meridian

Er verläuft vom äußeren Nagelwinkel des Ringfingers zu einem „Grübchen" am äußeren Ende der Augenbrauen.

Dieser Meridian hat einen Bezug zu den Drüsen des Körpers (zum Beispiel Keimdrüsen, Bauchspeicheldrüse, Schilddrüse, Speicheldrüsen, Hirnanhangdrüse) mit den entsprechenden Themen von Aktivität oder fehlender Aktivität und ihren Organ bezogenen Auswirkungen.

Seine Hauptaktivitätszeit ist 21 bis 23 Uhr.

3.1.3.2.1.4 Der Kreislauf-Sexus-Meridian

Diese Energiebahn beginnt eine Daumenbreite neben der Brustwarze und endet am inneren Nagelwinkel des Mittelfingers.

Thematisch geht es dabei um die Übernahme von Verantwortung für das eigene Leben und um Vergebung.

Seine Hauptaktivitätszeit ist von 19 bis 21 Uhr.

3.1.3.2.2 Die Meridiane des Elements Holz

Zu diesem Element gehören die beiden paarigen Energiebahnen für die Leber und die Gallenblase, zwei eng beieinander liegende Organe.

3.1.3.2.2.1 Der Lebermeridian

Der Lebermeridian nimmt seinen Ausgang am äußeren Winkel des Großen Zehennagels und verläuft aufwärts bis zur Mittellinie zwischen der 6. und 7. Rippe (Lebergegend).

In den Themen des Lebermeridians geht es um Veränderung und Widerstand dagegen.

Wenn der Energiefluss zum Beispiel durch eine Narbe an der Großen Zehe gestört ist, kann das eine Chronische Leberentzündung zur Folge haben, deren Auswirkungen in der Kirlianfotografie wie folgt zu sehen sind.

Die rechte Große Zehe der Patientin scheint zu fehlen, obwohl sie physisch vorhanden ist.

Wird eine Maßnahme ergriffen, mit welcher die Narbe entstört wird, hier zum Beispiel durch eine neuraltherapeutische Injektion mit Procain in die Narbe, ist der Behandlungserfolg sofort in einer neuen Kirlianfotografie ablesbar. Die rechte Große Zehe ist nun auch energetisch wieder vorhanden.

In diesem Fall heilte die vorhandene Chronische Hepatitis in wenigen Wochen völlig aus.

Damit diese Veränderung stattfinden kann, ist unter Umständen eine vorausgehende Entgiftung, beispielsweise mit Ausleitungsmitteln für Schwermetalle, notwendig.

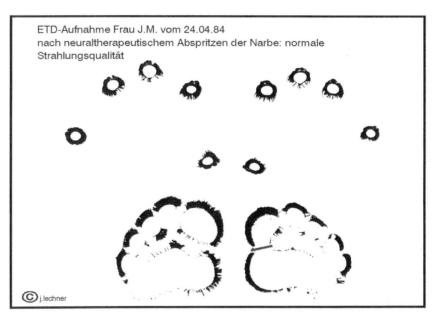

Die mit Neuraltherapie angespritzte Zehe ist nun auch energetisch wieder sichtbar.

Die Hauptaktivitätszeit des Lebermeridians ist von 1 bis 3 Uhr nachts.

3.1.3.2.2.2 Der Gallenblasenmeridian

Dieser Meridian beginnt an der Kreuzung von einer gedachten verlängerten Linie der Augenbraue und des äußeren Augenhöhlenwinkels und verläuft Zick-Zack über den Kopf die Flanke hinab bis zum äußeren Nagelwinkel der zweitkleinsten Zehe.

Beim Thema des Gallenblasenmeridians geht es um das Treffen von Entscheidungen und die Unfähigkeit dazu.

Seine Hauptaktivitätszeit ist von 23 bis 1 Uhr nachts.

3.1.3.2.3 Die Meridiane des Elements Wasser

Hierzu gehören der Nieren- und der Blasenmeridian, ebenfalls wieder zwei Organe, deren Zusammenarbeit sehr gut funktionieren muss.

3.1.3.2.3.1 Der Nierenmeridian

Diese Energiebahn beginnt in der Mitte der breitesten Stelle der Fußsohle, beschreibt einen Kreis um den Innenknöchel und verläuft nach oben in die Thymusgegend, wo sich links und rechts schräg unter dem vorstehenden Knochen des Schlüsselbeins zwei kleine Kuhlen befinden. Diese sind die Endpunkte Ni 27. Von dort verläuft ein innerer Meridian zur jeweils gleichseitigen Gehirnhälfte.

Deshalb trägt diese Energiebahn zu wichtigen Gehirnfunktionen bezüglich der Aufnahme und Verarbeitung von Lernstoff bei und ist verbunden mit den Themen Angst und Panik beziehungsweise Mut und Vertrauen.

Die Hauptaktivitätszeit ist von 17 bis 19 Uhr.

3.1.3.2.3.2 Der Blasenmeridian

Der Blasenmeridian hat gegenüber allen anderen Energiebahnen eine Besonderheit. Er fängt „einspurig" im Winkel zwischen Auge und Nasenwurzel an und verläuft über den Kopf zum Nacken. Dort verzweigt er sich und wird bis über das Gesäß „zweispurig", von da an geht er wieder „einspurig" abwärts bis zum äußeren Nagelwinkel der Kleinen Zehe.

Thematisch geht es um Ruhelosigkeit und Ungeduld (verursacht Druck auf der Blase) versus Frieden und Harmonie. Bei den meisten Rückenbeschwerden ist dieser Meridian beteiligt.

Die Hauptaktivitätszeit ist von 15 bis 17 Uhr.

3.1.3.2.4 Die Meridiane des Elements Metall

Für einen Laien ist es bestimmt erstaunlich, dass zum Element Metall der Lungen- und der Dickdarmmeridian gehören, wo doch die beiden Organe anscheinend nicht viel miteinander zu tun haben. Bei näherer Betrachtung sind jedoch beide Organe Ausscheidungsorgane: die Lunge für die Abfallprodukte der Atemluft und der Dickdarm für die Abfallprodukte aus der Nahrungsverwertung.

3.1.3.2.4.1 Der Lungenmeridian

Sein Verlauf beginnt eine Daumenbreite unterhalb des Schlüsselbeins neben dem Rabenschnabelfortsatz (vorstehender Knochen des Caracoideus) und endet am inneren Daumenwinkel.

Zu diesem Meridian gehören Themen wie Stolz (kann positiv oder negativ sein) und Unterforderung oder Überforderung sowie Respekt vor der Schöpfung.

Die Hauptaktivitätszeit ist von 3 bis 5 Uhr, die Hauptproblemzeit der Asthmatiker.

3.1.3.2.4.2 Der Dickdarmmeridian

Er beginnt am inneren Nagelwinkel des Zeigefingers und verläuft über Arm, Schulter, Nacken und Oberkieferbereich bis direkt neben die Nasenflügel.

Zu diesem Bereich gehören Themen wie Loslassen und Festhalten. Entsprechend stellt sich oft Diarrhoe (Durchfall) oder Obstipation (Verstopfung) ein. Auch Selbstwert und Schuldgefühle sind Themen dieses Meridians.

Seine Hauptaktivitätszeit ist von 5 bis 7 Uhr morgens, weshalb in dieser Zeit auch die Hauptausscheidungszeit ist.

3.1.3.2.5 Die Meridiane des Elements Erde

Als letztes gibt es noch die Energiebahnen für die beiden wichtigsten Verdauungsorgane Magen und Pankreas (Bauchspeicheldrüse). In beiden Organen werden Substanzen zur optimalen Aufnahme der Nahrung produziert, so dass der Energiefluss dieser beiden Meridiane sehr wichtig, leider aber relativ häufig gestört ist.

3.1.3.2.5.1 Der Milz- / Pankreasmeridian

Die Doppelbezeichnung für diesen Meridian ist in allen Akupunkturbüchern zu finden und rührt daher, dass der Schwanz der Bauchspeicheldrüse und die Milz eng beieinander liegen. *Dr. Omura* meint jedoch, dass alte Schriften falsch übersetzt wurden und diese Energiebahn nur zum Pankreas gehört. *Dietrich Klinghardt* schloss sich in den vergangenen Jahren dieser Meinung an. Ich bleibe hier jedoch bei der bekannten und geläufigen Doppelbezeichnung.

Der Meridian nimmt seinen Ausgang am inneren Winkel der Großen Zehe und endet in der Flanke des Rumpfes, eine Handbreit unter der Achselhöhle (Punkt MP 21). Werden diese Punkte links und rechts durch Klopfen stimuliert, so unterstützt das die Verdauung nach dem Essen.

Thematisch gehören dazu das Sorgen und Grübeln beziehungsweise die Gelassenheit und Entspannung.

Seine Hauptaktivitätszeit ist von 9 bis 11 Uhr.

3.1.3.2.5.2 Der Magenmeridian

Dieser beginnt in der Mitte des Knochens direkt unter dem Auge, verläuft in einem „Kringel" über das Gesicht, dann über den Rumpf und die Beinmitte bis zur Außenseite des Nagelwinkels der zweiten Zehe.

Ärger, Enttäuschung und Gier sind die zugehörigen negativen Emotionen, Zufriedenheit ist das entsprechende positive Gefühl.

Die Hauptaktivitätszeit ist von 7 bis 9 Uhr (Verdauungszeit des Frühstücks).

Wie wichtig die Kenntnisse über die Meridiane und ihre kinesiologische Testung sind, um sie in die Diagnose und Behandlung von Erkrankungen einbeziehen zu können, zeigt folgendes Patientenbeispiel:

> Eine ältere Dame, 72 J., kam in meine Sprechstunde, weil sie schon seit einem Jahr unter Schmerzen im Oberbauch litt. Der Hausarzt hatte ihr die Diagnose Gastritis gestellt und entsprechende Medikamente verordnet, die aber keine langfristige Besserung brachten.
> In meiner Untersuchung testen sowohl der Magen selbst als auch der zugehörige Magenmeridian stark, das heißt stressfrei. Dafür finde ich einen energielosen Gallenblasenmeridian und eine schwach testende Gallenblase. Ich arbeite energetisch und bitte die Patientin, den Arzt nach der Galle schauen zu lassen.
> Die telefonische Rückmeldung erschüttert mich: Gallengangskarzinom, und die Patientin habe noch drei Monate zu leben.
> Ich bitte sie, zur weiteren Behandlung zu mir zu kommen. Wir arbeiten an den Themen, die an die Galle und den Gallenblasenmeridian gebunden sind sowie daran, dass der vom Arzt genannte Zeitraum von drei Monaten Lebensdauer nicht internalisiert wird.
> Sie braucht zwar eine Operation, damit der Gallengang mit Hilfe eines eingesetzten Röhrchens frei bleibt, kann dann aber wieder reisen und das Leben für über drei Jahre noch genießen, bevor sie schließlich verstirbt.

Wie schon erwähnt, macht die ausstrahlende Energie der Chakren und Meridiane die Aura aus, auf deren Dritten Körper ich im nächsten Kapitel eingehe.

3.2 Aufbau und Funktion des Dritten oder Mentalkörpers

Dieser Körper schließt sich nach außen hin an den Elektrischen Körper an und hat die Fähigkeit, alle im Universum befindlichen Gedanken, die als Energieformen vorhanden sind, entweder aufzugreifen oder vorbeiziehen zu lassen.
Nach *Murphy* ist er der „Geist", der diese Funktion erfüllt. Er schreibt dazu: „Wenn Sie Gutes denken, so entsteht daraus auch Gutes, während böse Gedanken Böses nach sich ziehen. Darin – und in nichts anderem – besteht die Funktionsweise Ihres Geistes." (Murphy, S. 38)

Diese Funktionsweise bringt bestimmte Phänomene hervor, die im Folgenden beschrieben werden.

3.2.1 Phänomene im Mentalkörper

Zu den Fähigkeiten des Mentalkörpers gehört die Selektion oder das Ausfiltern bestimmter Gedanken, wodurch bestimmte Phänomene entstehen.
Die dafür notwendige Kommunikation scheint über „morphogenetische Felder" abzulaufen.

3.2.1 1 Selektive Wahrnehmung

Das Herausfiltern der „passenden" Gedanken geschieht entsprechend des Glaubenssystems, das ein Mensch besitzt, welches ihm bestimmte innere Haltungen und Einstellungen zu sich selbst, anderen Menschen und der Welt vermittelt.

Dieses Glaubenssystem hat sich aufgebaut durch die Erfahrungen, die diese Person von Anbeginn des Lebens gesammelt hat sowie den schon vorhandenen Glaubenssätzen in der Familie sowie der Gesellschaft. Daraus entwickelt das Unterbewusstsein bestimmte Überlebensstrategien und Verhaltensweisen und wählt aus einem Angebot entsprechend nur das aus, was zu den bisherigen Erfahrungen und die Art und Weise, wie sie bewältigt wurden, passt.
In der Psychologie spricht man von „Selektiver Wahrnehmung", wenn nur die Dinge herausgefiltert werden, die dem eigenen Gedankengut und Erfahrungsschatz entsprechen.

Beispiel:

Jemand fährt neuerdings einen silbermetallicfarbenen Toyota RAV 4. Er sieht auf einmal überall diesen Fahrzeugtyp und denkt, dass es davon sehr viele gibt, obwohl es in Relation zu allen Autos, die ihm begegnen, nur sehr wenige sind.

Oder:

Eine Frau befindet sich in der Trennungssituation von ihrem langjährigen Partner. Auf einmal hört sie überall nur noch von Paaren, die sich trennen, ebenfalls nach langer Zeit des Zusammenlebens wie in ihrer eigenen Situation.

Auf Grund seines Glaubenssystems hat ein Mensch also nicht wirklich die Freiheit, sich die Gedanken auszusuchen, die ihm gut tun. Vielmehr fischt sich das Unterbewusstsein aus den vorbeifließenden Gedankenformen nur die heraus und setzt sie in die Idee um, die zu den bereits gespeicherten Glaubenssätzen passen.
Deshalb ist es so wichtig, die „Einschränkenden Glaubenssätze", wie *Dietrich Klinghardt* sie nennt, herauszufinden und sie durch „Freimachende" zu ersetzen, weil nur dann wirklich die Wahl besteht, etwas zu tun oder zu lassen.

Damit kommt diesem Körper oder dem „Geist" eine große Machtstellung zu, weil er darüber entscheidet, ob jemand grundsätzlich eher positiv oder negativ denkt und sich und Anderen mit seiner Denkweise und den daraus entstehenden Worten, Emotionen und Aktivitäten auf Dauer nützt oder schadet.

3.2.1.2 Das Resonanzphänomen

Ein Phänomen auf der Dritten Ebene ist, dass zu einem Glaubenssatz, den eine Person ausstrahlt, eine entsprechende Resonanz bei anderen Menschen oder in der Umgebung erzeugt wird, also das „Resonanzphänomen" wirkt (siehe Kapitel 2.5.1.1.8 Das Gesetz der Resonanz). Entsprechend kommt der Inhalt des Glaubenssatzes wie ein Bumerang zurück und bestätigt damit den Glaubenssatz, egal, ob er negativ oder positiv ist. Leider haben wir jedoch meistens auf Grund unserer Lebenserfahrungen zumindest in bestimmten Bereichen mehr negative als positive Glaubenssätze gespeichert, so dass wir immer wieder das gleiche Negative erleben, mit größeren oder kleineren Varianten.

Interessant dabei ist, dass im Allgemeinen alle Menschen um die betreffende Person herum die eingespeicherten Glaubenssätze erkennen können, als ob diese Person ein Schild auf dem Rücken tragen würde, zum Beispiel mit der Aufschrift „Ich bin schwach". Selbst kann man sich ja nicht auf den Rücken schauen!

Die Umgebung kann dieses „Schild" aber sehen und reagiert so, dass die „schwache" Person unterdrückt wird und sie damit in ihrer wohl bekannten Opferrolle bleibt. Dies geschieht so lange, bis der Glaubenssatz „Ich bin schwach" in den Satz „Ich kann sowohl stark als auch schwach sein" umgeändert wird. Nur dann hat derjenige die Wahl, in einer Situation *entweder* stark *oder* schwach zu sein und kann auf diese Weise aus der Opferrolle herauskommen.
Hat also eine Person viele Einschränkende Glaubenssätze in Freimachende Glaubenssätze verwandelt, so geschehen nach dem Gesetz der Resonanz die positiven Dinge, die sie ausstrahlt.

Beispiel:

Eine Frau mittleren Alters denkt einmal kurz darüber nach, dass sie sich vielleicht doch eine Eigentumswohnung kaufen könnte, was sie in ihrem bisherigen Leben stets für unmöglich gehalten hatte.
Ohne ihr weiteres Zutun wird ihr plötzlich aus dem Bekanntenkreis wie aus heiterem Himmel eine für sie optimale Wohnung zum Kauf angeboten, an der alles stimmt: Größe, Lage, Preis. Zuvor hatte sie an spirituellen Themen mit dem Inhalt Selbstwert, Anerkennung und Geld gearbeitet.

Oder:

In der Geschäftsstraße des Ortes gibt es nur wenige Parkplätze. Eine Person hat aber den Glaubenssatz eingespeichert: „Ich finde immer einen Parkplatz" (als Selbstverständlichkeit, nicht in Anspannung) – und so geschieht es.
Das Interessante dabei ist, dass es sogar dann geschieht, wenn sie gar nicht mehr an den Parkplatz denkt, sondern einfach nur daran, dass sie jetzt in diese Geschäftsstraße fahren will, um dort dieses und jenes zu erledigen. Das Unterbewusstsein sorgt gut für seinen „Besitzer"!

3.2.1.3 Kommunikation über morphogenetische Felder - Telepathie

Die oben beschriebenen Phänomene funktionieren über das Energiefeld, mit dem wir mit anderen Menschen zu kommunizieren scheinen, wie es sich immer wieder zeigt, wenn sich bei zwei miteinander verbundenen Menschen, die räumlich voneinander getrennt sind, das gleiche abspielt oder die Gedanken sich treffen.

Beispiel:

Person A denkt an Person B. Das Telefon klingelt bei Person A und Person B ist am Apparat; die Gedankenübertragung hat funktioniert!

Rupert Sheldrake nennt das Phänomen, über das die Kommunikation stattfindet, „morphogenetische Felder" (Sheldrake 1, S. 2). Für ihn gehören diese Felder aber nicht zum Energiesystem, weil sich ihre Wirkung über die Grenzen von Raum und Zeit hinaus erstrecken.
Sheldrake hat viele derartige Beispiele gesammelt und aufgezeichnet. (Sheldrake 2)

In anderen Schriften wird diese lautlose Kommunikation mit dem Begriff der „Telepathie" benannt. Hier eine Definition von *Christine Schenk*:

„Telepathie ist eigentlich nichts anderes als das Kommunikationsmittel zwischen zwei oder mehreren Energiekörpern. Das Gespräch erfolgt lautlos, weil ja auch die Energiekörper-Stimme lautlos ist." (Schenk 2, S. 146).
Christine Schenk führt aus, dass es dabei aber nicht nur um Gedankenübertragung geht, wie allgemein verstanden wird, sondern auch um Übertragung von Emotionen.
Die Telepathie funktioniert „jederzeit, rund um die Uhr. ... Telepathie funktioniert quer über alle Kontinente, überwindet alle Zeitzonen. Die Wahrnehmung erfolgt über eine innere Stimme". (Schenk 2, S. 146)
Diese innere Stimme sagt einer Person, ob eine andere gerade an sie denkt, ob diese in Gefahr ist oder ob ihr etwas geschehen ist. Voraussetzung ist, dass die Energiekörper beider Personen gerade „auf Draht, auf Sendung" sind (Schenk 2, S. 146).

Insofern ist die Kommunikation zwischen Energiefeldern mit der verbalen Kommunikation physischer Körper durchaus vergleichbar.

Bei den Indianern war die Telepathie eine übliche Kommunikationsform, die durch unsere moderne Zeit mit vielen technischen Kommunikationsmöglichkeiten wie Handy und E-mail auch ihnen leider verloren ging.

3.2.1.4 Der Mentalkörperabriss

Dies ist eine von *Dr. Dietrich Klinghardt* geprägte Bezeichnung und sagt aus, dass in einem Trauma ein Teil des Mentalfeldes abreißt, als ob von einem Segel ein Stück einreißen und im Wind flattern würde. So lange dieser Teil nicht wieder fest mit dem Dritten Körper verbunden ist, hat der Patient keine bewusste Erinnerung an das Ereignis, lässt ihn aber Situationen vermeiden oder den Physischen Körper erkranken.
Deshalb muss das Trauma wiedererinnert werden, wobei der abgerissene Teil quasi wieder „angeschweißt" wird.
Dies geschieht auf einfache, aber eindrucksvolle Weise unter Anwendung der MFT - Mentalfeldtherapie nach *Dr. Klinghardt*® durch rhythmisches Beklopfen bestimmter Akupunkturpunkte. Diese nach *Dr. Roger Callahan* weiterentwickelte Methode der Klopfakupressur und dazu passenden ausgesprochenen (Glaubens-)Sätzen vermag es, das Mentalfeld wieder zu reparieren.

Solche Mentalkörperabrisse können durch einen Schamanen oder Heiler auch auf energetische Art und Weise wieder „angenäht" werden, indem das Energiefeld an der beschädigten Stelle vom Energiefluss her wieder in Ordnung gebracht wird. Das geschieht durchaus „direkt", indem der Schamane in die Luft greift, die abgespaltenen Seelenanteile mit der Hand aufnimmt, an die passende Stelle im Energiekörper energetisch „anklebt", und die Aura an der entsprechenden Stelle glatt streicht. (Vgl. Kapitel 1.2.3.3.1 Seelenrückholung)
Dies geschieht üblicherweise an der Übergangsstelle vom Dritten zum Vierten Körper.

3.3 Aufbau und Funktion des Vierten oder Intuitiven Körpers (Traumkörpers)

Dieser Körper schließt sich wiederum an den Dritten Körper nach außen hin an und hat eine enge Verbindung zum Seelenkörper mit noch feineren Schwingungen. Es ist die Ebene jenseits der Worte, wo sich das „kollektive Unbewusste" befindet, mit dem die Menschen überall auf der Welt Symbole auf die gleiche Weise verstehen können.

Der Intuitive Körper kann sich von den unteren drei Ebenen leicht lösen und auf „Astralreisen" gehen. Diese finden in einem Zustand von Stille, zum Beispiel im Schlaf, statt. Dann verlässt der Traumkörper den Physischen Körper und geht an andere Orte, um irgendwo zu helfen oder sich Kraft zu holen. Dabei kann man Geistwesen sehen, Geräusche hören, eine leichte Brise spüren, sich ausdehnen oder schweben. (Siehe Kapitel 3.3.1.4.1 Astralreisen) *Barbara Ann Brennan* schreibt dazu: „auch auf der astralen Ebene herrschen Naturgesetze, die in einem Medium feinerer Stofflichkeit, höherer Energie und schnellerer Schwingungen wirksam werden." (Brennan 1, S. 248).

Hier im Traumkörper ist der Ort, wo die schöpferische Urkraft des Seelenkörpers hingelangt, um weiter zu den unteren Körpern zu fließen. Mit der Vierten und der Fünften Ebene zusammen ist das Gefühl von Einssein mit Allem möglich: „Die Erfahrung des erweiterten Bewusstseins kann man auch mit einem Verschmelzen mit der Umgebung beschreiben." (Brennan 1, S. 24)

Die eigentliche Aufgabe des Intuitiven Körpers ist es, die Botschaften der Geistwesen zu entschlüsseln, um zu erkennen, wo wir vom Weg der Liebe abweichen. Jede Abweichung vermittelt die Illusion der Trennung, und die Seele sucht die Einheit mit Allem, die sie kennt, weil sie aus ihr kommt. Deshalb ist ihr Ziel das „Nachhausekommen", dorthin zurückzukommen, von wo sie irgendwann einmal das Abenteuer, auf der Erde zu leben, gestartet hat. Der Grund dafür ist, dass sie sich nur weiterentwickeln kann, wenn sie möglichst viele verschiedene Erfahrungen sammelt, die sie in ihren Seelenverband mitnimmt, damit nicht jede Seele die gleiche Erfahrung sammeln muss, sondern eine gegenseitige Befruchtung stattfindet (wie in Beziehungen auf der Erde).

3.3.1 Phänomene im Intuitiven Körper (Traumkörper)

Im Intuitiven Körper herrscht die Welt der Träume, der Trance, hin bis zu medialen Zuständen, in welchen auch Begegnungen mit Toten und anderen Geistern stattfinden, sowie die Welt der Symbole.

3.3.1.1 Träume

Ein uns allen bekanntes Phänomen auf der Vierten Ebene, die ihr den Namen Traumkörper gegeben hat, ist das Träumen im Schlaf. Die Erlebnisse im Traum sind oft so intensiv, dass der Träumer beim Aufwachen nicht weiß, ob etwas gerade in der dreidimensionalen Realität geschehen ist oder nicht. Im Traum ist alles möglich: Formen und Figuren können irreal aussehen und Handlungen begehen, die in der Alltagswirklichkeit nicht möglich sind. Auch Farben können sehr intensiv und unwirklich erscheinen. (Vgl. Kapitel 4.5.1.2.5 Heilen durch Traumarbeit und 5.4.3 Traumdeutung)

Ähnliche Erscheinungen wie im Traum, aber eher in kürzeren Sequenzen, sind beim Tagträumen möglich, wenn jemand sich sehr phantasievoll eine Situation ausmalt, die auch eine Vision sein kann und sie oftmals für wahr hält.

3.3.1.2 Trance

Eine Sekunden bis Stunden andauernde Form ist die der Trance, in welcher eine Person ihren Physischen Körper nicht mehr oder nicht stark spürt, zum Beispiel durch Schmerzfreiheit nach einem Unfall oder bei wiederholtem Missbrauch. Hier flüchtet der Energiekörper aus der schlimmen Situation, um erst danach wieder herauszufinden, ob der Physische Körper überhaupt noch bewohnbar bleibt. (Vgl. Kapitel 2.4 Der Vierte oder Intuitive Körper) Die Indianer und andere Naturvölker trommeln deshalb einen Schwerkranken in einen Trancezustand, damit er seine Schmerzen nicht spürt, bis es ihm wieder besser geht. Außerdem kann der Schamane dann Behandlungen leichter vornehmen.

Im Alltag gehen wir oft kurzfristig in einen tranceähnlichen Zustand, wenn wir physisch an einem Ort bleiben, von dem wir seelisch aber weggehen wollen (zum Beispiel beim Zahnarzt). Damit wir bleiben können, entfernt sich der Energiekörper, und wir befinden uns in einem Zustand, wo wir nicht richtig „hier" sind. Dies kommt auch oft in Prüfungs- und ähnlichen ungeliebten Situationen vor.

Eine Art Trance ist auch schon eine Situation, in der wir eine Sache durchführen, aber an eine andere denken und deshalb nicht wirklich im Augenblick, im Hier und Jetzt sind. Das geschieht sehr häufig bei Tätigkeiten, die wir ganz automatisch tun können, weil wir sie lange eingeübt haben und sie deshalb keine besondere Aufmerksamkeit mehr erfordern wie Auto fahren, Geschirr spülen, Zähne putzen, Schuhe binden, usw. Unser Intuitivkörper ist dann tatsächlich an der anderen Stelle, an die wir gerade denken, beispielsweise im Supermarkt, an der Arbeitsstelle, bei den Eltern in der Wohnung, usw. Je mehr wir aber im Augenblick sein können, umso zentrierter, ruhiger und gelassener können wir bleiben.

3.3.1.3 Mediale Zustände

Medien lassen ihren Physischen Körper in Trance von einem Geistwesen übernehmen, das diesen als Hilfsmittel benötigt, um sich zum Beispiel über die Sprechorgane des Mediums ausdrücken zu können. *Dietrich Klinghardt* spricht hier von „medialen Zuständen".

Beispiel:

> Einmal habe ich ein mediales Konzert erlebt, in dem ein weibliches finnisches Medium in Trance ging und in diesem Zustand der geistigen Welt seine Stimmbänder „auslieh", damit verstorbene Sänger wie Elvis Presley sich nochmals singender Weise ausdrücken konnten.

2. Beispiel:

> Eine bescheidene, einfache Frau aus England, welche als Medium arbeitete, war in der Lage, im Trancezustand Kontakt mit verstorbenen Angehörigen der anwesenden Workshop Teilnehmer aufzunehmen, um ihnen Botschaften zu übermitteln oder offene Fragen zu klären, was für die Angehörigen sehr trostreich war.

Eine Indianerin sagt dazu Folgendes: „Wenn die Toten gehen, kommen sie manchmal zurück und sagen den Menschen, die ihnen wichtig waren, dass sie sie lieben, oder verabschieden sich zum letzten Mal von ihnen. Dann erscheinen sie dir vielleicht in irgendeiner Form, oder du spürst, wie dich etwas berührt. Hab keine Angst." (Cypress, in: Schenk, A., S. 78)

Fallbeispiel:

> Ein Mann Mitte Fünfzig hatte sich trotz langjähriger guter Lebensgemeinschaft mit einer Frau in eine andere Frau verliebt, die er beruflich kennen gelernt hatte. Er erlebte, wie er Emotionen fühlen konnte in einem Maß, wie es bisher in seinem Leben noch nie da gewesen war. Er hatte sich mir anvertraut um herauszufinden, wie sein Weg weitergehen würde. Während meiner Behandlung trat plötzlich seine schon vor vielen Jahren verstorbene Mutter an die Liege. Ich kannte sie nicht, und trotzdem wusste ich intuitiv sofort, dass es seine Mutter war. Auf Gedankenebene ließ sie mich wissen, dass ich ihrem Sohn sagen solle, es sei Zeit, dass er jetzt seine Gefühle lebe. Als ich ihm sagte, dass seine Mutter hier sei und welche Botschaft sie bringe, weinte er angerührt und sagte: „Heute ist der Geburtstag meiner Mutter."
>
> Nach dieser Behandlung hatte er sehr schnell die Kraft, seiner Lebensgefährtin zu sagen, was mit ihm geschehen war und sich von ihr zu trennen, was vorher undenkbar schien. Innerhalb kürzester Zeit konnte er sich voll und ganz seiner neuen Partnerin zuwenden. Beide leben seitdem glücklich zusammen, sein Leben hat eine bisher nicht gekannte Qualität, nämlich seine Gefühle zu leben, wie seine Mutter ihn geheißen hatte.

Es gibt auch einige Bücher oder Kapitel in Büchern, die in Trance geschrieben wurden, weil ein Geistwesen über den Autor Erkenntnisse aus der geistigen Welt weitergeben wollte oder sollte. Diese sind unter dem Begriff der „Durchsagen" bekannt. (Vgl. Cayce, Weidner)

Leider werden in unserer materiell und wissenschaftlich orientierten Welt Menschen, die mediale Fähigkeiten haben, nicht ernst genommen oder als psychotisch bezeichnet: „Personen, die Kontakte zu unsichtbaren Wesen unterhalten, werden – früher wie heute – recht schnell als verwirrt eingeordnet: Das Mädchen von Orlach wurde als simulierende Halbwahnsinnige hingestellt, E.T.A. Hoffmann als völlig Wahnsinniger, Justinus Kerner, der sich als Forscher über Gifte in Dauerwürsten auch sehr alltagspraktischen Themen widmete, als Irrationalist und Mystiker. Den zaristischen und sowjetischen Besatzern Sibiriens galten die Schamanen als Verrückte, als Psychopathen oder als Psychotiker. Auch scheinbar gutgemeinte, jüngere Erklärungen wie die >>Schamanen würden in der Trance in akute psychotische Zustände treten, ihre größte Kraft läge aber darin, dass sie es schaffen, zurückzukommen<< beschreiben schamanistisch Begabte nur mehr als gebesserte Schwerkranke. Ausgespart bleibt immer die Möglichkeit, dass es sich tatsächlich um einen Kontakt zu unsichtbaren Wesen oder zu unsichtbaren Kräften handeln könnte. ... Dass schamanisch Begabte Profis für die Herstellung solcher Kontakte sind und außerdem ganz normale Menschen, passt nicht ins geläufige Bild." (Bauer, in Rosenbohm, S. 182f.)

Mit meinem Buch möchte ich einen Beitrag dazu leisten, dass diese „Medien" auch in unserer Kultur verstanden und als normale Bürger mit besonders ausgeprägten Fähigkeiten im außersinnlichen Bereich angesehen werden, wie viele dies in weniger starker Ausprägung auch an sich selbst wahrnehmen.

3.3.1.4 Erhöhte Sinneswahrnehmung oder außersinnliche Wahrnehmungen

Erklärbar sind mediale Zustände durch eine erhöhte Sinneswahrnehmung auf der Vierten Ebene, wenn die Intuition gut entwickelt ist (bei geöffnetem Stirnchakra mit funktionierender Verbindung zum Kronenchakra): „Erhöhte Sinneswahrnehmung offenbart die dynamische Welt des fließenden Austausches zwischen den Lebensenergiefeldern, die alle Dinge umgeben und durchwirken." (Brennan 1, S. 21). Auf diese Weise können Informationen und Botschaften aus der geistigen Welt zu uns kommen.

Die erhöhte Sinneswahrnehmung oder außersinnliche Wahrnehmungen aller Art geschehen oft in Astralreisen. (Vgl. Kapitel 3.3.1.4.1) Diese finden zum Beispiel im Schlaf statt, und wir erleben sie teilweise in Träumen.

Die Wahrnehmungen werden mit allen Sinnen erlebt, die wir auch im Physischen Körper haben: Sehen, Hören, Riechen, Schmecken, Berühren. Jedoch geschieht dies alles in einer Art von „Hellsichtigkeit": sie kann sich beispielsweise so zeigen, dass eine übermäßige Sehkraft entsteht, mit der man Dinge erkennen kann, die man mit den physischen Augen nicht wahrnimmt, wie etwa die inneren Organe einer Person oder die Blattadern eines weit entfernten Baumes („Röntgenblick"). Manchmal werden auch Symbole gezeigt, die mit den durch die anderen Sinne aufgenommenen Informationen eine Botschaft ergeben. Ebenso sind Gedankenformen sichtbar, als ob die Worte ausgesprochen worden wären, wodurch eine Art „gläserner Mensch" entsteht.

Beim Hören werden Worte oder Sätze aufgenommen, die ebenfalls einen Hinweis für den betreffenden Menschen geben, zum Beispiel: „Lebe! Lebe!"
Manchmal kann man auch ganze Dialoge, die zwischen anderen Menschen stattfinden, mithören, die zu unterschiedlichen Zeiten und an verschiedenen Orten geschehen; denn auf Traumkörperebene gibt es weder Raum noch Zeit.

Gerüche können wie im „realen" Leben angenehm oder unangenehm, zum Beispiel „fruchtig", modrig, verfault, verwesend sein.

Der Geschmackssinn nimmt ebenfalls Dinge wahr wie im Alltag, obwohl nicht wirklich etwas zum Schmecken vorhanden ist. Es ist zu vergleichen mit einem Traum, in dem man Erdbeeren isst und deren Geschmack wirklich im Mund spürt.

Beim Berühren ist es so, dass die Dinge „eine flüssige Gestalt (haben); Licht wird nicht in erster Linie von Objekten reflektiert, sondern von ihnen ausgestrahlt". (Brennan 1, S. 248). Das Berühren fühlt sich an, als ob man durch Nebel hindurchgreifen würde.

Eine Nootka-Indianerin beschreibt die Phänomene auf dieser Ebene so: „Es gibt eine Kraft, die anders ist als die Kraft, mit der wir täglich leben. Es ist die Kraft, die uns das Schweben lehrte, die es uns ermöglicht, unsere Körper zu verlassen und wie Singvögel zu fliegen, und es ist die Kraft, die es Alte Frau ermöglicht, Nebel zu sein, auf dem Wind zu reiten oder durch die alte Frau zu sprechen." (In: Schenk, A., S. 68)
Das vorübergehende Verlassen des Körpers wird auch als Astralreise bezeichnet, die im nächsten Abschnitt näher beschrieben wird.

3.3.1.4.1 Astralreisen

Bei Astralreisen ist es so, dass die Vierten und Fünften Körper sich von den drei unteren Ebenen entfernen, aber mit einer Art Energieseil, der sogenannten „Silberschnur" verbunden bleiben, damit sie wieder zurückfinden können und das physische Leben erhalten bleibt. Auf Astralreisen sieht sich jemand über seinem eigenen Körper und über das Gebäude in die Welt hinausschwebend, wie auf einem fliegenden Teppich. „Um Entfernungen zu überwinden, muss man sich nur auf das Ziel konzentrieren und die Aufmerksamkeit darauf fixieren. Die Richtung ändert sich ab, sobald die Aufmerksamkeit vom Ziel abweicht."(Brennan 1, S. 248).

Dabei kann man allerlei Geistwesen begegnen, von angenehm engelhaft anmutenden zu Angst einflößenden teufelartigen Gestalten oder Fratzen, ähnlich wie in der Geisterbahn eines „Vergnügungs"-Parks. Es mögen Wesen sein, die auf Grund einmal ausgesprochener Flüche oder Verwünschungen oder durch irgendwelche Verschwörungen im Bereich der Schwarzen Magie, auch in einem früheren Leben, da sind. Im Christentum werden sie auch als „gefallene Engel" bezeichnet. Denn wo Licht ist, ist auch Schatten, und in unserer bipolaren Welt, in der vermeintliche Trennung stattfindet, gibt es diese Trennung von gut und schlecht, schwarz und weiß usw.

Es sind auch Verstorbene, die diese Ebene noch nicht verlassen haben, weil sie entweder noch nicht wissen, dass sie gestorben sind, weil der Tod ganz plötzlich kam, wie zum Beispiel in einem Autounfall, oder weil sie von irgendjemandem oder irgendetwas noch festgehalten werden. So tauchen sie beispielsweise in ihrem früheren Haus auf, weil sie noch nicht loslassen können.

Der Schamane oder Heiler kann auf dieser Ebene auch Informationen bekommen, die der Heilung eines Patienten dienen: „Da erhöhte Sinneswahrnehmung die eigentliche Ursache einer Erkrankung aufzeigt, offenbart sie auch, wie der Krankheitsprozess in Heilung umgewandelt werden kann." (Brennan 1, S. 26)

Wie dies im Einzelnen geschieht, werde ich in den Teilen II und III näher beschreiben.

Eine besondere Form von Astralreisen sind Nahtodeserfahrungen, auf die ich im folgenden Kapitel näher eingehe.

3.3.1.4.1.1 Nahtodeserfahrungen

Unter diesem Begriff versteht man Erlebnisse, die ein Mensch meist im Zustand akuter Lebensgefahr hat, die sich physisch als Bewusstlosigkeit oder Gehirntod zeigen kann.
Dabei entfernen sich der Vierte und Fünfte Körper vom Physischen Körper, und der Patient sieht sich über seinem Physischen Körper im Raum schweben. Er sieht und hört alles, was geschieht, obwohl die im Augenblick behandelnden Ärzte keine Lebenszeichen mehr erkennen können. So sind diese Patienten später in der Lage, ihre Rettung detailliert zu schildern, selbst die Worte, welche dabei gesprochen wurden, zu benennen. Die Überprüfung solcher Begebenheiten hat gezeigt, dass sie zu hundert Prozent stimmen, den Rettern aufgrund des körperlichen Zustands des Patienten aber völlig unverständlich sind.
Die Berichte darüber, die zum Beispiel von *Raymond A. Moody* zusammengetragen wurden, der Kinder interviewte, die dem Tod nahe waren, ähneln sich alle. Demnach finden sich diese Patienten plötzlich in einem langen Tunnel wieder, an dessen Ende ein sehr helles Licht strahlt, das als wunderschön empfunden wird. Oft läuft das eigene Leben wie in einem blitzschnellen Film noch einmal vorbei. Der Patient wird von bereits verstorbenen Angehörigen freudig erwartet, alles ist voller Liebe und Schönheit. An einer Schranke erwartet ihn ein Wesen, welches ihm sagt, dass seine Zeit noch nicht gekommen sei, schon dauerhaft hier sein zu dürfen, da er im Leben noch eine Aufgabe zu erfüllen habe. Er will ob der gesehenen Schönheit nicht gern auf die Erde zurückkehren, folgt aber doch der Anweisung und findet sich oft etwas unsanft wieder in seinem Physischen Körper.

Das Erstaunliche ist, dass die meisten Patienten nach diesem Erlebnis ein sehr entspanntes Lächeln im Gesicht haben, und dass sie – für die behandelnden Ärzte wie ein Wunder – sehr schnell genesen, weil sie kaum mehr Symptome aufweisen.

Die moderne Hirnforschung belegt, dass diese Nahtoderfahrungen biochemisch nachweisbar sind.

Fallbeispiel:

> Ein männlicher Patient hatte einen Tauchunfall: er kam wegen einer Panik, die ihn unter Wasser plötzlich erfasst hatte, viel zu schnell aus dem Wasser nach oben und wurde bewusstlos. Eigentlich hätten seine empfindlichen Lungenbläschen dabei platzen müssen, oder zumindest ein schwerer Lungenschaden hätte zurückbleiben müssen.
> Der Patient hatte aber ein Nahtoderlebnis, in welchem er sich zuerst über seinem Körper schweben sah und die gesamten Rettungsversuche seines Physischen Körpers detailgenau sehen konnte. Dann befand er sich in dem beschriebenen Tunnel. Sein bereits verstorbener Vater empfing ihn und schickte ihn wieder zurück. Er fühlte sich in seinem Physischen Körper, kam aus der Bewusstlosigkeit heraus und hatte keinerlei Verletzungen, so dass er nach einem nur kurzen Aufenthalt aus dem Krankenhaus entlassen werden konnte.
> Seitdem lebt er bewusster als vorher und genießt jeden Tag seines Lebens als Geschenk, was vorher nicht der Fall gewesen war.

3.3.1.5 Besetzungen

Wie schon in Kapitel 3.3.1.4.1 über Astralreisen erwähnt, leben wir in einer Welt der Dualitäten. Wo es Gutes gibt, existiert auch Böses, und beides sind energetische Kräfte.
Eine Nootka gibt ihr Stammeswissen dazu weiter: „Diese Kraft gibt es seit langer, langer Zeit, in mehr Welten als dieser, auf mehr Erden als dieser. Genauso, wie Feuer und Wasser, warm und kalt, hart und weich, Mann und Frau Gegensätze sind, gibt es auch einen Gegensatz zur guten Kraft. Es ist die Kraft, die böse ist. Nicht alle kennen den Unterschied." (In: Schenk, A., S. 68)
Diese „böse Kraft" wird auch „Besetzung" genannt, weil ein Mensch sich dann wie fremd gesteuert verhält, so dass selbst seine nahe Umgebung ihn nicht wieder erkennt.
Erklärt wird eine solche oft plötzlich eintretende Veränderung ins Negative bei Patienten damit, „dass noch andere Wesen in ihnen wohnen, welche im Konflikt mit dem Hauptwesen stehen, dem der aktuelle Körper gehört." (Kuby, S. 199)

Solche „Nebenwesen" können in einen Körper eindringen, wenn dieser sich energetisch in einem Schwächezustand befindet, zum Beispiel durch Drogenmissbrauch (Alkohol, Tabletten), durch Narkotika bei Operationen oder Verlassen des Physischen Körpers, wenn dieser missbraucht wird. Auf diese Weise wird auch das Symptom der Multiplen Persönlichkeit erklärt. Bei ihr ist es so, dass sich die Person jedes Mal völlig anders verhält entsprechend des Wesens, welches gerade agiert.

Fallbeispiel:

> Eine neue Patientin kommt in meine Sprechstunde, weil sie hinter das „Geheimnis" ihrer Multiplen Persönlichkeit kommen will.
> Ich finde heraus, dass sie von elf verschiedenen Wesenheiten besetzt ist, die eingedrungen sind, als sie über Jahre hinweg regelmäßig von ihrem Vater sexuell missbraucht wurde.

Offensichtlich entfernte sich jedes Mal dabei ihr Energiekörper vom Physischen Körper, damit sie die Schmerzen und Schmach, die sie empfand, nicht so sehr spürte. Da sie innerlich um Hilfe flehte, kamen diese elf Wesenheiten nach und nach herbei und „besetzten" sie. Diese verschiedenen Energien ließen sie immer wieder eine andere Rolle spielen. Manchmal wachte sie irgendwo auf und wusste nicht, wie sie dahin gekommen war, weil sie als eine andere Persönlichkeit eingeschlafen war.
Als ich diese Wesenheiten jedoch entfernen (lassen) will, weigert sich die Patientin, weil sie sich inzwischen so mit ihnen identifiziert hat, dass sie sie als Hilfe im Alltag und als Schutz für sich empfindet und sie nicht gehen lassen möchte.
Damit ist mein therapeutischer Auftrag erledigt, und die Patientin lässt sich keinen weiteren Termin bei mir geben.

Auch die Menschen in der Umgebung eines „Besetzten" leiden unter der Besetzung, weil sie die schlechte Energie spüren oder sogar selbst manipuliert werden und körperliche und / oder psychische Auswirkungen erleben.

Fallbeispiel:

Eine junge Frau lernt bei ihrer Arbeit einen fünfzehn Jahre älteren Mann kennen, der „besetzt" ist von der Idee, als Therapeut Erfolg und Macht haben zu wollen. Seine „Besetzung" erkennt, dass diese Frau ihm bei seiner Karriere behilflich sein kann, da sie die nötigen Kenntnisse, Fähigkeiten und Fertigkeiten hat, die er zum Erreichen seiner Ziele braucht.
Während therapeutischer Maßnahmen an ihr wird er übergriffig, und sie kann sich dieser Energie nicht erwehren, obwohl sie weiß, dass sie diese Beziehung gar nicht will.
Mit seiner übergriffigen Beharrlichkeit schafft er es, dass die Frau ihn sogar dauerhaft in ihre Wohnung aufnimmt, was sie nie haben wollte.
Die den Mann besetzende Energie ergreift so sehr Besitz von ihr, dass sie ihm hörig wird (sie hat keinen freien Willen mehr und m u s s einfach tun, was er von ihr verlangt) und es ihr körperlich immer schlechter geht. Ihre Arbeitskollegen spüren die von ihr ausgehende schlechte Energie ebenfalls, auch sie fühlen sich in ihrer Nähe nicht gut und erkranken.
Die Kraft der Heiler, welche die junge Frau aufsucht, reicht nicht aus, dauerhaft „sie selbst" bleiben zu lassen, da ihr Lebensgefährte sie nach solchen Sitzungen gleich therapeutisch behandelt, weil es ihr in seiner Nähe sofort wieder schlecht geht. Sämtliche unterstützenden Mittel, die sie von den Heilern erhält, werden wirkungslos oder wirken sogar negativ. Käme die Patientin in ihre Kraft, hätte sie die Möglichkeit, sich aus den „Fängen" der Besetzung zu befreien.
Schließlich verlässt sie sogar ihre sichere Arbeitsstelle, um für ihn zu arbeiten, und lässt sich von der „schwarzen" Energie noch dazu bringen, ihren bisherigen Arbeitgeber zu bestehlen, um für ihren Lebensgefährten die für seinen Karriereaufbau nötigen Unterlagen zu haben.
Zuletzt scheuen die beiden gemeinsam nicht einmal davor zurück, die Diebstahlsituation ins Gegenteil zu verkehren und zu behaupten, der bisherige Arbeitgeber der jungen Frau habe sie verleumdet durch die Diebstahlsanzeige.

Dieses Beispiel gibt einen Einblick in Verhaltensweisen, bei denen „böse" Energien die Grundursache sind. Wahrscheinlich sind in den meisten Fällen von Kriminalität und menschenverachtendem Verhalten derartige Besetzungen dafür verantwortlich.

3.3.1.6 Symbole

Im Intuitiven Körper funktioniert die Kommunikation auch über Symbole, die auf dieser Ebene des „kollektiven Unbewussten" von allen Menschen verstanden werden. (Vgl. Kapitel 4.5.1.2.4 Heilen durch Symbole)

So ist erklärbar, dass bestimmte Zeichen Verwendung finden, wenn die Worte fehlen oder verschiedene Sprachen eine verbale Verständigung unmöglich machen. Denken wir nur an ein gezeichnetes Herz, das überall auf der Welt „Liebe" bedeutet.

Ondruschka erläutert: „Symbole tragen Kraft in sich. Sie kann für positive Einflussnahme genauso verwendet werden wie für Macht und Manipulation. Persönliche Integrität ist hier genauso wichtig wie gesellschaftspolitische Verantwortung, um den Lauf der Dinge nicht für persönliche Zwecke zu missbrauchen." (Ondruschka, S.69)

In verschiedenen Therapieformen, zum Beispiel der Jungschen Psychotherapie, werden Symbole verwendet, um zum Ursprung eines Konflikts zu gelangen oder auch, um Heilung zu bewirken. Diese Symbole werden meist auf Papier oder in die Luft gezeichnet, damit sie ihre Wirkung entfalten können.

Eine Form solcher Symbole sind sogenannte Mudras oder Finger Modes. Dies sind Zeichen, die durch das Zusammenführen verschiedener Finger erzeugt werden und eine bestimmte Bedeutung haben, die sich der Therapeut in der Diagnose oder Behandlung verschiedener Themen zunutze macht.

Eine ganze Reihe solcher Modes gibt es in der Angewandten Kinesiologie, und *Louisa Williams* integrierte sie auch in die Psycho-Kinesiologie. (Vgl. Hirschi, Williams)

3.3.1.7 Zufälle

Die Geistwesen sind es auch, die „Zufälle" möglich machen oder vielmehr inszenieren.

Dazu möchte ich gern ein Beispiel geben:

> Zum Schreiben dieses Buches zog ich mich für drei Wochen aufs Land zurück, in zwei verschiedene Quartiere. Beim Umzug von einer in die andere Unterkunft, noch im ersten Quartier, hatte ich plötzlich die Idee, zu Hause meine T-Net Box anzurufen, was ich eine Woche lang nicht getan hatte.
> Meine Freundin Gabriele, mit der ich schon mehrere Monate nicht in Kontakt gewesen war, hatte die Nachricht hinterlassen, dass sie Urlaub habe und sich über ein Treffen mit mir freuen würde.
> Ich fuhr zu meiner neuen Unterkunft, und als ich alles aus dem Auto in meinem angemieteten Ferienhaus verstaut hatte, fiel mir der Anruf wieder ein und ich verspürte den Drang, sofort bei Gabriele anzurufen.
> Ich erreichte sie über ihr neues Handy, dessen Nummer sie mir erst auf die T-Net Box gesprochen hatte. Sie saß in einem Café nur wenige Kilometer von mir entfernt und hatte 500 Meter von mir weg einen Segelflug mitgemacht. Das Museum, welches sie besuchen wollte, war geschlossen, und sie hatte im Moment überlegt, wie sie ihren weiteren Tag verbringen sollte. Da war klar: sie musste mich jetzt besuchen! Sie fand mein Haus sofort, und wir

> verbrachten einen fruchtbaren Nachmittag miteinander; denn sie gab mir noch einige wichtige Tipps zu einigen Kapiteln in diesem Buch.

Solche „Zufälle" habe ich in den letzten Jahren viele erlebt, und ich habe das Gefühl, alles läuft immer einfacher, leichter; denn auf Traumkörperebene gibt es keine Zufälle. Vielmehr kann die geistige Welt bei entsprechender Offenheit des Menschen so wirken, wie es für ihn gut und von Nutzen ist für das Lernen auf der Erde.
Die Indianer sagen dazu: „Alles, alles und jedes ist von Bedeutung." (Sikwalxlelix, Medizinfrau der Bella Coola, in: Schenk, A., S. 33)

Obwohl der Unterschied zwischen dem Vierten und Fünften Körper für uns nur schwer zu erkennen ist, versuche ich, die Fünfte Ebene nachfolgend zu beschreiben.

3.4. Aufbau und Funktion des Fünften oder Seelenkörpers

Der Seelenkörper ist die äußerste Schicht des Energiekörpers, die gar keine Schicht mehr ist, da sie ins Unendliche geht und uns mit allem, was ist, verbindet, also mit der Existenz, mit Gott. Hier „ist die Quelle des schöpferischen Impulses. Das Wirken der schöpferischen Urkraft beginnt" auf dieser Ebene. (Brennan 1, S. 249).

Gleichzeitig existieren die „aufsteigenden Schichten von Energie und Bewusstsein" (Brennan 1, S. 245) in der Mitte unserer Brust, dem Sitz des „göttlichen Funkens", „Höheren Selbst", „Inneren Wesenskern", der „Essenz", dem „Inneren Berater", wie dieser Teil unterschiedlich benannt wird, entsprechend dem universellen Gesetz „wie außen so innen" oder „wie im Makrokosmos so im Mikrokosmos".

3.4.1 Phänomene im Seelenkörper

Im Seelenkörper finden die Phänomene statt, die als Zustand von „Klarheit" oder „Erleuchtung" bezeichnet werden. Dieser Zustand kann erreicht werden über das Höhere Selbst, das ein erweitertes Bewusstsein zulässt, und den direkten Kontakt zu Gott vermittelt.

Erleuchtungszustände können von ganz kurzer Dauer sein (Sekunden oder Minuten), Stunden oder Tage anhalten oder letztlich ein ständiger Zustand sein, welcher nur wenigen Menschen auf der Erde vorbehalten ist. Denn damit ist das Ziel der Seele und somit ihrer Reise auf der Erde erreicht, und sie kann dorthin zurückkehren, woher sie gekommen ist, „nach Hause".

Da *Dietrich Klinghardt* Gebet und „Echte Meditation" als Verfahren auf dieser Ebene nennt, möchte ich im Folgenden auf die beiden Begriffe näher eingehen.

3.4.1.1 Gebet und Meditation

Im Gebet, das eine Kommunikationsmöglichkeit mit Gott darstellt, und in der Meditation, die eine Leere des Geistes bewirken möchte, ist es bei intensiver Hinwendung möglich, ganz in seine eigene Mitte zu kommen. In diesem Zustand von völliger innerer Ruhe und Gelassenheit ist das Einssein mit Gott in tiefer Freude erfahrbar.

Zum Gebet sagt der Indianer Großvater kurz und bündig: „Beten stärkt das Immunsystem und die Abwehrkräfte." (Buzzi, S. 66) Dies ist eine Sichtweise, die auf den Physischen Körper und Krankheiten bezogen ist.

Die Indianerin *Vickie Downey* hat hingegen eine spirituelle Sichtweise des Betens und führt aus: „Beten heißt nichts anderes, als einen Zustand zu erreichen, in dem du deinen Geist erkennst. In diesen Zustand oder in diesen Geist, deinen eigenen Geist, kommst du durch das Gebet. Wenn du dahin gelangst, empfindest du dieses Mitgefühl und diese Liebe, die die Grundlage von allem ist, die Quelle, aus der du stammst." (In: Schenk, A., S. 70)

Praktisch und spirituell gesehen meint *Janine Fontaine*: „Das Gebet ist nur eine Art und Weise, sich auf ein subtileres Schwingungsniveau emporzuheben und sich an es anzukoppeln." (Fontaine, S. 226)
Dazu muss man allerdings wissen, wie das Emporheben und Ankoppeln durchzuführen ist.

Mary Summer Rain stellt die beiden Verfahren Gebet und Meditation einander gegenüber: „Die Meditation ist ein *Weg*, der direkt zur Quelle aller Erkenntnis und Erleuchtung führt. In vollkommener Meditation werden Sie die Antworten empfangen, nach denen Sie suchen. Die Meditation ist das Gegenteil des Gebets. Während das Gebet des Menschen *handelndes* Sprechen mit der Quelle darstellt, repräsentiert die Meditation umgekehrt sein *Nichthandeln* im Schweigen – sein *Lauschen* auf deren Weisheit. Eines ist aktiv, während das Andere passiv ist. Die Meditation ist ein Lernprozess – Sie lernen durch sie, Ihr Denken und jegliche psychische Aktivität nach und nach zum Stillstand zu bringen, so dass Sie innehalten und eine Weile in vollkommener Stille ausruhen können." (Summer Rain, S. 401).

Tepperwein nennt Meditation „'gelöste Wachheit' – die Wahrnehmung des Vorhandenen. Der Situation gewahr zu werden und eins zu werden mit ihr. Aufzugehen in ihrer Erfahrung. Handlung und Handelnder sind eins." (Tepperwein, S. 96). Und weiter: „Nicht was ich tue, ist wichtig, sondern *wie* ich es tue – wie im Leben. Meditation ist liebevoller Umgang mit der ganzen Schöpfung. Der Weg ins Zentrum des Seins. Alles loslassen, bis nur noch das Sein bleibt." (Tepperwein, S. 97).
In dieser Stille ist das Bewusstsein erweitert, und das Lauschen auf die sanften Sphärenklänge, die wir im lärmenden Alltag nicht hören können, ist möglich. Sie bringen tiefe Erkenntnisse mit sich und innere Weisheit, das Wissen über die Wahrheit.

3.4.1.2 Höhere Erkenntnis, inneres Wissen

Dieses erweiterte Bewusstsein drückt sich in Gefühlen wie universaler Liebe aus. Mit dieser bedingungslosen Liebe wird jeder Mensch geachtet und geliebt, auch wenn er im Leben unsympathisch auftritt. Man erkennt die Schönheit und das Göttliche in ihm und kann sein Handeln als den ihm eigenen Weg begreifen, den seine Seele braucht, um zu ihrem Ziel zu gelangen. Mit diesem Verständnis für den Anderen fällt das Be- und Verurteilen weg, und man kann ihn sein lassen wie er ist.
Mit dieser höheren Erkenntnis zeigt sich ein tiefes inneres Wissen, das keine Bestätigung durch wissenschaftliche Methoden mehr braucht.

Beispiel:

> Wir suchten dringend eine andere Wohnung, weil mein Sohn 13 und meine Tochter 10 Jahre alt waren und noch ein gemeinsames Zimmer hatten.

> In einer Gruppe, in der ich für unseren Stadtteil mitarbeitete, fragte ich verzweifelt, ob nicht jemand eine Wohnung für uns wisse. Ein Mann, der diesmal neu dabei war, sagte: „Ja, schräg gegenüber von uns wird eine größere Wohnung frei." In diesem Moment durchfuhr es mich wie ein Blitz, und ich wusste, dass dies unsere neue Wohnung werden würde, obwohl ich absolut nichts darüber wusste.
> Es stellte sich heraus, dass diese Wohnung sich in der gleichen Straße befand, in der wir schon wohnten, also keine Veränderungen bezüglich Schule für die Kinder nötig war. Die Besitzer waren Berufskollegen von mir und meinem Lebensgefährten. Einer der Söhne der Eigentümer ging mit meinem Sohn zusammen in die Schule, und die Beiden hatten sich schon privat besucht. Schließlich war die Höhe der Miete genau die Summe, die wir uns als oberste Grenze gesetzt hatten.
> Aus über 200 Bewerbern wurden fünf Familien, darunter unsere, ausgewählt, welche die Wohnung besichtigen durften. Zuletzt bekamen wir die Wohnung, wie ich von Anfang an gewusst hatte.

Solche Dinge geschehen in Übereinstimmung mit der höchsten Ebene.

3.4.1.3 Einssein mit Gott

In den Zustand des Einsseins mit allem kommt man im Allgemeinen nicht im lärmenden Getöse des Alltags, sondern in der Stille, zum Beispiel draußen in der Natur.

Dies kann „einfach nur so" geschehen, wenn jemand viel in der Natur ist, sie beobachtet, beispielsweise einen Baum umarmt und dort Kraft schöpft sowie die Stille genießen kann.

Ich habe immer wieder von Sportlern, die viel Zeit im Freien verbringen, zum Beispiel beim Joggen oder Radfahren, gehört, dass sie deshalb geradezu süchtig nach dem Sport werden, weil sie dabei in diesen Zustand des Einsseins mit Allem gelangen. Die Hypophyse produziert Endorphine, Glückshormone, die eine tiefe innere Freude und Liebe erfahren lassen, die mit nichts anderem verglichen werden kann.

Das Hineingleiten in diesen Zustand kann aber auch mit einer indianischen Technik geübt werden, „wie man durch bloßes Wahrnehmen, ohne Ablenkung durch das bewusste Denken, mit einem beliebigen Gegenstand verschmelzen" kann. (Summer Rain, S. 396).
Dieses Vorgehen ist auch Teil des "Clarity Process nach *Jeru Kabbal*®".

In der Anwendung von tantrischem Sex beziehungsweise den Methoden des Tao der Liebe (vgl. Chang 1 und 2), bei welchem Zärtlichkeit und der Energiefluss in Liebe anstatt Leistungsdenken bei der Erreichung von Orgasmen bei der Vereinigung im Vordergrund stehen, kann es ebenfalls zu dem Erlebnis von Einheit kommen. Hierin liegt die Verbindung von Sexualität und Spiritualität.

3.4.1.3.1 Kindliches Erleben von Einssein

Immer wieder erleben wir, dass Kinder diese Wahrnehmungsfähigkeit von Einheit auf natürliche Art und Weise noch haben, dass aber der Unglaube von Erwachsenen sie verunsichert und im Lauf der Zeit der Einblick in diese Ebene verschwindet.

Mary Summer Rain schreibt dazu: „Gott wollte, dass der Mensch nach seinem geistigen Ebenbild erschaffen werde, dennoch verstecken und ersticken wir diese Ähnlichkeit unter einer ununterbrochenen Flut von Zweifeln und Rationalisierungen. Warum fällt es uns so schwer zu glauben, dass ein Kind Dinge wahrnehmen kann, die uns verborgen bleiben? Warum fällt es uns so schwer, unserem eigenen Kind Glauben zu schenken, wenn es beteuert, es habe etwas gehört, was *wir* nicht vernommen haben? Diese Sinneswahrnehmungen sind die Folge einer offenen Seele. Diese Bilder und Symptome sind Symptome aufkeimender Bewusstheit." (Summer Rain, S. 401)

Die Indianerin Tara beschreibt Kinder so: „Kinder sind die Besten. Sie sehen die Welt anders. Sie sind noch nicht verdorben. Uns wird beigebracht, dass eine schwangere Frau die ersten drei Jahre nicht an dem Kind festhalten soll. In der Zeit ist das Band zwischen dem Kind und dem Schöpfer immer noch sehr eng. Ein Kind im Mutterleib ist noch in der Welt des Schöpfers. Es ist noch nicht hier. ... Kleine Kinder sind etwas so Kostbares, weil in ihnen noch diese enge Verbindung zwischen unserer Welt und dem Schöpfer besteht. Deswegen sind sie so wichtig." (Tara, in: Schenk, A., S. 50/51)

Wenn ich die jungen Eltern in unserer westlichen Welt im Alltag beobachte, merke ich, dass sie von dieser Auffassung oft meilenweit entfernt sind. Es gibt viele Eltern, die ständig Angst haben, etwas an ihrem Kind falsch zu machen und deshalb übertrieben auf dessen Wünsche eingehen, oder aber diejenigen, die überhaupt nicht auf die Bedürfnisse des Kindes achten und „ihr eigenes Ding" durchziehen. Am natürlichsten gehen die Eltern mit ihren Kindern um, die spirituelles Wissen haben und es in der Familie leben.

Je mehr Eltern über die Fünf Körper und deren Phänomene Bescheid wissen, umso eher können sie ihre Kinder mit hellsichtigen Fähigkeiten, die oft als „Kinder der neuen Zeit" oder „Indigokinder" bezeichnet werden, verstehen und unterstützen.

Eine Nootka-Indianerin beschreibt diese Kinder folgendermaßen:
„Kinder der Glückseligkeit sind nicht wie gewöhnliche Kinder. Normalerweise sind es Mädchen, aber manchmal kommen auch Knaben mit dem Zeichen zur Welt. Ein Kind der Glückseligkeit erweckt immer den Eindruck einer alten Seele, die in einem neuen Körper wohnt. Sein Gesicht wirkt sehr ernst, außer wenn es lacht, dann wird die Welt vom Licht der Sonne erhellt. Man schaut in die Augen eines dieser Kinder, und man weiß, dass das Kind alles weiß, was wirklich wichtig ist. ...
Sie können der Traurigkeit verfallen, aber sie werden sie besiegen. Sie können der Entfremdung verfallen, weil sie über und durch diese Wirklichkeit hindurchsehen. Sie halten aus, was andere nicht aushalten können. Sie überleben dort, wo andere nicht überleben können. Sie empfinden Liebe, auch wenn sie ihnen nicht gezeigt wird.
Während ihres ganzen Lebens versuchen sie, die ihnen bekannte Liebe weiterzugeben." (Eine Nootka, in: Schenk, A., S. 56/57)

Teil II
Heilen auf Energieebene

4. Was ist Heilen auf Energieebene?

Um eine Definition zu finden, was unter „Heilen auf Energieebene" zu verstehen ist, kommen hier zunächst einige Autoren zu Wort:

Janine Fontaine sieht Heilung folgendermaßen: „Der Vorgang der Heilung impliziert die Rückkehr zum Zustand vor der Erkrankung. Er hängt also vom ursprünglichen Zustand des Kranken ebenso ab wie von der Schwere der Krankheit.
Es gibt verschiedene Kriterien dafür, was eine Heilung ist: gesellschaftlich betrachtet ist der Begriff der Leistung entscheidend, eine medizinische Beurteilung stützt sich auf spezifisch medizinische Tests, subjektiv kommt es auf das Wohlbefinden an." (Fontaine, S. 221)
Bei dieser Definition könnte es sich genauso gut um eine Behandlung und Heilung auf der Ersten Ebene handeln wie auf der Vierten Ebene. Es geht nicht eindeutig daraus hervor.

Barbara Ann Brennan dagegen bezieht sich sogleich auf den spirituellen Aspekt:
„Der Vorgang des Heilens ist im Grunde ein Erinnerungsvorgang – Erinnern daran, wer man ist. Die Energien in jedem Aurakörper werden ins Gleichgewicht gebracht. Gelingt dies, so ist das Ergebnis Gesundheit. Die Seele hat ihre Lektion gelernt und ist deshalb in größerer Übereinstimmung mit der Wahrheit." (Brennan 1, S. 260).
Bei dieser Betrachtungsweise scheint die Verfassung des Physischen Körpers keine Rolle zu spielen, nur die Gesundheit des Energiekörpers. In der Praxis habe ich es tatsächlich schon erlebt, dass der Energiekörper geheilt, der Physische Körper jedoch noch krank war, weil die materielle Ebene langsamer schwingt und deshalb länger braucht oder aber Zellen irreparabel zerstört sind - was ebenfalls eine Frage der Zeit und der Glaubenssätze sowie des Mentalfeldes sein kann, ob eine Struktur sich nochmals positiv verändert oder nicht. Solche Patienten sind im Allgemeinen trotz ihrer physischen Beschwerden glücklich und zufrieden und nehmen jeden Tag als Geschenk.

Der Mensch wird von *Dr. Jakob Bösch* auch bezüglich seiner Heilung als holistisches Wesen angesprochen: „Erinnern wir uns daran, dass es letztlich immer darum geht, den Geist, die Seele, den Charakter zu heilen." (Bösch, S. 29)
Manche Heiler wollen deshalb den Menschen helfen „sich selbst zu spüren und ... damit auch die Verbindung zu Gott wieder zu erfahren". (Bösch, S. 30)
Diese Vorgehensweise bezeichnet *Dr. Bösch* als „Geistiges Heilen", in dem durch die Erfahrung des Göttlichen der Anstoß zur Heilung gegeben wird. Dabei ist es unwichtig, ob der Physische Körper sofort – was eher selten ist -, allmählich – was weit verbreitet ist – oder gar nicht – was ebenfalls vorkommt - gesund wird. Für ihn ist aber unabdingbar, „dass der Mensch einen aktiven Prozess der Einsicht und der Verhaltensänderung eingehen muss, wenn seine Gesundheit nachhaltig verbessert werden soll." (Bösch, S. 30) Der Autor verweist damit auf Jesus, der den Menschen, nachdem er sie geheilt hatte, den Rat zum Umdenken erteilt hat.

Beispiel:

Ich selbst habe diese Erfahrung gemacht, als ich Monate lang Warzen an den Händen hatte, die trotz vielfältiger Behandlung mit verschiedensten Mitteln und Methoden immer mehr wurden. Erst als es zu einer Veränderung meiner inneren Einstellung gekommen war und ich bewusst erkannte, was ich in meinem Leben verändern sollte, fielen die Warzen wie von selbst wieder ab.

So wie Krankheit im Energiekörper entsteht, wenn die Seele eines Menschen sich auf ihrem Weg nicht mehr mit seinem Denken und dem Handeln des Physischen Körpers im Gleichgewicht befindet, so findet auch Heilung zuerst im Energiekörper statt, bevor sie sich im Physischen Körper ebenfalls manifestiert.

Echte Heilung findet von innen nach außen statt, wenn innen das gelernt wurde, was es zu lernen galt. Physisch kann das so aussehen, dass ein Patient zunächst Asthma hat, und wenn das ausgeheilt ist, zeigt sich ein Ekzem. Dieses ist dann außen, wo es darum geht, die Heilung von innen nach außen weiter voranzubringen, bis alle Symptome verschwunden sind.

Barbara Ann Brennan unterteilt Heilen in zwei Kategorien: Äußeres Heilen und Inneres Heilen.

4.1 Äußeres Heilen

Unter äußerem Heilen versteht man die Unterstützung des Physischen Körpers durch Heilmittel und Eingriffe von außen (Schulmedizin, Operation), weil es manchmal zu lange dauert, bis alle Blockaden im Energiekörper ausgeräumt sind.
Bisweilen ist dieses Vorgehen auch notwendig, um das Leben eines Menschen zu retten, bevor die Heilung auf Energieebene stattgefunden hat.
Bei diesem äußeren Heilen werden in erster Linie „stoffliche" Mittel eingesetzt, chemische oder pflanzliche Substanzen und Geräte etc., je nach dem, was gebraucht wird.

Für einen Heiler ist es jedoch klar, dass Symptome, die durch falsche Überzeugungen im Energiekörper entstanden sind, so lange wieder auftreten, bis im Patienten eine grundsätzliche Korrektur geschehen ist. Deshalb kommt für ihn letztlich nur das Innere Heilen als dauerhafte Veränderung in Frage.

4.1.1 Heilen mit Regulations-Diagnostik nach *Dr. Klinghardt* (RD)®

Wir machen uns die elektromagnetischen Felder in der Diagnostik und Therapie zunutze, indem wir mit der Autonomen Regulations-Diagnostik nach *Dr. Klinghardt* (RD)® die Resonanz zwischen einem menschlichen Energiefeld und dem Energiefeld einer Substanz, sagen wir einmal Quecksilber, testen. Der gesunde Menschenverstand sagt uns dabei, ob das ertestete Mittel dem Menschen nützt oder schadet, ob er es zur Heilung braucht oder ob es fälschlicherweise in den Körper gelangt ist und wieder durch geeignete Maßnahmen herausgeholt werden muss wie zum Beispiel in diesem Fall eines toxischen Schwermetalls.
Mittels der bestpassenden Resonanz von dargebotenen Heilmitteln kann individuell eine optimale Therapie für den Patienten ausgetestet werden.

4.1.1.1 Die Bedeutung von Erregern

Was in dieser Methode bisher nicht klar ausgesprochen wurde, ist, dass auch alle Viren, Bakterien, Pilze usw., die quasi als Parasiten in Mensch und Tier leben, ebenfalls eine Aura haben. Wenn wir deren Resonanz testen, folgern wir meist automatisch, dass diese Art von Lebewesen schädlich ist. Wenn wir aber einmal den Spieß umdrehen und sagen, in der Schöpfung gibt es nichts Unnützes, dann müssen wir uns fragen, welchen Nutzen dann diese Parasiten für den Menschen haben.

Mit Manebua Schamanische Psycho-Kinesiologie (MSPK) habe ich herausgefunden, dass diese Erreger Themen verkörpern, die für den „Träger" des Parasiten sehr wichtig sind und bearbeitet werden müssen. Lassen wir während der Behandlung ein Dia oder eine Nosode des Erregers im Energiefeld des Patienten liegen, so finden wir die dahinter liegenden „Unerlösten Seelischen Konflikte" (USK).

Durch die „Entkopplung" des USK hat der Parasit seine Aufgabe erfüllt und kann sich zurückziehen, was letztlich auf dem energetischen Weg über die Aura erfolgt. Der Patient wird wieder gesund.

Wichtig kann dabei noch die Stelle sein, auf die das in Resonanz tretende Produkt mit seinem Energiefeld aufgelegt wird. Befindet sich zum Beispiel ein Erreger im Herzen, so ist es sinnvoll, das Dia oder die Nosode direkt auf das Herz zu legen, damit die direkte Resonanz hergestellt werden kann. Meiner Erfahrung nach kommt es auf diese Weise oft zu schnelleren Heilungen, als wenn das Dia nur sehr allgemein zum Beispiel über den Signalverstärker (SV) in das Energiefeld eingeschwungen wird.

4.1.1.2 Die Bedeutung von toxischen Stoffen

Die gleiche Beobachtung wie bei den Erregern machte ich mit Giftstoffen wie Quecksilber, die ebenfalls eine Aura haben.

Die Psycho-Kinesiologie Lehrerin *Ulrike Johanna Fischer* hat sich speziell mit dem Quecksilber und seinen Gegenmitteln, die in der Ausleitung nach *Dr. Klinghardt* benützt werden, befasst. Sie kann sich in ihrer eigenen Art von Schamanischer Psycho-Kinesiologie in Medikamente, Gifte und Gegengifte einfühlen wie die Personen in Familienaufstellungen nach *Hellinger* das tun.

So bekam sie im Lauf der Zeit einen großen Überblick über die Wirkung von Quecksilber (Hg) auf die Vierte Ebene. Sie fand heraus, dass es in manchen Fällen gleichzusetzen ist mit Muttermilch und für Geborgenheit und Wärme steht. Ausleiten bedeutet dann Abnabeln von der Mutter.

In anderen Fällen gibt das Quecksilber der Person Halt, so dass es nicht gern oder leicht losgelassen wird und deshalb die Ausleitungsmittel nicht gut vertragen werden.

Ulrike Fischer fand heraus, „dass wir mit Hg im Körper nicht fähig sind, auf eigenen Füßen zu stehen. „Wir stehen", wie *Dietrich Klinghardt* in einem seiner Seminare sagte, „mit beiden Füßen fest in der Luft". Das Hg, die Schwermetalle, brauchen wir, um uns vorzutäuschen, dass wir „schwer" auf der Erde stehen. Wenn wir dies loslassen sollen, bekommen wir Panik, denn wir müssen uns abnabeln von den Eltern, die Eltern und alte, einengende Glaubenssätze loslassen und mit uns selbst befassen." (Fischer, S. 8)

Weiter schreibt sie: „Hg ist eine erlaubte Droge, die uns nicht wachsen lässt. Sie unterbindet die Verbindung nach oben."

Zur Anregung der Ausleitung legen wir während der Behandlung mit Psycho-Kinesiologie (PK) oder Manebua Schamanische Psycho-Kinesiologie (MSPK) die Gegengifte auf, und zwar spezifisch am resonierenden Ort oder auf den Signalverstärker (SV), während der zugrunde liegende Unerlöste Seelische Konflikt (USK) herausgefunden und entkoppelt wird.

Als Farbbrillenkombination testeten wir in den PK-Sitzungen, die sich mit dem psychischen Hintergrund der Quecksilbervergiftung befassten, am häufigsten Gelb und Grün aufeinander -

weshalb das INK die anfangs dunkelgrüne Brille in eine gelbgrüne umwandelte - und danach ließ der physische Körper oft riesige Mengen Quecksilber frei.

Umso überraschter waren wir, als wir Jahre später eine Farbabbildung fanden, in der Quecksilber im Spektrometer die Farbe Gelbgrün hat – entsprechend unserer verwendeten Farbtherapie.

Siehe Abbildung 11 im Farbteil

4.1.1.3 Die Bedeutung von Infektionen

Seit einiger Zeit wissen wir, dass sich auf die Quecksilber- oder andere Giftdepots Erreger aufsetzen, die Infektionen, allen voran Borreliose und Co-Infektionen, hervorrufen. Erstaunlich ist, dass die Borrelien ebenfalls eine gelbgrüne Farbe aufweisen und Lichtwesen sind, also von der Farbe her direkt eine Resonanz zum Quecksilber vorhanden ist.

Das heißt, wir müssen herausfinden, auf welche Weise uns diese Erreger unterstützen wollen, wenn wir davon ausgehen, dass nichts in der Schöpfung unnütz ist. Sie einfach nur mit schwersten medizinischen Geschützen zu bekämpfen, ist auf Dauer keine Erfolg bringende Methode, weil die Erreger wieder kommen müssen, bis das eigentliche Problem angeschaut und gelöst ist.

Lichtwesen wie die Borrelien brauchen die gleiche Schwingung, um gehen zu können – so wie Quecksilber die gelbgrüne Brille braucht -, das heißt, die Frequenz der Farbe Gelbgrün ist auch für Borrelien die Richtige.

Ehrlichien sind ebenfalls Lichtwesen und haben die Farbe Gelborange; entsprechend hilft ihnen diese Farbfrequenz zu gehen.

So weit mir bisher bekannt ist, sind diese beiden Erreger im Bereich der Borrelien und Co-Infektionen die einzigen Lichtwesen, die uns letztlich unterstützen wollen, an unsere Themen zu kommen, auch wenn sie damit zum Teil schwere Symptome erzeugen. Man kann sagen, wenn die Symptome heftig sind, ist auch das zugrunde liegende Thema für die Person heftig.

Die anderen Erreger, die im Borrelien-Testsatz des INK als Dias vorliegen, sind Wesen der „Dunkelheit". Sie brauchen nicht die gleiche, sondern die Frequenz der Komplementärfarbe, um sich verabschieden zu können. Folgende Liste konnte ich erstellen:

Erregerart	Farbe	Komplementärfarbe zum Behandeln
Babesien	Mittelgrün	Rot (mittel)
Bartonella	Gelborange	Blau
Chlamydien	Dunkelbraun	Gelbgrün
Mycoplasmen	Mittelgrün	Rot (mittel)
Rickettsien	Indigo	Gelborange
Tetanus	Olivgrün	Hellrot

Wozu sind dann diese Erreger da? Das folgende Kapitel gibt meine Erfahrung damit wieder.

4.1.1.3.1 Abkapselung als Heilversuch

Vermutlich habe ich erst einen Teilaspekt herausgefunden mit der Erkenntnis, dass Borrelien und ähnliche Erreger helfen, das im Körper befindliche Gift abzukapseln. Häufig entstehen dabei irgendwelche Geschwüre oder Geschwulste, zum Beispiel auch Warzen oder Lipome (Fettgeschwulste) bis hin zum Krebstumor, mit deren Hilfe das Gift aus dem Körper herausgenommen wird und so lange da bleibt, bis der dahinter liegende Unerlöste Seelische Konflikt beseitigt ist. Meiner Testung nach enthalten diese Warzen nicht den in der Schulmedizin dafür verantwortlich gemachten Papilloma-Virus, sondern alle möglichen Arten von Erregern, wie zum Beispiel Mycoplasmen, Borrelien usw., die sich mit dem Gift, sehr häufig Quecksilber, zusammen getan haben.

Solche Geschwulste beinhalten auch Reste von Giften, die irgendwann einmal als Heilmittel verwendet wurden, wie zum Beispiel Bienengift und Schlangengifte. Auch diese Gifte bleiben im Körper und müssen eines Tages ausgeleitet werden.

Meiner Erfahrung nach ist es unerlässlich, dass Patienten, die mit Bienengift behandelt wurden, später homöopathisches Bienengift (Apis) in einer ausgetesteten Potenz bekommen, um die Auswirkungen des Bienengiftes zu beseitigen. Meiner Beobachtung nach macht Bienengift abhängig - es wird zum Suchtmittel - und bewirkt ein damit einhergehendes Schließen des Kronenchakras. Die Verbindung zur göttlichen Ebene wird abgeschnitten. Das heißt, wir holen uns mit dem Bienengift durch die Hintertür wieder das herein, was wir durch die Quecksilber-Ausleitung beseitigen wollen: fehlendes Vertrauen, niederes Selbstwertgefühl, keine Verbindung zu Gott, dumpfes Dahinleben bis zur tiefen Depression.

Zur Ausleitung haben sich homöopathische oder phytotherapeutische Mittel oder auch SANUM-Mittel sowie Blüten- und andere Essenzen am besten bewährt gemäß dem Grundsatz, für jedes Gift, das es in der Natur gibt, hält diese auch ein Gegengift bereit.
Dieses Gegengift wirkt ebenfalls besonders gut, wenn es auf der Haut über der Geschwulst oder über dem mit Gift belasteten Organ oder in der Gegend eines Chakras eingerieben wird.

Oft ist ebenso Aura-Arbeit mit den Händen über der Stelle des Geschwürs oder dem betroffenen Organ oder an einem Chakra notwendig, damit die Restgifte aus dem Energiefeld entfernt werden.
Wenn eine Stelle in der Aura testet, kann das sein, dass ein Problem oder ein Erreger energetisch bereits vorhanden ist, sich aber noch nicht physisch manifestiert hat.
War eine Erkrankung da, so verlässt sie oft erst den Physischen Körper, hängt aber noch im Energiefeld, so dass der Abschluss der Behandlung in der Aura stattfinden muss, damit das Problem nicht wieder zurückkehrt.

Die von *Dietrich Klinghardt* als Punkt zur Integration gefundene Stelle Gouverneursgefäß 20 (GG 20) an der höchsten Stelle des Kopfes scheint hierbei eine wichtige Rolle zu spielen, um die Aura zu versiegeln, damit etwas, das losgelassen wurde, nicht wieder über diese Stelle zurück kommen kann.

4.2 Inneres Heilen

Unter Innerem Heilen versteht *Barbara Ann Brennan*, dass „die Energien jedes Aurakörpers ins Gleichgewicht gebracht (werden), indem die spezifische Ausdrucksweise des Ungleichgewichts ins Bewusstsein gehoben, korrigiert und die entsprechende Auraschicht durch Handauflegen geheilt wird. Die Harmonisierung eines Körpers wirkt positiv auf die anderen Körper." (Brennan 1, S. 261).

Dabei geht es auch um das Erkennen der Störungen im Energiekörper, schon bevor sie sich im Physischen Körper manifestieren. Deshalb suchen viele Menschen den Heiler auch nach dem Verschwinden von Symptomen weiterhin auf, um gar nicht erst wieder krank zu werden. Somit wird der Heiler für diese Menschen zum Lebensbegleiter, zum spirituellen Lehrer, und nicht so sehr zum Akuttherapeuten.

Bei diesem Vorgehen hängt der Behandlungserfolg, der sich physisch einstellt, davon ab, wie viele Blockierungen in den einzelnen Energiekörpern vorhanden sind, und wie schnell oder leicht der Patient diese energetischen Veränderungen annimmt. Dazu muss der persönliche Wille mit dem göttlichen Willen in Einklang kommen.
Entsprechend kann der Patient in einer einzigen Sitzung gesund werden oder Wochen und Monate dazu brauchen. Dies ist also nicht anders als bei medizinischen Maßnahmen.

Als Unterstützung und zur Integration des energetischen Heilens werden Mittel verwendet, die „feinstofflich" sind, das heißt, dass sie in der Medizin im Allgemeinen nicht eingesetzt werden, weil sie nicht als adäquate Heilmittel gelten. Das trifft auf (Edel-)Steine genauso zu wie auf Essenzen aller Art, und erst recht auf meditativ-imaginäre Methoden.

4.2.1 Heilen durch Energiefluss

Auf Grund der in Teil I beschriebenen Phänomene ist es möglich, dass Menschen das Licht des Universums durch sich hindurch fließen lassen können und heilende Hände entwickeln, durch die das Licht wieder austritt und zu Heilzwecken eingesetzt werden kann.
Nach meinem Erleben bekommt ein Heiler dabei Verbindung zu höheren Ebenen, was ungefähr so aussehen kann:

Diese Fähigkeit, über die Hände heilen zu können, ist einerseits eine besondere Gabe, andererseits hat jeder Mensch die Fähigkeit dazu in sich. Viele Mütter wissen dies, wenn sie ihrem Kind die Hände zum Beispiel bei Bauchschmerzen auf den Bauch legen.
Es gehört aber dazu, an sich und diese Möglichkeit zu glauben und sie zu üben, am besten an sich selbst oder nahen Angehörigen, so dass die „heilenden Hände" kein Privileg für wenige zu sein brauchen. Jedoch ist dazu die eigene Weiterentwicklung nötig durch Maßnahmen, welche die Erweiterung des Bewusstseins unterstützen und den eigenen Energiekörper sich ausdehnen lassen. Das heißt, der Heiler sollte selbst in einer Art Therapie oder spiritueller „Schule" sein.

4.3 Definition: „Heilen auf Energieebene"

Um auf die Eingangsfrage dieses vierten Kapitels zurückzukommen, was Heilen auf Energieebene bedeutet, möchte ich nach diesen ausführlichen Erläuterungen nun wie folgt definieren:

Heilen auf Energieebene bedeutet, die emotionalen, mentalen und / oder spirituellen Ursachen herauszufinden, welche den Energiefluss im Energiekörper auf irgendeine Weise beeinträchtigen oder zum Stillstand bringen.
Mit geeigneten energetischen Maßnahmen, auch in Form von Substanzen, welche die benötigte Frequenz ausstrahlen, wird die jeweilige Ursache beseitigt und der „normale" Energiefluss wieder hergestellt. Dadurch werden die unendlichen Selbstheilungskräfte des Menschen angeregt.
Gleichzeitig findet eine Bewusstseinsveränderung und -erweiterung statt, die den Menschen sich selbst als göttliches Wesen im Verbund mit allen anderen Lebewesen wahrnehmen lässt.
Da der Energiekörper den Physischen Körper durchdringt, ist durch die Stimulation der Selbstheilungskräfte eine Ausheilung von Symptomen auch auf der Physischen Ebene möglich.

4.4 Erforderliche Maßnahmen zum Heilen auf Energieebene

Die wichtigsten Maßnahmen, um die „göttliche Energie" als Heilenergie anwenden zu können, sind Erdung, regelmäßige Reinigung und Schutz der Energiekörper von Therapeut und Patient. Denn während des Heilvorgangs sind beide eins, die Energiekörper überlappen sich und passen sich in der Frequenz an. So kommt es, dass der Heiler die Schmerzen des Patienten auf den verschiedenen Ebenen spüren oder die durch ihn selbst hindurch fließende Energie auf den Patienten übertragen kann.

Dazu gibt es verschiedene Maßnahmen, die ich in den folgenden Kapiteln im Einzelnen vorstellen werde.

4.4.1 Erdung

Grundvoraussetzung für energetisches Heilen ist die Erdung von Heiler und Klient, weil nur in geerdetem Zustand die Energie dorthin gelangen kann, wo sie gebraucht wird und Veränderungen bewirken soll. Nur über Erdung können die Energie des Himmels und die Energie der Erde zusammenfließen, was gleichbedeutend ist mit „den Himmel auf die Erde bringen". Es geht darum, JA zu sagen zum Physischen Körper und alles mit ihm zu leben, wozu er geschaffen wurde, während gleichzeitig das göttliche Bewusstsein da ist. Dadurch wird der Physische Körper als Haus, in dem die Seele wohnt, angesehen und entsprechend gehegt und gepflegt. Und die Seele kann sich über den Körper ausdrücken.

Das heißt, der Heiler tut sich leichter in der Energiearbeit, wenn er und der Patient geerdet sind, was sich sowohl in der Heilsitzung als auch in ihrem Erfolg positiv auswirkt. Denn Erdung ist die wichtigste Schutzmaßnahme für den Energiekörper, weil sie durch Stabilität automatisch einen Schutz gibt für die höheren Körper.

Eine schöne Definition für Erdung ist im Buch über die Perelandra-Blütenessenzen zu lesen: „Erdung bedeutet: die vollständige Verschmelzung der Seele mit / in der Form (dem Körper) und die daraus resultierende Fähigkeit der Körper / Seele-Einheit, durch die Form als eins zu wirken. Wenn die Seele in der Form nicht ganz stabilisiert ist, wird sie für heilende Einflüsse ein eher komplexer Organismus; aber je gefestigter sie ist, desto klarer wird sie auch – man kann sogar das Wort „einfacher" gebrauchen." (Small Wright, S. 285)

Bei den Schamanen wird Erdung zum Beispiel durch langsame, stampfende Tänze mit einfachen Instrumenten, die „Erdtöne" von sich geben, erzielt. Dazu wird gesungen und gebetet, zur Mutter Erde und zum Vater Himmel. Bäume, Felsen, Wasser und Krafttiere spielen beim Erden eine wichtige Rolle.

4.4.1.1 Erdungsmaßnahmen

Im Lauf der Jahre habe ich die verschiedensten Erdungsmaßnahmen kennen gelernt und möchte sie hier vorstellen, damit sowohl Therapeuten als auch Klienten sich die für sie geeignete Art oder beliebtesten Arten aussuchen können. Denn eine Person sollte selbst entscheiden können, welches Mittel ihr aus einer angebotenen Vielfalt liegt, damit es ihr leicht fällt oder sie sogar Spaß daran findet, die Erdungsmaßnahme zu ergreifen. Man kann die optimale Erdungsmöglichkeit natürlich auch kinesiologisch austesten.

Beginnen möchte ich mit den physischen oder noch „stofflichen" Erdungsmaßnahmen, um dann auf die „feinstofflichen", energetisch-meditativen Möglichkeiten überzugehen.

4.4.1.1.1 „Stoffliche" Erdungsmaßnahmen

In Wirklichkeit ist eine exakte Abgrenzung zwischen den Kategorien „stofflich" und „feinstofflich" nicht möglich, weil es bei allen Maßnahmen um deren energetische Wirkung geht.

Unter der Rubrik „stofflich" habe ich jedoch die Maßnahmen zusammengefasst, deren Wirkung von einer meist dreidimensionalen Substanz ausgeht, wie zum Beispiel von einem Stein, einem Instrument, einer Essenz usw.

Als „feinstofflich" bezeichne ich dagegen die Maßnahmen, die ohne sichtbare Substanz, beispielsweise mit dem Atem, der Meditation, der Imagination, ergriffen werden.

4.4.1.1.1.1 Erdung durch körperliche Übungen

Eine interessante Erdungsübung habe ich im „Braingym" kennen gelernt:

Übung 1:

> Die Arme werden überkreuzt, die Handflächen zusammengeführt. Dann werden die Hände durch den entstandenen Ring der Arme zum Körper hin durchgeführt und auf die Brust gelegt. Je nachdem, welcher Arm oben sichtbar ist, wird entsprechend der gleichseitige Fuß über den anderen Fuß gelegt, so dass eine entspannte Haltung entsteht. Während des Einatmens wird die Zunge auf den Wulst hinter der oberen Zahnreihe gedrückt, beim Ausatmen lässt man die Zunge wieder locker hinter die untere Zahnreihe absinken. Das Ein- und Ausatmen wird auf diese Weise mehrfach wiederholt, bis das Gefühl von innerer Ruhe und Zentrierung eingekehrt ist.

Zusätzlich gibt es noch eine Mischung aus körperlicher und meditativer Erdungsübung:

Übung 2:

> Im Sitzen oder Stehen werden die Augen geschlossen und beide Hände in der Gegend des Herzchakras übereinander oder alle zehn Fingerspitzen an dieser Stelle nebeneinander gelegt. Dann spricht man laut, langsam und pathetisch mehrmals den Satz aus: „Ich bin ganz in meiner Mitte." Sollte es wegen anderer Personen in der Nähe laut ausgesprochen zu unangenehm sein, so ist es auch leise möglich. Allerdings hat die Stimme übers Gehör besonders am Anfang eine zusätzliche positive Wirkung.

Übung 3:

> Eine weitere Möglichkeit ist es, locker die Spitzen aller fünf rechten auf die Spitzen aller fünf linken Finger zu legen. Dabei kann man schweigen und bewusst atmen, es funktioniert aber auch beim Sprechen, um zentriert zu bleiben, wenn man zum Beispiel einen Vortrag hält oder ein Gespräch führt. In Stille kann man zusätzlich zur Stärkung des Gouverneurs- oder Lenkergefäßes (hinterer Hauptmeridian) die Zunge auf den Wulst hinter der oberen Zahnreihe legen.

Die Übungen 1 und 3 können sehr gut auch nacheinander durchgeführt werden.

Übung 4:

> Die Zeigefinger und Mittelfinger werden nebeneinander unter das Auge gelegt, so dass die Zeigefinger an den äußeren Augenwinkeln anliegen. Der Patient wird ruhig und zentriert.

Das Halten dieser Punkte kann sowohl vom Patienten selbst als auch vom Therapeuten vorgenommen werden.

4.4.1.1.1.2 Erdung durch rotfarbige Kleidungsstücke

Im Alltag ist es für Personen, die eher „schweben", unterstützend, rote Socken oder Schuhe, rote Unterwäsche und rote Hosen oder Röcke zu tragen, welche sie mit der Energie der Erde verbinden.
Wenn allerdings zu viel Rot auf einmal in die Aura gebracht wird, werden diese Menschen, so lange die Traumen, die ihren Energiekörper schweben lassen, nicht behandelt sind, eher aggressiv und unruhig. Deshalb muss hier vorsichtig experimentiert werden, wie die individuelle Reaktionsweise verläuft.
Auf jeden Fall sind diese Maßnahmen kein Ersatz für Therapie, die nach den Ursachen der fehlenden Erdung forscht.

4.4.1.1.1.3 Erdung durch Heilsteine

Ein mögliches Hilfsmittel, um Erdung zu erlangen, sind (Edel-)Steine, da sie alle aus der Erde kommen und deshalb mit der Erde verbinden. Dabei gibt es bestimmte Heilsteine, denen eine stärkere Erdungswirkung nachgesagt wird als bei anderen Steinen üblicherweise vorhanden ist.

„Unter Praktikern wird Achat (braun) als wichtigster Stein zum Erden betrachtet. Nach *Sharamon / Baginski* verbindet er „unsere Seele mit jenen erdhaften Schwingungen, die uns helfen, inmitten der vielfältigen Anforderungen und Anfechtungen des täglichen Lebens Standfestigkeit zu bewahren, uns selbst treu zu bleiben und Mut und Ausdauer zu beweisen."
Er lehrt uns ferner „Feinfühligkeit im Umgang mit unseren Mitmenschen" (Krämer, S. 175).

Auch der rote Jaspis gilt als „Stein der Materie, der uns mit der elementaren Kraft der Erde verbindet."(Krämer, S. 216).

In dem Buch „Heilen mit Steinen" findet sich unter dem Stichwort „Erden" folgende Aufzählung: „Coelestin, Falkenauge, Hämatit, Karneol, Pyritachat, Rauchquarz" (S. 211).

Die Indianer verwenden genauso „unedle" Steine, die sie am Meeresstrand, an einem Fluss- oder Seeufer oder im Gebirge mitgenommen haben, und in denen sie die erdende Funktion erkannten. (Vgl. Kapitel 4.5.1.1.2 Heilen durch Steine, Edelsteine und Kristalle)

Der Patient nimmt den für ihn passenden Heilstein, den er spontan auswählt oder der kinesiologisch ausgetestet wird, in die Hand, oder man legt ihn während der Behandlung auf eine passende Körperstelle. Im Fall der Erdungshilfe ist es sinnvoll, den Stein auf die Schambeingegend zu legen oder in die Hosentasche zu stecken.

4.4.1.1.1.4 Erdung durch Essenzen

Zur Unterstützung des Erdens gibt es auch Essenzen, zum Beispiel Edelsteinessenzen, die aus den besonders gut erdenden Edelsteinen (siehe Kapitel 4.4.1.1.1.3 Erdung durch Heilsteine) hergestellt werden, indem man diese Steine in einen Krug mit gutem Quellwasser legt und über Nacht stehen lässt. Einige dieser Essenzen sind auch fertig zu kaufen.

Außerdem sind die Balance Öle und Pomander von Aura Soma oder die Farbessenzen von IUG dafür geeignet.

Prinzipiell wirken alle Rottöne erdend, je dunkler, desto stärker. Es ist aber gut, die optimale Essenz auszutesten, damit nicht ein Konflikt, der mit der Farbe Rot verbunden ist, hervorgeholt wird, ohne dass eine therapeutische Betreuung vorhanden ist.

Bei den Bach-Blüten ist es die Nr. 9 Clematis (Weiße Waldrebe), die Menschen, die gerne Tagträumen, hilft, besser ins Hier und Jetzt zu kommen, was immer mit einem Zustand des Geerdetseins einhergeht.

4.4.1.1.1.5 Erdung durch Ätherische Öle oder Aromaöle

So wie es Aromaöle zur Reinigung der Aura gibt, eignen sich einige auch gut zum Erden. Sie können als Badezusatz für Fuß- oder Vollbäder verwendet oder in der Aromalampe verdampft werden. Wegen der direkten Nähe zu den Fußchakren eignen sich Fußbäder besonders gut.
Nach *Dietmar Krämer* entspricht dem gut erdenden Heilstein roter Jaspis das Aromaöl Lemongrass (Zitronengras). Es hat durch das Erden eine belebende Wirkung und wirkt „erfrischend für müde Füße" (Krämer, S. 102). Es „gibt frischen Mut, sich aus Trägheit und Verzagtheit wieder auf das Leben einzulassen." (Krämer, S. 103). (Vgl. Kapitel 3.2.1.1 Wurzelchakra). Ähnlich wirkt auch das Grapefruitöl (vgl. Krämer, S. 87) sowie Patchouli (vgl. Rieder / Wollner, S. 70).

Die Immortelle mit ihrem herbsüßen Duft „erdet uns, wenn wir zu stark „im Kopf" leben." (Rieder / Wollner, S. 45). Auch Kiefernöle sind dafür gut geeignet (vgl. Rieder / Wollner, S. 53). Beispielsweise bringt uns Meerkiefer bei überstarker Gedankenaktivität „wieder auf den „Boden der Realität" zurück." (Rieder / Wollner, S. 58).
Eine Erdung besonderer Art geschieht durch Vetiver mit seinem beruhigenden, holzigen Duft: „Wenn wir uns in der Welt der Oberfläche verloren haben, hilft dieser Duft uns zu „erden", so dass unser wahres Ideal und unser Glaube wieder klar vor unserem Auge erscheinen. Es macht uns gelassener und toleranter, da es uns die Vergänglichkeit näher bringt."(Rieder / Wollner, S. 84).

4.4.1.1.1.6 Erdung durch Klang

Da Klang entsteht, wenn in einem Klangkörper Schwingungen erzeugt werden, habe ich dieses Kapitel ebenfalls unter „stofflich" eingereiht.

Tiefe Töne eines Instruments versetzen den Energiekörper in Schwingungen, die ihn in den Physischen Körper geradezu „hineinschlüpfen" lassen, so dass beide Körper ideal miteinander verbunden sind. Besonders geeignet sind hierzu große Klangschalen aus Messing, die mit Klöppeln, bestehend aus einem Stab mit einer runden Kugel aus einem weichen, stoffartigen, aber doch fest zusammengebundenen Material, sanft angeschlagen werden.

Ein tellerförmiger Gong oder eine große Trommel, zum Beispiel eine Dschembe, tun die gleichen Dienste.

Besonders gut eignet sich der schamanische Trommelrhythmus (vier Schläge, erster Schlag betont), der den Herzschlag der Mutter nachempfindet, wie ihn das Kind im Mutterleib hört. Dieser alt bekannte Klang beruhigt, das heißt, dass er Angst nimmt, und wenn Angst gegen Urvertrauen (wie im Bauch der Mutter) ausgetauscht wird, tritt automatisch Erdung ein.

4.4.1.1.1.7 Erdung durch Farbfrequenzen

Alle roten Farbfrequenzen wirken erdend, am meisten Dunkelrot und Rotbraun.
Sie können dem Körper äußerlich zugeführt werden über das Wurzelchakra und die Fußchakren oder die Akupunkturpunkte des Körpers in Form von Kleidung (vgl. Kapitel 4.4.1.1.1.2 Erdung durch rotfarbige Kleidungsstücke) oder innerlich als Nahrungsmittel (zum Beispiel rote Rettiche, Rote Rüben als Wurzelgemüse).

Weiter können Farbessenzen von IUG eingenommen oder auf den Körper aufgetragen beziehungsweise in die Meridiane „eingestrichen" werden.
Aura Soma Balance Öle und Pomander werden ebenfalls äußerlich benützt durch Einreiben auf die Haut oder Einfächeln in die Aura.

Einen direkten Einfluss auf das Gehirn über den Sehnerv (Nervus Opticus) haben alle Farben, die angeschaut werden, zum Beispiel in Form von Farbbrillen oder Farblampen, auch farbigen Edelsteinen. Außerdem gibt es inzwischen Farblichtgeräte aller Art, beispielsweise nach *Peter Mandel*, oder den „Photon Wave" aus Belgien.

Für die korrekte Anwendung der einzelnen Möglichkeiten sollten entsprechende Seminare besucht werden, in denen die Handhabung gelehrt und eingeübt wird.

4.4.1.1.2 „Feinstoffliche" Erdungsmaßnahmen

Darunter verstehe ich Methoden, die unabhängig von Substanzen und Geräten sind, aber ein klares Vorstellungsvermögen des Patienten erfordern. Diese Imaginationsfähigkeit lässt sich üben mit Hilfe von konkreten Gegenständen wie „Apfel", der bei geschlossenen Augen beschrieben wird.
Sollte das visuelle Erinnerungsvermögen kaum ausgeprägt sein, so ist zuerst an eine Ausleitung von möglichen Giftstoffen im Gehirn oder an Traumata zu denken, die Blockaden gesetzt haben könnten.

4.4.1.1.2.1 Erdung durch bewusstes Atmen

Was am meisten und anhaltendsten hilft, den eigenen Energiekörper zu erden, ist bewusstes, volles und tiefes Atmen. Denn durch das bewusste Atmen werden die Energiekörper nahe an den Physischen Körper herangeführt und sozusagen eingeladen, das „Haus" voll und ganz zu bewohnen.
Dies kann geübt werden, indem die Aufmerksamkeit bei allen Tätigkeiten des Tages auf den Atem gerichtet wird, während man zum Beispiel gleichzeitig jemandem zuhört, Essen zubereitet, Geschirr spült oder andere alltägliche Dinge verrichtet.

Eine besondere Form ist der „Quantum Light Breath (QLB)", eine von meinem Lehrer *Jeru Kabbal* entwickelte Atemmeditation, die es mit seiner Stimme und von ihm ausgewählter Musik auf CDs gibt und in den fortgeschrittenen PK- und Manebua Schamanische PK-Seminaren eingesetzt wird. Durch die Konzentration auf den Atem, der dadurch primär ist, weil das Atmen immer in diesem Augenblick stattfindet, werden alle aufkommenden Erinnerungen in Form von Bildern, Geräuschen und Gefühlen sekundär und können dadurch losgelassen werden. (Gelehrt wird das Atmen unter anderem im „Clarity Process nach *Jeru*

Kabbal", siehe Veranstaltungsprogramm von Manebua oder im Internet unter www.manebua.de).

Diese Art des Atmens stärkt den eigenen Energiekörper so, dass er fest und sicher mit dem Physischen Körper verbunden wird und der Mensch dadurch geerdet bleibt, was er an seinem guten Körpergefühl, mit dem er den Alltag leicht bewältigt, spüren kann.

4.4.1.1.2.2 Erdung durch „Three Point Attention"

Eine weitere Erdungsübung kam von dem amerikanischen Hypnotherapeuten *Milton Erickson* über *Dr. Dietrich Klinghardt* zu uns: das „Three Point Attention" (die Aufmerksamkeit gleichzeitig auf drei Punkte lenken). Es ist gut, zum Üben am Anfang die Augen zu schließen, was später meist nicht mehr erforderlich ist.

Übung 1:

> Stelle dir unter der Mitte deiner Fußsohlen, wo sich das Fußchakra befindet, eine kleine rote Energiekugel vor, die direkt mit der Erde verbunden ist. Von beiden Kugeln geht eine Verbindung durch die Füße und Beine nach oben in den Beckenbereich. Dort stellst du dir eine dritte, größere rote Energiekugel vor. Indem du die Aufmerksamkeit zu gleicher Zeit auf allen drei Kugeln hast, wirst du automatisch geerdet.
> Bei mir selbst geht der Energiefluss von der roten Kugel im Becken weiter nach oben über die Wirbelsäule in den Kopf hinein und von dort über das Kronenchakra in den Himmel, so dass durch diese Übung Himmel und Erde miteinander verbunden werden (wie bei der Baummeditation, Beschreibung im Anhang unter 10.1).

Dr. Klinghardt erläuterte dazu, dass sich durch diese Übung der Verstand zurückzieht, wodurch die höheren Ebenen eintreten können.

4.4.1.1.2.3 Erdung durch Meditation

So wie ein Baum, der fest verwurzelt ist in der Erde, sicher ist vor Entwurzelung, wenn er nicht gerade morsch und dadurch unflexibel ist, sondern sich mit seiner Krone im Wind, Sturm und sogar Orkan mitbewegt, so fühlt sich auch ein Mensch sicher, wenn er mit beiden Beinen fest auf der Erde steht und gleichzeitig die Energie von oben bezieht.

Aus diesem Grund führe ich in Gruppen oder manchmal auch bei Einzelpatienten gern eine „Baummeditation" durch, mit deren Hilfe eine Erdung geschieht.

Die vollständige Meditation ist im Anhang nachzulesen (Kapitel 10.1 Baummeditation).

Eine Kurzform dieser Meditation für den Alltag kann als folgende Übung jederzeit schnell und leicht durchgeführt werden.

Übung 1:

> Stelle dir einen großen, wunderschönen Baum vor, dessen Wurzeln tief in die Erde hineinreichen, so dass sie in ihr fest verankert sind. Sieh dir die Rinde des Baumstammes und die Äste und Zweige an, wie stabil und gleichzeitig flexibel sie sind. Schau dir die Krone

deines Baumes gut an: sie ist so groß wie das riesige Wurzelwerk in der Erde. Außerdem hat sie wunderschöne Blätter und Blüten in der Farbe, die du heute besonders brauchst.

Jemand, der gern malt oder zeichnet, kann den Baum auch zu Papier bringen. So kann in Situationen, in denen jemand den Boden unter den Füßen zu verlieren droht, schnell das Bild des Baumes imaginär hergeholt werden, das sofort wieder Kraft und Erdung verleiht, wenn genügend Übung damit vorhanden ist.

Dieses imaginäre Baumbild hat sich bei mir schon als Lehrerin gut bewährt, wenn ich in einer unruhigen Schulklasse ungeduldig zu werden begann und dabei die Erdung verlor. Ich drehte mich kurz zur Tafel, den Rücken Richtung Schulklasse, schloss die Augen, stellte mir „meinen" Baum vor – und drehte mich nach wenigen Sekunden gestärkt zur Schulklasse zurück, wo ich nun wieder ruhiger und gelassener bleiben konnte.

Genauso wichtig wie Erdung ist die Reinigung des Energiekörpers von allen Energien, die nicht zum eigenen Energiefeld einer Person gehören (siehe auch Kapitel 3.3.1.5 Besetzungen), weshalb ich mit der Beschreibung dieses Vorgehens fortfahre.

4.4.2 Reinigung des Energiekörpers

Im Lauf der Jahre habe ich verschiedene Verfahren zur Reinigung der Energiekörper kennen gelernt und zuerst bei mir selbst, dann auch bei meinen Patienten ausprobiert.
Dabei habe ich herausgefunden, dass sowohl die Zeit als auch der Ort eine Rolle spielen, und dass einmal die eine Reinigungsart und ein andermal die andere Reinigungsart passend und nützlich ist.

Am Anfang ist es sinnvoll, die bestmögliche Reinigungsart auszutesten. Hat sich durch die Arbeit die Intuition weiterentwickelt, dann spüren die Menschen meist selbst, welche Reinigungsart in welcher Phase für sie gerade die richtige ist und wählen diese aus.

Deshalb stelle ich nachfolgend die mir bekannten und bewährten Reinigungsmethoden vor in der Weise vom mehr Physischen zum Geistig-Seelischen übergehend.

4.4.2.1 „Stoffliche" Reinigungsmaßnahmen

Unter den Begriff „stofflich" reihe ich auch hier die Mittel ein, die mit dem Physischen Körper direkt zu tun haben, zum Beispiel körperliche Übungen, oder aber eine physische Substanz vorhanden ist, deren Schwingung zu Reinigungszwecken eingesetzt wird, wie zum Beispiel (Edel-)Steine und Essenzen bis hin zum Klang, weil es da ebenfalls einen Klangkörper gibt, der die Heilfrequenz erzeugt.

4.4.2.1.1 Reinigung durch körperliche Übungen

Ich kenne eine körperliche Übung, die sich zur Reinigung der Energiekörper sehr bewährt hat. Sie ist eine Übung aus den Fünf Tibetern, die wie folgt ausgeführt wird:

Übung 1:

> Man stellt sich im Raum mit nach links und rechts gerade ausgestreckten Armen so auf, dass man genügend Platz hat, sich im Kreis zu drehen. Mit den Augen fixiert man eine Hand und beginnt, sich im Uhrzeigersinn so schnell wie möglich zu drehen, mindestens sieben Runden lang, länger ist noch effektiver. Dabei wird voll und tief geatmet. Dann kommt man wieder zum Stehen und lässt die Bewegung ausklingen, während man weiter auf die ausgestreckte Hand schaut.

Wer Tai Chi oder Chi Gong und ähnliche Methoden erlernt hat, kennt sicher weitere Übungen, die der Reinigung der Energiekörper dienen.

4.4.2.1.2 Reinigung durch Kleidung

Wegen der multiplen Allergien, die ich hatte, habe ich mich auch mit dem Thema Kleidung energetisch auseinandergesetzt und erfahren, dass Energien sich auf oder in der Kleidung niederlassen können. Deshalb habe ich ein Kleidungsstück prinzipiell nicht länger als einen Tag an und betrachte es dann, ob es einfach nur ausgelüftet oder gewaschen werden muss. Anfangs habe ich das auch getestet, weil ich es nicht immer eindeutig erkennen konnte.
Dabei habe ich entdeckt, dass Kunstfasern viel anfälliger sind, Fremdenergien anzuziehen, als Naturfasern. Diese Tatsache ist deshalb für mich eine Teilursache für Allergien, wenn Kleidungsstücke nicht vertragen werden.

Bei *Barbara Ann Brennan* fand ich eine Bestätigung meiner Beobachtung bezüglich der synthetischen Materialien, von denen sie sagt, dass sie „den natürlichen Energiefluss der Aura" stören (Brennan 1, S. 429). Sie nennt Acryl, Polyester und Nylon als solche Materialien und meint: „Nylonstrümpfe haben einen sehr negativen Effekt auf den Energiefluss in den Beinen und haben einen Zusammenhang mit den vielen Frauenkrankheiten unserer modernen Gesellschaft." (Brennan 1, S. 429)

Auch der Pranaheiler *Choa Kok Sui* meint, „es ist zu beachten, dass isolierende Kleidung, Materialien wie Seide, Gummi und Leder teilweise als Isolatoren für das Prana (Heilenergie, Anm. der Autorin) wirken." (Choa 3, S. 156).

Ich selbst liebe bunte Kleidung aus Naturbaumwolle und mit Naturfarben gefärbt, musste aber leider feststellen, dass bunten Kleidungsstücken die Energien leichter anhaften als einfarbigen Stoffen. Deshalb kaufe ich praktisch nur Kleidung, die ich bequem in die Waschmaschine geben und nur leicht zu bügeln brauche, wenn ich sie sofort nach dem Waschen auf einen Kleiderbügel hänge.
Genauso verhält es sich mit gemusterten Stoffen: Karos, Streifen und Kreise ziehen Energien verstärkt an, während unsymmetrische Muster dies weniger tun.
Barbara Ann Brennan stimmt bezüglich natürlicher Materialien mit mir überein: Sie „wirken sehr positiv auf die Aura. Am besten sind Baumwolle, Seide und Wolle. Gewebemischungen mit mindestens fünfzig Prozent Baumwolle sind in Ordnung. ... Mein Körper und mein Energiefeld vertragen Rayon und manche Dinge aus Orlon" (Brennan 1, S. 429f.).

Wie für *Barbara Ann Brennan* gehört Seide für mich zu den positiv wirkenden Naturfasern, womit wir der Aussage *Kok Suis*, Seide könne den Energiefluss hemmen (siehe oben), widersprechen. Im Einzelfall kann dies natürlich trotzdem vorkommen, weshalb besonders bei chronisch Kranken eine sorgfältige Austestung notwendig ist.

Heutzutage verfahre ich so, dass ich morgens in den Kleiderschrank schaue und mich spontan entscheide, auf welche Farbe oder welches Kleidungsstück ich gerade „Appetit" habe. Es ist dann im Allgemeinen die Farbe, die ich heute zum Wohlfühlen brauche und die Stärkung braucht in meinen Energiekörpern. Entscheide ich dagegen rational, weil ein Kleidungsstück zum Beispiel weniger knittert als ein anderes – letzteres ist leider ein Nachteil von Naturprodukten -, spüre ich sofort nach dem Anziehen, ob ich es damit einen Tag lang aushalte oder ob ich mich doch lieber noch umziehe. Das Gleiche habe ich mit gemusterten Stoffen erlebt, dass ich es nicht stundenlang damit aushalten kann.
Auch bezüglich der Kleiderfarbe fand ich Bestätigung bei *Brennan*. (Vgl. Brennan 1, S. 430). Schwarze Kleidung lässt kein Licht durch und ist deshalb besonders anfällig für „schwarze" Energien. Sie werden auch so genannt, weil sie sich nämlich da einnisten, wo die Biophotonen nicht wirken können mangels Licht. Deshalb sollte man seine Aura nach dem Tragen von schwarzer Kleidung unbedingt sorgfältig reinigen.

Am wenigsten anfällig für die Aufnahme von Fremdenergien sind weiße Naturstoffe. Sie lassen Licht in die Zellen hindurch und verhindern dadurch das Andocken „schwarzer" Energien. Damit hat das Tragen dieser Art von Kleidung aus sich selbst heraus eine reinigende Wirkung. Das macht klar, warum *Chris Criscom*, Heilerin aus New Mexico / USA, und andere spirituelle Gruppen sich für weiße Kleidung entschieden haben, vor allem, wenn sie mit Menschen energetisch-therapeutisch arbeiten.

4.4.2.1.3 Reinigung durch Wasser

Was ist das Naheliegendste, als auch die Energiekörper genauso wie den Physischen Körper durch eine Dusche oder ein Vollbad zu reinigen? Beim Duschen ist es unterstützend, sich vorzustellen, dass der Wasserstrahl die Energiekörper reinigt. Die Wirkung wird verbessert, wenn man sich das fließende Wasser sehr lichtvoll vorstellt.

Choa Kok Sui empfiehlt das Händewaschen vor und nach einer energetischen Behandlung „bis zu den Ellbogen gründlich mit Wasser und Salz, möglichst auch mit einer keimtötenden Seife, ... damit die haften gebliebene bioplasmatische Materie sich nicht auf andere Patienten oder den Behandler selbst überträgt und die Gefahr einer Infizierung vermieden wird." (Choa 3, S. 155).

Für Bäder gibt es gute biologische Badezusätze, die eine reinigende Wirkung auf die Energiekörper haben, wie zum Beispiel Lavendel, fertig zu kaufen.
Eine einfache Möglichkeit besteht darin, ein Salz- oder Natronbad zu nehmen.

„Baderezept":

Dazu gibt man 500 g Atlantikmeersalz oder Natron für ein Vollbad in eine Wanne, die mit 37° C warmem Wasser (auf keinen Fall heißer!) gefüllt wird. Darin badet man sich 20 Minuten (nicht länger!), während die Temperatur langsam abnimmt. Bitte kein wärmeres Wasser nachfüllen. Danach kurz abduschen und dann am besten schlafen gehen.

Dieses Baderezept stammt von der Schamanin *Rabia* und zieht alle Fremdenergien aus dem Körper. Auch bei beginnender Grippe und anderen Erkrankungen hilft es, die Erreger wieder loszuwerden, noch bevor sie richtig „andocken" können.

In letzter Zeit ist das Himalaya Salz von *Ferreira* auf den Markt gekommen, das eine noch effektivere reinigende Wirkung haben soll. Am besten austesten! (Nähere Beschreibung siehe Kapitel 5.1.4 Kristallsalz)

4.4.2.1.4 Reinigung durch Edelsteine

Um Verschmutzungen im Bereich des Traumkörpers zu reinigen, kann man wiederum besondere Edelsteine verwenden, denen eine reinigende Wirkung auch für höhere Ebenen nachgesagt wird.
Einer von ihnen ist der Citrin, dem „ein reinigender und klärender Einfluß sowohl auf den körperlichen als auch auf den geistig-seelischen Bereich zugeschrieben" wird (Krämer, S. 193).

Der Bergkristall soll eine ähnliche Wirkung haben. Man verwendet ihn „hauptsächlich zur Harmonisierung der Chakren. Er soll reinigen, klären und ein bestehendes Ungleichgewicht ausbalancieren. ... Der Stein soll außerdem die Strahlkraft der eigenen Aura verstärken und dadurch negative Energien fernhalten." (Krämer, S. 183).

Die Edelsteine werden günstigenfalls auf einzelne Körperregionen, üblicherweise die Chakren, für circa 5 – 20 Minuten aufgelegt.

Mit Hilfe der Reinigungssteine kann auch Trinkwasser mit der reinigenden Wirkung der (Edel-)Steine hergestellt werden, indem sie über Nacht für ungefähr 12 Stunden in stilles Wasser gelegt werden.

4.4.2.1.5 Reinigung durch Crystal-Cards

Eine Kombination von mikroskopisch kleinen pyramidenförmigen Bergkristallen und verschiedenen ungiftigen Farben, auf eine Aluminiumplatte aufgebracht, bilden die Energie der Crystal-Cards.
Sie sind in verschiedenen Größen erhältlich, zum Beispiel als Halskettenanhänger, in Scheckkartengröße oder als Quadrat, auf das man bequem einen Speiseteller stellen kann.
Die Energie der Farben wird durch die Kristalle vergrößert, und das Aluminium hat dieselbe Funktion.
Jede Karte hat eine positive und eine negative Seite (austesten!). Wird die negative Seite am Körper getragen, so zieht sie Energien heraus, während die positive Seite dem Körper zugewandt Energien hineinleitet.

Zur Reinigung von negativen Energien empfiehlt *Monnica Hackl* eine schwarze Crystal-Card: sie „kann negative Energie absorbieren, sie löst unterbewusste Blockaden auf und vermindert Stress. Schwarz schließt das 7. Chakra. Schwarz entfernt schädliche Strahlen und absorbiert Strahlung." (Hackl, S. 42)
Selbst zum Herausziehen von Krebs soll Schwarz verwendet werden. (Vgl. Hackl, S. 46)

Weiter empfiehlt sie, Wasser auf eine violette Karte zu stellen, um Schadstoffe daraus zu entfernen. Danach eignet sich dieses Wasser auch zur Entfernung von Schadstoffen, die sich im menschlichen Körper befinden.

Zusätzlich sollte man dreimal am Tag von Wasser trinken, das 15 Minuten lang auf einer grünen Crystal-Card gestanden hat, um Schärfe und Toxizität aus dem Wasser und dem Körper zu nehmen.

4.4.2.1.6 Reinigung durch Essenzen

Weiterhin gibt es unterschiedliche Essenzen, mit denen man die Aura reinigen kann. Bei den Bach-Blüten ist es die Nr. 10 Crab Apple (Holzapfel), die als Reinigungsessenz gilt. Sie kann sowohl eingenommen, eingerieben als auch dem Badewasser zugesetzt werden (dann keine weiteren Zusätze oder Reinigungsmittel verwenden). Die optimale Stelle zum Einreiben befindet sich am Punkt Hara oder Akupunkturpunkt KG 6 (ZG 6), zwei Finger breit unter dem Bauchnabel, weil diese Stelle als energetisch am empfindlichsten gilt für die Aufnahme von Energien.

Der Weiße Pomander von Aura Soma wird zu Reinigungszwecken des Energiefelds in die Aura „eingefächelt". Das geschieht so, dass die Flüssigkeit aus der Flasche auf die Handflächen aufgetragen und verrieben wird. Dann wird die Schwingung der Essenz mit den Händen in der Aura verteilt. Praxisräume können ebenfalls so gereinigt werden, indem man mit den ausgebreiteten Händen durch die zu reinigenden Räume, vor allem in die Ecken, geht, wo sich Energien leichter ansammeln, und die Schwingung der Essenz auf diese Weise verteilt. Entsprechend kann man mit der MeisterQuintessenz Serapis Bey von derselben Firma arbeiten. Der Unterschied ist, dass diese Essenz wie die Essenzen aller „aufgestiegenen Meister" statt in die Handflächen in die Innenseite der Handgelenke eingerieben wird.

Sehr gut für die Schwingung des neuen Wassermann-Zeitalters passend ist der aus Australien stammende Unicorn Cleanser, der am Besten verdünnt in eine Sprühflasche gegeben wird. Damit kann man die Aura einsprühen oder Räume aussprühen.

Es gibt ebenso fertige Raumsprays in Sprühflaschen, zum Beispiel mit Kenya gefüllt von IUG oder von Aura Soma, die einfach im Zimmer versprüht werden. Solche Sprays sind als Verdünnung aus den Grundessenzen auch selbst leicht herzustellen.

4.4.2.1.7 Reinigung durch Ätherische Öle oder Aromaöle

Eine weitere leicht zu handhabende Reinigungsmöglichkeit für Energiekörper und Räume gleichermaßen bieten Ätherische Öle oder Aromaöle. Sie sollten aus guten biologischen Quellen stammen, zum Beispiel aus dem Bioladen. Üblicherweise werden ein paar Tropfen des ausgetesteten oder intuitiv ausgewählten Aromaöls in die Wasserschale eines speziellen Verdampfers gegeben. Darunter wird ein Teelicht angezündet, so dass das Aromaöl allmählich mit dem Wasser verdampft. Die Duftlampe kann auch in der Aura eines Menschen bewegt werden, so dass die Reinigungswirkung direkter erfolgt.

Besonders reinigend wirken Angelikawurzel, die Insekten abweisende Bergamotte, Labdanum (Harz von Cistus), der blumig-frisch riechende Lavendel, Myrte, Salbei mit seinem würzig-frischen Duft und der anregend erfrischende Eukalyptus.

Dietmar Krämer schreibt: „Erich Keller empfiehlt Styrax auch zur Aurareinigung." (Krämer, S. 175). Es existiert auch unter dem Namen Benzoe Siam und stammt von dem gleichnamigen Baum (auch Amberbaum) aus dem Vorderen Orient, Indien und Java.

Beim Austesten richte ich mich möglichst nach der jeweiligen Vorliebe des Patienten für Düfte.

4.4.2.1.8 Reinigung durch Klang

Die Indianerschamanen reinigen die Aura mit einfachen, selbst angefertigten Rasseln. Aus den harten Schalen von Früchten, zum Beispiel bestimmten Kürbisarten, die mit harten Kernen von Mais oder anderen Fruchtsorten gefüllt werden, stellen sie eine Art Musikinstrument her, das sie rhythmisch über den Körper bewegen und so Energien, die sich „unbefugt" in der Aura aufhalten, vertreiben.

Manchmal schnitzen sie die Rassel aus Holz und verzieren sie mit Symbolen, die ebenfalls Fremdenergien fernhalten. Diese Symbole werden im Allgemeinen in das Holz eingebrannt oder eingeritzt und mit Farbe aus Fruchtsaft angemalt. Auf diese Weise sieht jede Rassel anders aus und trägt meist das Zeichen des Schamanen.

Von den australischen Aborigines gibt es „Regenmacher", längliche Kaktusrohre, deren „Haut" mit den Stacheln nach innen gestülpt und getrocknet wurde. Sie enthalten ebenfalls Körner, welche über die Dornen rieseln, so dass sie wie die Indianerrasseln zum Reinigen der Aura benützt werden können.

In der schamanischen Arbeit werden auch Trommeln benützt, um Verschmutzungen aus der Aura eines Patienten zu entfernen. Dazu teste ich den optimalen Schlagrhythmus für den Patienten individuell aus.

Da die technische Entwicklung auch auf diesem Gebiet keinen Halt gemacht hat, gibt es heute fertig zu kaufende Metallinstrumente, zum Beispiel Zimbeln, die aneinandergeschlagen werden, oder Klangschalen, die mit einem Klöppel am Innen- oder Außenrand bestrichen oder einfach angeschlagen werden, welche ebenso eine reinigende Wirkung haben.

Außerdem gibt es eine Reihe von CDs mit Engelmusik, die allesamt reinigend wirken. Für eine „Großreinigung" von Räumen oder ganzen Häusern ist es gut, den CD Player auf „Repeat" zu stellen und die selbe Engelmusik eine ganze Nacht lang spielen zu lassen – das kann auch ganz leise sein, damit es keine Ruhestörung gibt; aber es funktioniert trotzdem!

4.4.2.1.9 Reinigung durch Räuchern

Bei den Indianern habe ich das Räuchern als rituelle Reinigungsmaßnahme kennengelernt.

„Rezept":

> Dazu wird getrockneter weißer Salbei und getrockneter Lavendel, die gesegnet wurden, in ein feuerfestes Gefäß gegeben, angezündet und mit besonders gut brennenden Presskohlen zum Glühen gebracht. Dieses Räuchergefäß hält man in einer Hand, während man eine große, schöne Vogelfeder, die man selbst gefunden hat, in die andere Hand nimmt. Nun wird der

Patient „gesmudged", das heißt, seine Aura wird auf eine bestimmte Weise gesäubert. Dazu wird mit der Feder der Rauch aus dem Gefäß in das Energiefeld des Patienten eingewedelt. Dies geschieht zuerst auf der Vorderseite, am Kopf beginnend, und langsam bis zu den Füßen von innen nach außen abwärts streichend. Dann wird das gleiche auf der Rückseite des Körpers durchgeführt, bis alle Stellen der Aura erfasst sind. Das Ritual geschieht in andächtiger Stille und mit der ganzen liebevollen Aufmerksamkeit bei der Person, weil es bei den Indianern als größtes Geschenk gilt, einen anderen Menschen auf diese Weise zu reinigen.

Auf die gleiche Weise können auch Räume von unerwünschten Energien gesäubert werden. Dies sollte man etwa einmal pro Woche in einer Praxis, in der Manebua Schamanische Psycho-Kinesiologie (MSPK) durchgeführt wird, tun oder wenn besonders viel und Heftiges losgelassen wurde.

Eine Indianerin beschreibt das Reinigen eines Raumes so: „Manchmal, wenn ich hier herumgehe, in meinem eigenen Haus, ist etwas um mich. Ich spüre das, da ist etwas ...Wenn du innerlich still werden willst oder musst, läufst du im Uhrzeigersinn durch deine Wohnung, immer wieder. Du nimmst Salbei oder Schwarzzeder. Finde Schwarzzeder, um die Geister auszuräuchern..." (Laverdure, in: Schenk, A., S. 80)

Das Fenster zwischen den einzelnen Patiententerminen zu öffnen, ist zwar eine Selbstverständlichkeit, reicht aber leider oft nicht aus. Zu merken ist das meist dadurch, dass die nächste(n) Sitzung(en) an diesem Tag nicht so gut laufen oder bei den verschiedenen Klienten selbe Themen aufgefunden werden (weil sie quasi noch „in der Luft hängen").

4.4.2.2 Reinigung durch „feinstoffliche" Mittel

Unter die Rubrik „feinstofflich" habe ich die Mittel eingeordnet, die keine Substanz als Ausgangsprodukt einer Schwingung haben, sondern eher meditativ-imaginär sind.

Für alle folgenden Reinigungsrituale und meditativen Verfahren gilt, dass der Anwender, wenn er sie für sich selbst benützt, dafür sorgt, dass er ungestört bleibt, damit der Vorgang in sich abgeschlossen ist.

4.4.2.2.1 Reinigung durch bewusstes Atmen

Eine einfache Art, den eigenen Energiekörper zu reinigen, ist bewusstes, volles und tiefes Atmen. Gedanklich sollte man dabei am besten mit geschlossenen Augen visualisieren, wie Verunreinigungen aus der Aura durch das vertiefte Ausatmen weggeatmet werden, während beim Einatmen frische klare Luft hereingeholt wird. Dazu sind nach anfänglicher Übungszeit oft zwei bis drei Minuten ausreichend.

Diese Art des Atmens im einstündigen Quantum Light Breath nach *Jeru Kabbal* QLB (siehe Kapitel 4.4.1.1.2.1 Erdung durch bewusstes Atmen) reinigt die Energiekörper so gut, dass man sich hinterher im Allgemeinen sehr klar und „sauber" fühlt.

4.4.2.2.2.2 Reinigung durch Rituale

Die Schamanen und Heiler kennen verschiedene Reinigungsrituale für Energiekörper und Räume, die ich im Folgenden vermitteln möchte.

4.4.2.2.2.2.1 Energetische Reinigung durch die Hände

In manchen Fällen treiben Schamanen eine Fremdenergie, die im Körper feststeckt, mit den Händen heraus, was zumindest für das Unterbewusstsein sehr eindrucksvoll ist, wenn der Patient bewusst nicht an „so etwas" glauben mag.
Dazu lässt sich der Schamane vom Patienten beschreiben, wo die Energie sitzt, wo er sie im Körper spürt. Je nach Ort entscheidet der Schamane, ob die Energie eher nach oben oder nach unten, nach vorne oder nach hinten aus dem Körper herausgetrieben werden soll. Bisweilen ist mittendrin eine Richtungsänderung erforderlich.
Nun benützt der Therapeut seine Handflächen und Finger, um die Energie zu dirigieren. Oft benützt sie den Weg den Bauch hinauf zum Hals, um mit einem lauten Geräusch aus dem Mund herauszukommen oder regelrecht ausgespien zu werden. Ich habe mehr als einmal erlebt, dass der Patient sich dabei tatsächlich übergeben musste und es ihm hinterher wieder sehr gut ging.

Manchmal wird die Energie auch mit vielen aufmunternden Worten zur Unterstützung aus dem Bauchbereich des liegenden Patienten heraus senkrecht in die Aura dirigiert, bis sie den Nahbereich verlassen hat.

Wenn die Fremdenergie, die der Schamane in der Aura findet, eine Anhaftung durch ein bereits verstorbenes Familienmitglied oder durch einen verstorbenen Freund ist, wird ihm zuerst gedankt für das, was der Patient durch ihn erfahren hat. Der Geist wird gefragt, was er noch braucht, um weggehen zu können. Oft ist die Klärung einer Angelegenheit, die im Leben zwischen diesen Personen stattgefunden hat oder unterblieb, notwendig. Danach wird eine Kerze entzündet, und der Geist wird gebeten, diesem Lichtstrahl zu folgen, bis er weitere Angehörige oder Freunde sehen kann, die ihn bereits erwarten und ihm den Weg zeigen, auf dem es für ihn weiter geht. Der Heiler oder der Patient oder beide miteinander können zur Verstärkung des Kerzenlichts und zur Unterstützung eine Lichtsäule visualisieren.

4.4.2.2.2.2.2 Fotoritual

Ein weiteres Ritual habe ich kennen gelernt für die Reinigung des Energiekörpers bei Anhaftung eines verstorbenen Partners:

Vorgehensweise:

Dazu benötigt man ein Foto, auf dem beide Partner abgebildet sind ohne dass sie sich berühren (das ist oft der schwierigste Teil des Vorgangs!).
Man stellt ein feuerfestes Gefäß auf und entzündet eine Kerze. Nun erzählt man dem Toten, wann (genaues Datum!) er wie (z.B. Autounfall) verstorben ist. Man bedankt sich bei ihm für alles, was man durch ihn erfahren hat, und bittet ihn, nun dahin zu gehen, wo jetzt sein richtiger Platz ist. Dazu möge er dem Lichtstrahl folgen, bis er von Angehörigen in Empfang genommen wird, die ihm den weiteren Weg weisen.

Als äußeres Zeichen schneidet man das Bild so durch, dass beide abgebildeten Menschen unversehrt bleiben. Der Teil des verstorbenen Partners wird in das feuerfeste Gefäß gelegt und verbrannt. Der Teil des noch lebenden Partners muss unbedingt aufbewahrt werden! In einem weiteren rituellen Vorgang wird die von dem abgebrannten Foto übrig gebliebene Asche einem fließenden Gewässer (Bach, Fluss) oder dem Meer übergeben oder in der Erde im Freien vergraben.

Wenn ein Therapeut energetisch oder rituell arbeitet, ist das ausgiebige Händewaschen danach unbedingt erforderlich, um eventuell anhängende Energiereste abfließen lassen zu können. Er muss lernen, sich selbst zu beobachten, damit er weiß, wann er sich selbst reinigen sollte.

4.4.2.2.2.3 Reinigung durch Meditation

Eine weitere Art der Aurareinigung ist eine meditative. Der Therapeut führt zunächst den Patienten dazu an, bis dieser die Reinigung selbst vornehmen kann. Das ist im Sitzen oder Liegen möglich, wobei man darauf achten muss, ob jemand im Liegen einschläft anstatt der Meditation zu folgen.

Die Reinigungsmeditationen laufen nach dem Prinzip ab, dass der Klient zu einem klaren Gewässer geführt wird, in welchem er sich ausgiebig reinigen kann. Eine Lichtdusche ist von Vorteil, weil sie die Energie aus den höheren Ebenen symbolisiert.
Danach sollten frische Kleider angezogen werden, die natürlich auch im selben Gewässer gewaschen und in der Sonne getrocknet werden können. Sie dienen als Symbol, das Alte gegen etwas Neues auszutauschen, zum Beispiel Gefühle oder Glaubenssätze oder Verhaltensweisen.

Im Anhang unter Punkt 10.2 habe ich eine meiner Reinigungsmeditationen als Ganzes aufgeschrieben.

4.4.2.2.2.4 Reinigung durch die geistige Welt

Wenn du bereits mit Engeln Kontakt aufgenommen hast, kannst du die Reinigungsengel bitten, dich und deine Aura von allem zu reinigen, was nicht oder nicht mehr zu dir gehört. Wenn du aufmerksam bist, wirst du sanfte Bewegungen in deinem Energiefeld spüren, bis die Reinigung abgeschlossen ist.
Genauso kannst du sie bitten, deine Praxis- und Wohnräume zu reinigen, was auf Dauer die leichteste und sanfteste und für dich am wenigsten anstrengende Art ist.
Nicht vergessen, den Engeln für ihren Dienst zu danken!

Auch anhaftende Seelen können der geistigen Welt übergeben werden. Vorher sollte geklärt sein, aus welchem Grund die Seele anhaftet, warum der „Besitzer" sie vielleicht zu sich „eingeladen" hat, was also sein Anteil ist, dass eine Fremdenergie andocken konnte. Eventuell müssen bestimmte heilende Sätze verbal an die Seele gerichtet werden, zum Beispiel auch Dank.
Nun bittet man die Engel, die anhaftende Seele abzuholen und an den für sie jetzt bestimmten Ort zu bringen. Damit ist man mit allen herrschenden Vorstellungen, wo denn nun der richtige Platz dieser Seele sein solle, „aus dem Schneider".

Am Schluss bedanke ich mich bei den Engeln für ihre Unterstützung.

4.4.2.2.2.5 Reinigung durch Auflösen von negativen Gedanken, Flüchen, Verwünschungen, Versprechungen, Gelübden

Der Schamane erkennt auf der Vierten Ebene in der Aura des Patienten, ob Verunreinigungen vorhanden sind durch negative Gedanken Anderer, die auf den Patienten projiziert werden, oder durch Flüche oder Verwünschungen, die ein Anderer gegen den Patienten oder seine Vorfahren ausgesprochen hat, von denen der Patient nichts weiß, aber die Folgen zu tragen hat. (Wie wir oft auch beim Familienstellen nach *Bert Hellinger* sehen, vgl. Schäfer, T.)

In solchen Fällen spricht der Schamane zum Reinigen der Aura bestimmte „Formeln" aus, die der Patient eindrücklich nachspricht. Mit ihrer Hilfe werden die negativen Gedanken, Flüche oder Verwünschungen aufgelöst, ihre Energie wird transformiert.

Genauso wird verfahren, wenn der Schamane herausfindet, dass der Patient zu irgendeiner Zeit in irgendeinem Leben jemandem ein Versprechen oder ein Gelübde gegeben hat, das ihn heute in seiner Weiterentwicklung hindert. Das Sprechritual ist so verfasst, dass damit die Gelöbnisse aller Zeiten für immer und für alle Ewigkeit aufgelöst und transformiert werden.

Hier als Beispiel die Übersetzung eines indianischen „Auflösungsvertrags":

> „Dies ist eine Erklärung, die zum Auflösen von Vereinbarungen, Verträgen und Schwüren dient:
>
> Spüre in deinem Innern mit vollkommener Sicherheit, dass dieses Auflösen zu deinem Höchsten Gut dient!
>
> Sprich laut aus:
> „Hiermit löse und erkläre ich .... (Name) für null und nichtig jeden Vertrag, jedes Gelöbnis und jede Vereinbarung bezüglich .... (Gegenstand des Schwurs), die ich oder ein Anderer oder etwas Anderes, das zu irgendeiner Zeit in diesem Körper gewohnt hat, in diesem oder einem anderen Leben, in einer anderen Dimension oder Wirklichkeit, mit einem Anderen oder etwas Anderem getroffen hat. Mein Anteil an dieser oder irgendeiner anderen Situation, die diese Vereinbarung widerspiegelt, endet JETZT, und ich bin ab JETZT und in alle Ewigkeit von dieser Vereinbarung FREI.
> Ich bitte meine Seele und das Universum (oder Gott), mein Leben als Spiegelung dieser Veränderung ab SOFORT neu zu gestalten, so dass es dem Höchsten Gut dienen möge.
> Ich bin allem, was ist, für die Hilfe dankbar, die es mir gegeben hat, um mein Leben ins Gleichgewicht und in Harmonie zu bringen, und dafür, dass es mich von dieser Vereinbarung befreit hat, und ich sage Danke dafür.
>
> ES IST SO ... UND SO SEI ES!""

Der Schamane erkennt in der Aura des Klienten auch die noch anhaftende Energie der Verletzungen, die der Klient sich selbst zugefügt hat, indem er nicht auf seine innere Stimme hörte, oder die Energie der Lebenssituationen und „Fehler", für die er sich selbst noch nicht vergeben hat. Außerdem kann er erkennen, was der Klient loslassen sollte, um sich weiterentwickeln zu können, aber noch nicht losgelassen hat, und deshalb unnötigerweise seine Aura damit „verschmutzt".

Es gibt auch dazu ein Ritual, in welchem die Tatsachen laut ausgesprochen werden, damit vor dem Schamanen quasi ein Zeugnis abgelegt wird, dass ab jetzt alles anders werden soll. Dieses Vorgehen ist für das Unterbewusstsein sehr eindrucksvoll und deshalb oft sehr heilsam.

Das folgende Ritual zur Vergebung ist entstanden nach dem Buch „The Dynamic Laws of Healing" (Die dynamischen Gesetze des Heilens) von *Catherine Ponder*.

„Alles, was mich je verletzt hat, vergebe ich. Alles, was mich jemals bitter, ärgerlich, unglücklich gemacht hat, vergebe ich. Ich vergebe innen und außen. Ich vergebe Vergangenes, Gegenwärtiges und Zukünftiges. Ich vergebe jede Situation auf liebevolle Weise. Ich bin frei! Alles zwischen uns ist jetzt und für alle Zeiten geklärt.
Ich vergebe ganz und gar. Und am meisten vergebe ich jetzt MIR SELBST für alles, wofür ich Schuld oder Scham fühle.
Ich vergebe MIR ganz und gar für jede Verletzung, die ich fühle, die ich jemandem oder etwas zugefügt zu haben glaube – besonders aber MIR.

Ich löse mich und lasse los. Ich lasse los und lasse Gott sein vollkommenes Werk der Heilung tun in meinem Geist, meinem Körper und meinen weltlichen Angelegenheiten.
Die Liebe Gottes regelt nun mein Leben und meine Lebensprobleme.
SO SEI ES!"

4.4.3 Schutz des Energiekörpers

Je empfindlicher der Energiekörper ist, desto wichtiger ist es, geeignete Schutzmaßnahmen zu ergreifen. Schutz allein genügt oft schon, die Energieebene heilen zu lassen, wenn sie keine Angriffsfläche für Fremdenergien mehr bietet, indem diese außen vor bleiben müssen.

4.4.3.1 Schutz durch „stoffliche" Mittel

Nach der Reinigung des Energiekörpers empfiehlt es sich, ihn als nächstes mit einem Schutz zu versehen, damit nicht gleich wieder die nächste Verunreinigung eintritt. Dieser Schutz sollte eine Zeitlang regelmäßig angewendet werden, bis der Patient stabil ist.
Jeder Schamane oder Heiler sollte sich täglich vor den Behandlungen gegen „böse" Schwingungen schützen, damit er selbst bei seiner Arbeit gesund bleibt und nicht irgendwelche Energien „aufschnappt". Manchmal wird auch mittendrin oder zwischen zwei Patienten eine Schutzhandlung notwendig.

4.4.3.1.1 Schutz durch Kleidung

Wie ich in Kapitel 4.4.2.1.2 über Reinigung durch Kleidung ausführte, sind weiße Naturstoffe am wenigsten anfällig für die Aufnahme von Fremdenergien und bieten daher den besten Schutz in der therapeutischen Arbeit. Ob Ärzte, Zahnärzte und ihre Helfer deshalb gern weiße Kleidung bei der Arbeit tragen?

4.4.3.1.2 Schutz durch Edelsteine

Es gibt auch Edelsteine, die eine Schutzwirkung haben. Der schwarze Turmalin ist dabei wohl der bekannteste und stärkste Schutzstein, gefolgt vom Türkis, dem Stein der Indianer, die ihn „für einen Beschützer und Wächter von Körper und Seele (halten). Er gilt bei ihnen als mächtiger Schutzstein, der negative Schwingungen vom Körper abhält." (Krämer, S. 276).
Auch der Chrysopras gilt „als Schutz gegen Fremdeinwirkungen aller Art und Schwarze Magie." (Krämer, S. 190).
Der Rosenquarz „verleiht der Aura ... eine festere Konsistenz und stärkt die energetische Abgrenzung zur Umgebung." (Krämer, S.252).
In dem Buch „Heilen mit Steinen" sind unter dem Stichwort „Schutz" folgende Heilsteine aufgeführt: „Amazonit, Achat, Bernstein, Chalzedon (blau), Chrysopras, Diamant, Flint, Falkenauge, Hämatit, Heliotrop, Karneol, Kieselstein, Onyx, Porphyrit, Rhyolith, Saphir, Sodalith, Türkis" (Heilen mit Steinen, S. 227).
Bei dieser Menge an Möglichkeiten ist es am einfachsten, den individuellen Stein kinesiologisch auszutesten oder ihn intuitiv auswählen zu lassen.

Die Edelsteine können am Körper in einem Säckchen beziehungsweise in der Hemd- oder Hosentasche oder im BH und auch als Schmuckstück (am Lederband, Halskette, Ring, Armband) getragen werden. Manche Klienten kleben sie mit Pflaster direkt auf eine Körperstelle oder legen sie nachts unter das Kopfkissen.

Für manche Personen ist es einfacher, wenn sie die Essenz ihres Edelsteins einnehmen können, indem sie diese selbst herstellen durch Einlegen in Quellwasser über ungefähr 12 Stunden oder die benötigte Edelsteinessenz fertig kaufen.

4.4.3.1.3 Schutz durch Crystal-Cards

Die in Kapitel 4.4.2.1.5 über Reinigung erstmals vorgestellten Crystal-Cards haben in bestimmten Farben auch eine Schutzwirkung. *Monnica Hackl* führt aus, „dass besonders die Farben Gold und Schwarz vor technischen Strahlungen schützen, wie sie z.B. bei Eisenbahnfahrten, Autofahrten oder Arbeit an einer Fotokopiermaschine entstehen.
Vor der Ausstrahlung von Computern schützt Gold eine Zeitlang, wenn es auf oder unter den Bildschirm gelegt wird." (Hackl, S. 24f.)
Die Autorin empfiehlt, Gold und Schwarz zum vollkommenen Schutz miteinander zu tragen.

Nicht nur vor Elektrosmog, sondern auch vor der negativen Energieabstrahlung von Personen sollte man sich schützen. Dazu wurden die Crystal-Cards Silber, Gold und Schwarz für wirksam befunden. (Vgl. Hackl, S. 25) Diese Karten sind deshalb besonders für Therapeuten gut geeignet.

Das heißt nicht, dass diese Kristallkarten auf Dauer getragen werden müssen; denn „gleichzeitig bringen sie den Körper allmählich auf eine stabilere Schwingungsebene, die ihn im Laufe der Zeit unempfindlicher gegen derartige Fremdvibrationen macht." (Hackl, S. 25)

Für mich gilt sowieso bei allen verwendeten Mitteln, dass sie wie eine Krücke nur eine Zeitlang verwendet werden sollten, bis das Energiefeld stark genug ist, dass man das Hilfsmittel Krücke ablegen kann.

4.4.3.1.4 Schutz durch Essenzen

Weitere Schutzmaßnahmen können ergriffen werden durch spezielle Essenzen.

Bei den Bach-Blüten gibt es die Nr. 4 Centaury (Tausendgüldenkraut) zum Schutz bei eigener Willensschwäche, bei Anpassung an Konventionen und an stärkere Persönlichkeiten. Diese Essenz hilft, eigene Stärke zu entwickeln zur Abgrenzung gegenüber Anderen, indem man zum Beispiel „nein" sagen lernt und die eigenen Bedürfnisse erkennt.
Die Nr. 33 Walnut (Walnuss) bietet ebenfalls Schutz vor äußeren begrenzenden Einflüssen.

Die amerikanische Blütenessenz Garlic (Knoblauch) schützt vor energetischen Parasiten (Anhaftungen durch Andere oder Geister).
Golden Yarrow (Schafgarbe) bietet Schutz, wenn die Seele mehr soziale Kontakte wünscht, obwohl die Sensitivität der Person sehr hoch ist. Golden Yarrow grenzt mehr ab vom Spüren der Energien Anderer.

Als besonders hilfreich habe ich vor vielen Jahren über meine Therapeutin die verschiedenen Kenya-Essenzen von IUG kennen- und mittlerweile schätzen gelernt.
Dr. Ivan U. Ghyssaert stellt sie nach kosmocyklischen Gesichtspunkten alchemistisch her. Das heißt, er errechnet den optimalen Stand der Planeten mit Hilfe eines von ihm entwickelten numerologischen Systems und legt passende Steine oder Mineralien an einem ganz bestimmten Zeitpunkt in Quellwasser, um die Schutzwirkung zu erzielen. Dabei betet er und erhält somit die besten und stärksten Schutzessenzen, die ich bisher kennen gelernt habe.

Diese Essenzen können sowohl eingenommen als auch eingerieben oder auf ein Foto oder einen Kreis mit der eigenen Anschrift versehen gestellt werden zum Schutz von Personen oder Objekten. Nähere Beschreibungen für die einzelnen Essenzen gibt es bei der Herstellerfirma, die auch Seminare erteilt.
Für besondere Fälle werden vom Inhaber Dr. Ghyssaert Spezialschutzessenzen wie „gegen Schwarze Magie" und Ähnliches hergestellt, die auf Anfrage von ihm oder über Manebua bezogen werden können.

Auch von Aura Soma gibt es Schutzessenzen, die in die Aura eingefächelt und im Zimmer verteilt werden. Der weiße Pomander „schützt alle Chakren" (Dalichow / Booth, S. 279), der rubinrote Pomander „ist von allen Aura Soma Produkten dasjenige, das am Intensivsten erdet, energetisiert und den wirkungsvollsten Schutz verleiht". (Dalichow / Booth, S. 281). Der rubinrote Pomander ist mehr für Extremsituationen zuständig, der rote Pomander für Alltagssituationen. Auch der saphirblaue Pomander verleiht Schutz (vor allem bezüglich des Kehlchakras und Halses).

Alle genannten Essenzen können sowohl zum Schutz von Personen als auch Räumen und Häusern eingesetzt werden. Zur Vereinfachung gibt es auch fertige Sprühflaschen mit der Aufschrift „Aura Schutz", zum Beispiel von Korte PHI. *Andreas Korte* stellt ebenfalls Blüten- und andere Essenzen aller Art her, die ich als effektiv getestet habe.

4.4.3.1.5 Schutz durch Ätherische Öle oder Aromaöle

Es gibt einige Aromaöle, die eine besondere Schutzfunktion haben sollen. Dies sind Iris, deren Duft „Löcher in der Aura stopfen kann"(Rieder / Wollner, S. 46), Nelke, die das eigene Energiefeld verstärkt sowie böse Geister vertreibt (vgl. Rieder / Wollner, S. 67), was auch

Wacholder nachgesagt wird (vgl. Rieder / Wollner, S. 85) und dem blumig-süßen Duft von Neroli (vgl. Rieder / Wollner, S. 68).

Die Schutzfunktionen weiterer Aromaöle werden wie folgt beschrieben:
„Majoran wurde in alten Zeiten immer dann verwendet, wenn sich körperliche oder seelische negative Kräfte in einem Menschen zusammenballten" (Rieder / Wollner, S. 57).
Melisse „ist ein sehr wertvolles „Schutzöl", da sie negative Einflüsse von außen abschirmt oder zumindest filtert."(Rieder / Wollner, S. 59).
Der Süße Fenchel ist „eine der ältesten Heilpflanzen – schon die Ägypter, Chinesen, Inder und Griechen schätzten den Fenchel, der auch genommen wurde, um böse Geister und magische Einflüsse abzuhalten."(Rieder / Wollner, S. 41).
„Weihrauch gehört zu den ältesten und bekanntesten Räucherharzen für geistige Reinigung und Inspiration" (Rieder / Wollner, S. 85) und wurde früher eingesetzt, „um böse Geister im Menschen zu vertreiben (und damit auch deren Krankheitsursache)."(Rieder / Wollner, S. 86).
Daher hat Weihrauch auch eine lange Tradition in der katholischen Kirche.

Speziell zur Anwendung in Praxen, Häusern, Wohnungen usw. dient das Duftöl Zitrone. Es wirkt „sehr gut zur Raumreinigung und –erhellung." (Rieder / Wollner, S. 91).

Die Ätherischen Öle werden am besten in Duftlampen über einen Zeitraum von etwa einer Stunde hinweg verdampft.

4.4.3.1.6 Schutz durch Klang

Was ich vom Indianerschamanen der Anasazi und von Rabia für die Reinigung der Aura mit einfachen Musikinstrumenten (siehe Kapitel 4.4.2.1.8 Reinigung durch Klang) gelernt habe, gilt auch für den Schutz der Aura. Denn ist die Aura erst einmal mit Hilfe von Klängen gereinigt, haftet sich so schnell nicht wieder eine Fremdenergie an, weil die Töne eine nachhaltige Wirkung haben.
Heutzutage gibt es spezielle Schutz CDs mit Klängen zu kaufen, die auf meditative Weise eingesetzt werden und so einen Schutz für das Energiefeld aufbauen.

4.4.3.1.7 Schutz durch Farbe

Wie schon in Kapitel 4.4.3.1.3 über die Crystal-Cards erwähnt, wird die Eigenenergie vor allem durch die Farbe Schwarz erhalten, weil durch sie kaum Licht hindurchdringen kann und somit auch keine (fremde) Schwingung.
Aus diesem Grund tragen Teenager, die sich abgrenzen wollen, gern schwarze Kleidung. Auch Trauernde, die für sich sein wollen, um ihren Schmerz zu verarbeiten, tragen in unserer Kultur Schwarz. (Siehe auch Kapitel 4.4.2.1.2 Reinigung durch Kleidung)
Dr. Dietrich Klinghardt machte in seinen Seminaren allerdings darauf aufmerksam, dass der Trauernde damit jedoch schneller dem Verstorbenen folgt! (Entsprechend einer der Dynamiken nach *Hellinger*, vgl. Schäfer, T.)

Den besten Schutz bietet jedoch weiße oder helle Kleidung, da sich auf ihr kaum Fremdenergien „einnisten" können.

4.4.3.2 Schutz durch „feinstoffliche" Mittel

In diesem Kapitel stelle ich Möglichkeiten vor, die positive Eigenschwingung zu stärken, um somit einen Schutz für die Aura aufzubauen. Das kann zum einen mit Hilfe von Symbolen geschehen, zum anderen mit meditativ-imaginären Methoden.

4.4.3.2.1 Schutz durch Symbole

Eine Art des Schutzes erfolgt durch die Frequenzen, die Schutzsymbole abgeben, von denen ich verschiedenartige kenne.

Alle Symbole haben jedoch eines gemeinsam: sie sollten nicht über lange Zeit permanent angewendet werden, sondern nur sporadisch, wenn sie tatsächlich einmal oder eine gewisse Zeit lang gebraucht werden. Während dieser Zeit sollte das Energiefeld einer Person gestärkt werden, so dass es überflüssig wird, Schutzsymbole zu verwenden, und die „Krücke" abgelegt werden kann.

Solche Symbole können tagsüber am Körper getragen und nachts unter das Kopfkissen gelegt werden. Bisweilen teste ich auch aus, dass sie für einige Zeit an einer Tür oder einem Fenster angebracht werden müssen. Am häufigsten verwende ich sie jedoch nur direkt während der Behandlung.
Bei ständiger Benützung haben wir erlebt, dass die Wirkung ins Gegenteil umkippen kann.

4.4.3.2.1.1 Das Labyrinth von Chartres

Dietrich Klinghardt verwendet in der Psycho-Kinesiologie (PK) das Labyrinth von Chartres in Folienform, damit die Energie ungehindert hindurchfließen kann. Das in der Kathedrale von Chartres im Boden eingelassene Labyrinth hat dort die Funktion, „böse Geister" fern zu halten. In der PK hat es die gleiche Funktion, nämlich eine angeheftete Energie aus dem Energiefeld zu vertreiben, damit wirklich etwas über den Patienten selbst per Muskeltest in Erfahrung gebracht wird und nicht etwas über jemand Anderen, was dann fälschlicherweise als zum Patienten gehörig getestet würde.

In einem spirituellen Arbeitskreis haben wir herausgefunden, dass das Labyrinth oftmals nur dann testet oder eine bessere Wirkung hat, wenn es mit einer pink- oder lachsrosafarbenen beziehungsweise magentafarbenen Selbstklebefolie unterlegt wird. Pinkrosa gilt als die Farbe der bedingungslosen Liebe, und Lachsrosa ist eine Variation davon. Magenta zeigt sich meistens dann, wenn das Familiensystem des Klienten in die energetische Dimension involviert ist.
Diese Folien hatte ich schon vor Jahren in einem Farbfolienseminar kennen und schätzen gelernt. Vor allem Kinesiologen, die nicht mit Heilsubstanzen arbeiten dürfen, finden darin eine adäquate Einsatzmöglichkeit farbiger Schwingungen.

4.4.3.2.1.2 Der Fünfzack

Ein weiteres Schutzsymbol ist der Fünfzack, der leicht gezeichnet werden kann, indem man links unten mit der Schräge nach rechts beginnt und einen Strich um den anderen zieht ohne abzusetzen.

Wichtig ist, dass zwei Zacken unten sind, je eine links und eine rechts sowie eine oben, so, als ob ein Mensch mit beiden Beinen fest auf der Erde steht, die Arme ausbreitet und den Kopf oben trägt. (Vgl. Melville, S. 111; Krystal, S. 201f.).
Die Farbe für den Fünfzack kann ausgetestet werden. Ist dies nicht möglich, so ist Gold oder Gelb hilfreich.
Dieses Symbol kann auch an Türen oder Fenster geheftet werden, damit Fremdenergien nicht in einen Raum gelangen können.
Der Fünfzack ist ebenfalls wirksam, wenn er nur „in die Luft" gezeichnet wird.

4.4.3.2.1.3 Die Form der „Acht"

Phyllis Krystal arbeitet mit der Form einer „Acht", die ja aus zwei Kreisen besteht, auf folgende Weise:

Übung 1:

> Möchte man sich von einer Person lösen oder sich vor einer Person schützen, so stellt man diese in den einen Kreis der Acht, während man selbst im anderen Kreis sitzt. Die Kreise bestehen aus goldenen Lichtreifen, in deren Mitte ein blaues neonartiges Licht fließt. Dieses blaue Licht hält jede der beiden Personen in ihrem Kreis und verhindert, dass Übergriffe auf die jeweils andere Person stattfinden können. Auf diese Weise kann man gut mit der anderen Person sprechen und ihr alles sagen, was vor einer Loslösung wichtig erscheint. Schließlich kann man sie mit ihrem Kreis vom eigenen Kreis lösen und liebevoll wegschicken. (Vgl. Krystal, S.35)

Manchmal verwende ich diese Form symbolisch in einem Gespräch mit einer anderen Person, um mit ihr in Distanz bleiben zu können. Dabei stelle ich mir die „Acht" um uns Beide herum vor, was Wirkung zeigt, auch wenn die Form im Lauf der Unterhaltung vergessen wird.

4.4.3.2.1.4 Die Lichtpyramide

Die Pyramidenform, dreiseitig oder vierseitig, gilt als weiteres wichtiges Schutzsymbol. Sie kann in beliebiger Größe in weißem oder goldenem Licht visualisiert werden, damit darunter nicht nur einzelne Personen, sondern auch ganze Räume, Autos, Häuser usw. Platz haben. (Vgl. Krystal, S. 198f.).

Kok Sui erklärt die Wirkung so, dass sie „Pranaenergie (Lebensenergie, Anmerkung der Autorin) oder Vitalitätskügelchen in ihrem Innern" (bündeln). In diesen geometrischen Körpern ist mehr Pranaenergie enthalten als in der umgebenden Luft." (Choa 2, S. 358). Man bezeichnet sie deshalb als „Pranageneratoren".

An manchen Orten werden deshalb Meditationshäuser oder –räume in Pyramidenform gebaut. *Kok Sui* kommentiert: „Auch die Heilung und Behandlung von Patienten ist innerhalb eines Pranagenerators sehr viel leichter. Da dieser heilende Raum oder Bereich von dichter Pranaenergie erfüllt ist, geschieht die Ausstrahlung und Aufnahme von Pranaenergie rascher und müheloser." (Choa 2, S. 359).

Diese Lichtpyramide kann folgendermaßen rituell „konstruiert" werden:

Übung 1:

> Man richtet sich zuerst nach Norden aus und „zeichnet" die erste Grundlinie imaginär in weißem Licht von einer Ecke zur anderen. Danach dreht man sich um 90 Grad nach rechts und „zeichnet" die nächste Grundlinie und so weiter, bis man wieder am Ausgangspunkt angelangt ist und inmitten des gezeichneten Quadrates steht. Nun werden die beiden Höhenlinien von den Ecken zur Mitte hoch gezogen. Nach einer Drehung von 180 Grad werden die beiden restlichen Höhenlinien gezeichnet. Die Pyramide ist fertig. Man verweilt eine Zeitlang meditativ in ihr und kann dann einer anderen Beschäftigung nachgehen.

Diese Lichtpyramide kann auch um Objekte herum in der Vorstellung erdacht werden, um durch sie Schutz zu erhalten.
Bisher habe ich sehr gute Erfahrungen damit gemacht, wenn zum Beispiel mein voll beladenes Auto über Nacht zum Parken abgestellt war – sogar im Ausland. Bis jetzt ist es noch nie aufgebrochen oder etwas daraus entwendet worden.

Grundsätzlich gilt für alle Schutzsymbole, dass sie in dreidimensionaler Form (zum Beispiel aus Glas, das auf ein Foto gestellt werden kann), auf Papier oder Klarsichtfolie (gut für Glastüren und Fenster) gezeichnet oder einfach nur visualisiert angewendet werden können. Es scheint von der Wirkung her keinen Unterschied zu geben.

4.4.3.2.2 Schutz durch bewusstes Atmen

Was ich im Kapitel 4.4.1.1.2.1 über Erdung durch bewusstes Atmen geschrieben habe, gilt genauso für den Schutz durch bewusstes Atmen. Denn Erdung schützt den Energiekörper durch die Anbindung an die Erdenergie vor Angriffen aus der Traumkörperwelt.

Durch das bewusste Konzentrieren auf den Atem im Quantum Light Breath (QLB) nach *Jeru Kabbal* werden alte Erinnerungen, Bilder, Schmerzen und Emotionen losgelassen, indem dadurch dem Unterbewusstsein signalisiert wird, dass das Atmen das Primäre, das Wichtigste im Leben ist. Die anderen Erscheinungen werden folglich sekundär, und das Unterbewusstsein kann sie wie Seifenblasen zerplatzen lassen.

Dadurch kommt immer stärker „das wahre Ich", frei von den Ängsten und Erinnerungen aus der Vergangenheit, zum Vorschein, und das eigene Energiefeld wird immer weiter ausgebaut. Das bewirkt eine Stärkung der Aura, so dass Unerwünschtes von außen praktisch nicht mehr hindurch kommen kann. Lassen wir unsere Themen auf diese Weise los, so gehen wir mit den

Themen der Anderen immer weniger in Resonanz, weil wir einfach keinen Resonanzboden mehr bieten. Eine große, kräftige Aura ist die Folge, die genug Schutz bietet vor Angriffen aller Art.

4.4.3.2.3 Schutz durch Meditation

Man kann auch Schutz-Meditationen durchführen, in denen weißes oder goldenes schützendes Licht in irgendeiner Form, sei es als Dusche, als Wasserfall, als Regen und dergleichen „von oben" kommt. Dieses Licht baut einen Schutz um den Energiekörper auf, sei es in Form eines Ovals, einer Kugel oder einer Pyramide. Der Phantasie des Einzelnen sind dabei keine Grenzen gesetzt.

Schamanen oder Heiler beginnen ihre Arbeit im Allgemeinen mit einer Schutzmeditation für sich und ihre Klienten, damit sie ungehindert von fremden Einflüssen energetisch arbeiten können.
Der Indianer Großvater schlägt folgende Methode vor: „Beten stärkt das Immunsystem und die Abwehrkräfte. Die Hülle, die dich umgibt, ist dann fest und stabil. Stress, Viren, Krankheitserreger und böse Geister prallen an diesem Schutzschild ab. Sie können dir nichts anhaben." (Buzzi, S. 66)

Die Patienten werden angehalten, auch zu Hause für sich einen Schutz anzuwenden. Es gehört quasi zur täglichen Hygiene, den Energiekörper zu reinigen und zu schützen. Das sollte man vor allem auch beachten, wenn man mit vielen Menschen zusammentrifft oder in Gruppen arbeitet.

Als Beispiel habe ich eine Schutzmeditation von mir im Anhang unter Punkt 10.3 aufgeschrieben.

4.4.3.2.4 Schutz durch die geistige Welt

Eine weitere Möglichkeit, sich Schutz zu holen, ist, mit der geistigen Welt und deren Wesenheiten Kontakt aufzunehmen. Für die meisten Menschen ist es selbstverständlich, dass sie dort einen Schutzengel haben, nur getraut sich fast niemand, darüber zu reden, um nicht als kindisch bezeichnet oder ausgelacht zu werden. In dieser Richtung gibt es jedoch seit einigen Jahren eine starke Öffnung. Vielen Menschen ist bewusst, dass verstorbene Angehörige oder andere Geistwesen heute ihre Schutzengel sind.

Die Schutzengel sind zwar immer für uns da, aber es ist noch leichter für sie, ihre Arbeit zu tun, wenn sie von uns dazu eingeladen und darum gebeten werden. Dies kann eine selbstverständliche Sache im täglichen Morgen- und Abendgebet werden, indem wir um Schutz bitten für den bevorstehenden Tag oder die Nacht und uns bedanken für den Schutz, der uns während des vergangenen Tages und der Nacht gewährt wurde.
Dieses Bitten und Danken vertieft den Kontakt zur geistigen Welt, so dass vieles im Alltag wie von alleine geht. Du musst nur daran denken, was heute zu tun ist, und die geistige Welt unterstützt dich, indem zum Beispiel ein Parkplatz da ist, sofort eine Bedienung kommt, dir nur freundliche Menschen begegnen und vieles mehr.

4.4.3.2.5 Schutz durch „Hindurchlassen" (Annehmen und Loslassen)

Mir imponiert auch sehr *Dietrich Klinghardts* Einstellung zum Thema „Schützen". Auf die Frage nach einem geeigneten Schutz sagte er in einem Seminar sinngemäß: „Wovor wollt ihr euch schützen? Auf der Vierten Ebene sind wir sowieso alle miteinander verbunden. Am besten ist es, das, was „heranfliegt", herankommen zu lassen, anzuschauen, und es dann weiterziehen zu lassen."

Das bedeutet natürlich, dass man erst einmal erkennen muss, dass etwas „heranfliegt" und nicht von uns selbst aus unserem Inneren kommt. Diese Unterscheidung ist sehr gut zu erlernen in den Seminaren von *Christine Schenk*, einer hellsichtigen Wienerin, die auch zwei Bücher geschrieben hat (Schenk 1 und 2).

Und mit dem Anschauen ist es auch nicht immer so einfach, weil dabei bestimmte Gefühle ausgelöst werden, die sofort vom Unterbewusstsein mit früheren Erfahrungen – im Allgemeinen negativer Art – assoziiert werden, die erkannt und gelöst sein müssen, bevor wir bewusst sehen können, welches unserer Lebensthemen hier angesprochen ist.

Haben wir allerdings genug Vorarbeit getan, so können wir das Thema weiterziehen lassen, weil es uns nichts mehr angeht, nichts mehr mit uns zu tun hat. Damit verbunden ist eine Anerkennung dessen, dass uns diese Herausforderung mit den zugehörigen Erfahrungen zu dem gemacht hat, was wir heute sind, dass wir also auf Seelenebene dankbar sind für die entsprechende Lernerfahrung, mag sie auf der Physischen Ebene auch noch so schmerzhaft gewesen sein. Nur dann können wir das Thema wirklich loslassen.

Auch *Choa Kok Sui* ist der Meinung, dass „Psychotherapeuten keine energetische Schutzhülle um sich herum kreieren (sollten). Wenn Patienten mit dem Therapeuten über ihre Probleme sprechen, übertragen sie einen Teil ihrer negativen Emotionen auf ihn. Prallen diese Energien dann auf die Schutzhülle, werden sie um ein Vielfaches verstärkt auf den Patienten zurück geworfen, was natürlich zu einer erheblichen Verschlechterung seines Zustands führen kann. Dies bezeichnet man in esoterischen Sprachgebrauch als „Bumerang-Effekt". Wenn Ihnen jemand negative Gedanken schickt und Sie nicht darauf reagieren, prallt die negative Energie von Ihnen ab und kehrt zu ihrem Urheber zurück." (Choa 3, S. 123f.)
Stattdessen empfiehlt *Kok Sui* „viel körperliche Bewegung" (Choa 3, S. 124) und eine regelmäßige Reinigungsmeditation.

4.5 Heilmaßnahmen auf Energieebene

Wie als Voraussetzung für energetisches Heilen im Schamanismus Erdung, Reinigung und Schutz als unerlässlich gelten, wobei die von mir vorgestellten Mittel benützt werden können, so gibt es auch verschiedene Heilmaßnahmen auf Energieebene.

4.5.1 Heilen durch unterstützende Mittel

Bei den Schamanen wird ganzheitlich geheilt, indem die Chakren (die Indianer nennen sie „Pforten") durch therapeutische Maßnahmen mit bestimmten Frequenzen oder Kraftfeldern harmonisiert werden.

Dabei werden insgesamt 24 Aspekte berücksichtigt wie Lichtqualität (Stand der Sonne oder des Mondes), der Wochentag, das Totem (Gegenstand oder Lebewesen, dem eine übernatürliche Kraft zugesprochen wird), die Himmelsrichtung, in die der Patient schauen soll, die Richtung des Atems, die Behandlungsdauer, die Wetterlage, die Farbe, der Ton, der Instrumentenklang, Ätherische Öle, Steine, Metalle sowie die Lage der Chakren mit den ihnen zugeordneten Erkrankungen im Verhältnis zur Wirbelsäule und anderes (Vgl. Summer Rain, S. 281ff.).
Nur wenn all diese Variablen in Übereinstimmung gebracht werden, kann holistisch geheilt werden, was das Ziel einer jeden schamanischen Behandlung ist.

Zu erkennen ist der Behandlungserfolg, wenn eine vollkommene Schwingungsharmonie erreicht ist, die ein Gefühl von Einssein hervorruft, „das mit keiner anderen Erfahrung vergleichbar ist." (Summer Rain, S. 281). Diese tiefe Erfahrung des Energiekörpers wird auf den Physischen Körper übertragen, so dass auch dieser Heilung erfährt.

Als Heiler in der heutigen Zeit, die von festen Terminen im Kalender geprägt ist, sind wir zwar nicht in der Lage, alle obengenannten Aspekte zu berücksichtigen, können aber mit Manebua Schamanische Psycho-Kinesiologie (MSPK) einige austesten, um das für den Patienten Optimale in der Sitzung zu bewirken. Ein wichtiger Bestandteil sind auf jeden Fall die unterstützenden Mittel.

4.5.1.1 Heilen durch „stoffliche" Mittel

In den anschließenden Kapiteln zeige ich auf, welche eher „stofflichen" Hilfsmittel zum energetischen Heilen hinzugenommen werden können, um die durch eine Behandlung bewirkten Veränderungen integrieren und stabilisieren zu helfen.
„Stofflich" heißt, dass die Frequenz von physischen Materialien, die fest oder flüssig sein können, abstrahlt, ohne dass der Ausgangsstoff verändert wird. Ätherische Öle oder Aromaöle nehmen dabei eine Zwischenposition ein, weil sowohl pflanzliche Stoffe als auch feinstoffliche Materialien darin enthalten sind.

4.5.1.1.1 Heilen durch Pflanzen oder Pflanzenteile

Zu allen Zeiten hat sich der Mensch die um ihn herum wachsenden Pflanzen als Heilmittel zunutze gemacht. Es existiert die Auffassung, dass für jede Krankheit auch ein Kraut gewachsen sei. Man muss nur wissen, welches. Dabei gilt die Aussage: „Wir sind alle Individuen, und in jedem von uns gibt es kleine Unterschiede. Was eine Person krank macht, mag die Andere heilen. Pflanzen haben Vibrationen, sie geben Laute von sich, haben Gefühle. Wenn es keine Pflanzen gäbe, wären wir nicht hier. Wir atmen ein, was sie ausatmen. Das teilt sich uns mit." (Buzzi, S. 81)

Jede Pflanze hat ja verschiedene Bestandteile: Wurzeln, Stengel, Blätter, eventuell Blüten; bei Bäumen Rinde, Früchte usw. In der schamanischen Tradition wird vom ältesten Schamanen das Wissen über die Pflanzen und welche Teile von ihr zur Heilung verwendet werden, an den nächst jüngeren weitergegeben, damit das Wissen nicht verloren geht. Die Heiler wissen auch, welche Pflanzen im Ganzen ungenießbar oder giftig sind oder welche Pflanzenteile toxisch sind und deshalb nicht verwendet werden dürfen. Außerdem geben sie bestimmte Zubereitungsarten weiter oder wie die Heilmittel zu verwenden sind, ob sie gekaut oder unzerkaut geschluckt, auf die Haut eingerieben oder Umschläge damit gemacht werden müssen etc.

Die Pflanzenheilkunde oder Phytotherapie ist auch in unserer Zeit der modernen chemisch-pharmazeutischen Präparate noch ein Gebiet, das oft von Großmüttern, Müttern oder manchen Krankenschwestern als „Hausmittel" weitergegeben wird. Allerdings sind viele Präparate vom „Aussterben" bedroht, weil tatsächlich manche Pflanzen gar nicht mehr oder kaum mehr existieren oder von Gesundheitsbehörden zur Benützung als Heilmittel verboten werden.

Es gibt auf der ganzen Welt kein reines Wasser, keine reine Nahrung und keine reine Luft mehr, weil wir Menschen im Zeitalter der Industrialisierung unseren Wohlstand auf Kosten der Umwelt erwirtschaftet haben. Umso wichtiger ist es, Produkte aus biologisch-dynamischem Anbau zu verwenden, damit die Schadstoffbelastung so gering wie möglich gehalten wird. Das gilt für die tägliche Ernährung, aber mehr noch für die Pflanzen, die als Heilpflanzen verwendet werden sollen.

Sind weitere Zutaten zu verwenden, wie Wasser und Alkohol zur Konservierung, so ist darauf zu achten, dass es reines Quellwasser von bester Qualität und ohne Kohlensäure ist. Das gleiche gilt für den Alkohol, bei dem sich besonders der aus Kartoffeln hergestellte Wodka sowie Schnaps aus Topinambur, einem anderen Wurzelgemüse, bewährt haben.

Eine sehr gute Aufstellung über die als Heilmittel verwendeten wildwachsenden Pflanzen der Indianer habe ich in einem Buch von *Mary Summer Rain* gefunden (vgl. Summer Rain, S. 187ff.).
Sie gibt neben einer ausführlichen Indikationsliste (vgl. Summer Rain, S. 158ff.) außerdem in einer großen Tabelle die Pflanzen an, die giftig sind, welche Pflanzenteile es betrifft, welche Symptome dabei auftreten und was bei Vergiftungen damit zu tun ist (vgl. Summer Rain, S. 247ff.).

Am besten ist es für einen Therapeuten, der die Phytotherapie bei seinen Patienten anwenden will, sich einen Überblick zu verschaffen, in welcher Form die Mittel zu erhalten sind (als Tee, als Pulver in Kapseln, als Dilution zur inneren oder äußeren Anwendung usw.), und sie dann an den Patienten kinesiologisch auszutesten.

4.5.1.1.2 Heilen durch Steine, Edelsteine und Kristalle

Schamanische Heiler benützen oft Steine, die sie normalerweise mit Hilfe ihrer Intuition als besondere Heilsteine in der Natur ausgewählt haben. Bevor sie sich auf die Suche danach machen, meditieren sie über den bestimmten Zweck, den der Stein erfüllen soll.
Das Aufheben des Steines geschieht in einem kleinen Ritual, in welchem sie zuerst den Stein fragen, ob sie ihn zu dem bestimmten Zweck mitnehmen dürfen. Nur wenn der Stein sein Einverständnis gibt, nehmen sie ihn mit und bedanken sich dafür.
Diese Vorgehensweise wird übrigens bei allem durchgeführt, was sie der Natur nehmen, seien es Tiere, Pflanzen oder andere Dinge. Auf diese Weise achten sie die Schöpfung und nehmen nur so viel davon, wie sie wirklich brauchen und nicht mehr.
Sie sammeln die Steine am Meeresstrand, am Fluss- und Seeufer sowie auf verschiedenen Felsengeländen im Gebirge, weil jedes Gebiet eine andere Heilfrequenz im Stein erzeugt.

Die Steine werden in der Behandlung entweder auf den Körper gelegt, meist an die Stelle, wo sich ein Chakra oder eine Schmerzstelle befindet, dem Patienten in die Hand gegeben oder mit rituellen Bewegungen in der Aura geführt, ohne den Physischen Körper zu berühren.

Manchmal wird auch eine Heilessenz daraus hergestellt, indem der Stein oder die Steine in Quellwasser gelegt werden, das ihre Schwingungen aufnimmt und welches getrunken oder in Tropfenform eingenommen wird.

Auf jeden Fall sollte der Patient den passenden Stein so lange bei sich tragen (in der Hemd- oder Hosentasche, als Kette um den Hals, als Armband um die Handgelenke oder auf eine bestimmte Körperstelle aufgeklebt), bis er ganz gesund ist. Da die Steine nicht nur Frequenzen abgeben, sondern auch die krank machenden Schwingungen aufnehmen, ist zumindest anfangs eine tägliche Reinigung des Steins erforderlich.

Dies geschieht zum Beispiel, indem der Stein entweder mindestens 30 Sekunden lang unter fließendem Wasser abgewaschen wird, mehrere Stunden in eine Amethystdruse oder einen Steinkreis gelegt, zum Aufladen der Sonne ausgesetzt oder mit Salz abgerieben wird. In der entsprechenden Literatur ist die geeignete Reinigungsart für den jeweiligen Stein nachzulesen (vgl. Gienger, Klinger-Raatz, Krämer).

In der schamanischen Behandlung sind insbesondere die Schwingungen der Steine und nicht vorrangig ihre Farbe von Bedeutung, wobei die Farbe natürlich mit der Frequenz zusammenhängt.

Wie in den Kapiteln über Reinigung und Schutz schon beschrieben, können auch Halbedelsteine, Edelsteine und Kristalle zum Heilen verwendet werden. Es gibt einige gute Steinlexika, die Indikationen zu den verschiedenen Steinen angeben (vgl. Gienger, Klinger-Raatz, Krämer). Am besten ist es aber doch, die Steine auszutesten oder den Patienten intuitiv auswählen zu lassen.

Eine Kombination von Edelsteinen und Licht gibt es seit einigen Jahren in der von *Peter Mandel* entwickelten „Energetischen Terminalpunkt-Diagnose" (Farbpunktur). Dabei wird der Lichtstrahl einer Art Taschenlampe, die wie ein größerer Kugelschreiber aussieht, über kleine farbige Kristalle hauptsächlich auf Akupunkturpunkte oder andere Körperstellen geleitet, um Heilung herbeizuführen.

Neuerdings haben wir diese Entdeckung in England wieder gefunden unter dem Namen „Gem Lamp Therapy".

Fallbeispiel zum Heilen mit Edelsteinen:

> Ein Patient brauchte nach ärztlicher Anweisung schon jahrelang Medikamente für seine Schilddrüse (Hypothyreose), und er hatte keine Lust mehr, diese ein Leben lang einnehmen zu müssen.
> Seine Ehefrau besuchte einen Edelsteinkurs, in welchem Grund- und fortgeschrittene Kenntnisse über die Heilfunktion von Steinen und ihre Anwendung vermittelt wurden.
> Sie lernte, dass der Chalzedon der optimale Stein für die Schilddrüse und das zugehörige Kehlchakra ist. Ihr Mann willigte ein, eine Behandlung damit zu versuchen.
> Im Liegen wurde ihm der Chalzedon auf die Schilddrüsengegend gelegt. Nach kürzester Zeit fiel er in einen tiefen Heilschlaf, aus dem er nach genau zwanzig Minuten wieder erwachte mit dem Gefühl, jetzt sei es genug mit dem Stein.
> Von da an wurde er täglich auf diese Weise mit dem Chalzedon behandelt. Täglich geschah das gleiche Ritual, aber die Schlafenszeiten wurden von Anwendung zu Anwendung weniger. Nach genau einem Monat brauchte er den Stein gar nicht mehr.

> Die ärztliche Untersuchung zeigte, dass die bisher eingenommenen Medikamente nicht mehr benötigt wurden.
> Seit diesen Behandlungen sind nun einige Jahre vergangen, und der Patient braucht weiterhin keine Schilddrüsenhormone mehr.

4.5.1.1.3 Heilen mit Essenzen

Auf meinem eigenen Weg zur Gesundung lernte ich viele verschiedene Essenzen kennen und spürte, wie schnell durch das Einreiben oder die Einnahme die Energie sich positiv verändern kann – sei es im Körper oder im Raum. Und ich machte ganz zu Beginn mit Bach-Blüten die Erfahrung, dass eine durch die Therapeutin mit hundertprozentiger Treffsicherheit ausgesuchte Essenz mich fast „aus den Schuhen kippte", weil sie zum unpassenden Zeitpunkt gegeben wurde. Nach einer kinesiologischen Behandlung konnte ich die gleiche Bach-Blüte sechs Wochen später voll und ganz vertragen.

Deshalb teste ich heute im Allgemeinen alle Essenzen für die Patienten aus oder lasse sie intuitiv aus dem Kasten, in dem sie aufbewahrt werden, ziehen. Dazu teste ich die Dosierung, den optimalen Zeitpunkt für die Einnahme und die ungefähre Einnahmedauer. Damit erlebe ich üblicherweise keine solchen Reaktionen wie ich sie selbst zu Beginn hatte.

Ich besuchte viele Essenzen-Seminare, und meine Bücherregale sind gefüllt mit Büchern aller Art über Blütenessenzen. Schließlich begann ich selbst, mein Wissen über Bach-Blüten weiterzugeben.

Durch verschiedene Therapeuten lernte ich im Lauf der Zeit die unterschiedlichsten Essenzen kennen, auf die ich etwas näher eingehen möchte, weil sie für mich ein wichtiges Begleitmittel in der Arbeit mit Patienten geworden sind.
In der Reihenfolge gehe ich nach dem Grad der Wichtigkeit vor, welche die jeweiligen Dilutionen in meiner Arbeit erlangt haben, ohne eine Wertung vorzunehmen.

4.5.1.1.3.1 Bach-Blüten

Aus der Behandlung mit Psycho-Kinesiologie und Manebua Schamanische Psycho-Kinesiologie (MSPK) sind die nach dem englischen Arzt *Edward Bach* benannten Essenzen nicht mehr weg zu denken. Sie haben sich sowohl während der Behandlung als auch für die Stabilisierungsphase zu Hause bestens bewährt.
Dr. Bach war selbst so sensitiv, dass er herausfand, welche wild wachsende Pflanze für welchen Gemütszustand heilsam wirkte. Im Lauf der Zeit fand er 38 Blüten, zum Teil auch von Bäumen und Sträuchern, die im Prinzip alle vorkommenden Seelenzustände eines Menschen abdecken können. Für den akuten Notfall fand er eine Mixtur aus fünf Blüten.

Die zu bestimmten Zeiten gesammelten Blüten werden entweder in Quellwasser gelegt und der Sonne ausgesetzt, damit die Schwingung der Blüte ins Wasser übergeht, oder als Sud abgekocht. Diese Urtinktur wird gefiltert, mit Alkohol konserviert und in sogenannte „stock bottles" abgefüllt. Sie kann in Deutschland über Apotheken bezogen werden, wobei zur Einnahme eine Verdünnung hergestellt wird.

Obwohl *Dr. Bach* im Jahr 1936 verstarb, können die Blüten auch heute noch in Großbritannien gesammelt werden, weil alle Fundorte der Pflanzen exakt aufgezeichnet sind. Das

System der 38 Blüten gilt als vollständig, obgleich es seitdem Hunderte oder gar Tausende von Blütenessenzen gibt, die alle nach dem Grundprinzip von *Dr. Bach* hergestellt werden. (Vgl. Bach, Blohme, Korte, Scheffer, Small Wright)

Die Einnahmeessenzen können auch am Körper eingerieben werden, zum Beispiel über einem Organ, auf einem Akupunkturpunkt, einem Chakra oder dem Punkt „Hara", zwei Finger breit unter dem Bauchnabel, wo sich die energetisch empfindlichste Stelle am Körper befindet.

Der Heilpraktiker *Dietmar Krämer* hat herausgefunden, dass auf jede Stelle des Körpers eine bestimmte Bach-Blüte passt. Entsprechend teilte er den Körper in Hautzonen ein. Nun kann man bei Hautverletzungen oder –erscheinungen aller Art sowie schmerzenden Stellen in seinem Buch die zugehörige Bach-Blüte ausfindig machen und entweder einreiben oder zusätzlich einnehmen. (Vgl. Krämer 2)
An mir selbst, meiner Familie und meinen Patienten habe ich damit nur gute Erfahrungen gemacht.

4.5.1.1.3.2 IUG-Essenzen

Schon früh in den Zeiten meiner eigenen Erkrankung lernte ich die IUG-Essenzen von *Dr. Ivan U. Ghyssaert* aus der Schweiz kennen. Er vertreibt mehrere hundert Essenzen, die alchemistisch hergestellt werden.
Dazu legt *Dr. Ghyssaert* besonders ausgewählte Mineralien oder Pflanzen in Wasser, und zwar zu einer Zeit, die für den Zweck, dem die Essenz dienen soll, optimal ist. Dieser Zeitpunkt richtet sich nach dem Stand der Planeten und der Nummerologie, und während des Produktionsprozesses betet der Alchemist, so dass die gewünschte Schwingung in die Essenz hinein gelangt.

Als wichtigste Mittel verwende ich von IUG die Planetenessenzen, Farbessenzen, Meridianessenzen, Schutzessenzen, Geisteskräfte, Ausleitungsessenzen, Spurenelemente und Eliminierungsessenzen für verschiedene Erreger. Auch eine wirksame Rescue-Mischung gibt es. (Vgl. Ghyssaert 2)
Alle Tinkturen können eingenommen oder eingerieben werden. Insbesondere die Meridianessenzen werden mit einer Pipette dem spezifischen Meridianverlauf nach zur Stimulierung des Energieflusses „abgefahren".

4.5.1.1.3.3 Perelandra-Blütenessenzen

Die Perelandra Rosen- und Gartenessenzen gedeihen in einem eigens dafür errichteten Garten in den Virginia Blue Ridge Mountains, USA. Die Begründerin, *Machaelle Small Wright*, „arbeitet nach den Weisungen verschiedener Naturgeister" und ist der Auffassung, dass wir uns wieder mit Devas (den Geistern der Pflanzen) beschäftigen sollten. (Small Wright, S. 1).

Es gibt acht Rosenessenzen (Serie I), die den inneren Veränderungsprozess generell unterstützen. Jede Rosenessenz „ist für eine bestimmte Facette in dem Verwandlungsprozess gedacht" (Small Wright, S.52).

Die zweiten acht Rosenessenzen (Serie II) dienen der Bewusstseinserweiterung und der damit einhergehenden Ausweitung des Energiekörpers mit dem Ziel, dessen Gleichgewicht zu halten und seine Funktion zu unterstützen.

Die 18 Gartenessenzen stammen von Gemüse- und Kräuterblüten wie Broccoli, Dill und Tomate. Sie sprechen spezifische Themen an: Beispielsweise geht es bei Broccoli um das Kräftegleichgewicht im Inneren, bei Dill um die Wiedererlangung von Macht, die an andere abgegeben wurde (Opferrolle), und bei Tomate um die Reinigung von Infektionen oder Krankheiten, insbesondere des endokrinen Systems.

Meistens finden diese Essenzen bei mir nur während des Behandlungsvorgangs in der Praxis Verwendung.

4.5.1.1.3.4 Aura Soma Öle und Essenzen

Die aus Großbritannien stammenden Aura Soma Öle, Meister-Quintessenzen und Pomander übermitteln ihre heilende Wirkung durch Farbe, Pflanzen- und Edelsteinenergie, die sich durch ihre Herstellungsart in den Essenzen befinden. (Vgl. Dalichow / Booth). Interessant daran ist, dass diese Produkte der blinden Apothekerin *Vicky Wall* zur Herstellung aus der geistigen Welt „durchgegeben" wurden.

Es gibt inzwischen über einhundert zweifarbige Balance-Öle für eben so viele Grundthemen wie zum Beispiel „friedliche Kommunikation" (Nr. 33), „Heilung tiefster Ängste" (Nr. 39) oder „größere Klarheit gewinnen" (Nr. 70). Sie werden entsprechend den Farben, die beim Schütteln entstehen, auf die Körpergegenden der zugehörigen Chakren eingerieben.

Die fünfzehn Meister-Quintessenzen, welche nach den „Aufgestiegenen Meistern" wie Hilarion, St. Germain oder Pallas Athene benannt sind, „verschaffen uns Zugang zu höheren Energiebereichen und wirken erhebend auf Geist und Seele" (aus einem Flyer der Firma Aura-Soma Products Limited).
Sie werden auf die Innenseite der Handgelenke aufgetragen, zwischen den Handgelenken verrieben und dann in die gesamte Aura „eingefächelt".
Auch sie stehen alle für ein Grundthema, und ich bin in der Praxis immer wieder verblüfft, wie gut eine Essenz zu dem Thema passt, das ich gerade mit dem Patienten erarbeite. Deshalb dienen die Aura Soma Produkte der längeren Anwendung zu Hause zur Unterstützung des Heilungsprozesses.

Die ebenfalls fünfzehn Pomander dienen zur Klärung der Atmosphäre in Räumen, zur Reinigung und zum Schutz sowie „ausgleichend und unterstützend in allen Lebenslagen" (aus einem Flyer der Firma Aura-Soma Products Limited).
Sie sind benannt nach ihren Farben, zum Beispiel „Tiefrot", „Koralle" oder „Smaragdgrün", und werden auf die Handflächen aufgetragen, verrieben und dann in die Aura „eingefächelt".

4.5.1.1.3.5 Orchideen-Essenzen

Schon bald nach den Bach-Blüten habe ich auch die Orchideen-Essenzen kennen gelernt. Sie werden seit 1989 von *Andreas Korte* aus den Orchideen im Regenwald des Amazonas hergestellt. Dort haben die Orchideen keinen Kontakt mehr zur Erde, sondern haben sich „auf Grund der dortigen Lichtverhältnisse so weit entwickelt, dass viele Arten ... nur noch Haftwurzeln besitzen und wie Gäste im obersten Stockwerk des feuchten Regenwalds in den Baumkronen sitzen". (Korte, S. 201).

Deshalb stellen die Orchideenessenzen „die höchsten Energien unter den Blütenessenzen dar. ... Diese Orchideen schwingen im Engelbereich und stellen die Verbindung Kosmos – Mensch - Erde her. Sie bringen uns in Kontakt mit den verschiedenen Ebenen der kosmischen Liebe der Engel und lassen uns diese Erfahrung der Liebe an die Erde weitergeben, wodurch sie helfen, uns selbst und den ganzen Planeten zu heilen"(Korte, S. 201).

Laut *Korte* sollte man deshalb zuerst mit erdenden Edelsteinessenzen arbeiten, als nächstes mit Blüten auf der Emotionalebene (zum Beispiel Bach-Blüten), und danach erst mit Orchideen-Essenzen. Sie sollten sehr vorsichtig, möglichst nur nach Austesten, angewendet werden.

In meiner Praxis kommen diese Tinkturen – meistens nur eine einzige pro Behandlung – entsprechend über Einschwingen durch die Hände oder durch Aufstellen der Flasche in der Aura zum Einsatz.

4.5.1.1.3.6 Green Man Tree-Essenzen

Die „Green Man Tree" sind englische Baumblüten-Essenzen, die mir „zufällig" bei einem Aufenthalt in Wales begegnet sind und mich sofort ansprachen.

Ich besitze 96 verschiedene Tinkturen mit so wohlklingenden Namen wie „Black Poplar" (Schwarze Pappel), „Crack Willow" (Knisterweide) oder „Leyland Cypress" (Zypresse) zu 96 verschiedenen Themen wie „Festigkeit", „spirituelles Licht" oder „Freiheit". Wenn sie für einen Patienten testen, passen die Beschreibungen ebenfalls immer sehr treffend für sein momentan aktuelles Lernthema. (Vgl. Green Man Tree-Broschüre)

Die Fläschchen werden oft nur während der Behandlung in der Aura benötigt, oder es müssen einige Tropfen eingenommen oder eingerieben werden.

4.5.1.1.3.7 Spagyrische Essenzen

Von den Spagyrischen Essenzen bekam ich ein Verzeichnis in die Hände, als ich nach Mitteln suchte, die mir helfen würden, meine Gallensteine, die ich damals hatte, aufzulösen.

Der pflanzliche Grundstoff der Spagyrischen Essenzen wird einer Gärung und Destillation unterworfen, nach der Trocknung „verascht", dann als Tinktur aufbereitet. Dadurch verbleiben alle Mineralsalze, die in der Pflanze enthalten sind, in dem Destillat. (Vgl. Staufen 1978, S. 3)
Es gibt viele verschiedene Dilutionen als Einzelmittel oder als Komplexmittel nach *Dr. Zimpel*. Jede ist mit dem lateinischen Namen der Pflanze, aus der sie hergestellt wurde, bezeichnet. Am besten ist es, in phytotherapeutischen Büchern die Indikationen nachzuschlagen, die meist Organ bezogen sind. Allerdings geben auch die Hersteller Indikationsverzeichnisse heraus (zum Beispiel Fa. Staufen-Pharma, Göppingen, vgl. Staufen 2; Fa. Soluna).

Im Fall meiner Gallensteine brauchte ich übrigens - zusammen mit kinesiologischer Arbeit - mehrere Spagyrische Leber-Galle- und Verdauungs-Mittel, bis sich die Steine nach sieben Monaten aufgelöst hatten.

4.5.1.1.3.8 Kalifornische Blütenessenzen

Als die Schamanin *Rabia* zu mir kam, brachte sie einige Kalifornische Blütenessenzen mit.

Dabei handelt es sich um Blüten von wild wachsenden Pflanzen aus Nord-Amerika, welche seit 1978 von der in Kalifornien ansässigen Flower Essence Society (FES) unter der Leitung des Ehepaares *Patricia Kaminski* und *Richard Katz* wie die Bach-Blüten hergestellt und wissenschaftlich erforscht werden. (Vgl. Kaminski/Katz)
Es gibt momentan 103 Kalifornische Blütenessenzen, „die noch ausgeprägter und genauer auf die Anforderungen und Bewusstseinsprozesse der heutigen Zeit eingehen." (Helm, S. 9)
Die verwendeten Pflanzen tragen beispielsweise Namen wie „Black-Eyed Susan", „California Pitcher Plant" oder „Mountain Pride". *Beate Helm* nennt kurz das jeweilige Thema der Essenzen, hier der Reihe nach „tief verborgene, verdrängte Gefühle" (Helm, S. 50), „der Instinkt" (Helm, S. 61) und „positive Männlichkeit" (Helm, S. 157), danach die jeweiligen Licht- und Schattenseiten der vom Thema betroffenen Personen sowie eine Vision.
Auf diese Weise lassen sich die kinesiologisch ausgetesteten Essenzen sehr leicht mit der momentanen Situation eines Menschen vergleichen und in Beziehung setzen.

4.5.1.1.3.9 Australische Busch-Blüten

Über eine Kollegin lernte ich schließlich auch noch die Australischen Busch-Blüten kennen.

Entdeckt wurden sie von *Ian White*, der im australischen Busch und in der Tradition von Vorfahren aufgewachsen war, die bereits Kräutermedizin betrieben hatten. Er verband seine psychologisch-spirituellen Kenntnisse mit dem Wissen über die australischen Busch-Blüten, welches ihm meditativ vermittelt wurde.
Ian White stellt zusammen mit seiner Frau Kristin 50 verschiedene Busch-Blütenessenzen her, die als Hilfe entwickelt wurden, innerlich Schritt halten zu können mit den enormen äußeren Veränderungen unserer Zeit und der damit einhergehenden Schwingungserhöhung.
In der Beschreibung der Essenzen, die interessante Namen haben wie Swamp Banksia, Illawara Flame Tree oder Sturt Desert Rose, nennt *Ian White* zuerst den negativen Zustand, in dem eine Person sich befindet, welche diese bestimmte Busch-Blüten-Essenz braucht, und dann den transformierten Zustand, der nach einiger Zeit der Einnahme auftritt.

Über die kinesiologische Testung findet man das jeweilige Thema, das zur Bearbeitung ansteht, oder die passende Busch-Blüte heraus und kann sie unterstützend einnehmen.

4.5.1.1.3.10 LichtWesen®Meisteressenzen

Je mehr Essenzen auf dem Markt sind, umso mehr scheinen nach dem Gesetz der Fülle hinzuzukommen. Frau *Dr. Petra Schneider und Gerhard K. Pieroth* bringen über ihre Firma 21 LichtWesen Meisteressenzen heraus. Diese „sind ein Werkzeug zur Selbst-Erkenntnis, der Bewusstwerdung, der Bewusstseinsentfaltung und der Selbstverwirklichung. ... Sie sind ein Weg zur eigenen Meisterschaft. ... Sie unterstützen uns dabei, erfolgreich und erfüllt zu leben. ... Die Meisteressenzen lenken unseren Blick direkt auf unser Potential, auf das, was wir leben wollen, und auf das, was uns daran hindert: unsere Blockaden." (Schneider / Pieroth, S. 15).

Sie haben zwar dieselben Namen wie wie die Quintessenzen von Aura Soma, beispielsweise „Moha Chohan" für innere Weisheit, „El Morya" für Vertrauen, „Djwal Khul" zum

Annehmen der eigenen Kraft oder „Sanat Kumara" zum Verbinden von Himmel und Erde; ihre Schwingungen sollen aber höher sein als die der Aura Soma Meister-Quintessenzen, weil sie speziell für unsere jetzige Zeit hergestellt werden. Deshalb sollten sie erst bei Patienten angewendet werden, deren Bewusstsein schon eine größere Erweiterung erfahren hat oder wo diese Expansion ansteht. Am sichersten ist es, wenn sich eine dieser Essenzen per Muskeltest zeigt.

4.5.1.1.3.11 Engelessenzen

Auch Engelessenzen, in diesem Fall aus USA stammende, lernte ich über *Rabia* kennen und anwenden.
Sie brachte verschiedene Erzengelessenzen mit, die entsprechend der Aufgabe, die ein Erzengel hat, den momentanen Prozess unterstützen. Wie der Erzengel Michael „sicherlich der mächtigste Engel des Lichts" ist (Melville, S. 31), so hilft seine Energie als Essenz da, wo es gilt, „Satanisches" zu vertreiben.

Die Frequenz von Erzengel Gabriel hilft, nach dem Tod „die Seelen zu ihrer richtigen Bestimmung zu geleiten" (Melville, S. 34). Deshalb wird diese Essenz benützt, wenn eine angeheftete Seele aus der Aura entfernt werden soll.

Der Erzengel Raphael ist der Engel des Heilens, „der göttliche Arzt" (Melville, S. 36) und wird für ungewöhnliche Heilungen gebraucht, wo nur noch Wunder helfen können.

Wenn im Heilprozess eine Stagnation eingetreten ist, so kann die Essenz des Erzengels Uriel weiterhelfen. Denn er ist der „Engel des Umsturzes" (Melville, S. 38), der große Veränderungen, oft auch plötzlicher Art, bewirken kann.

Seit einiger Zeit gibt es neun deutsche Erzengelessenzen zu kaufen. Sie werden ebenfalls von *Petra Schneider und Gerhard K. Pieroth* hergestellt, die auch Beschreibungen dazu geliefert haben.
Allgemein heißt es dazu: „Die Erzengel-Essenzen wirken durch die Kraft der Erzengel und erinnern uns an den göttlichen Funken in uns. Liebevoll erhöhen sie die Schwingung unseres Energiesystems. Dadurch löst sich Belastendes und emotionale Verstrickungen." (LichtWesen®Essenzen Broschüre).
Engelessenzen gibt es als Öl zum Einreiben auf zugehörige Körperstellen oder als Dilution zum Einnehmen.

4.5.1.1.3.12 Manebua-Essenzen

Während meiner eigenen spirituellen Entwicklung wurde ich schon vor einigen Jahren aus der geistigen Welt dazu angewiesen, Essenzen, die ich nicht besitze oder die für ein individuelles Problem oder Symptom sein sollten, selbst herzustellen. Die Wirkung war hervorragend, und ich durfte auch für einzelne Patienten hin und wieder energetische Essenzen herstellen.
Dies war anscheinend meine „Lehrzeit", weil ich möglichst immer alles zuerst an mir ausprobiere, bervor ich es meinen Patienten empfehle.

Nun ist es so weit, dass ich energetische Essenzen im größeren Stil herstellen kann und dies für die Grundlagen des Manebua Schamanischen Heilens tun darf. Deshalb gibt es Essenzen zur Erdung, zur Reinigung und zum Schutz, welche wie die Methode „Manebua" heißen.

Außerdem gibt es Engelessenzen und individuelle Essenzen für Patienten und Seminarteilnehmer, und wir werden sehen, welche Arten im Lauf der Zeit noch hinzukommen werden.

4.5.1.1.3.13 Anwendung der Essenzen

Ich weiß, dass es inzwischen aus allen Regionen der Welt Essenzen gibt, beispielsweise Kakteenessenzen, Pilzessenzen und Afrikanisch-Kanarische Wildblüten-Essenzen (vgl. Korte).

Meine Empfehlung ist, dass jemand sich die Essenzen zulegt, von denen er sich angesprochen fühlt, weil er sie entsprechend dem Resonanzprinzip für sich selbst benötigt oder aber die Patienten bekommen wird, die diese Essenzen benötigen.

Teilweise bieten die Hersteller Testsätze zu erschwinglichen Preisen an, so dass man die Substanz am Patienten direkt austesten kann. Damit man sich aber nicht alle Tinkturen zu kaufen braucht, auch wenn man für seine Patienten eine große Auswahl anbieten möchte, kann man sich die Prospekte oder Beschreibungen der verschiedenen Essenzen besorgen und danach kinesiologisch austesten. Denn schon das bloße Wort birgt die Information der Substanz in sich und gibt die Schwingung der Dilution wieder. Dass dies funktioniert, hat der Japaner *Emoto* mit seinen Fotos von Wasserkristallen, die mit verschiedenen Wort-Informationen „gefüttert" worden waren, eindrücklich bewiesen. (Vgl. Emoto 1, 2).
Es ist vorteilhaft, sich selbst eine Struktur zu geben, in welcher Reihenfolge die Essenzen beim Testen angesprochen werden.
Genauso verfahre ich mit Listen anderer Heilmittel in der Manebua Schamanische Psycho-Kinesiologie (MSPK).

Die Tinkturen, die eingerieben werden müssen, kommen meistens auf den Punkt „Hara" oder KG 6 (der 6. Akupunkturpunkt auf dem Konzeptionsgefäß, dem vorderen Hauptmeridian), circa zwei Finger breit unter dem Bauchnabel. Diese Stelle gilt in vielen Kulturen als die energetisch empfindlichste Stelle, an der wir auch gerne Allergene austesten.
Seltener sind sie am Dritten Auge oder an einem anderen Chakra, manchmal auch über einem Organ, zum Beispiel der Leber, einzureiben.

Manchmal brauche ich Essenzen schon während einer Manebua Schamanische PK-Sitzung, um dem Patienten eine bestimmte Schwingung, die er gerade benötigt, zuzuführen und sein Energiefeld damit zu stützen. In letzter Zeit hat sich das linke Ohr als Eintrittspforte für Schwingungen von unterstützenden Mitteln aller Art herauskristallisiert, so dass ich sie einfach daneben stelle oder lege (Entfernung vom Ohr circa 10-20 cm).
Sie haben sich aber vor allem als „Homeplay" = Hausaufgabe nach einer kinesiologischen Behandlung bewährt, um das neu Erarbeitete zu integrieren, den harmonisierten Energiekörper zu stabilisieren und den begonnenen Heilprozess weiterhin zu unterstützen.

4.5.1.1.4 Heilen durch Ätherische Öle oder Aromaöle

Ätherische Öle sind keinesfalls ein neu entwickeltes Produkt des New Age, sondern wurden schon vor langer Zeit im Schamanismus verwendet. Das Wissen darüber wird heute noch an die jüngeren Generationen weitergegeben.

Zur Heilung werden die für bestimmte Indikationen angegebenen Ätherischen Öle am zugehörigen Chakra und am Krankheitspunkt sanft einmassiert oder die Umgebung des Patienten zur Intensivierung „parfümiert". Jedes verwendete Aromaöl hat eine bestimmte Frequenz, die der Schwingung eines Chakras entspricht.

Die heutige Aromatherapie ist eine moderne Variante dieser alten Heilweise. Es gibt Beschreibungen über die Indikationen der einzelnen Duftöle sowie über die psychisch-seelische Anwendungsweise (vgl. Rieder / Wollner).

In der Autonomen Regulations-Diagnostik nach Dr. Klinghardt® wurde schon vor Jahren auf die Wirkungsweise von Ätherischen Ölen aufmerksam gemacht und dass sie es vermögen, die Zellen zu öffnen, um dort eingeschlossene Giftstoffe wie zum Beispiel Quecksilber auszuleiten.
Seit einiger Zeit werden Aromaöle auch vorsichtig bei Wurm- oder anderem Parasitenbefall eingesetzt, wenn sie neuralkinesiologisch testen.

4.5.1.1.5 Heilen durch Klang

In allen Kulturen gab es zu allen Zeiten Musik und Tanz zum Verbessern der Körperchemie und zum Öffnen des Unbewussten in Richtung Änderung des Glaubenssystems und Heilung des energetischen und physischen Körpers.

Zum ersten Mal hörte ich bewusst von Heilungen mit Musik durch einen befreundeten Arzt, der drei Jahre lang in Afrika als Entwicklungshelfer gearbeitet hatte. Er berichtete davon, dass er manchmal einen todgeweihten Patienten von seinen Möglichkeiten her aufgegeben hatte, dass dann aber die Eingeborenen kamen, einen Kreis um den Sterbenskranken bildeten und mit Trommeln, Rasseln und anderen Instrumenten sowie ihren Stimmen Musik erzeugten. Entsprechend den Anforderungen des Kranken war die Musik schneller oder langsamer, und dazu wurde auch getanzt.
Diese Zeremonie dauerte manchmal Stunden oder Nächte lang und brachte die Tanzenden geradezu in Ekstase – ein Zustand, in dem sowohl der Schamane als auch der Kranke auf die Vierte Ebene kommen und dort etwas über seine Heilmöglichkeiten erfahren. Außerdem nimmt dieser Trancezustand die Schmerzen. Und oft geschah das Wunder: der Kranke wurde entgegen aller schulmedizinischen Einschätzungen gesund!

So war ich nicht mehr überrascht, als der Anasazi-Schamane und *Rabia* eben solche Musikinstrumente in ihren Ritualen benutzten, um Heilung zu bewirken.

4.5.1.1.5.1 Heilen mit Musikinstrumenten

Am häufigsten werden alle Arten von Trommeln verwendet, welche die Schamanen selbst für sich herstellen. Je nach Ton, der erzeugt werden soll, sind die Trommeln größer oder kleiner und ist ihr Holzrand höher oder niedriger. Sie werden entweder mit den Händen oder mit Klöppeln angeschlagen. Damit kann der mütterliche Herzschlag, wie ihn ein Baby im Bauch der Mutter hört und der deshalb sehr heilsam ist, imitiert werden, oder andere Rhythmusarten finden Verwendung, die von sanft bis Gewitter ähnlich reichen.

Außerdem werden selbst gefertigte Naturrasseln eingesetzt oder auch Holzflöten in der Form von Panflöten, die einen eher lieblichen, sanften Ton erzeugen.

Nicht zu unterschätzen ist die Wirkung des Zusammenspiels von Rhythmus und Tanz, die mit den einfachen Musikinstrumenten erzeugt wird.
Kann der Kranke sich noch selbst bewegen, so wird er in den Kreis der Umstehenden aufgenommen und bewegt sich wie die ganze Gruppe mit geschlossenen Augen und rhythmischen, sich ständig wiederholenden einfachen Bewegungen zur Musik. Dabei geschieht häufig eine „Flowerfahrung", ein Glücksgefühl, das durch das Gefühl des Einsseins mit allem hervorgerufen wird.
Dieses Gefühl tritt auch verstärkt im Langzeitsport auf. Das Glücksgefühl wird physisch durch die vermehrte Ausschüttung von Endorphinen, den sogenannten Glückshormonen, im Gehirn hervorgerufen.
Miriam Schultze beschreibt diese Erfahrung folgendermaßen: „Beim Flow erlebt man ein Verschmelzen von Bewusstsein und der augenblicklichen Handlung. Die eigene Aufmerksamkeit begrenzt sich auf einen bestimmten Reiz, wobei sowohl ein Ich-Verlust als auch ein Verlust für das Bewusstsein von Zeit und Raum stattfindet. Die Kontrolle über die eigenen Handlungen verliert man jedoch nicht. Eine Flow-Erfahrung ist ausgesprochen befriedigend, und sie scheint sich selbst zu genügen, d.h., dass sie nicht auf ein äußeres Ziel ausgerichtet ist." (Schultze, in: Rosenbohm, S. 196)
Diese auf das eigene Innere bezogene Erfahrung kann einen Heilprozess anstoßen, weiterführen oder beschleunigen.

In meiner Praxis habe ich öfter mit Tönen experimentiert, sowohl mit meiner Trommel, drei Rasseln oder einem „Regenmacher" als auch mit Klanghölzern und metallenen Klangstäben. Dann habe ich ein „modernes" Instrument, ein kleines Keyboard, benützt, mit dem ich verschiedene Instrumente wie Klavier und Violine nachahmen kann.

Die Reaktionen der Patienten waren sehr unterschiedlich, von völliger Glückseligkeit mit mehrfachem Yin-Zustand über „normale" Akzeptanz mit einem oder gar keinem Yin bis hin zur Ablehnung, weil die Töne alle nicht behagten.
Durch letztere Erfahrung lernte ich, dass beim Patienten die mit Musik allgemein oder den verwendeten Instrumenten verbundenen Unerlösten Seelischen Konflikte (USK) geklärt sein sollten, bevor diese Methode angewendet wird. Denn wenn man Musik wirklich zu Heilzwecken einsetzen möchte, sollte der Klang für den Patienten positiv und nicht negativ sein.

4.5.1.1.5.2 Heilen mit der Stimme

Gemeinsam mit den Trommeln oder Rasseln oder à capella kommt häufig die Stimme des Schamanen zum Einsatz.

4.5.1.1.5.2.1 Heilen mit einer Solostimme

Mit seiner Stimme verwendet der Schamane Beschwörungen in Form eines Sprechgesangs, er scandiert (Ton – kurze Pause – Ton – kurze Pause usw.), oder er singt einfache Melodien mit einfachen Texten.
Manchmal wird auch ein einzelner Ton lange gehalten, um diese spezielle Frequenz in den Energiekörper einzubringen. Dazu geht der Heiler häufig mit dem Mund nahe an den Physischen Körper oder zu dem einer Krankheit zugehörigen Chakra heran (bis zu circa drei Zentimetern) und bläst den Ton geradezu in die Stelle hinein.

Am meisten freuen sich einige Patienten in meiner Praxis darüber, dass ich ihnen ein Lied vorsang, zum Beispiel folgendes aus den „Songs For The Inner Child":

„How could anyone ever tell you you were anything less than beautiful. How could anyone ever tell you you were less than whole. How could anyone fail to notice that your loving is a miracle, How deeply you're connected to my soul."	"Wie konnte dir jemals jemand sagen Du seist etwas anderes als schön. Wie konnte dir jemals jemand sagen Du seist etwas anderes als vollständig. Wie konnte jemand nicht bemerken dass deine Art zu lieben ein Wunder ist, Wie tief du mit meiner Seele verbunden bist." (Übersetzung durch M. Obendorfer)

Melodie und Text (den ich im Bedarfsfall übersetze, siehe oben) sind im Allgemeinen so berührend, dass der Patient in einen tiefen Yin Zustand fällt, in welchem alle Muskeln angenehm schwach werden und der Patient in eine wohlig empfundene Ruhe und Gelassenheit übergeht. Denn der parasympathische Teil des Nervensystems kann nun „Reparaturmaßnahmen" vornehmen zur Wiederherstellung der Gesundheit.

Auf Nachfragen bei den Patienten fand ich heraus, dass mein Gesang sie an die Kindheit erinnerte, wo die Mutter oder Großmutter oder ältere Geschwister mit ihnen sangen, was als sehr angenehm empfunden wurde, oder aber, dass sie sich den Gesang der Mutter immer gewünscht hatten, dieser Wunsch aber nie erfüllt wurde. Deshalb kann Gesang oft so heilend wirken.

Manchmal summe ich auch nur eine Melodie, oft eine selbst ausgedachte, mit Tönen, die kommen, wenn ich auf das Energiefeld des Patienten eingeschwungen bin. Das wird eher wie ein Wiegenlied oder Schlaflied erlebt, mit welchem eine ruhige Stimmung erzeugt wird, in der wiederum Heilung stattfinden kann.

4.5.1.1.5.2.2 Heilen mit Stimmen einer Gruppe

Am meisten beeindruckt hat mich in einem schamanischen Seminar mit *Rabia* die Art und Weise, wie sie die Stimmen der Gruppe zu Heilzwecken einsetzte.

Vorgehensweise:

> Die Gruppe bildet einen Kreis, der Kranke kommt in die Mitte. Der Patient erzählt kurz etwas über seine Erkrankung. Alle schließen die Augen und meditieren kurz darüber, dass sie mit dem Höheren Selbst in sich Kontakt aufnehmen wollen, um dem Patienten das geben zu können, was er für seine Heilung benötigt.
> Dann fängt jeder an, den Ton von sich zu geben, der aus ihm herauskommt. Die Person in der Kreismitte dreht sich mit geschlossenen Augen ganz langsam um die eigene Achse und saugt die Töne quasi auf. Das Ganze dauert ungefähr fünf bis zehn Minuten, und das Interessante ist, dass die Töne der Einzelnen von alleine aufhören, wenn sie nicht mehr gebraucht werden und manchmal auch wechseln innerhalb der Sitzung. Danach zieht sich der Kranke zurück, um die Frequenzen in sich wirken zu lassen.

Fallbeispiel 1:

> Wir konnten in dem Seminar mit *Rabia* damals erleben, wie eine Frau größte Mühe hatte, ihren rechten Arm wegen einer Blockade in der Schulter bis zur Stirn zu bewegen. Kämmen konnte sie sich selbst mit der rechten Hand gar nicht.
> Nach dem „Heilkreis" war es ihr möglich, den Arm völlig frei nach oben zu bewegen!

Fallbeispiel 2:

> Meine damals sechzehnjährige Tochter Bianca war seit Monaten so heiser, dass sie zeitweise gar keinen Ton mehr herausbrachte. Wegen der verursachenden Stimmbandknötchen und Stimmlippenpolypen sollte sie sich einer mikrochirurgischen Entfernung unterziehen. Dies ist zwar für die Fachärzte eine Routineoperation, aber das Risiko ist, dass ein Stimmbändchen durchtrennt werden kann, was den Verlust der Stimme nach sich zieht.
> Meine Tochter war verzweifelt, weil sie endlich wieder normal sprechen können wollte, jedoch wollte ich in die Operation nicht einwilligen. Ich bat sie, es mit *Rabias* schamanischen Methoden zu versuchen, weshalb Bianca das Seminar mitmachte.
> Nach ihrer Zeit im Heilkreis fühlte Bianca sich zunächst ganz benommen und zog sich eine Zeitlang in die Natur zurück. Als sie wieder kam, war ein Wunder geschehen: ihre Stimme war so klar wie Monate zuvor nicht, und in den darauffolgenden Tagen heilte die Heiserkeit vollends aus.

Seit dieser Erfahrung habe ich diese Methode hin und wieder in Gruppen angewendet.

4.5.1.1.5.3 Selbstbehandlung mit Musik

Erst im Jahr 2002 Jahr lernte ich von *Thornton Streeter* auf der „European Energy Psychology & Energy Therapies Conference" in Oxford, dass jeder Ton auf der Tonleiter der Frequenz eines Chakras wie folgt entspricht:

Ton	Chakra
do	Wurzelchakra
re	Sexualchakra
mi	Solarplexuschakra
fa	Herzchakra
so	Kehlchakra
la	Stirnchakra
ti	Kronenchakra

Diese Töne werden gesungen, während man sich selbst die entsprechenden Chakren hält. Selbstverständlich kann man dies auch für Andere tun.

In unserer Kultur gibt es viele schöne CDs mit meditativer oder klassischer Musik, die sich teilweise hervorragend zum Entspannen und Heilen eignen. Eine Zeitlang habe ich mich nur auf diese Weise behandelt, wenn ich irgendwelche Schmerzen hatte, von denen ich wusste, dass sie keine ernste Ursache hatten. Ich testete entsprechend der mir zur Verfügung stehenden Zeit (manchmal hatte ich nur fünf oder zehn Minuten in der Pause) meine CDs aus, hörte ein Stück an, und die Schmerzen gingen entweder ganz weg oder ließen nach. Probieren Sie es aus!

4.5.1.1.6 Heilen durch Farbe

Bei der Farb- und Lichttherapie handelt es sich um „das älteste Schwingungsheilverfahren der Welt", welches schon auf Atlantis, den legendären versunkenen Kontinent, zurückgeht. (Dalichow / Booth, S. 19).
Aber auch im alten Ägypten, bei den alten Chinesen, in Indien, im alten Griechenland, bei den Babyloniern, Persern und Tibetern wurde bereits mit Farben geheilt.

Der indische Heiler *Dinshah Ghadiali* vertritt die Auffassung, dass Unwohlsein beim Menschen durch das Fehlen oder durch das übermäßige Vorhandensein einer Farbe zustande komme (vgl. Dalichow / Booth, S.20).
Diese Auffassung wird von den meisten Heilern geteilt, weshalb die entsprechende fehlende Farbfrequenz zugeführt oder eine neutralisierende ins Energiesystem eingebracht wird.

4.5.1.1.6.1 Farbige Stoffe

Auf farbige Kleidungsstücke, zum Beispiel rote Socken zum Erden, und die Kleidung zur Unterstützung der Frequenzänderung im Energiekörper als Reinigungs- und Schutzmaßnahme, bin ich bereits eingegangen (siehe Kapitel 4.4.1.1.1.2 und 4.4.2.1.2).
In der Praxis kommt es öfter vor, dass ich Patienten empfehle, sich morgens vor den Kleiderschrank zu stellen und die Kleidungsstücke von der Farbe her spontan auszuwählen. Diese Farbe ist dann nämlich im Allgemeinen die Schwingung, welche diese Person gerade benötigt.
Außerdem rege ich an, dass sie auf Naturfasern achten, weil synthetische Fasern die Energie nicht gut fließen lassen. Das ist manchmal für die Patienten selbst zu spüren, wenn das Haar durch Polyester und ähnliches tatsächlich zu Berge steht oder es Funken sprüht beim Ausziehen.
Reicht man Menschen, die Synthetik am Körper tragen, die Hand, so bekommt man oftmals einen kleinen elektrischen Schlag zu spüren, weil sich der Energiekörper auf diese Weise von der gestauten Energie entladen muss.

Bei entzündlichen Prozessen im Hals rate ich, einen blauen Schal umzubinden, weil diese Farbe beruhigt und damit die Aktivität nimmt. Blaue Tücher lassen sich auch bei allen anderen entzündlichen Prozessen mit Rötung, Schwellung, Wärmeentwicklung und Schmerzen in anderen Körperteilen auflegen oder umbinden.

Rot regt dagegen an, was bei niedrigem Blutdruck und allgemeiner Energielosigkeit zu empfehlen ist.

4.5.1.1.6.2 Farbige Edelsteine

Natürlich kann man (Edel-)Steine einfach nach ihrer Farbe auswählen und zum Heilen verwenden. Am leichtesten geht das passend zu den Chakrafarben.

Bei den Anasazi habe ich den dort häufig vorkommenden Türkis als d e n Heilstein der Indianer kennen gelernt, weil seine Farbe bei ihnen als d i e Heilfarbe schlechthin gilt, die auch in der Aura von Heilern zu finden ist (siehe letztes Aurafoto im Farbbildteil, Bild Nr. 10).

Im Allgemeinen lasse ich die Patienten selbst den ihnen genehmen Stein auswählen. Ich lege ihn dann auf das farblich passende Chakra, nehme eines meiner Stein-Lexika aus dem Regal und lese vor, was als psychische Komponente zur getroffenen Wahl aufgeschrieben ist. Meistens ist es sowohl für den Patienten als auch für mich verblüffend, wie der Stein zum mitgebrachten Problem passt.

4.5.1.1.6.3 Crystal-Cards

Wie es Kristallkarten speziell zur Reinigung und zum Schutz gibt (siehe Kapitel 4.4.2.1.5 und 4.4.3.1.3), werden andere Farben bei bestimmten Indikationen zu Heilzwecken eingesetzt. (Vgl. Hackl, S. 106ff.)

Außer den sieben Chakra- oder Regenbogenfarben gibt es noch Gold, Silber, Schwarz, Dunkelblau, Limonengrün, Pink, Lavendel, Himmelblau, Türkis, Meergrün, Pfirsich, Magenta und Kupfer.

Zu ihrer Wirkungsweise erklärt *Hackl* folgendes: „Diese Karten arbeiten mit den natürlichen Energien Ihres Körpers und heilen nicht durch sich allein. Sie bringen die natürlichen Energien des Körpers ins Spiel, sie fördern und unterstützen sie, indem sie Ihre eigene natürliche Energie dazu verwenden. Durch die Farbe werden die Organe und die Emotionen wieder in die richtige, ihnen entsprechende Farbschwingung zurückgeführt. Mit Hilfe der pyramidenförmigen Kristalle wird die körpereigene Energie in den erkrankten Körperteil geleitet. Wenn man dabei nicht die korrekt diesem Organ entsprechende Farbe wählt, kann keine vollständige Heilung stattfinden." (Hackl, S. 53)

Deswegen ist es am günstigsten, wenn die Crystal-Cards für die Sitzung oder für den Patienten als „Hausaufgabe" kinesiologisch getestet werden.
Während der Behandlung kann man die Karte gut auf denKörper oder neben das linke Ohr legen.
Zu Hause bringen die Patienten sie an der entsprechenden Körperstelle an oder tragen sie in Kleidungsstücken bei sich (vgl. Edelsteine, Punkt 4.4.3.1.2).

4.5.1.1.6.4 Farbbrillen

Dass man mit Farbe heilen kann, ist Psycho-Kinesiologen und deren Patienten durch die Anwendung von neun verschiedenen Farbbrillen (die sieben Regenbogenfarben sowie Türkis und Magenta) wohl bekannt. Die Brillen werden an verschiedenen Stellen im Behandlungsgang eingesetzt, um den hinter einem Symptom steckenden Unerlösten Seelischen Konflikt (USK) aufzufinden und schließlich am Ursprungszeitpunkt zu entkoppeln.
In der Manebua Schamanischen Psycho-Kinesiologie (MSPK) wende ich die Farbbrillen ebenfalls an, wenn sie testen, um eine bestimmte Farbfrequenz zuzuführen. Das kann zusätzlich zur Arbeit mit den Händen geschehen, um diese zu unterstützen, oder an verschiedenen Stellen im Behandlungsablauf, wenn es einfacher ist, eine Farbbrille zu verwenden anstatt des Energieflusses durch den Körper.
Außerdem ist es gut, wenn der Heiler an Tagen, an denen er selbst nicht so gut „drauf" ist, statt seiner Hände einfach nur Farbbrillen benützen kann.

Manchmal gebe ich Patienten eine Farbbrille als „Hausaufgabe" mit. Ich teste dann aus, wie oft und wie lange die Brille aufgesetzt werden sollte. Um unerwünschte Wirkungen auszuschließen, sollte der Patient sich genau an diese Zeiten halten.

4.5.1.1.6.5 Farbtherapiegeräte

Den PK-Therapeuten ist auch bekannt, dass *Dr. Klinghardt* die Farbbrillen entwickelte als preisgünstigere Möglichkeit statt des Farbtherapiegerätes „Photron", bei dem es zwölf Farbfilter gibt, die in das Gerät eingesteckt werden. Der Patient schaut in den Farbstrahl, so dass die Farbe direkt und sehr schnell über das Auge im Gehirn und auf den Körper wirken kann. Außerdem kann die Frequenz verstellt werden, so dass eine Farbe schnell oder langsam schwingt, entsprechend der Bedürfnisse des Klienten.
Der Psychotherapeut Dr. *Steven Vazquez* aus Texas / USA hat weltweit wahrscheinlich die meiste Erfahrung mit der Arbeit an Patienten mit diesem Gerät. Er gibt regelmäßig Vorträge und Seminare in Deutschland.

Das Nachfolgemodell zum „Photron" ist der „Photon Wave"®. Hier können auch Zwischenfarben gemischt werden, wie es beim „Photron" nicht möglich ist, und so noch exaktere Wirkungen erzielt werden.
Leona Vermeire aus Belgien hat sich um die Weiterentwicklung und Verbreitung des Gerätes verdient gemacht. Auch sie gibt Vorträge, Workshops und Seminare zum Thema Farbtherapie.
Viele Therapeuten wenden dieses Gerät mittlerweile begeistert an und berichten über schnelle, wunderbare Heilungen.

4.5.1.1.6.6 Farbfolien

In der Zeit meiner kinesiologischen Ausbildung habe ich selbstklebende Farbfolien kennen gelernt, die man beliebig schichtweise zusammenkleben und am Körper tragen oder unter Nahrungsmittel, auf geopathische Stellen usw. legen kann, um die Schwingung zu verändern. (Vgl. auch Kapitel 4.4.3.2.1.1 Das Labyrinth von Chartres)

In entsprechenden Seminaren gibt es fertige „Rezepte" für alle möglichen Indikationen, oder der Kinesiologe testet die für den Klienten passende Zusammensetzung individuell aus. Die Farbfolien sind eine echte Alternative für Therapeuten, die nicht mit Heilmitteln, die einzunehmen sind, arbeiten dürfen.

Diese Folien eignen sich sehr gut für die Nacharbeit zu Hause.

4.5.1.1.6.7 Aura Soma Farböle und Essenzen

Über eine Kollegin lernte ich die farbigen Balance Öle, Pomander und Meister-Quintessenzen kennen (siehe Kapitel 4.5.1.1.3.4).
Es sind allesamt natürliche Farbprodukte, deren „Rezepte" zur Herstellung der britischen Apothekerin *Vicky Wall*, die blind war, durch mediale „Durchgaben" vermittelt wurden.

Es gibt inzwischen über hundert Balance Öle, jeweils zwei Farbschichten von Wasser-Öl-Emulsionen in einer hellen Glasflasche, die übereinander stehen, zum Beispiel Blau über Rot.

Sie bestehen aus Pflanzenauszügen, Aromaölen und Gemüse, das ihnen die Leuchtkraft gibt. Auch Edelsteine und Kristalle werden verwendet.

Die jeweilige Flasche wird intuitiv gezogen oder kinesiologisch getestet. In Büchern über Aura Soma kann man die zugehörigen Themen leicht nachlesen und wird meistens entdecken, dass die Beschreibung wunderbar zu den momentanen Problemen passt.

Die Öle werden gegen eine Lichtquelle, am besten natürliches Licht, gehalten und einfach angeschaut, so dass die Farben über den Sehnerv im Gehirn wirken können, oder aber sie werden verschüttet, damit man die Mischfarbe hat. So wird sie üblicherweise an bestimmten Körperstellen eingerieben. Das kann entweder direkt während der Behandlung oder in der Nacharbeit zu Hause geschehen.

Die sogenannten „Pomander" sind einfarbig auf Alkoholbasis hergestellt. Sie haben einen starken Duft und werden zum Schutz, zur Desinfektion und zur Reinigung der Aura eingesetzt, indem einige Tropfen auf die Hände eingerieben und dann in die Aura „eingefächelt" werden.

Die Meister-Quintessenzen haben Pastellfarben und entsprechen den Frequenzen von „Persönlichkeiten" aus der alten Geschichte, eben „Aufgestiegenen Meistern", zum Beispiel „Lao-Tse". Wie die Pomander haben sie spezielle Düfte und verschaffen „Zugang zu den Archetypen, den Urbildern der menschlichen Psyche" (Dalichow / Booth, S. 293). Sie werden auf die gleiche Weise benützt wie die Pomander, allerdings werden sie in die Innenseite der Handgelenke ein- und diese dann aneinandergerieben, bevor sie „eingefächelt" werden.

4.5.1.1.6.8 IUG Farbessenzen

Als Alchemist stellt *Dr. Ghyssaert* in seinem Labor „IUG"-Farbessenzen her, welche die Frequenz der jeweiligen Farbe enthalten. Bei deren Produktion berücksichtigt er den Stand der Planeten und die Nummerologie (Zahlenkunde), um den optimalen Zeitpunkt für die Herstellung herausfinden zu können. Die IUG Essenzen werden hergestellt, indem ausgewählte Mineralien in Form von Edelsteinen und Kristallen in Wasser gegeben werden, wobei ein Gebet verrichtet wird.

Diese Essenzen werden eingenommen oder eingerieben oder einfach in einem kleinen Fläschchen am Körper, zum Beispiel in der Hosentasche, getragen und sind dadurch sehr einfach zu benützen.

Dr. Ghyssaert stellt auch Farballianzen her, das heißt, es gibt Mischfarben wie Rotorange oder Gelbgrün oder auch Farben gemischt mit den Frequenzen anderer Substanzen, beispielsweise Venus-Indigo-Été-Rhutenium.
Diese Allianzen sind von der Handhabung her leichter anzuwenden als wenn zum Beispiel zwei Farbbrillen übereinandergesetzt oder verschiedene Farbfolien übereinander geklebt werden müssen, um einen Mischeffekt zu erzielen.

4.5.1.1.6.9 Unicorn Essenzen

Das „neue" Zeitalter, in dem wir uns befinden, in welchem es um die Entwicklung zur Spiritualität geht, braucht neue Essenzen mit höherer Schwingung.
Deshalb werden die australischen Unicorn Essenzen hergestellt. Es gibt zum Beispiel die sieben Chakrafarben als Farbtinkturen. Sie werden – entsprechend ihrem Namen – für die Chakren verwendet, üblicherweise durch Einreiben an den entsprechenden Stellen.
Zusätzlich gibt es fünf weitere Chakraessenzen, weil in verschiedenen Beschreibungen Hellsichtiger von der Existenz von zwölf Chakren ausgegangen wird. Ihre Farben sind Magenta, Rosa, Türkis, Gold und Silber.

Ferner produziert Unicorn 12 Lichtstrahlenessenzen, 11 Karma Licht Essenzen, 17 Special Light und 5 kosmische Essenzen.
Um deren energetische Muster integrieren zu können, wird nach dem Verreiben der Essenzen in den Händen zuerst ihr Duft eingeatmet und dann für einige Minuten eine Lichtvisualisierung durchgeführt.

Außerdem existieren 82 Harmonie Öle, die den Balance Ölen von Aura Soma ähneln und nach dem Verschütteln körperlich aufgetragen werden.

Die Unicorn Produkte werden üblicherweise in Esoterikläden angeboten.

4.5.1.2 Heilen durch „feinstoffliche" Mittel

Letzten Endes wird Heilung immer durch Schwingungen bewirkt, die von dem jeweils benützten Hilfsmittel (Stein, Essenz etc.) ausgehen und damit das Energiefeld ins Gleichgewicht bringen. Der durch die Frequenzen abgegebene Impuls regt die Selbstheilungskräfte des Patienten an.
Kuby schreibt dazu: „Unter Medizinern, egal, ob Ärzte oder Heilpraktiker, wird anerkannt, dass der Mensch sich letztlich nur selbst heilen kann. Die Frage ist lediglich, welche Methoden eingesetzt werden, um diesen Selbstheilungsprozess auszulösen." (Kuby, S. 308)

Die bisher beschriebenen Substanzen sind alle noch „physischer" Art, und für das Glaubenssystem vieler Patienten ist es leichter, damit einzusteigen. Es ist mittlerweile bekannt, dass die Wirkung eines Heilmittels stark vom kollektiven Glauben abhängt. *Kuby* hat sich damit auseinander gesetzt: „Das Problem beim Glauben ist: Man kann nicht alles glauben, was man gerne glauben möchte, denn das Gehirn spielt nur in einem gewissen gesellschaftlich anerkannten Rahmen mit – weil der allgemeine Glaube, was falsch und richtig ist oder was wirksam und nicht wirksam ist, so viele Male stärker ist als der individuelle Glaube." (Kuby, S. 308f.)

Hat sich durch Behandlungserfolge und andere Erfahrungen das Bewusstsein erweitert, werden von den Klienten immer mehr Frequenzen von weniger stofflicher Art akzeptiert, wie ich sie im Folgenden erläutere.

4.5.1.2.1 Heilen mit Schwingungsgeräten

In der heutigen Zeit technischer Geräte gibt es immer mehr „Schwingungsmedizin", indem bestimmte heilende Frequenzen in Maschinen „eingebaut" werden. Oft ist es die spiegelbildliche Frequenz der Erkrankung, zum Beispiel Borreliose, die mittels des Gerätes dem Patienten „aufgeschwungen" wird und so die Erkrankung zum Schwinden bringt.

Die Ärztin *Jean Monro* und der Elektrophysiker *Cyril W. Smith* aus England konnten mit ihren Experimenten zeigen, dass elektrische und magnetische Felder eine regulierende Wirkung auf die Schwingungen des Körpers haben können und dass diese Felder sogar Substanzen spezifisch ersetzen können. (Vgl. Bischof, S. 309)

Prof. Smith fand darüber hinaus durch Versuche an Allergikern heraus, „dass selbst eine geschlossene, nur mit Wasser gefüllte Glasampulle wirksam war, sobald sie einem Magnetfeld derjenigen Frequenzen ausgesetzt worden war, die beim betreffenden Patienten die allergische Reaktion neutralisiert hatte." (Bischof, S. 310)

Auf diese Weise arbeiten alle Bioresonanzverfahren und ähnliche Methoden. Viele Patienten können diese Art der Behandlung gut akzeptieren, weil ein Gerät zu sehen ist, auch wenn es „nur" Schwingungen abgibt, die vom Heiler auch über die Hände abgegeben werden können.

Beim Einsatz dieser Geräte gebe ich zu bedenken, dass dabei der Mensch als Therapeut, der sich dem Kranken zuwendet, weitgehend fehlt. Denn die meisten Geräte stehen in irgendwelchen Kabinen, und der Patient wird dort alleine an das Gerät gesetzt, allenfalls begleitet von einer Sprechstundenhilfe.
Es gibt jedoch Untersuchungen, dass es die Zuwendung einer Person ist, die in erster Linie Heilung bewirkt, die gleichzeitig auch „Zeuge" ist für das, was der Mensch erlebt hat, und wovon er in einer Behandlung erzählen kann. Auch *Bischof* spricht in diesem Zusammenhang von „der bloßen Anwesenheit eines vertrauenerweckenden Menschen" (Bischof, S. 311).

Aus diesem Grund wird ein Heiler nur in Ausnahmefällen Geräte benützen, zum Beispiel, wenn er erkennt, dass er sich selbst gerade nicht auf der Höhe seiner Leistungsfähigkeit befindet und eine energetische Behandlung mit den Händen ihm eventuell Schaden zufügen könnte durch Aufnehmen „kranker" Schwingungen des Patienten.
Andernfalls wird er sich wegen der menschlichen Zuwendung gegen den Einsatz eines Gerätes aussprechen.

4.5.1.2.2 Heilen mit Homöopathie

Das Prinzip in der Homöopathie nach *Samuel Hahnemann* lautet „similia similibus curentur" (Ähnliches soll durch Ähnliches geheilt werden) und entspricht damit dem in den Kapiteln 2.5.1.1.8 und 3.2.1.2 vorgestellten Resonanzphänomen.
In der Homöopathie wird eine Fehlinformation durch eine spiegelverkehrte Schwingung ausgeglichen (wie bei den Schwingungsgeräten), tritt damit also in Resonanz mit der Ausstrahlung des Energiefelds einer Person.
„Je besser die Übereinstimmung der Frequenzkomposition des Arzneimittels mit der Frequenzverteilung der Dysregulation ist, ... umso wirksamer hilft das Mittel. Es kommt also nicht auf die Menge, sondern auf die Resonanzabstimmung an. Aus diesem Grund sind „Hochpotenzen" nach dem Simileprinzip am besten geeignet." (Bischof, S. 306f.).

Solche homöopathischen Hochpotenzen sind vielfache Verdünnungen des eigentlichen Ausgangsstoffes, die durch rhythmische Verschüttelung (heutzutage meistens maschinell) hergestellt werden. Dadurch erhöht sich die „potentielle Information" gegenüber der „aktuellen Information" im Medikament. Das heißt, „höhere Potenzen sprechen direkt die

Informationsbasis des Organismus an. Sie bewirken die ganzheitliche Einregulierung der Störungen auf jener Ebene, auf der die Ursache der Symptome und organischen Leiden liegt" (Bischof, S. 307).
Prof. Popp konnte nämlich zeigen, dass die Homöopathie auf das Biophotonenfeld einwirkt und deshalb besonders erfolgreich heilt, weil sie damit Regulationsstörungen beseitigt. (Vgl. Bischof, S. 306)

Viele Heiler benützen Homöopathie zur Unterstützung des energetischen Heilens mit den Händen, weil besonders die Hochpotenzen ebenso hohe Schwingungen aufweisen wie die Heilenergie, welche durch den Heiler hindurchfließt, und dabei schonender ist für den Behandler.

In den letzten Jahren hat die „Kreative Homöopathie" von *Antonie Peppler*, die mit Höchstpotenzen, zum Beispiel C 1.000.000, C 100.000 oder C 10.000 arbeitet, Einzug gehalten in die Psycho-Kinesiologie (PK) und Manebua Schamanische Psycho-Kinesiologie (MSPK). Vor allem Impfblockaden, die ein Weiterkommen mit anderen Mitteln verhindern, können so durchbrochen werden, aber auch alle anderen Arten von Blockaden.
Antonie Peppler hat eigens für die den einzelnen Organen in *Dr. Klinghardts* Gefühlsmandala zugeordneten Emotionen die passenden Homöopathika herausgefunden (Peppler, S.6ff.).

Ein solches Mittel kann während der Behandlung über die Hände des Heilers in das Energiefeld eingeschwungen oder zur weiteren Unterstützung zu Hause eingenommen werden. Bisweilen genügt es auch, wenn das Mittel in einem Glasröhrchen am Körper getragen wird, damit es von da seine heilende Frequenz abgeben kann.

4.5.1.2.3 Bewusstes Atmen

Atem ist Leben; aber du kannst Angst davor haben, lebendig zu sein, auch sexuell lebendig zu sein, und du hörst auf, voll zu atmen. Viele Menschen atmen nicht voll und tief, manchmal schon ihr ganzes Leben lang. Und das heißt, sie können nicht „voll" leben, das Leben nicht voll und ganz nehmen (wie *Bert Hellinger* es ausdrückt). Wie kommt das zustande?

Im Folgenden fasse ich aus meinen Seminarmitschriften bei *Jeru Kabbal* zusammen:

Das Atmen hat die Funktion, Sauerstoff in den Organismus aufzunehmen und Kohlenstoff als Abfallprodukt abzugeben. Je voller und tiefer geatmet wird, umso besser werden die Zellen mit Sauerstoff versorgt, umso besser können sie arbeiten.
Gleichzeitig bauen wir mit dem Atmen unser Energiefeld auf, dehnen uns aus und bekommen dadurch viel Energie.
Wenn ein Kind aber gelernt hat, dass es seine Energie nicht so stark ausweiten darf, sondern immer etwas zurückhalten muss, damit es nicht zu „wild" wird und stört, fängt es an, flacher zu atmen.
Vielleicht hat das flache Atmen aber sogar schon viel früher angefangen, nämlich bei der Geburt. Flache Atmung ist ein Zeichen von Angst, und sollte ein Neugeborenes, das ins Leben „geschlagen" wird, wie es in unserer Kultur häufig der Fall ist, nicht erst einmal Angst bekommen vor dem Leben und dem, was ihm da begegnet?
Der erste Atemzug ist schmerzhaft, weil die zarten Lungenbläschen sich erst einmal entfalten und mit Sauerstoff füllen müssen. Wenn das Neugeborene „einen Klaps bekommt", damit es atmet, geschieht der erste Atemzug in Panik, so dass er schmerzt, weil die Lunge vorher ja noch nicht benützt wurde. Diese Erfahrung und das Thema „Luft holen" prägen sich tief in

das Unterbewusstsein ein, was zeitlebens eine flache Atmung zur Folge haben kann, aus Angst vor dem erneuten Schmerz beim Atmen.
Der „Klaps" erfolgt in unserer Kultur meist deshalb, weil nicht genug Vertrauen und Geduld vorhanden ist zu warten, bis das Baby seinen ersten Atemzug ganz von alleine tut. Stattdessen wird die Nabelschnur oft zu früh durchgeschnitten, schon bevor sie auspulsiert hat. Für das Neugeborene ist das so, als würde es ersticken, weshalb es schnell und angstvoll nach Luft schnappt – und weshalb viele Menschen ihr Leben lang schnell und angstvoll nach Luft schnappen.

Ein weiterer Entstehungszeitraum für das zu flache Atmen kann mit der Zeit der Sauberkeitserziehung in unserer Kultur zusammenhängen. Wenn das Kind zu früh auf das Töpfchen trainiert wird, ohne dass das zur Schließmuskulatur gehörende Nervensystem ausgereift ist, und weil es über das Gehirn den Impuls noch gar nicht geben kann, muss sich der ganze Unterleib zusammenziehen. Das hat für das ganze Leben einen angespannten Bauch zur Folge, der volles und tiefes Atmen verhindert.

In unserer Gesellschaft lernen wir meist schon als Kinder, dass es besser ist, Gefühle zu unterdrücken. Entsprechende Redewendungen drücken das aus: „Ein Indianer kennt keinen Schmerz"; „Freu' dich nicht zu früh, das dicke Ende kommt noch nach" usw. Du lernst, „atme nicht so tief, sonst spürst du deine Gefühle, sonst fühlst du das Leben". Also atmen wir nicht so tief (vgl. Kabbal 1, S. 23). Denn nur durch flaches Atmen können die Gefühle im Bauch unten bleiben und „zugedeckelt" werden. Bei vollem und tiefem Atmen steigen die Emotionen aus dem Bauch herauf, was wir lieber vermeiden.

Genauso wird sexuelle Energie durch flaches Atmen unterdrückt, weil wir meistens als Kind erfahren haben, dass wir diese nicht haben dürfen. Besonders den Frauen wird traditionell sexuelle Aktivität untersagt. Durch volles und tiefes Atmen können wir unsere sexuellen Bedürfnisse spüren und lernen, diese zu leben.

Aus Gründen der guten Durchblutung aller Muskeln und Organe und optimalen Versorgung der Zellen mit Sauerstoff sollten wir überhaupt lernen, (wieder) voll und tief zu atmen. Denn „der Atem ist wie Ebbe und Flut, er bewegt die verschiedenen Dimensionen von Körper, Geist und Seele. Durch ihn lässt sich zum Ursprung vordringen." (Malin, S. 149).

Dann kann der Atem auch therapeutisch eingesetzt werden:

Im Yoga wird zum Beispiel bewusst geatmet und der Atem unter Kontrolle gebracht. Mittels Konzentration wird er in bestimmte Körperteile geleitet. Hat jemand Schmerzen – wie während der Geburtswehen -, so kann der Atem in die entsprechende Körperregion geschickt werden, was diese entspannt, während im Schmerz oft der Atem angehalten wird, wodurch zusätzliche Anspannung eintritt.

Atmen geschieht immer im Hier und Jetzt; ich kann nicht gestern atmen und nicht morgen, sondern immer nur in diesem Augenblick. Deshalb verbindet der Atem mit dem Moment, mit dem Hier und Jetzt. Je mehr ich mich auf den Atem konzentriere, umso mehr kann ich die Wirklichkeit dieses Augenblicks wahrnehmen und erkennen, wo das Unterbewusstsein sich mit Erinnerungen aus der Vergangenheit beschäftigt, die absolut nichts mit der gegenwärtigen Realität zu tun haben. Die Assoziationen mit früheren Ereignissen wollen mir aber vorgaukeln, dass gerade jetzt etwas „gefährlich" ist. Durch die daraus resultierende Angst gibt es sowohl psychische als auch physische Reaktionen, die durch bewusstes Atmen einzudämmen sind, weil es aus den Erinnerungen herausholt.

Bringen wir als Therapeuten den Patienten bei, voll und tief zu atmen, so werden zunächst unterdrückte Gefühle und Erinnerungen aus dem Unterbewusstsein frei gesetzt. Sie bedürfen häufig der therapeutischen Unterstützung, damit der Patient diese Gefühle loslassen und sich von den „alten Geschichten" befreien kann.
Gleichzeitig lernt der Patient, die Wirklichkeit mit allen fünf Sinnen wahrzunehmen, das, was ihn gerade umgibt. Je mehr er Erinnerung und Realität voneinander trennen kann, umso angstfreier wird er. Dann kann bereits ein voller und tiefer Atemzug ihn wieder in die Gegenwart bringen, heraus aus den Erinnerungen und Assoziationen.

Durch das bewusste Atmen wird außerdem die gesamte Aura gestärkt, und der physische Körper bekommt genügend Sauerstoff in die Zellen, so dass schon durch bloßes Atmen Heilung bewirkt werden kann.

Es gibt außer der in den Kapiteln 4.4.1.1.2.1 und 4.4.2.2.2 beschriebenen Atemmeditation des „Quantum Light Breath" QLB und den dort beschriebenen Übungen zum bewussten Atmen noch einige weitere Atemübungen, die ich von der Schamanin *Rabia* lernte und hier weitergeben möchte.

Übung 1: Vergangenheit loslassen:

Der Patient denkt an das, was er gerne loslassen möchte. Er dreht den Kopf nach links und atmet dabei tief ein. Dann bewegt er den Kopf auf der Horizontlinie zügig nach rechts, wobei er geräuschvoll ausatmet. Dies wiederholt er so oft (circa zehn Mal), bis er Erleichterung verspürt.

Übung 2: Yoga Atmung:

Daumen und Zeigefinger werden an die beiden Nasenflügel gelegt. Der eine Nasenflügel wird mit dem Daumen gedrückt, so dass durch dieses Nasenloch keine Luft strömen kann. Durch das andere Nasenloch wird eingeatmet. Dann wird das Nasenloch unter dem Daumen frei gemacht, damit durch dieses ausgeatmet werden kann, während das andere mit dem Zeigefinger zugehalten wird. Durch das gleiche Nasenloch, durch das ausgeatmet wurde, wird wieder eingeatmet und durch das andere aus, immer im Wechsel, ungefähr eine Minute oder länger.

Übung 3: Erreichen eines veränderten Bewusstseinszustandes:

Ungefähr eine Minute schnell und flach durch die Nase ein- und ausatmen. Augen dabei schließen. Auf diese Weise kommt man leichter an unbewusstes Material heran, wenn anschließend eine Therapiesitzung stattfindet. Diese Atmungsart hat im Gehirn eine bewusstseinserweiternde Wirkung (etwa wie „Schnüffeln").

Viele weitere Atemübungen werden unter dem Stichwort „Atemtherapie", zum Beispiel nach *Prof. Ilse Middendorf*, gelehrt, die alle eine gesund erhaltende oder heilungsunterstützende Wirkung haben.

Der Schamane benützt seinen eigenen Atem als Heilmittel für den Patienten, indem er beispielsweise dessen durch ein Trauma abgespaltenen Teil des Energiekörpers wieder zurückholt und dem Patienten durch tiefes Ausatmen vom Kopf bis hinunter zu den Füßen „einbläst", so dass der Teil sich wieder mit dem übrigen Energiekörper verbindet.

Genauso geht er vor nach der Reinigung der Aura. Damit sie sauber bleibt und geschützt ist, wird mit dem eigenen Atem die Energie von etwas Neuem, Positivem eingeblasen, zum Beispiel ein Symbol oder ein Krafttier. Das gilt vor allem dann, wenn Fremdenergien entfernt wurden, damit der bisher davon eingenommene Raum aufgefüllt wird, um der erneuten Anhaftung einer Fremdenergie vorzubeugen.

4.5.1.2.3.1 Farbatmung

Die Schamanen benützen gern die Imaginationsfähigkeit ihrer Patienten im Heilungsritual, indem sich der Patient seinen Atem in einer bestimmten Farbe vorstellt („Farbatmung"), die er je nach Farb-„Temperatur" über die Füße oder den Kopf einatmet.
„Warme Farben werden durch die Fußsohlen emporgehoben, während kühle Farben durch den Kopf hinabgezogen und wie eine lindernde Dusche über die betroffene „Pforte" (entspricht dem Chakra, Anm. der Autorin) und das erkrankte Organ geleitet werden." (Summer Rain, S. 285). Dabei muss die Himmelsrichtung einbezogen werden: *„Warme Farben bedeuten, dass der Patient die* Füße, *kühle Farben, dass er den* Kopf *nach der entsprechenden Raumkoordinate ausrichten soll. ...* Bei Grün ist es dem Patienten freigestellt, ob er Kopf oder Füße in die angegebene Richtung legt, da diese Farbe horizontal durch die Leibesmitte hereingezogen wird." (Summer Rain, S. 285)
Je nach Körperregion, in der sich ein Symptom zeigt, kann in der Vorstellung farbiges Licht zu Heilzwecken hingeatmet werden.

4.5.1.2.4 Heilen durch Symbole

Im Schamanismus gibt es archetypische Symbole, „die im Bewusstsein des >Sehenden< bildlich wahrgenommen (werden). Sie erscheinen als Strudel, Wirbel, Spiralen oder Mandalas – symbolische Archetypen der schamanischen Transformation, die auch in unterschiedlichsten Kulturen als Pforte in die andere Welt visuell umgesetzt worden sind." (Rosenbohm, S.154)
Hierbei haben Symbole die übergeordnete Bedeutung nicht nur von körperlicher, sondern speziell von seelischer Heilung, von Übergang in eine andere Welt im Sterbeprozess und somit eine spirituelle Komponente. Sie drückt sich auch in Zeichnungen und Gemälden aus, die Darstellungen in Form eines Tunnels mit hellgleißendem Licht am Ende zeigen.
Bei den Indianerschamanen werden Symbole verwendet, die als „Totem" bezeichnet werden. Dies sind meistens Tiere, zum Beispiel Pferd, Wolf, Schildkröte, Bison, Eule, denen ihrem Wesen nach eine bestimmte Heilkraft zugesprochen wird. Bei den Anasazi habe ich zum Beispiel den „Piper" als Glückssymbol kennen gelernt, eine Flöte spielende Heuschrecke.
Das jeweilige Tier, das einer Erkrankung zugeordnet ist, wird vom Patienten visualisiert. „Zum einen symbolisiert das angegebene Tier den bestimmten Grad von Aggressivität oder Sanftheit, den die jeweilige Behandlung erfordert. Dann wird auch das Totem selbst visualisiert, wie es die erkrankten Zellen auffrisst oder den unerwünschten Zustand hinwegträgt. Sie sollten sich vorstellen, dass das Tier die Krankheit bekämpft – und besiegt." (Summer Rain, S. 283).

Eine moderne Form dieser Arbeit habe ich im „Bochumer Gesundheitstraining für Allergiker" kennen gelernt, einer Weiterentwicklung der Imaginationstherapie von *Simonton und Matthews-Simonton* für Krebspatienten. Ein Teil mit dem Thema „Abwehrsystem" besteht daraus, eigene Symbole zu finden, die ein gut funktionierendes Abwehrsystem darstellen, welches durch Visualisation die Allergene sanft, aber erfolgreich ausschaltet.

Da Symbole auf der Vierten Ebene wirken, habe ich schon erlebt, dass mit ihnen ein Unerlöster Seelischer Konflikt (USK), der auf dieser Ebene entstand, entkoppelt werden kann. Dazu lasse ich den Patienten im Allgemeinen ein zum Thema passendes Symbol finden und bin über seine Wahl oft erstaunt. Dieses Symbol lasse ich so lange visualisieren (wenigstens 33 Sekunden), bis der Muskeltest eine Veränderung zeigt, die oft im Yin Zustand endet.

Manchmal muss ich auch ein ausgetestetes Symbol verwenden, das meist aus einer einfachen geometrischen Form (Kreis, Dreieck, Quadrat) besteht, dem der Patient eine Farbe gibt. In verschiedenen Kinesiologiekursen habe ich eine Sammlung davon auf Papier erworben.

Bei den Indianern werden als vorrangige Symbole neben den Totems der Kreis, das Quadrat, das gleichseitige Dreieck und der Sichelmond verwendet. „Die Figuren symbolisieren die vier Elemente... Der Kreis steht für das Element Luft, das Dreieck für Feuer, das Quadrat für Erde und der Sichelmond für Wasser." (Ondruschka, S. 27)

Der Kreis ist dabei das wichtigste Symbol, wie der Oglala Sioux *Black Elk* beschreibt (Übersetzung der Autorin):
„Du hast bemerkt, dass alles, was ein Indianer macht, einen Kreis ergibt, und zwar deshalb, weil die Kraft der Welt immer in Kreisen arbeitet, und alles versucht, rund zu sein.... Der Himmel ist rund, und ich habe gehört, dass die Erde rund ist wie eine Kugel, und dass alle Gestirne es sind. In seiner größten Stärke wirbelt der Wind rundherum. Vögel bauen ihr Nest im Kreis, denn ihre Religion ist die gleiche wie unsere..... Selbst die Jahreszeiten bilden in ihrem Wechsel einen großen Kreis und kommen immer dahin zurück, wo sie vorher waren. Das Leben eines Menschen ist ein Kreis von Kindheit zu Kindheit, und so ist es in allem, wo die Kraft sich bewegt." (Black Elk, in: McFadden, S. 15)

Lisa Malin zeigt eine Zuordnung von Symbolen zu den Fünf Elementen:
Das Quadrat gehört zum Geruchssinn, entspricht dem Element Erde und verkörpert Zufriedenheit, aber auch Stagnation.
Die nach oben gebogene Mondsichel, die auf dem „Rücken" zu liegen scheint, gehört zum Geschmackssinn und zum Element Wasser, „möchte nach unten fließen und sich somit zusammenziehen" (Malin, S. 69).
Das gleichseitige Dreieck mit horizontaler Grundlinie steht für das Feuerelement und das Sehen. Es „möchte sich ausdehnen und damit verzehren." (Malin, S. 69)
Der Kreis entspricht dem Luftelement und dem Tastsinn und bedeutet, dass jemand „sich ständig an einen anderen Ort begeben und demnach in Beziehung mit etwas Anderem treten" möchte (Malin, S. 69).
Das eiförmige Oval gehört zum Element Äther mit dem Gehör und verkörpert den Raum, in dem die anderen vier Elemente wirken.

Sofern es eine Beschreibung zu einem Symbol gibt, das der Patient benötigt, lese ich sie ihm während der Behandlung vor. Ist das nicht der Fall, gehe ich nicht weiter auf die Form ein.

Bisweilen ist es nötig, dass der Klient das ausgetestete Symbol selbst auf Papier oder in die Luft zeichnet. Aus der Lernpsychologie weiß man, dass Gelerntes durch die Eigentätigkeit am besten behalten wird, weil das Sehen, Hören und Tun miteinander die höchste Behaltensquote erzielen. Deshalb versuche ich auch in der Therapie, alle drei Sinne miteinander einzubeziehen, um die Einstellungen des Unterbewusstseins schnell und anhaltend verändern zu können.

Fallbeispiel:

> Einmal habe ich erlebt, dass ein Patient zum Entkoppeln eines USK unter dem Stichwort „Symbol" eine viereckige bunte Kerze brauchte, die in meiner Praxis steht. Ich wunderte mich sehr darüber und schaute auf den Boden der Kerze, ob ich einen Hinweis finden würde, warum gerade dieser Gegenstand benötigt wurde. Dort stand der Herkunftsort drauf: Tansania / Afrika – das Land, in dem der Patient eine Zeitlang zu Hause war, was mit dem in der Behandlung aufgedeckten USK zu tun hatte!

4.5.1.2.5 Heilen durch Traumarbeit

Träume sind äußerst wichtig im Leben eines Menschen, weil nicht eine Nacht vergeht, ohne dass nicht wenigstens *ein* in sich abgeschlossener Traum vorkommt. Träumen ist das Werkzeug des Unterbewusstseins, uns zu zeigen, womit es sich beschäftigt, was ihm Probleme macht, für die es uns auf seine Weise Lösungsmöglichkeiten bietet. Wissenschaftler haben durch Beobachten von Probanden in Schlaflabors herausgefunden, dass das Träumen überwiegend in der sogenannten REM- (Rapid Eye Movements) -Phase geschieht, die durch rasche, ruckartige Augenbewegungen gekennzeichnet ist. Die aktivste Traumphase findet gegen drei Uhr morgens statt.

Bei den Indianern bietet das Erinnern von Träumen eine wichtige Möglichkeit zu erkennen, durch welche negativen Gedanken, Einstellungen und Emotionen wir unserer Weiterentwicklung im Weg stehen, was bei Nicht-Beachtung zu physischen Erkrankungen führt.

Träume geben wichtige Hinweise auf mögliche Lösungen unserer Probleme, die unseren Körper und unsere Psyche „vergiften". *Summer Rain* führt aus, dass „das Gegengift gegen diese psychischen Toxine darin besteht, auf der Grundlage der aus der Traumdeutung gewonnenen Hinweise geeignete Korrekturen an sich, seinem Verhalten und seinem Innenleben vorzunehmen." (Summer Rain, S. 382)
Das Wichtigste dabei ist, die in den Träumen vorkommenden Symbole richtig zu deuten, was immer nur individuell möglich ist. Allerdings gibt es bei den Indianern vier Hauptarten von Träumen, die entsprechend der vorkommenden Symbole Folgendes aussagen:

Symbol	*Bedeutungsbereich*
Erde	physisch
Luft	mental
Feuer	emotional
Wasser	spirituell (Summer Rain, S. 383)

Zusätzlich können andere vorkommende Zeichen in seriösen Traumdeutungsbüchern oder Lexika der Symbole nachgelesen werden, damit Ideen für die individuelle Deutung kommen. (Vgl. Cooper, Feyler)

Zu Beginn ist zum Entschlüsseln der Träume möglicherweise professionelle therapeutische Hilfe nötig, aber nach einiger Zeit der Beschäftigung mit den eigenen Träumen ist die Traumdeutung ein wichtiges Mittel, Probleme aus eigener Kraft lösen zu können.

In der Psycho-Kinesiologie nach *Dr. Klinghardt*® (PK) kam ich durch den Arzt *Dr. Frank Liebke* schon 1994 an die Methode der Traumarbeit heran. Er zeigte in einem PK II – Seminar sehr eindrücklich, wie er statt der von *Dietrich Klinghardt* entwickelten Möglichkeiten der Entkopplung von Unerlösten Seelischen Konflikten (USK) den Patienten auf die Vierte Ebene begleitet. In einer Traumreise, die zum USK führt, findet der Patient selbst die Ursache und die Lösung für sein Problem. Der Therapeut leitet die imaginäre Reise einfühlsam im Wechsel zwischen „Pacing" und „Leading" (Folgen und Führen).

Hat man erst einmal seine wichtigen Träume erkannt, weil sie sich wiederholen oder als Albträume zeigen, so genügt es, mit der Erinnerung an den Traum in die PK-Sitzung oder Arbeit mit Manebua Schamanische PK (MSPK) einzusteigen.

Dr. Liebke gab wichtige Tipps für die Traumarbeit, die ich mit denen von *Mary Summer Rain* und meinen eigenen Erfahrungen hier kombiniere:

1. Legen Sie für sich ein Traumtagebuch an, das seinen Platz zusammen mit einem Stift direkt neben ihrem Bett hat.
2. Nehmen Sie sich vor dem Einschlafen vor, sich an Ihren Traum zu erinnern. Bitten Sie um Unterstützung dafür durch Ihr Unterbewusstsein, Ihr Höheres Selbst oder einen Traumengel.
3. Zwingen Sie sich dazu, wenn Sie mitten in der Nacht aus einem Traum erwachen, das Licht anzumachen und den Traum sofort aufzuschreiben – sonst haben Sie ihn bis zum Morgen wieder vergessen.
4. Datieren Sie Ihre Träume, damit Sie auch später noch rückblickend Zusammenhänge erkennen können, um in Ihrer Traumdeutung weiter zu kommen.
5. Wenn Sie trotz der täglichen Bitte um das Erinnern eines Traumes glauben, nicht zu träumen, dann stellen Sie sich Ihren Wecker auf drei Uhr morgens – er holt Sie ziemlich sicher mitten aus einem Traum heraus.
6. Wenn Sie nur Bruchstücke eines Traums erinnern, dann schreiben Sie diese auf. Im Lauf der Zeit kann aus den Bruchstücken die ganze Geschichte entstehen.
7. Kaufen Sie sich ein gutes Traumdeutungsbuch und lesen Sie nach, ob etwas davon bei Ihnen „anklingt"; das ist dann eine wichtige Spur zur Analyse Ihres Traums.
8. Danken Sie Ihrem Unterbewusstsein, Höheren Selbst oder Traumengel, dass es / er Sie einen Traum erinnern ließ.
9. Je mehr Sie Ihr Bewusstsein erweitern, um so eher werden Sie auch in der Lage sein, Ihre Träume zu analysieren und entsprechend darauf reagieren zu können.

Wenn Sie diese Ratschläge befolgen, werden Sie erleben, was *Mary Summer Rain* so ausdrückt: „Träume versetzen den Träumenden in ein pulsierendes Universum ganz neuer Wirklichkeiten. Sie offenbaren unschätzbare Informationen, anhand deren wir, durch Anwendung der richtigen Methoden, unsere Alltagsprobleme lösen und innere Führung erhalten können, die uns zu einem bewussteren und erfüllteren Leben leitet." (Summer Rain, S. 382f.)

4.5.1.2.6 Heilen durch Meditation

„Echte Meditation" hat *Dr. Dietrich Klinghardt* in seinem Vertikalen Heilmodell auf der Ebene des Seelenkörpers angesiedelt. Das heißt, über Meditation kann direkt die Einheit mit Allem erfahren werden. Durch diese Gotteserfahrung ist Heilung möglich, die jenseits des Rationalen stattfindet. Richtig ist, dass der Mensch nur selbst dort hinkommen kann, dass kein Heiler ihn auf diese Ebene zu heben vermag. Der Therapeut kann aber durch geführte

Meditationen, auch in Meditationsgruppen, mit dem Patienten üben, so dass das Meditieren für ihn dann auch alleine leicht durchzuführen ist.

Was aber ist „Echte Meditation"?

Im Lexikon steht unter dem Stichwort „Meditation":
„1) Nachdenken, Versenkung.
2) Übung der seel. Entspannung" (Meyers, S. 435).

Ursprünglich stammt das Wort vom Lateinischen „meditari", und bedeutet „nachdenken; in die Mitte gehen".
Das Nachdenken praktizieren wir im Alltag ständig, das „Hamsterrad" läuft immer, so dass es in der Meditation um die zweite Bedeutung des Wortes geht, das Nachdenken einzustellen und eher in einen Zustand zu kommen, in dem der Geist frei ist von Gedanken. Dies gelingt, indem man sich auf den Atem konzentriert, während die Gedanken, die ankommen, wie eine Wolke weiterziehen dürfen.
Um „in die Mitte zu gehen", muss man erst einmal erfahren haben, wo die eigene „Mitte" eigentlich sitzt. (Ich lasse mir von Patienten öfter spontan zeigen, wo sie ihre Mitte spüren.) Dann kann diese Mitte durch eine ganz einfache Übung erfahren werden:

Übung 1:

Die Person legt beide Hände aufeinander oder die Fingerspitzen nebeneinander auf die Gegend, die sie als ihre „Mitte" empfindet. Sie spricht laut oder leise den Satz aus: „Ich bin ganz in meiner Mitte", achtet dabei auf den Atem und spürt die Hände oder Fingerspitzen auf dem Körper. Sehr schnell tritt dann eine Beruhigung und Entspannung ein.

Chögyam Trungpa, der große Lehrer des tibetischen Buddhismus, sagt zum Thema Meditation folgendes:
„Meditation hat nichts damit zu tun, dass man Ekstase, spirituelles Entzücken oder Ruhe erreicht. Auch nichts mit dem Versuch, ein besserer Mensch zu werden. Meditation heißt einfach, einen Raum zu schaffen, in dem wir fähig sind, unsere neurotischen Spiele zu entlarven und aufzulösen, unseren Selbstbetrug, unsere versteckten Ängste und Hoffnungen." (Dahlichow / Booth, S. 64)

Bei meinem Lehrer *Jeru Kabbal* habe ich Meditation so erlebt, dass ich in eine innere Versenkung gehen kann, in der ich mich auf den Atem konzentriere, obwohl um mich herum zum Beispiel eine Gruppe laut Musik spielt und tanzt. Das heißt, wirklich bei sich selbst bleiben, sich nicht von äußeren Dingen ablenken lassen. Dadurch geschieht die im oben zitierten Lexikon unter 2) genannte seelische Entspannung von alleine. Anspannung bedeutet Angst, und Entspannung heißt, frei sein von Angst. Dieser Zustand ist eben in der „Echten Meditation" erfahrbar, weil in der „Mitte" keine Angst vorhanden ist, sondern tiefes Vertrauen ins Leben. (So wie es in der Mitte, im „Auge" eines Hurricans vollkommen ruhig ist.)
Meditation wurde wissenschaftlich erforscht über das EEG (Elektroenzephalogramm), mit dem die Gehirnaktionsströme eines Menschen aufgezeichnet werden.

Bischof schreibt dazu: „Im EEG kommen im Wesentlichen vier unterschiedliche Typen von Wellenformen vor, die sich hauptsächlich durch die Frequenz unterscheiden: Deltawellen (0.5-3.5 Hertz), Thetawellen (4-7 Hertz), Alphawellen (8-13 Hertz) und Betawellen (14-30

Hertz). ... Tatsächlich wird in Zuständen tiefer Entspannung, in der Meditation usw. die Dominanz der schnellen Betawellen des Alltags von einer Koexistenz mit den langsameren und längeren Alphawellen abgelöst. Yogis und Mystiker in höchster Versenkung zeigen im EEG neben stark verlangsamter Alphaaktivität auch noch Thetawellen, die nur noch von den im Tiefschlaf auftretenden Deltawellen an Langwelligkeit übertroffen werden. Meditation kann, wie *Popp* schreibt, „als eine Art Kohärenztherapie im langwelligen Bereich unseres Photonenfeldes aufgefasst werden. Nachweislich erhöht sie die Kohärenz unserer Gehirnwellen und führt möglicherweise zu einer Erweiterung unseres Bewusstseins." ... Meditation und ekstatische und kreative Zustände sind Zustände maximaler kohärenter Synchronisation, in denen Betawellen, die für einen aktiven Austausch mit der Umwelt charakteristisch sind, und Alphawellen, die eine Art „Leerlauf des Gehirns" und „reiner Offenheit" anzeigen, sowie Thetawellen ausgewogen koexistieren. In einem Zustand „luzider Wachheit", wie er sich beispielsweise häufig bei Heilern während ihrer Tätigkeit einstellt, treten zudem alle drei Wellenbänder symmetrisch in beiden Hirnhälften auf. Gleichzeitig synchronisieren sich beim Heilen auch die Gehirnwellen von Heiler und Patient." (Bischof, S. 280f.)

Damit ist klar, dass Meditation heilend wirken kann, weil der Meditierende in einen tiefen Ruhezustand gelangt, in dem „Reparaturmaßnahmen" im Physischen Körper über den Parasympathikus vorgenommen werden können. Geht der Heiler in diesen Zustand, so gleicht sich das Gehirn des Patienten an und kann dadurch ebenfalls in den Heilprozess eintreten.

Es gibt viele unterschiedliche meditative Richtungen, die in Kursen und Seminaren angeboten werden, von der Transzendentalen Meditation über die Kundalini Meditation bis zur Atemmeditation. Dabei gibt es dynamische und stille Meditationen beziehungsweise Meditationsabschnitte.

Das Ziel ist immer das gleiche: den Geist beruhigen, damit die Gedankenmaschinerie zum Stillstand kommt; denn Heilung ist normalerweise nicht im aktiven Zustand, in dem der Sympathikus vorherrscht, möglich, sondern nur im parasympathischen Ruhezustand.

Hat man die für sich selbst passende Meditationsart herausgefunden, so bietet sie eine echte Hilfe zur Selbsthilfe an, was letztlich das Ziel allen therapeutischen Vorgehens sein sollte. Es ist schließlich niemals der Therapeut, der jemanden heilt. Dieser kann nur Mittler sein zwischen dem Patienten und höheren Ebenen, so lange der Patient noch nicht selbst dahin gelangt. Der Therapeut gibt nur die Impulse, damit die unendlichen Selbstheilungskräfte des Menschen zur Entfaltung kommen können.

4.5.1.2.6.1 Farbmeditationen

Den meditativen Umgang mit Farbe habe ich in geführten Meditationen erlebt, in denen ich in verschiedenfarbige Räume entsprechend den Chakrafarben geführt wurde, die teilweise aus Heilsteinen entsprechender Farben bestanden.
Eine solche Farbmeditation habe ich im Anhang unter Kapitel 10.5 aufgeschrieben.

Es gibt auch Meditationen, in denen die Chakren in ihrer Farbe und Drehrichtung visualisiert werden (siehe Kapitel 10.4).

Entsprechend der Körperstelle eines Symptoms kann sich der Patient zur Unterstützung farbiges Licht vorstellen, wenn ihm dies möglich ist. Berücksichtigt werden sollte dabei, dass Blau beruhigt und Rot anregt. So könnte in eine überaktive Schilddrüse Blau hinein meditiert werden, während man in eine Niere mit verringerter Leistung imaginativ Rot einbringen würde.

Auch auf diese Weise sind Heilungen über die höheren Ebenen bis in den Physischen Körper hinunter möglich.

4.5.1.2.7 Heilen durch die Hände

Wenn unsere Chakren geöffnet sind und die Energie ungehindert fließen kann, sind wir verbunden von oben bis unten, und wir haben Zugriff zur gesamten Energie unserer Aura bis in die höchsten Regionen der „göttlichen Energie". Diese „göttliche Energie" ist Heilenergie, die im Universum vorhanden ist, und mit deren Hilfe jedes Lebewesen auch ohne Behandler von selbst wieder gesund werden kann.

In dem Moment, wo eine „bewusste" Person diese Heilenergie in sich hinein- und durch sich hindurchfließen lassen kann, ist es ihr möglich, diese auch zu verwenden, um Anderen damit Heilung zu geben.

Kok Sui empfiehlt dabei Folgendes: „die Erfahrung hat gezeigt, dass Heilungsprozesse wesentlich günstiger verlaufen, wenn sie von Gebeten begleitet sind."(Choa 3, S. 112). Allerdings warnt er gleichzeitig: „Da eine von Gebeten begleitete Heilbehandlung außerordentlich stark wirkt, müssen sehr Energie geladene Heiler darauf achten, dass sie den Patienten nicht überenergetisieren."(Choa 3, S. 113).
Dies würde bedeuten, dass der Patient sich nach der Behandlung schlechter fühlt, weil zu viel Veränderung auf einmal angeregt wurde, die mental, emotional und / oder physisch (noch) nicht umgesetzt werden kann.
Durch die Austestung mit Manebua Schamanische Psycho-Kinesiologie (MSPK) kommt es äußerst selten zu dieser Verschlechterung.

In den Kapiteln 4.5.1.2.8 Heilen durch die geistige Welt sowie 3.4.1.1 Gebet und Meditation gehe ich näher auf das Thema Gebet ein.

Das energetische Heilen läuft bei den meisten Heilern über die Hände ab.

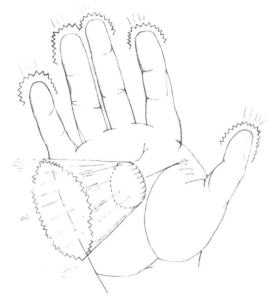

Heilen über das Handchakra und die Fingerkuppenchakren

Auf diese Weise können Körperorgane oder kranke Körperstellen, Meridiane und Chakren sowie Stauungen, Lecks und Löcher in der Aura behandelt werden.
Das bedeutet, dass sowohl der Physische Körper direkt durch Handauflegen als auch das Energiefeld ohne Berühren des Physischen Körpers positiv beeinflusst werden können.

Das Interessante dabei ist, dass der Heiler offensichtlich der Mittler ist zwischen den hohen Frequenzen des Universums und den Schwingungen, die der Patient jeweils für seine Heilung benötigt. Das heißt, dass die verschiedensten Frequenzen durch den Heiler hindurchkommen, die zum Beispiel der Schwingung eines Edelsteins, eines homöopathischen Mittels oder eines Tons entsprechen können.
Damit ist ein Heiler oft völlig unabhängig von Hilfsmitteln, weil die passende Schwingung über seinen Körper abgegeben wird. Dies scheint umso besser zu funktionieren, je weiter er sich selbst entwickelt hat.

Dadurch sammelt jeder energetisch arbeitende Therapeut auch seine eigenen Erfahrungen, wie er vorgehen muss, um Heilung zu bewirken. Es gibt aber auch Heiler, die ihre Erkenntnisse aufgeschrieben haben und auf diesem Weg weitergeben oder Seminare anbieten, damit die Heilenergie effektiv eingesetzt werden kann (zum Beispiel Barbara Ann Brennan, Rosalyn Bruyere, Dr. Steven Vazquez).

Über die Behandlungsdauer insgesamt lässt sich nichts Genaues sagen; denn je nachdem, wie gut ein Patient auf die gegebenen Frequenzen anspricht, reicht manchmal eine einzige Sitzung aus, und manchmal ist nach zehn Sitzungen noch kein großer Erfolg zu sehen. Diese Tatsache ist nicht anders als bei jeder schulmedizinischen oder physiotherapeutischen Behandlung, beispielsweise mit Medikamenten, Krankengymnastik und Bädern.

4.5.1.2.8 Heilen durch die geistige Welt

An dieser Stelle möchte ich eine schamanische „Absichtserklärung" abdrucken, die ich ebenfalls von den Indianern in USA erhalten habe. Sie zielt darauf ab, eine Öffnung zur Fünften Ebene zu bewirken, damit die geistige Welt ihre „Arbeit" leicht tun kann. Diese Absichtserklärung sollte rituell laut ausgesprochen werden, möglichst unter Anwesenheit von mindestens einem Zeugen:

„Als weises und liebendes Wesen aus Licht und Güte befreie ich mich JETZT von meiner Vergangenheit und allen selbst auferlegten Beschränkungen und gehe freudig meiner Zukunft entgegen.
Ich bin fest mit der Erde verwurzelt, und mein Herz und mein Körper sind erfüllt von Goldenem Licht. Ich bin mir meiner Gefühle, die ich JETZT hinter mir lassen will, vollkommen gewahr, und lasse los, was meiner Seele, dem Licht und dem großen Ganzen nicht mehr dient.
Ich bedanke mich bei meiner Vergangenheit und vergebe mir selbst und allen Anderen für jeglichen Schmerz, den ich bereitet habe, oder den Andere irgendeinem Lebewesen zugefügt haben.
JETZT erkenne ich alles, was in mir noch verborgen ist, und was mich blockiert, den „Himmel auf Erden" zu haben. Das Verborgene ist JETZT bereit, in das Goldene Licht meiner bewussten Wahrnehmung zu treten, um transformiert zu werden.
Mit Rechtschaffenheit und Demut fordere ich JETZT meine angeborene Magie an. Ich akzeptiere bedingungslos meine Verantwortung, im Einklang mit dem universellen göttlichen Willen meinen Herzenswunsch, nämlich Heilung auf allen Ebenen, zu erfüllen und inneren Frieden sowie Friede auf Erden herzustellen. Ich mache das auf eine Weise, die für alle Lebewesen harmlos ist und zugleich von größtmöglichem Vorteil für meine Fähigkeiten. Diese Verantwortung beinhaltet, den freien Willen Anderer zu achten.
Ich weiß, dass ALLES MÖGLICH IST, und aus diesem Wissen kommt meine magische Kraft.
Ich weiß, dass eine Neuschöpfung möglich ist, wenn sie mit den Wünschen meiner Seele gleich schwingt.
Mein wacher Geist erweitere sich um all jene Fähigkeiten, die jemandem mit einem begrenzten Bewusstsein als magisch erscheinen.
Ich nehme JETZT alles, was ich bin, und alles, was ich fühle, vollkommen an.
JETZT vertraue ich mich im Sein und im Leben vollkommen meiner göttlichen Magie an.

ICH BIN JETZT BEREIT UND GEWILLT, ALLE WUNDER IN MEINEM LEBEN ZU EMPFANGEN!
ALLES IST MÖGLICH!
SO SEI ES!"

Laut den Indianerschamanen ist diese Absichtserklärung die Voraussetzung dafür, dass eine Bewusstseinserweiterung stattfindet, um die geistige Welt durch diese Person hindurch arbeiten zu lassen. Die betreffende Person ist dann nur noch „Kanal", Medium, das auf der Physischen Ebene Tätigkeiten vornimmt, zum Beispiel die Hände bei einem Patienten auflegt, während die Geistwesen energetisch wirken.
Mit dem spirituellen Bewusstsein eines Heilers geht einher, dass er weiß, dass er niemals einen Patienten selbst heilen kann, sondern dass bei jeder Behandlung Geistwesen im Raum sind, die durch ihn hindurch arbeiten oder ihm zumindest zur Seite stehen.

Da sich durch die spirituelle Entwicklung die Wahrnehmung erweitert, kann der Heiler diese Wesen im Lauf der Zeit oft sehen oder spüren. So lernt er differenzieren, welches Geistwesen mit welchen „Fachkenntnissen" gerade hier ist.
Praktisch kann sich das so zeigen, dass zum Beispiel an einem Praxistag alle Patienten irgendwelche Homöopathika zur Unterstützung brauchen, an einem anderen Tag sind es immer Aura Soma Produkte, an einem dritten Tag testen ständig Edelsteine usw.

Von daher ist der Schritt nicht weit, ein Geistwesen oder den oder die anwesenden Engel zu bitten, helfend einzugreifen, wenn eine Behandlung schwierig ist. Der Heiler ruft dazu das Geistwesen für den Patienten an.
Es kommt immer wieder vor, dass ein Patient sich auf Grund seiner Erkrankung an einen Heiler wendet, ohne dass er selbst ein ausgeprägtes spirituelles Bewusstsein hat. Für dessen Akzeptanz ist es leichter, wenn der Therapeut dieses „Anrufen" still tut.
Da der Patient sich dem Behandler anvertraut hat, ist dies ein akzeptierter Weg, während sonst in der Engelwelt gilt, dass der Patient selbst um Hilfe bitten muss, damit sein freier Wille und seine Wahlmöglichkeit gewahrt bleiben.

Mit diesem Weg habe ich selbst in der Praxis wunderbare Erfahrungen gemacht. Hier ein Fallbeispiel:

> Eine Patientin, Asthmatikerin, bekommt in einer Behandlung mit Manebua Schamanische PK wieder einmal einen Asthmaanfall - wie in jeder Behandlung. Sie hat das Gefühl, eine Art Hundehalsband ganz eng um den Hals zu haben.
> Ich bitte sie zu visualisieren, wie sie das Halsband selbst lösen könne. Es ist aber so eng, dass sie das Gefühl hat, dass nicht einmal ihre Fingerkuppe zwischen Hals und Band Platz hat, um es anfassen zu können.
> Da bitte ich im Stillen, aber inbrünstig, die Engel mögen hier helfend eingreifen.
> Kaum habe ich die Bitte ausgesprochen, fasst die Patientin sich mit einer Geste des Wegnehmens an den Hals und meint, jetzt sei es plötzlich ganz leicht gegangen.
> Ihre Atmung normalisiert sich sofort wieder, und das Asthma ist weg!

Ein Weg, dorthin zu kommen, dass der regelmäßige Kontakt zu Engeln vorhanden ist und zur richtigen Zeit auch wirken kann, ist das Gebet. Dieses schließt tiefe Dankbarkeit für a l l e Erlebnisse und Erfahrungen im Leben ein, indem sie als notwendig für die Weiterentwicklung der Seele angesehen werden.

Im Gebet spricht der Heiler intensiv mit der geistigen Welt und kann auch Fragen stellen, deren Antwort er hört, sieht oder spürt. Das Beten bietet die Möglichkeit, ständig in Kontakt zu bleiben mit der Fünften Ebene und wird deshalb auch angewandt, während die Energie über die Hände zum Patienten fließt (oder alchemistische Mittel hergestellt werden).

Im Gebet übt der Heiler auch Dankbarkeit, die nicht nur im Kopf stattfinden darf, sondern tief im Innern gefühlt werden kann. Es ist keine Dankbarkeit für außerordentlich große, besondere Dinge, sondern vielmehr die Dankbarkeit für die kleinen, selbstverständlichen Dinge des Alltags: dass ich ein Dach über dem Kopf habe und eine Heizung, damit ich nicht frieren muss; dass ich fließendes Wasser, sogar warmes, habe, wenn ich den Hahn aufdrehe; dass ich genug zu essen und zu trinken habe; dass ich diverse Geräte und ein Fortbewegungsmittel habe, die mir den Alltag erleichtern; dass ich mit meiner Arbeit Menschen helfen kann und dafür Geld bekomme; dass es den Sonnenschein, den Regen, den Wind gibt, die alles Leben ermöglichen; ein Dankeschön für den heutigen Tag und den vergangenen und für alles, was

da geschieht oder geschehen ist, weil ich daraus lernen kann und sich meine Seele damit weiter entwickelt; ...
Es gibt täglich tausend Dinge, um der Existenz zu danken!

Dankbarkeit lässt die Gedankenmaschinerie still stehen und Personen sowie Ereignisse in einem neuen Licht erfahren. Groll kann verschwinden und stattdessen Liebe ins Leben fließen. In dem Maße, wo diese Sichtweise möglich ist, erweitert sich das Bewusstsein und damit die Kommunikationsmöglichkeit mit den höheren Ebenen.
Dankbarkeit ist eines der wichtigsten „Instrumente", das der Therapeut dem Patienten als Hilfe zur Selbsthilfe beibringen kann.

4.5.1.2.9 Heilen durch Zurückholen von Seelenanteilen

In einem Trauma, sei es psychisch durch eine schwere Verletzung der Seele oder physisch durch einen Unfall oder eine Operation, spaltet sich ein Teil des Energiekörpers ab. (Vgl. Kapitel 1.2.3.3.1 Seelenrückholung)
Dies sollte eigentlich eine „Notfallmaßnahme" sein, bis die Seele erkennt, dass der Physische Körper unversehrt ist oder aber wieder heilen kann, und er für sie weiterhin ihr „Wohnhaus" sein wird. Dann sollte dieser Teil wieder zum Energiekörper zurückkehren.

Oft scheint dieser Anteil aber zu misstrauen, ob er wirklich unbeschadet zurückgehen kann, oder die Heilung des Physischen Körpers dauert so lange, dass er sich schon an das „Draußen sein" gewöhnt hat. Oder er bleibt außerhalb, damit der Mensch trotz des schlimmen Erlebnisses weiterleben kann ohne den zugehörigen Schmerz spüren zu müssen. Denn dieser tritt ein, sobald der abgespaltene Teil sich wieder an den Energiekörper „ankoppelt".
Allerdings ist diese Person mit „Dissoziationen" nie wieder im vollen Besitz ihrer ursprünglichen Kraft und Stärke und ist daher oft äußerst sensibel und anfällig für Erkrankungen aller Art. Umso schlimmer ist es, wenn wiederholte oder zahlreiche Traumen im Leben eines Patienten passiert sind.

Der Schamane sucht allein oder mit dem Patienten zusammen den verlorenen Seelenanteil und macht dadurch das oft vergessene traumatische Erlebnis bewusst. Er oder beide bitten den abgespaltenen Teil, wieder zum übrigen Energiekörper zurückzukehren, damit die Ganzheit wieder hergestellt werden kann. Unter Atmen und „Einblasen" sowie rituellen Bewegungen, die für das Unbewusste sehr eindrucksvoll sind, wird der dissoziierte Teil integriert.

Manchmal sind Seelenanteile auch bei früheren Partnern oder verstorbenen Angehörigen geblieben. (Hier ist wieder die Parallele zu den Familienaufstellungen nach *Hellinger* zu sehen, wo solche Tatsachen durch die phänomenologische Arbeit aufgedeckt werden). Sie werden auf die gleiche Weise zurückgeholt, wobei der Dank für alles, was der Patient durch die andere Person erfahren hat, nicht vergessen wird.

Nach *Dr. Klinghardt* werden Seelenanteile, die sich in einem Trauma entfernt haben, durch die Mentalfeldtherapie nach *Dr. Klinghardt* (MFT)® zurückgeholt. Das geschieht durch eine Klopfakupressur von verschiedenen Akupunkturpunkten beziehungsweise ganzen Linien mit zusätzlichem Aussprechen von Freimachenden Glaubenssätzen.

4.5.2 Geistheilen – Fernheilungen

Was ist unter Geistheilen zu verstehen?

Wenn man daran denkt, dass jedes Lebewesen eine Aura hat, durch deren Eigenstrahlung der Organismus ständig über seinen Zustand informiert (vgl. Kapitel 3.2.1.2 Resonanzphänomen), dann ist es auch möglich, eine Art kontaktlose Botschaft zu übermitteln, wie dies in der Telepathie geschieht (vgl. Sheldrakes Forschungen).

Auf diesem Weg von Energiekörper zu Energiekörper lässt sich Heilenergie „senden", so dass Fernheilungen möglich werden, auch über Hunderte oder Tausende von Kilometern hinweg.

Von „Geistheilen" spricht man also, wenn ein Heiler auf dem geistigen Weg Kontakt mit einem Menschen aufnimmt, genauer gesagt, mit dessen Energiekörper, und herausfindet, was dieser braucht, um gesund zu werden. Dann kann der Heiler die entsprechenden Frequenzen an die Stellen des Patienten schicken, die Unterstützung brauchen, indem er sie visualisiert.

Kennt der Behandler den Patienten, so ist es das Einfachste, wenn er an diesen denkt, während er die Heilenergie sendet.
Handelt es sich um einen unbekannten Menschen, ist es notwendig, ein Foto von ihm zu haben, über welches die Heilenergie geschickt wird. In Fällen von fehlendem Foto kann stattdessen auch ein persönlicher Gegenstand einer Person verwendet werden, der ihre Energie an sich hat.
Vor einigen Jahren habe ich eine Beraterin kennengelernt, die nur über die Schwingung des Vor- und Zunamens einer Person etwas über deren Eigenschaften, derzeitigen Problemen und Lösungsmöglichkeiten aussagen konnte.

Ich habe auch schon erlebt, dass eine Fernheilung funktionierte, indem eine anwesende Person an eine abwesende Person dachte, und über die anwesende Person die Heilenergie weitergegeben werden konnte.

Der Heiler *Choa Kok Sui* schreibt in seinem Buch auch über „Massenheilung", bei der die göttliche Heilenergie vom Heiler auf eine Gruppe von Menschen im Saal ausgestrahlt wird. (Vgl. Choa 2, S. 347)

Genauso funktioniert Massenfernheilung, indem die Fotos der Menschen, die Heilung benötigen, im Zimmer des Heilers aufgestellt werden. Er gibt einen genauen Zeitpunkt an, an welchem die Fernheilung stattfindet. In dieser Zeit von ungefähr fünf Minuten Dauer sollen die Patienten sich entspannen und eine bestimmte „Affirmation zur Erhöhung der Empfänglichkeit still oder hörbar" wiederholen (Choa 2, S. 348), während der Heiler die göttliche Energie über die Fotos, die er „bestrahlt", zu den Menschen fließen lässt.

Wann ist Fernheilen zu verwenden?

Christine Schenk gibt folgende Antwort: „Energiearbeit, Fernheilung oder der Gebrauch von Techniken mit Energiesenden sind dann zu verwenden, wenn der Energiekörper-Organismus auf eine Art und Weise erkrankt ist, wo er sich nicht mehr selbst regenerieren kann." (Schenk 2, S. 236)

Ich halte es im Allgemeinen so, dass ich Anrufern, die ich kenne, Energie senden kann. Dazu teste ich aus, ob sie die göttliche Energie auf den ganzen Körper projiziert brauchen oder auf ein bestimmtes Organ, eine bestimmte Körperstelle am Physischen oder Energiekörper oder auf ein Chakra. Dann muss ich mich genau auf die Person und die ausgetestete Stelle konzentrieren, damit die Energie am Zielort wirklich ankommt. Bitten und Beten während der Energieübertragung sind eine Selbstverständlichkeit.

Noch lieber ist es mir allerdings, wenn ich den Patienten „Hilfe zur Selbsthilfe" anbieten kann, indem ich sie frage, welche Ideen sie selbst haben, was zu tun ist, oder indem ich für sie Hilfsmittel, die sie zu Hause haben oder sich einfach besorgen können, austeste. Damit habe ich sehr gute Erfahrungen gemacht, weil der Patient nicht passiv bleibt und dem Therapeuten die Verantwortung für sein Vorankommen überträgt, sondern selbst aktiv an seiner Heilung mitarbeitet.

Manchmal geschieht eine Fernheilung auch unabsichtlich, wie in folgendem Fall:

Fallbeispiel:

> Ein Sohn schickte an seine Mutter über Handy folgende SMS:
> „Hi Mama. Meine Warze ist über Nacht verschwunden. Gib mir doch mal ne alternative Deutung „warum". Danke." (Geschrieben am 25.07.03)
> Die Sache war ganz „einfach". Die Mutter bekam am Tag vorher eine systemische psychokinesiologische Behandlung, die eine Heilung im Energiekörper der Mutter bewirkte. Diese wirkte sich sofort auf den Energiekörper des Sohnes und über Nacht auf dessen Physischen Körper aus. Das heißt, dass die Kommunikation zwischen Mutter und Sohn in Form von emotionaler Telepathie gerade funktionierte (vgl. Kapitel 3.2.1.3 Kommunikation über morphogenetische Felder - Telepathie) und dass ein Stress, der von der Mutter innerhalb der dissipativen Strukturen (vgl. Kapitel 2.4 Der Vierte oder Intuitive Körper) an den Sohn übergegangen war, sich durch die Behandlung aufgelöst hatte.

Aus diesem Grund plädiere ich dafür, dass sich immer die Eltern behandeln lassen sollten, wenn ein Kind krank ist oder sie Beziehungsschwierigkeiten mit diesem Kind haben. Denn Kinder sind meistens nur die Symptomträger der Eltern. Lösen diese ihre Probleme, dann werden automatisch die Probleme der Kinder mit gelöst.
Natürlich verweigere ich nicht die Behandlung eines Kindes, wenn dieses in die Sprechstunde gebracht wird. Denn über dieses Kind bekomme ich oft das Elternteil oder die Eltern dazu, sich selbst behandeln zu lassen.
Die schönste Heilung geschieht dann, wenn ganze Familien, manchmal drei Generationen, zu Sitzungen kommen, weil sich die Behandlung eines Familienmitglieds positiv auf alle anderen auswirkt, da sie alle offener und empfänglicher werden durch ihre eigenen Heilbehandlungen.

5. Qualifikationen des Therapeuten für das Arbeiten auf Energieebene

Was der Indianer Großvater sagt, gilt nicht nur für den Patienten, sondern ganz speziell auch für den Heiler:
„Du bist der Kern, umhüllt von Energie aus dem Universum. Du musst nur dafür sorgen, dass der Kern nicht zu faulen beginnt. Wenn du viel Alkohol trinkst oder Drogen nimmst, dann setzt du diesen Fäulnisprozess in Gang. Der Körper wird anfällig für Krankheiten. ... Je fauler aber der Kern ist, desto dünner die Hülle, die ihn umgibt. Der Mensch wird anfällig für Krebs, Magengeschwüre und viele andere Krankheiten." (Buzzi, S. 65f.)

Das Wichtigste ist, dass der Heiler selbst auf allen Ebenen gesund bleibt, damit er „rein" ist und reine Energie weitergeben kann.
Damit die „göttliche Energie" ungehindert durch ihn hindurchfließen kann, ist es erforderlich, dass er selbst möglichst keine Blockaden mehr hat. Das heißt, er muss seine Themen auf den verschiedenen Ebenen bearbeitet haben und so leben, dass er sich mit allen Fünf Körpern gesund erhält. Dann kann sich die Energie frei durch alle Ebenen hindurch spielerisch bewegen.

Wenn wir die Energie fließen lassen können, sind wir verbunden von unten nach oben und von oben nach unten, das heißt, wir bekommen die Energie, die aus der Erde nach oben fließt und die Energie aus den oberen Ebenen, die nach unten geht. In dem Moment, wo dieser Energiekreislauf funktioniert, haben wir Zugriff zur gesamten Energie, man kann sagen zur heilenden „göttlichen Energie", die im Universum vorhanden ist.
In dem Moment, wo ich diese Heilenergie in mich hineinfließen und durch mich hindurch arbeiten lassen kann, bin ich auch in der Lage, anderen damit Behandlungen zu geben. Und das läuft bei den meisten Heilern über die Hände ab.

Was zur Gesunderhaltung der Fünf Körper gehört, soll in den nächsten Kapiteln ausführlicher erläutert werden.

5.1 Gesunderhaltung des Physischen Körpers

Zur Gesunderhaltung des Physischen Körpers gehört die Zufuhr von gesunden Nahrungsmitteln und gutem Wasser sowie eventuell die Ergänzung durch Supplemente (Vitamine, Mineralstoffe, Spurenelemente) und anderen Stoffen, um eine ausgewogene Biochemie zu haben.
Außerdem ist guter, ausreichender Schlaf von Bedeutung sowie regelmäßige körperliche Bewegung; - und das Wichtigste: Spaß und Freude am Leben haben!

5.1.1 Gesunde Ernährung

Dem Physischen Körper wird die Energie hauptsächlich durch Nahrung zugeführt. Ist die Natur „Mensch" im „chemischen Gleichgewicht" durch die Zufuhr der richtigen Nahrungsmittel im richtigen Mengenverhältnis, so bedeutet das physische Gesundheit. (Vgl. Summer Rain, S. 92) "Das für den menschlichen Organismus ideale Mengenverhältnis ist fünfzehn Prozent Säure und fünfundachtzig Prozent Base." (Summer Rain, S. 93)

Dieses Gleichgewicht wird gestört, wenn wir zu viel Säure bildende und zu wenig Basen bildende Nahrungsmittel zu uns nehmen. Denn „ein Überschuss an Säure im Organismus verursacht die verschiedensten physischen Störungen und macht den Körper namentlich für Erkältungskrankheiten und grippale Infekte anfällig." (Summer Rain, S. 92).

Ein spiritueller Therapeut muss aber keineswegs Vegetarier sein: „Spiritualität hat nichts mit Vegetarismus zu tun. Unsere kosmischen Brüder haben gelehrt, dass der Mensch durch eine fleischlose Diät um keinen Deut durchgeistigter wird und dass Fisch und Geflügel ausgezeichnete, für unseren Organismus wie geschaffene Proteinlieferanten sind." (Summer Rain, S. 97).

Wichtig ist jedoch, dass die Nahrungsmittel aus kontrolliert-biologischem Anbau stammen und in der näheren Umgebung des Wohnortes wachsen; denn „einheimische landwirtschaftliche Erzeugnisse helfen dem Körper, eine natürliche Immunität gegen spezifische pflanzliche und chemische Allergene der betreffenden Region aufzubauen" (Summer Rain, S. 98).
Diese Produkte sollten natürlich gereift sein: „Obst und Gemüse, das in unreifem Zustand gepflückt wird, hat nicht ausreichend Zeit gehabt, alle notwendigen Nährstoffe aus der Pflanze und dem Erdboden aufzunehmen." (Summer Rain, S. 98).

Künstliche Farb-, Konservierungs- und andere Zusatzstoffe sind zu meiden, weil ihnen eine krebserregende Wirkung nachgesagt wird.

Der Heiler sollte auch möglichst wenig Süßigkeiten essen, weil Zucker sauer verstoffwechselt wird.

Mary Summer Rain gibt noch weitere Tipps zur Mischung und Zubereitung von Speisen, die man in ihrem Buch, in dem sie das „alte" Wissen der Indianer weitergibt, nachlesen kann. (Vgl. Summer Rain, S. 92-154).

Ein weiterer Aspekt ist die Einstellung des Heilers gegenüber der Nahrung. Sie sollte schön angerichtet werden; denn „die Augen essen mit" sagt eine alte Redewendung. *Barbara Ann Brennan* empfiehlt: „Essen Sie mit Achtsamkeit. ... Machen Sie sich bewusst, wie das Essen von Ihrem Körper aufgenommen wird, dass es sie nährt, Ihnen Energie gibt und Ihre Zellen erneuert. Kauen Sie, schmecken Sie, und vor allem freuen Sie sich an der Fülle, die uns die Erde schenkt. Machen Sie einmal das Experiment, die Nahrung nach dem Schlucken auf ihrem Weg durch den Körper zu verfolgen." (Brennan 1, S. 427).

Im „Clarity Process® nach *Jeru Kabbal*" wird Dankbarkeit geübt für alles auf dem Teller, für die Personen (Gärtner, Transporteur, Verkäufer, Koch, ...) und die Dinge (Erde, Regen, Sonne, Wind, ...), die daran beteiligt waren, dass jetzt das fertige Essen auf dem Teller ist. Diese Haltung entspricht der von Indianern und anderen Naturvölkern, welche der Mutter Erde für alles, was sie ihnen gibt, danken, und nur so viel nehmen, wie sie momentan benötigen. (Vgl. Kapitel 2.5.1.1.21 Das Gesetz des Dankens)

5.1.2 Nahrungsergänzung

Immer wieder höre ich, insbesondere von Menschen, die in den USA leben, dass unsere Nahrungsmittel heutzutage nicht mehr den gewünschten Gehalt an Vitaminen, Mineralstoffen und Spurenelementen haben, die der Körper braucht.
Das liegt an der Manipulation von Böden und Saatgut (beispielsweise durch Einsatz von Hybriden) und daran, wie mit dem Anbau umgegangen wird (durch Einsatz von Dünger, Pestizide und Fungizide). (Vgl. Schmitz, S. 19f.)
Schmitz führt aus: „Wenn unsere Nahrung also nicht in einem lebendigen Boden gewachsen ist, dann ist sie verarmt. Genau auf dieses Fehlen von Leben reagiert unser Körper mit der Allergie." (Schmitz, S. 20)
Deshalb aber „mehr Geld für Nahrungsergänzungsmittel (Vitamine, Mineralien) auszugeben als für Nahrung" (Schmitz, S. 20), scheint mir ebenso wie dem Verfasser des Artikels nicht der richtige Weg zu sein.

Auch *Dr. Barbara Hendel* und *Peter Ferreira* stellen die Frage, wenn zum Beispiel fehlendes Kalzium durch eine Kalziumtablette ersetzt wird, „ob unser Körper überhaupt in der Lage ist, dieses isolierte anorganische Kalzium in Form eines Präparats aufzunehmen." (Hendel / Ferreira, S. 19)

Sie führen weiter aus: „Das Kalzium aus der Tablette wird zwar zum Teil vom Körper aufgenommen und auch im Blut nachweisbar, kann aber auf Grund seiner grobstofflichen, anorganischen Form nicht in die Zelle gelangen. Was aber nicht in die Zelle gelangt, kann auch nicht verstoffwechselt werden und ist somit für den Organismus wertlos." (Hendel / Ferreira, S. 19)

Eine einzige Karotte könnte die Kalziumtabletten ersetzen; denn „der Körper kann Mineralien nur in ihrer organischen oder ional-kolloidalen Form in die Zelle aufnehmen" (Hendel / Ferreira, S. 19).

Als Lösung gibt es daher nur ein Zurück zu „lebendigen" Nahrungsmitteln, wirklichen „Lebens"-Mitteln, bei denen es nicht um die Quantität, sondern um die Qualität der enthaltenen Substanzen geht. Damit ist ein Nahrungsmittel nicht nur von den materiell nachweisbaren Inhalten her wichtig (biochemisch betrachtet), sondern vor allem von der enthaltenen Energie her (biophysikalische Betrachtungsweise), welche die Lebendigkeit der Nahrung ausmacht. (Vgl. Hendel / Ferreira, S. 21)

Wasser und Salz gelten als „Bausteine allen Lebens" (Hendel / Ferreira, S. 83), weshalb ich mich diesen Stoffen näher widmen will.

5.1.3 Gesundes Wasser

Wie wichtig Wasser für das Leben ist, zeigen folgende Statements:

Der menschliche Körper besteht zu etwa siebzig Prozent aus Wasser. Ungefähr zwei Drittel davon befinden sich im Intrazellulärraum und circa ein Drittel im Extrazellulärraum. (Vgl. Pschyrembel, S. 1805)

„Wasser durchdringt jede Körperzelle und ermöglicht erst die Kommunikation der unterschiedlichen Zellverbände. Wasser regelt alle Funktionen des Organismus, wie zum Beispiel Körperaufbau, Stoffwechsel, Verdauung, Herzkreislauf-Funktion und vieles mehr. Wasser ist aber auch für unser Bewusstsein verantwortlich und macht unsere Denkvorgänge, Gefühle und Stimmungslagen erst möglich. Das Wasser ist der Träger aller körperlichen und geistigen Informationen." (Hendel / Ferreira, S. 45)

Aus physikalischer Sicht bestätigt *Dr. Popp*, dass Wasser durch seine kristalline Struktur eine Art Erinnerungsfähigkeit zu haben scheint, wie Magnetisierungsversuche zeigten. Diese Gedächtnisfunktion des Wassers scheint für die Wirksamkeit von homöopathischen Hochpotenzen verantwortlich zu sein. (Vgl. Bischof, S. 342)

Der Elektrophysiker *Cyril W. Smith* zeigte, „dass dem Wasser auch elektromagnetisch bestimmte Schwingungsmuster aufgeprägt werden können, die am Menschen (selbst wenn er die Ampulle mit dem Wasser nur in der Hand hält) resonanzhaft bestimmte Regulierungsvorgänge auslösen können" (Bischof, S. 342).

Der japanische Wissenschaftler *Dr. Masaru Emoto* konnte darlegen, dass in Wasser gesprochene oder auf ein Wasserglas geschriebene Worte ihren Informationsgehalt an das

Wasser weitergeben. Dazu fotografierte er jeweils die kristalline Struktur, die bei positiven Worten wie „Liebe" wunderschön und klar aussieht und bei negativen wie „Du machst mich krank" zerstört wird. (Emoto 1, S. 94-96)

Wasser ist auch das Element, durch welches Energie weitergegeben wird. Hat jemand zu wenig Wasser im Körper und ist mehr oder weniger stark dehydriert, so kann auch die Energie nicht gut fließen. Deshalb müssen Heiler und Patient während einer Heilsitzung genügend trinken.
Dazu eignet sich gutes Quellwasser, wovon mindestens zwei Liter pro Tag erforderlich sind. Es sollte ohne Kohlensäure sein, weil diese wieder Säure bildend wirkt und zu unangenehmen Blähungen führen kann. Außerdem kann Mineral- oder Kohlensäure haltiges Wasser „keine Giftstoffe mehr aufnehmen, weil es bereits gesättigt ist." (Hendel / Ferreira, S. 47)

Leitungswasser ist ebenfalls nicht geeignet, wie *Dr. Popp* vom biophysikalischen Standpunkt aus beurteilt. Biophotonenmessungen ergaben, dass Keimlinge und Getreidekörner „nach Zugabe von Quellwasser mit der doppelten Intensität als nach derjenigen von Leitungswasser" strahlten. (Bischof, S. 343) Somit enthält Quellwasser mehr Licht für unsere Zellen.

In den letzten Jahren werden viele verschiedene Geräte zur Aufbereitung von Wasser angeboten, vom Dampfdestillationsgerät über Osmosegeräte bis zu Energetisierungsgeräten durch Sonnenbestrahlung, Magnetisierung, Vitalisierung, Levitierung, Bewegung oder Frequenzmusterübertragung. Mit den unterschiedlichen Verfahren soll „totes" Wasser wieder seine kristalline Struktur zurückbekommen.
Hendel und *Ferreira* warnen in diesem Zusammenhang vor der Verwechslung von Physik mit Chemie, weil belebtes Leitungswasser immer noch die chemischen Schadstoffe enthält, die es vor der Belebung schon enthielt.
Sie empfehlen im Idealfall das Osmosegerät zur Befreiung des Leitungswassers von Schadstoffen und die anschließende Energetisierung mit Quarzkristallen, zum Beispiel mit Amethyst, Rosenquarz und Bergkristall.

5.1.4 Kristallsalz

Salz wird auch „das weiße Gold der Erde" genannt und wurde in der Menschheitsgeschichte schon immer als etwas sehr Kostbares gehandelt. Es ist für unseren Körper genauso lebensnotwendig wie Wasser, und seine Fähigkeiten zeigen sich erst in Verbindung mit Wasser: „Die kristalline Sole ist letztlich die Energiematrix, in der Leben erst entstehen und bestehen kann." (Hendel / Ferreira, S. 81)
Gemeint ist damit aber das „ganzheitlich unveränderte und natürliche Salz, wie es sich auf der Erde seit Jahrmillionen kristallisiert hat" (Hendel / Ferreira, S. 81), und nicht das veränderte handelsübliche Kochsalz.
„Kristallsalz enthält sämtliche Mineralien und Spurenelemente, aus denen der menschliche Körper besteht" (Hendel/Ferreira, S. 83), was es so kostbar macht. Außerdem können aus der Verbindung von Wasser und Salz mit Sonnenlicht sogar Eiweißbausteine und Vitamine aufgebaut werden. (Vgl. Hendel / Ferreira, S. 84)

Salz ist reinste Lichtschwingung und so wandlungsfähig, dass ein Salzkristall sich in Wasser auflöst zur Sole, die „eine energetisch höhere Dimension darstellt" (Hendel / Ferreira, S. 88) und direkt ins Gehirn gelangen kann. Bei Verdunstung der Sole erhält man wieder Salz. „Diese Wandlungsfähigkeit von Salz gewährleistet auch, dass Salz in unserem Körper nicht

verstoffwechselt werden muss." (Hendel / Ferreira, S.88) Damit steuert es die Osmose, die Grundlage für den Zellstoffwechsel.
Ohne Salz in seiner ionisierten Form gäbe es keinen Gedanken und keine Handlung. „Der Gedanke ist nichts Anderes als eine elektromagnetische Schwingungsfrequenz. Das Salz sorgt dafür, dass diese Schwingungsfrequenz zustande kommt und der Befehl an die ausführenden Muskeln und Organe weitergeleitet werden kann." (Hendel / Ferreira, S. 90)
Da Salz eine gute Leitfähigkeit besitzt, ist es in der Lage, ein chronisches Defizit an Energie zu beseitigen. Dies trifft allerdings nur auf Kristallsalz zu, das noch alle essentiellen Mineralien und Spurenelemente enthält und nicht auf Natriumchlorid reduziert ist wie das heutige Kochsalz. Letzteres ist ein aggressives Zellgift, das die Ausscheidungsorgane überfordert. Denn als Selbstschutz will der Körper überschüssiges Kochsalz loswerden und bildet Ödeme und Cellulite beziehungsweise in der Rekristallisation Nieren- und Gallensteine, oder die Kristalle lagern sich im Knochen- und Gelenkbereich ab. (Vgl. Hendel / Ferreira, S. 93ff.)

Das Kristallsalz, welches rein und naturbelassen ist wie die früheren Urmeere, findet sich heute in Salzbergwerken. Gemeint ist aber nicht das Steinsalz, sondern die Salzkristalle, weil nur sie biophysikalisch und biochemisch die Elemente für unsere Zellen zur Verfügung stellen können. Dieses Kristallsalz ist von transparent weißlicher, rosa oder rötlich schimmernder Farbe. Die hochwertigste Form, wie wissenschaftlich bestätigt wurde, ist das Kristallsalz aus dem Himalaja. (Vgl. Hendel / Ferreira, S. 100ff.)

Die daraus hergestellte Sole sorgt für einen ausgeglichenen Säure-Basen-Haushalt und kann als natürliches Würzmittel eingesetzt werden.

5.1.5 Schlafverhalten

Über den Schlaf gibt es die verschiedensten Auffassungen, auch unter Therapeuten. Deshalb habe ich versucht herauszufinden, was „normal" ist im Schlafverhalten.

Im Pschyrembel steht über den Schlaf: „v.a. nachts regelmäßig wiederkehrender physiol. Erholungszustand mit Veränderung von Bewusstseinslage (stark verminderte Spontanaktivität, herabgesetzte Reaktion auf äußere Reize, jedoch im Ggs. zur Narkose jederzeitige Weckbarkeit) u. Körperfunktionen (Überwiegen des Parasympathikus)" (Pschyrembel, S. 1497).

Üblicherweise wird der Schlaf über die SEM (slow eye movements) -Phase mit langsamen Augenbewegungen eingeleitet. Danach tritt die Leichtschlafphase B ein, die entsprechend der Schlaftiefe in die Stufen C, D und E übergeht. „Die Phasen vom Wachsein A bis zum Tiefschlaf E werden in durchschnittlich 35 bis 40 Min. durchlaufen, der Tiefschlaf variiert von 30 bis 60 Min. (in der ersten Schlafperiode) bis zu wenigen Min. (in der letzten Schlafperiode)". (Pschyrembel, S. 1498).

In acht Stunden Schlaf durchläuft ein Erwachsener normalerweise fünf Schlafperioden, wobei nur die ersten beiden bis zur Tiefschlafphase E reichen, während die anderen drei lediglich bis zur Schlafphase D in die Tiefe gehen.
Von der Phase E oder D steigt die Schlaftiefe wieder nach oben bis zur Leichtschlafphase B, der eine REM (rapid eye movements) -Phase folgt mit raschen Augenbewegungen und erhöhter Herz- und Atemfrequenz. Diese Phase ähnelt der Leichtschlafphase B und enthält die Traumphasen.

Innerhalb der fünf Schlafperioden in acht Stunden gibt es also auch fünf REM-Phasen, die sich von zunächst 10 Minuten auf 50 Minuten Dauer steigern. Entsprechend treten Träume „bei Erwachsenen drei- bis sechsmal pro Nacht auf u. entsprechen nahezu 25% des Gesamtschlafs." (Pschyrembel, S. 1498) Deshalb ist es sinnvoll, sich die Träume näher anzuschauen und sie in die Therapie einzubeziehen. (Vgl. Kapitel 4.5.1.2.5 Heilen durch Traumarbeit)

Diesen Kenntnissen nach ist es also sinnvoll, wenn ein Erwachsener acht Stunden Schlaf bekommt, damit er sich genügend regenerieren kann.

Von mehreren Heilern weiß ich, dass sie diese Zeit nicht benötigen, weil sie täglich meditieren und dabei in einen Zustand kommen, welcher der Tiefschlafphase D entspricht (vgl. Bischof, S. 280 und Kapitel 4.5.1.2.6 Heilen durch Meditation). In der Meditation kann der Physische Körper regenerieren, während der Geist (entspricht dem Mentalkörper) „leer" wird und dadurch beide zur Ruhe kommen. Gleichzeitig sind der Traumkörper und der Seelenkörper völlig klar und können Botschaften aus der geistigen Welt empfangen.

Andere Heiler wiederum unterteilen die Schlafphasen in einen längeren Nachtschlaf und einen kürzeren Mittagsschlaf. Aus den erwähnten Schlafphasen folgernd ist es sinnvoll, den Mittagsschlaf abzubrechen, bevor er in die Tiefe geht, also nach circa fünfzehn Minuten. Oder aber, sich die Zeit von ungefähr zwei Stunden zu gönnen, so dass man eine erste Tiefschlafphase hinter sich hat, bevor es wieder an die Arbeit geht.
Ungünstig ist es, mitten in einer Tiefschlafphase, also nach circa einer Stunde, geweckt zu werden, weil damit der gewünschte Erholungseffekt verloren geht.

Entscheidend ist letztlich, wie gut jemand „in seiner Kraft" nach dem Schlafen ist, und dass er spürt, ob er energetisches Heilen an diesem Tag praktizieren kann, oder ob er lieber auf andere Therapieformen zurückgreifen sollte.

Zusätzlich sollte man berücksichtigen, dass der Mensch ein Lichtwesen ist. (Vgl. Bischof, S. 180ff.) Deshalb braucht er Licht zum „Auftanken", und zwar Sonnenlicht. Eine halbe Stunde Aufenthalt im Freien pro Tag genügt, damit genügend Licht in den Zellen gespeichert werden kann.
Diese Spaziergänge haben auf den energetischen Zustand des Heilers mehr positiven Einfluss als der lange Nachtschlaf.

An mir selbst habe ich erlebt, dass ich jahrelang mit vier bis fünf Stunden Schlaf pro Nacht auskam, in denen ich aber sehr tief und fest schlief und mich anschließend gut erholt fühlte. Allerdings meditierte ich zweimal pro Tag und behandelte alles, was sich an Themen zeigte, ebenfalls täglich selbst beziehungsweise hatte regelmäßige Konsultationen bei anderen Therapeuten (mindestens ein Mal im Monat). Morgens führte ich „Atmen und Bewegen" durch, womit ich stark energetisiert in den Arbeitstag ging (siehe nächstes Kapitel 5.1.6).

5.1.6 Bewegung

Der Mensch hat seine Gestalt in der Form, wie sie ist, erhalten, damit er sich bewegen kann. Doch auch Therapeuten sitzen oder stehen oft zu viel und sollten deshalb einen regelmäßigen sportlichen Ausgleich haben, mit dem sie ihren Physischen Körper fit halten. Wie diese Betätigung aussieht, ist nicht so wichtig, Hauptsache ist, sie macht Spaß! Manchmal erlebe ich verbissene Sportler, denen es um Leistung statt um Bewegung geht – das ist hier fehl am Platz.

Diese körperliche Bewegung kann ein oder zwei Mal pro Woche in einem Team (zum Beispiel Tennis), in einer Gruppe (zum Beispiel Volleyball) oder täglich alleine stattfinden (beispielsweise Radfahren, Joggen, Gymnastik). Wichtig ist, dass der eigene Körper „erlebt" wird, dass man ihn richtig spürt (manchmal auch durch anschließenden Muskelkater).

Ich selbst habe bei meinem Lehrer *Jeru Kabbal* „Psycho-Calisthenics" (P.C.) kennen gelernt, eine „zackige" Musik mit Anleitung zu bestimmten Übungen (in Englisch) und bestimmten Atemweisen. Dabei werden in zwanzig Minuten alle Körperteile bewegt und alle Zellen mit Sauerstoff versorgt.

Diese Übungen führe ich täglich morgens durch, selbst wenn ich auf Reisen bin, es sei denn, es ergibt sich auch einmal etwas Anderes (beispielsweise Schnee schippen im Winter oder Tanzen).

Leider gibt es die entsprechende Musik mit Anleitung (aus den USA kommend) derzeit nicht mehr im Handel.

5.2 Gesunderhaltung des Elektrischen Körpers

Für den energetisch arbeitenden Therapeuten ist es sehr wichtig, den Elektrischen Körper von äußeren Einflüssen frei zu halten. Welcher Art diese sein können, wird in den anschließenden Kapiteln näher erläutert.

5.2.1 Gesunde Beleuchtung

Gesundheitsprophylaxe fängt an mit der Beleuchtung, für welche „normale" Glühbirnen statt Neonlicht empfohlen werden (vgl. Brennan, S. 430). Unserer kinesiologischen Testung nach sind auch Halogen- und Energiesparlampen nicht so gut geeignet wie Glühbirnen.

Zur Begründung schreibt *Maximilian Schäfer*:
„Unsere Sonne sendet ein gleichmäßiges Strahlenspektrum aus, das alle Regenbogenfarben in harmonischer Zusammensetzung enthält; einschließlich der nicht sichtbaren, aber biologisch sehr wirksamen UV- und Infrarotanteile. Künstliche Lichtquellen dagegen, vor allem die in der Arbeitswelt heute zu über 99 Prozent eingesetzten Leuchtstofflampen, strahlen in diesen Bereichen nur noch einen Rest und im sichtbaren Teil des Spektrums noch ca. 1/3 dieser für uns so wichtigen Energiefrequenzen ab." (Schäfer, M., S. 21)
Die Folge sind schnelle Ermüdbarkeit, Augensymptome wie Rötung, Brennen, Jucken, Hauterscheinungen wie Pruritus (Hautjucken), Ekzeme und anderes.

Als gesunde Alternative werden „Vollspektrum-Naturlicht-Lampen" (ursprünglich „True Lite"® aus USA, deutsches Modell Bio-Licht®-Lampe) empfohlen, „die das natürliche Sonnenspektrum bis zu 96 Prozent nachahmen können." (Schäfer, M., S. 22)
Deshalb sollten diese Lampen aber „nicht am Abend kurz vor dem Schlafengehen eingesetzt werden, da sie aufwecken und die Aktivität steigern." (Mutter, S. 29)

5.2.2 Vermeiden von Elektrosmog

Weiter gilt es für die Gesunderhaltung des Elektrischen Körpers, Elektrosmog aller Art zu vermeiden.

Das betrifft zum Beispiel die Benützung von Bildschirmen (Fernseher, Computer), da diese eine starke Strahlung an das Energiefeld des Menschen abgeben.
Aus diesem Grund schaue ich seit Jahren nicht mehr fern, und der Bildschirm meines PCs ist strahlungsarm. Außerdem habe ich einen großen Rosenquarz an der Screen liegen und eine Salzkristall-Lampe daneben stehen, welche die Plus-Ionen in der Raumluft zu Minus-Ionen verändert. Dieser Ionisierungsprozess lässt die Raumluft wieder frisch und klar werden, wie wir das auf Bergen, an Wasserfällen und am Meer finden.

Tragbare Telefone und Handys haben ebenfalls ein stark strahlendes Energiefeld. Ihre elektromagnetischen Wellen bewirken den sogenannten „Thermischen Effekt". Dieser besagt, dass sich die bestrahlten Zellen des Körpers um bis zu 0,5 Grad Celsius erwärmen, also ein künstliches „Fieber" erzeugt wird, welches auf Dauer bestimmt nicht gesund sein kann.
Außerdem gibt es „athermische Wirkungen", welche durch gepulste Mikrowellen tragbarer Telefone hervorgerufen werden und Befindlichkeitsstörungen hervorrufen. *Lebrecht von Klitzing* schreibt dazu: „Es beginnt im Allgemeinen mit Schlafstörungen und Konzentrationsschwächen, führt dann mit individueller Charakteristik zu Herzrhythmusstörungen, Ohrensausen, allergischen Reaktionen bis hin zu einem veränderten Blutbild. Dieses letzte, insbesondere bei Kindern beobachtete Krankheitsbild der nicht ausgereiften Erythrozyten (roten Blutkörperchen) ist bei einer Entfernung aus dem Expositionsbereich, beispielsweise durch das Abschalten der Telefonanlage, innerhalb weniger Tage reversibel." (In: Seiler / Zwerenz, S. 15)
Deshalb habe ich diese Geräte mit Körblerzeichen (bestimmten neutralisierenden Symbolen, die *Erich Körbler* verwendet) versehen und benütze sie so wenig wie möglich.

Zumindest das Schlafzimmer sollte während des Schlafs frei sein von Elektrosmog, der allein schon durch die elektrischen Leitungen, die meist am Kopfende des Bettes verlaufen, produziert wird, selbst wenn das Licht aus ist. (Siehe Kapitel 2.2.3 Heilung des Elektrischen Körpers)
Als Alternative kann man sich einen „Netzfreischalter" in den zugehörigen Sicherungskasten einbauen lassen, der den Strom abschaltet, wenn das letzte Strom ziehende Gerät ausgeschaltet wurde (im Allgemeinen die Nachttischlampe), aber wieder anschaltet, wenn erneut Strom gezogen wird.

Die modernen Autos enthalten viel Elektronik, die ebenfalls die Aura stört. Weil sich das bei unserer notwendigen Mobilität nicht ändern lässt, ist es gut, das Auto nur zu nehmen, wenn es keine anderen alternativen Verkehrsmittel gibt.
Außerdem muss man nach dem Autofahren erst einmal sein Energiefeld reinigen, bevor man heilerisch tätig wird.
Im Daimler-Chrysler Konzern hat man das Problem mit der Elektronik offensichtlich erkannt, wie eine aktuelle Zeitungsmeldung unter der Überschrift „Weniger Elektronik" verkündet: „Mercedes-Benz will künftig Elektronik sparsamer in den Autos einbauen. Dafür soll sie aber auch wesentlich zuverlässiger funktionieren." (Stuttgarter Zeitung vom 06. Mai 2004, S. 1)
Selbst wenn dieser Entscheidung wahrscheinlich andere Gründe als energetische zugrunde liegen, ist dieser Sinneswandel zu begrüßen.

In der Nähe von Hochspannungsleitungen zu wohnen, ist für einen Heiler nicht tragbar, weil diese sein Energiefeld zu stark negativ beeinflussen. Das gilt natürlich für alle Menschen, aber Heilarbeit wird dadurch praktisch unmöglich gemacht.

5.2.3 Vermeiden von Erdstrahlen

Mit Hilfe der kinesiologischen Testung lassen sich störende Erdstrahlen, meistens am Schlafplatz, wo man sich lange Zeit und das ganze Jahr über relativ unbeweglich aufhält, herausfinden.
Diesen schädlichen Strahlen muss man unbedingt „aus dem Weg gehen" durch Umstellen des Bettes und Lösen des zugrundeliegenden Unerlösten Seelischen Konflikts (USK) mit Psycho-Kinesiologie oder Manebua Schamanische PK.
Lieblingsplätze von Katzen sind meistens mit Erdstrahlen „verseucht", wohingegen Lieblingsplätze von Hunden meist frei sind davon.

5.2.4 Entstören von Narben

Was den Energiefluss im Elektrischen Körper ebenso stark stören kann, das sind Narben aller Art, egal, ob sie von Unfällen oder Operationen stammen. (Vgl. Kapitel 2.2.2 Verschmutzungen im Elektrischen Körper)
Diese Narben können von einem Heiler entstört werden, indem er die betreffende Körperzone mit den Händen oder Fingerspitzen energetisch bearbeitet. Die Heilenergie, die aus den Fingerspitzen fließt, entspricht der Strahlung eines Lasers, mit dem in der Komplementärmedizin Narben häufig entstört werden.

Die meisten Heiler können und sollten das bei sich selbst tun (lassen), weil sie sonst nach dem „Aufschwingphänomen" ihre eigene Störung bei Patienten finden können, oder nach dem „Auslöschphänomen" eine ähnliche Narbe bei Patienten nicht als störend finden können (zum Beispiel eine Blinddarmnarbe).

5.2.5 Klärung negativer Emotionen

Auch für die Gefühlsebene gilt: hat der Heiler seine emotionalen Themen nicht bearbeitet, so schwingt er sie seinen Patienten auf, oder aber er kann sie nicht finden, weil sie sich gegenseitig auslöschen.
Außerdem kann der Heiler mit Patienten nur die Themen erarbeiten, die er bei sich selbst schon bearbeitet hat, so dass er dem Patienten mindestens einen Schritt voraus ist.
Ich bekam das sehr deutlich zu spüren in dem Jahr, als mein langjähriger Lebensgefährte und ich uns trennten. Noch nie zuvor und auch nie mehr danach hatte ich so viele Beziehungsprobleme in den Patienten-Behandlungen zu klären wie in jenem Sommer. Das war möglich, weil ich mich selbst in Behandlung begeben hatte und somit in der Lage war, auch mit den Patienten an dieses Thema heranzugehen.

Die beste Maßnahme, die eigenen negativen Emotionen herauszufinden, um sie klären zu können, ist für mich die kritische, aber liebevolle Selbstbeobachtung:
In welchen Situationen gerate ich in Angst / Panik? Was macht mich ärgerlich, wütend, beleidigt, ...? Mit welchen Gefühlen wache ich morgens auf?

Mit einem Selbsttest, den jeder Heiler können sollte (kinesiologisch oder radiästhetisch) lassen sich die Ursachen aufdecken und entkoppeln. Auf diese Weise klären sich immer mehr Gefühlszustände, so dass sich der Therapeut immer unbelasteter in die Heilsitzungen begeben kann und dadurch erfolgreicher wird, was auch wichtig ist, wenn er seinen Lebensunterhalt damit verdient.

5.3 Gesunderhaltung des Mentalkörpers

Zu einem gesunden Mentalkörper gehören gesunde Einstellungen zu den Menschen, dem Leben und der Welt mit einer achtsamen inneren Haltung sich selbst und Anderen gegenüber sowie Freimachende Glaubenssätze, die positive Gedanken zur Folge haben.

Hat der Therapeut noch gravierende negative Einstellungen wie zum Beispiel fehlende Selbstannahme und mangelnde Liebe für sich selbst, so kann er nicht gesund bleiben oder Andere heilen; denn „eine gute Gesundheit ist die direkte Folge guter *Gedanken*. Die Liebe muss zuerst das innere Selbst vollkommen ausfüllen, bevor sie überfließen und den äußeren Menschen (Ihren physischen Leib) umhüllen kann." (Summer Rain, S. 100)

Eine meditativ-schamanische Art, mit diesem Thema zu arbeiten, erlernte ich bei der Schamanin *Rabia* (siehe Kapitel 10.7 Meditation mit dem Auge der Liebe).

5.3.1 Gesunde Einstellungen

Woran erkennt man gesunde Einstellungen dem Leben gegenüber?

Man könnte sagen, das ist ein Mensch mit dem Motto „leben und leben lassen". Das heißt, prinzipiell lebensbejahend, positiv sein und den Anderen das gleiche zugestehen wie mir selbst.

Wie kann man diese positive Lebenseinstellung erreichen?

Dietrich Klinghardt hat es sinngemäß einmal so ausgedrückt, dass alle Methoden akzeptabel sind, welche mehr Liebe und Freude ins Leben und in die Familien bringen.

Eine Möglichkeit, zu einer gesunden Lebenseinstellung zu gelangen, ist die direkte persönliche Erfahrung. Dazu ist es gut, Menschen aus verschiedenen Kulturen kennen zu lernen und deren Lebens- und Sichtweise der Dinge aufmerksam wahrzunehmen. Dann kann man diese mit den eigenen Einstellungen vergleichen und sich bemühen, frei von Werturteilen zu „leben und leben lassen".
Einfacher und meistens schneller geht es, mit PK und / oder Manebua Schamanischer PK und / oder den „Werkzeugen" aus dem Clarity Process ® nach *Jeru Kabbal* zu arbeiten und herauszufinden, welche Einstellungen im Unterbewusstsein gespeichert sind, wann sie entstanden und aus welchen Situationen sie herrühren.
Mit den entsprechenden Verfahren dieser Methoden können die Einstellungen langfristig positiv verändert werden.

5.3.2 Achtsame innere Haltung

Darunter verstehe ich, sich selbst zu lieben, zu respektieren und anzunehmen, wie man ist, und genau das Gleiche mit Anderen zu tun (siehe Kapitel 5.6 Adäquater Umgang mit Patienten).

Achtsamkeit zeigt sich in den Worten, Gesten, in der Mimik und im Umgang mit den Menschen. In diesem Bereich kann das Bewusstsein sehr wohl das Unterbewusstsein positiv beeinflussen, wenn man sich vornimmt, bestimmte verbale Äußerungen und Worte nicht (mehr) zu verwenden.

Beispiel:

> In meiner Praxis haben wir mit den Mitarbeiterinnen schon vor einigen Jahren ausgemacht, dass wir Worte wie „wahnsinnig", „toll", „irre", „geil" und Ausdrücke wie „Sch....." nicht gebrauchen wollen. Wir halfen uns dabei gegenseitig, indem wir uns darauf aufmerksam machten, sobald jemandem wieder ein „Ausrutscher" passiert war. Auf diese Weise trainierten wir miteinander mit gutem Erfolg.
>
> Genauso beachteten wir unsere Mimik und Gestik und sagten es uns, wenn etwas herablassend wirkte.

Der Heiler braucht diese achtsame Haltung seinen Patienten gegenüber, um sie mit allem, was sie an ihn herantragen, ernst zu nehmen, und damit sie sich geborgen fühlen. Denn letztlich ist es das Gefühl von geliebt und angenommen sein, das Vertrauen aufbaut. Erst auf diesem „Nährboden" ist erfolgreiche Heilarbeit möglich.

5.3.3 Freimachende Glaubenssätze

Ein gesunder Mentalkörper erfordert es, dass der Heiler positive Glaubenssätze in sich verankert hat, aus denen positive Gedanken resultieren.
Dies gilt sowohl für Allgemeines – das Leben und die Welt betreffend - als auch für Spezielles – einen bestimmten Patienten betreffend.
Dazu ist es notwendig, das eigene Glaubenssystem dahingehend zu überprüfen, ob wirklich „Freimachende Glaubenssätze" eingespeichert sind oder noch „Einschränkende".

Mit der Mentalfeldtherapie nach *Dr. Klinghardt* (MFT)® und Manebua Schamanischer Psycho-Kinesiologie (MSPK) gibt es einfache, aber sehr wirkungsvolle Möglichkeiten, Glaubenssätze positiv zu verändern. Dazu ist es gut, wenn der Heiler über einen Selbsttest verfügt, mit dem er sein eigenes Glaubenssystem leicht überprüfen kann, wenn ihm im Alltag und im Umgang mit Menschen etwas auffällt, was nicht „rund" läuft.

Der Ursprungszeitpunkt des Entstehens eines negativen Glaubenssatzes und die Ursachen dafür lassen sich mit Psycho-Kinesiologie nach Dr. Klinghardt (PK)®, Manebua Schamanischer Psycho-Kinesiologie (MSPK) und bestimmten „Werkzeugen" aus dem „Clarity Process nach *Jeru Kabbal*"® herausfinden und transformieren.

Auch homöopathische Mittel können helfen, das Glaubenssystem positiv zu beeinflussen. Eine Änderung ist möglich durch Erkenntnisse, die sowohl bewusst als auch unterbewusst „angekommen" sind.

5.3.4 Positives Denken

„Positives Denken" bedeutet nicht, alles Negative da sein zu lassen und es positiv zu „übertünchen". Dies würde keine tiefgreifende Veränderung bringen, sondern das Negative nur von der Oberfläche verdrängen und sehr bald – in einer kleineren oder größeren Krise – umso heftiger hervorquellen lassen.
Deshalb ist es erforderlich, dass der Therapeut bei sich selbst erst einmal „Keller aufräumt" (*Jeru Kabbal*), aus dem heraus dann „echtes" positives Denken resultiert.
Jeru sagte zu seinen Schülern in diesem Zusammenhang, es nützt nichts, wenn das Unterbewusstsein schreit, „es brennt, es brennt", und du sagst, „es ist doch nichts". Das Unterbewusstsein muss davon überzeugt werden, dass wirklich nichts ist, indem du dir das genau anschaust, wovon das Unterbewusstsein meint, dass es brenne.

Mit diesem ehrlichen positiven Denken, welches der Heiler ausstrahlt, kann er auch hoffnungslosen, resignierten Patienten Mut machen, ihre Themen und Probleme anzugehen.

5.4 Gesunderhaltung des Intuitiven oder Traumkörpers

Die Nez Percé und Sioux-Indianerin *Brooke Medicine Eagle* gibt die Haltung des Heilers für diese Ebene vor: „Dem Herzen gewähren, der Energieverteiler auf diesem Planeten zu sein; deinem Herzen, deinem Empfinden, deinem Fühlen gewähren, deine Energie zu verteilen; jene Energie aus der Erde zu ziehen und vom Himmel herunter; sie herunterziehen und vom Herzen – der wahren Mitte deines Wesens – aus zu verteilen, das ist unsere Aufgabe." (In: Schenk, A., S. 46)

Therapieformen auf dieser Ebene, die der Gesunderhaltung des Intuitiven Körpers dienen, sind zum Beispiel Manebua Schamanische Psycho-Kinesiologie (MSPK), Familienstellen nach *Hellinger*, Farb- und Klangtherapie, Kunst- und Traumtherapie sowie energetische Selbstbehandlung.

5.4.1 Familienstellen nach Hellinger

Um den Intuitiven Körper gesund zu erhalten, ist es notwendig, dass der Heiler Verstrickungen in seinem eigenen Familiensystem löst, damit sein Energiefeld frei ist von Anhaftungen der Ahnen. Denn bei entsprechenden Themen seiner Patienten würde sonst ein „Stopp-Signal aufleuchten", und er könnte die notwendige Heilung nicht vornehmen. Erst wenn die Liebe in der eigenen Sippe (wieder) existiert, kann auch die Heilenergie für Andere gut fließen.

Zum Lösen solcher Verstrickungen eignet sich das Familienstellen nach *Hellinger* sehr gut. Üblicherweise findet es in einer Gruppe mit einem Aufstellungsleiter statt. Aus den im Kreis sitzenden anwesenden Personen werden willkürlich Stellvertreter gewählt für die einzelnen Familienmitglieder und den Klienten selbst und von diesem in der Kreismitte intuitiv zueinander in Beziehung gestellt. Der Klient sieht zu und hört sich an, wie die Familienmitglieder sich fühlen und welche Bewegungen sie durchführen (wollen). Daraus lassen sich bestimmte „Dynamiken" ablesen, die zwischen den Personen wirken und den Fluß der Liebe unterbrechen.

Durch das Umstellen der Stellvertreter und sogenannte „heilende Sätze", die sie zueinander sprechen, welche die Wahrheit auf Seelenebene ausdrücken, wird wieder mehr Liebe ins System gebracht, wodurch der bisher blockierte Energiefluss wieder in Bewegung gerät.

Auf diese Weise kann die eigene Gegenwarts- und / oder Herkunftsfamilie aufgestellt werden. Der deutsche Psychotherapeut und ehemalige Geistliche *Bert Hellinger* hat auf Grund solcher phänomenologischer Aufstellungen von Familien erkannt, dass es im Familiensystem eine bestimmte Ordnung gibt, die eingehalten werden muss, damit das System gesund bleiben oder werden kann. (Vgl. Hellinger; vgl. Schäfer, T.)

In Abwandlung davon lassen einige Therapeuten in der Einzelbehandlung vom Patienten ein Blatt Papier mit dem Namen des Familienmitglieds auf den Boden legen. Entweder der Behandler oder der Patient selbst begibt sich in die jeweilige Position und kann dadurch lernen, die eigene Sichtweise in der Angelegenheit zu ändern.

5.4.2 Farb- und Klangtherapie, Singen

Eine andere Möglichkeit, den Traumkörper zur Gesundheitsprophylaxe selbst zu reinigen oder reinigen zu lassen, sind Klang (siehe Kapitel 4.4.1.1.1.6 Erdung durch Klang, 4.4.2.1.8 Reinigung durch Klang, 4.4.3.1.5 Schutz durch Klang und 4.5.1.1.5 Heilen durch Klang) sowie Farben (siehe Kapitel 4.4.1.1.1.7 Erdung durch Farbfrequenzen, 4.4.3.1.6 Schutz durch Farbe und 4.4.1.1.6 Heilen mit Farbe).
Am besten ist es, die Art der Musik und die benötigte Farbe auszutesten und miteinander zu kombinieren.

Dazu habe ich eine ganze Reihe von CDs, oft mit klassischer Musik, von denen Einzelstücke testen, wenn ich zum Beispiel nach einer Behandlung oder in der Mittagspause müde bin. Setze ich dazu die momentan benötigte Farbbrille auf, während ich für einige Minuten Musik höre, so bin ich hinterher wieder fit wie nach einer guten Schlafphase.
Manchmal nehme ich mir auch eines meiner einfachen Musikinstrumente (Trommel, Rassel) und lasse sie bei geschlossenen Augen intuitiv den für mich gerade optimalen Klang erzeugen; oder ich singe selbst, bis ich mich wieder gut und frisch fühle.

Viele Menschen, die gern singen, gelangen dabei ebenfalls auf die Vierte Ebene und können sich hiermit selbst helfen. Lieder mit einfachen, aber zu Herz gehenden Melodien und Texten aus der Sufi-Tradition und aus indianischer Überlieferung eignen sich sehr gut dazu. Sie werden in den Manebua Schamanische Psycho-Kinesiologie (MSPK) Seminaren gelernt, oft mit zugehörigen Tanzschritten, so dass die dadurch entstehende positive Körperchemie die Gesunderhaltung bewirkt.

5.4.3 Kunst- und Traumtherapie

Für Heiler, die sich gern über Bilder ausdrücken, ist es eine schöne Methode, alles, was gerade im eigenen Innern ansteht, möglichst mit bunten, gut fließenden Farben (zum Beispiel Wasserfarben, Dispersionsfarben oder Ölfarben) mit den Fingern, Pinseln und Spachteln auf große Papierflächen aufzumalen.

Bei mir hat sich das Malen besonders gut bewährt, wenn ich vorher meditiert habe, zum Teil mit einem intuitiv ausgewählten (Edel-) Stein in der Hand. Als Malgrund nehme ich gerne alte Tapetenrollen, von denen ich bei mehr Größenbedarf zwei bis drei Bahnen nebeneinander lege, oder große braune Packpapierbögen. Manchmal ist mir ein rein weißer Untergrund am liebsten, so dass ich immer große Kalenderblätter, die nicht zu glatt sein dürfen, für diesen Zweck aufbewahre.

Nach dem Malen schließe ich wieder für einige Zeit die Augen und schaue mir dann mein „Werk" aus etwas größerer Distanz an, um das farbig Aufgetragene interpretieren zu können. Welche Formen und Farben habe ich an welcher Bildstelle verwendet? Habe ich dabei Gedanken an konkrete Gegenstände oder Assoziationen zu bestimmten Ereignissen? Letztlich kann sowieso nur ich selbst mein Bild deuten, eventuell unter Mithilfe eines guten Lexikons über Symbole (vgl. Cooper) oder einer zweiten Person, die mir gezielte Fragen zu meinem Gemälde stellt.

Wird dieser Malvorgang regelmäßig wiederholt, so bewirkt er eine Gesunderhaltung des Intuitiven Körpers, weil das, was an ihm „hängt", sich ausdrücken und dann gehen kann.

Diese Methode lässt sich gut mit der Traumtherapie kombinieren, indem das Geträumte aufgemalt wird. Die Indianer-Schamanen empfehlen, die Träume zu analysieren (siehe Kapitel 4.5.1.2.5 Heilen durch Traumarbeit) um herauszufinden, womit das Unbewusste sich gerade beschäftigt.

Dies kann ein geübter Heiler auch für sich selbst tun, indem er genau die Prinzipien einhält, die für die Klienten empfohlen werden. Interessant sind dann vor allem Träume, die sich wiederholen, oder Traumelemente, die häufig wiederkommen.

Da man nachts, wenn man aus einem Traum erwacht, wohl kaum zu Farbe und Pinsel greift, ist es einfacher, den Traum in einem am Bett liegenden Traumtagebuch aufzuschreiben und erst am Tag den Traum aufzumalen.

Gute Symbol- oder Traumdeutungsbücher können beim Auffinden der zugrunde liegenden seelischen Ursachen weiterhelfen. (Vgl. Cooper, DAS BESTE, Feyler)

5.4.4 Energetische Selbstbehandlung

Einige Heiler können sich selbst auf der Vierten Ebene behandeln, indem sie die Heilenergie für sich persönlich auf die entsprechenden Stellen am Physischen Körper oder im Energiekörper richten beziehungsweise in die Themen hinein fließen lassen, die gerade aktuell sind.

Für mich ist das eine sehr bequeme und angenehme Art der Behandlung, weil ich meinen Körper und die „göttliche Energie" immer und überall dabei habe. Über meinen Selbsttest finde ich die benötigten Informationen heraus und lasse dann die Heilenergie liebevoll für mich persönlich fließen.

Zusätzlich zu Selbstbehandlungen sollten aber regelmäßig andere Behandler aufgesucht werden, weil der Heiler für seine eigenen Themen meist einen „blinden Fleck" hat und jemand Anderen braucht, um diese zu lösen.
Am besten geschieht das durch einen Therapeuten, der gleich oder ähnlich arbeitet wie der Heiler selbst, weil damit die beste Resonanz erzielt wird und sie sich gegenseitig in ihrer Heilart unterstützen können.

Manchmal ist es aber gerade gut, eine völlig andere Therapieform zu wählen, die das Unterbewusstsein nicht so gut kennt wie die vom Heiler selbst angewandten Methoden. Das Gehirn wird nämlich nach *Ernest Rossi* durch eine neue Methode quasi überrascht und reagiert dann oft eher mit Heilung als bei bereits bekannten Verfahren.

5.5 Gesunderhaltung des Seelenkörpers

Zur Gesunderhaltung des Seelenkörpers dienen die Methoden, die *Dr. Klinghardt* als Heilverfahren auf dieser Ebene beschreibt: Gebet und Echte Meditation.

5.5.1 Gebet

Das tägliche Morgen- und Abendgebet dient dazu, mit der Existenz Kontakt aufzunehmen, um Schutz und Führung zu bitten sowie Dankbarkeit auszudrücken. (Vgl. Kapitel 3.4.1.1 Gebet und Meditation)
Auf diese Weise ist eine Kommunikation mit dem Höheren Selbst - auch innerer Berater oder Wesenskern oder Höheres Bewusstsein genannt - möglich, innerhalb derer auch Fragen gestellt und Antworten erhalten werden können.
Diese Fragen dürfen sich nur auf den Heiler selbst beziehen oder mit Erlaubnis Anderer auch auf deren Gesundheit oder deren Lebensweg. Normalerweise „weiß" der Heiler, was für eine Art von Fragen er stellen darf, beziehungsweise was für eine Art nicht beantwortet wird. Es bedarf einer großen Sensibilität, die „erlaubten" Fragen zu stellen. Es dürfen jedenfalls keine „neugierigen" Fragen sein, zum Beispiel nach der Zukunft. Manchmal wird einem aber die Gnade zuteil, den nächsten Schritt erfahren zu dürfen, der für die Weiterentwicklung nötig ist.

Oftmals darf man auch nicht die Gründe wissen, die zu irgendeiner Störung geführt haben, sondern nur, wie man die Auswirkungen oder Symptome beseitigen kann. Für jeden Patienten gilt es, seine Lebensaufgaben selbst herauszufinden und was er auf Seelenebene zu lernen hat.

5.5.2 Echte Meditation

In den Kapiteln 3.4.1.1 Gebet und Meditation sowie 4.5.1.2.6 Heilen durch Meditation wurde schon ausführlich darauf hingewiesen, was Echte Meditation bedeutet. Eine schöne Zusammenfassung bietet *Clemens Kuby* an:

„In jeder spirituellen Tradition ist Meditation zur Rückbesinnung auf uns als geistiges Wesen verankert. Beim Meditieren lerne ich, das geistige Zappen zu drosseln, oder zumindest, den sich bietenden Reizen weniger nachzugeben – und sei es auch nur dem Juckreiz an der Nase oder sonst einer Irritation. Mit ein bisschen Erfahrung in der Praxis der Meditation lernt der Geist, sich nicht ablenken zu lassen, ohne Ziel in sich zu ruhen und zu schauen, was ist. Auf Reize muss er nicht reagieren, sie gehen vorüber. Je weniger Beachtung er ihnen schenkt, desto schneller verschwinden sie. Auch den Sorgen und Verpflichtungen, die während der Meditation auftauchen, muss der Geist nicht nachlaufen, er kann sie einfach vorbeiziehen lassen, ohne sich ihnen anzuschließen." (Kuby, S. 285)
Meiner Erfahrung nach gelingt dies am leichtesten, wenn man sich auf den Atem oder ein Mantrawort konzentriert. Weil dadurch die Gedanken und Reize an Energie verlieren, fühlt man sich hinterher erfrischt, auch wenn die Meditation nur zehn Minuten dauerte.

Außerdem gelangen viele Meditierer durch diese Praxis zu einem Gefühl von Einssein mit Allem – eine optimale Voraussetzung für energetisches Heilen.

Über die Methode, die der Heiler für sich als die geeignete herausgefunden hat, sei es Meditation oder einfach nur der Aufenthalt in der Natur, wird er versuchen, so oft wie möglich das Einssein zu erleben, wobei dieses einfach nur geschieht und nicht erzwungen werden kann.
Letztlich geht es um das Gewahrsein, dass die Existenz in allem ist und alles Existenz ist. Als Folge ergibt sich ein achtsamer Umgang mit allem, was ist, weil in allem der göttliche Funke erkannt und geehrt wird.

5.6 Adäquater Umgang mit Patienten

Bei den Indianern ist die Einstellung des Schamanen zum Kranken dramatisch: „Eine Medizinfrau oder ein Medizinmann hat es aus folgendem Grund so schwer: Du musst bereit sein, dein Leben zu geben, um zu heilen. Wenn jemand sehr, sehr krank ist, sagst du zum Schöpfer: „Nimm mich stattdessen, wenn mein Opfer nicht reicht. Nimm mich." Das ist der Grund, warum manche Leute heilen können, aber mit Heilkräften umzugehen ist etwas sehr, sehr Tiefgehendes, Abgründiges.
Du musst deine Mitmenschen so sehr lieben, dass du auch, wenn ein völlig Fremder hier hereinkommt, bereit bist, dein Leben für ihn zu geben.
Wenn du diese Medizin für schlechte Zwecke benutzt, fällt das auf dich zurück, das ist ein Gesetz. Medizinmenschen sind sich im Klaren über ihre heiligen Pflichten und über den Preis, den sie dafür zahlen müssen. Sie müssen sehr vorsichtig sein." (Laverdure, S. 74/75)
So dramatisch, dass er sein eigenes Leben zu geben hat, sieht es heutzutage kein Heiler, den ich kenne, mehr, zumal damit den Patienten auf Dauer nicht geholfen wäre, wenn die Heiler dadurch aussterben würden. „Dein Leben geben" kann aber im übertragenen Sinn gesehen werden, dass der Heiler nämlich seinen vollen Einsatz gibt mit allem, was er kann und weiß – unabhängig davon, wer der Patient ist.
Laverdure sagt damit auch aus, dass es in der Haltung eines Therapeuten und Heilers gewisse Merkmale geben sollte, die er dem Patienten gegenüber anzuwenden hat. Ein Arzt legt mit dem Eid des Hippokrates ein Gelübde ab, alles in seinem Vermögen stehende zu tun, um einen Menschen zu retten oder vor dem Tod zu bewahren. Dies gilt genauso als Grundhaltung für alle anderen Therapeuten.

Einige dieser Merkmale eines Heilers habe ich im Folgenden zusammengestellt.

5.6.1 Aufmerksamkeit und Achtsamkeit

Ein Patient hat es verdient, während der Zeit in der Praxis die volle Aufmerksamkeit und absolute Achtsamkeit des Therapeuten zu erhalten. Das heißt, dass in dieser Zeit nichts Anderes ablenken darf und es um das Wohlgefühl des Patienten gehen muss.

Bei mir in der Praxis bedeutet das, dass ich, sobald ich die Praxistür schließe, alle Büroarbeit und Fallgeschichten anderer Patienten hinter mir lasse, kein Telefonat entgegennehme und dem Patienten aufmerksam zuhöre. Von Zeit zu Zeit stelle ich Fragen oder wiederhole das von ihm Gesagte auf zusammenfassende Weise, so dass er merkt, dass ich mit den Gedanken

bei ihm bin. Dabei achte ich sorgsam auf meine Worte, um den Patienten nicht durch irgendetwas zu kränken.
Legt er sich auf die Liege zur eigentlichen Behandlung, so richte ich meine Aufmerksamkeit auf seine bequeme Lage bezüglich Kopfkissenhöhe, Kniekehlenrolle und Zudecke.
Vor allem aber bei der Energieübertragung ist absolute Aufmerksamkeit erforderlich. Ich bitte um „göttliche Energie" für den Patienten in der Frequenz, die er gerade in seinem Status quo braucht, und um die Mithilfe durch die geistige Welt bei der Heilung. Dies wiederhole ich oft wie in einer Gebetsreihe, damit meine Aufmerksamkeit wirklich da bleibt.

Wenn der Patient während der Behandlung viel erzählt, lenke ich seine Gedanken ebenfalls immer wieder auf das herausgefundene Thema, damit die Energie zielgerichtet wirken kann.

5.6.2 Akzeptanz und Respekt

Im Umgang mit den Patienten gilt: wie unsympathisch oder unangenehm auch die Verhaltensweise einer Person im Leben ist, so wenig darf das in der Behandlung eine Rolle spielen. Eine klare Trennung zwischen Person und deren Tun ist erforderlich. Der Mensch ist als göttliches Wesen mit seinem So-Sein zu sehen und zu akzeptieren. Ein respektvoller Umgang mit ihm ist der Ausdruck davon.

Buddha drückt das so aus: „Die Buddha-Natur (oder das Göttliche Selbst) existiert in jedem Menschen, wie sehr sie auch von Gier, Hass oder Dummheit überdeckt oder unter den eigenen Taten verschüttet sein mag. Wenn man alle Verunreinigungen entfernt, wird sie früher oder später zum Vorschein kommen." (Kok Sui 3, S. 115).

5.6.3 Wahrheit und Ehrlichkeit

Zur Wahrheit gehört, dass der Therapeut dem Patienten glaubt, was er erzählt. Das ist schon der erste Weg zur Heilung. Wenn der Patient etwas erlebt und empfindet, dann gibt es das und ist einfach so und darf nicht in Frage gestellt werden. D i e Wahrheit gibt es in menschlichen Beziehungen meistens sowieso nicht, sondern jeweils nur eine subjektive Wahrheit, wie sie die Einzelperson aufgrund ihrer Erlebnisse und Erfahrungen in ihrem Unterbewusstsein aufgezeichnet und gespeichert hat. Wenn der Heiler sie so annimmt und dem Patienten entsprechend erklärt und die anscheinend von außen kommenden negativen Erfahrungen mit ihm bearbeitet, kann diese subjektive Wahrheit eine Veränderung zu mehr Objektivität erfahren.

Barbara Ann Brennan führt dazu aus: „Wenn Sie Ihr Verhalten genau anschauen, werden Sie allmählich erkennen, dass zwischen Ursache und Wirkung eine viel engere Beziehung besteht, als Sie bisher annahmen, und dass es tatsächlich Sie sind, der die negativen Erfahrungen erzeugt. Dieser Wahrheit ins Auge zu schauen, ist hart." (Brennan 1, S. 440).
Ein erfahrener Heiler kann erkennen, ob der „richtige" Zeitpunkt da ist, dem Patienten die Wahrheit zu sagen, oder ob es noch einige Zeit braucht. Das Tempo der Weiterentwicklung bestimmt nämlich nicht der Heiler, sondern der Klient.

In Bezug auf die Diagnosestellung für den Physischen Körper halte ich mit der Wahrheit oft hinterm Berg, weil ich den Patienten sonst an das Mentalfeld der Erkrankung anschließen würde. Das Resultat ist, dass die Krankheit meist sehr viel leichter verläuft als mit benannter Diagnose.

Dietrich Klinghardt schreibt über diesen „Nozebo-Effekt" in der Fachzeitschrift des INK (Klinghardt 7, S. 5).
Wichtiger ist mir, die Ursachen für die Erkrankung des Physischen Körpers auf den höheren Ebenen zu finden und darüber die Wahrheit zu sagen, weil eine Bewusstseinserweiterung und Heilung der höheren Körper die Gesundung des Ersten Körpers nach sich zieht.

Wahrheit und Ehrlichkeit stehen nahe beieinander. Ehrlichkeit seitens des Heilers gegenüber dem Patienten ist für dessen Vorankommen erforderlich, ohne dass sie Verletzungen hervorrufen sollte. Es gibt aber Dinge, die ausgesprochen werden müssen, weil damit das „Energieknäuel", das sich durch das Unausgesprochene oder Geheimnisvolle gebildet hat, aufgelöst wird. Bisweilen muss der Heiler aber den geeigneten Zeitpunkt abwarten, wann Ehrlichkeit angesagt ist.

5.6.4 Freisein von Angst

Damit der Heiler Wahrheit und Ehrlichkeit praktizieren kann, ist es notwendig, dass er seine eigenen Ängste erkannt und weitgehend abgebaut hat. Dazu ist eine tiefe Erforschung und gute Analyse der eigenen Angstauslöser und –ursachen unabdingbar.
An dieser Stelle möchte ich wieder *Barbara Ann Brennan* zitieren: „Angst entsteht, wenn man mit der großen Wirklichkeit nicht verbunden ist. Angst ist das Gefühl der Trennung. Angst ist das Gegenteil von Liebe, und Liebe heißt, mit allem eins sein." (Brennan 1, S. 439).

Für mich ist das Gegenteil von Angst Vertrauen. Vertrauen in die Existenz, und dass alles, was geschieht, einen tiefen Sinn hat, den ich in dem Moment, wo ich mich in Angst befinde, nicht sehen kann. Es ist das Urvertrauen eines jeden Lebewesens in das Leben selbst, dass mir das Leben gegeben wurde, damit ich es lebe, und dass ich dabei alle Unterstützung der Existenz bekomme, die ich brauche, um das zu lernen, was meine Seele sich quasi als „Lernziel" gesetzt hat, damit sie wieder „nach Hause kommen" kann.

Wie dieser Weg aussieht, ist oft anders als in meiner Vorstellung, und das macht das Leben so schwierig und voll von Angst. Existenz ist so wunderbar, dass ich mir ihre Mittel oft gar nicht vorstellen kann, weil ich nicht das große Ganze sehe, sondern nur einen kleinen Ausschnitt.

Brennan sagt dazu: „Wenn Sie in sich hineinschauen, dann spüren Sie Ihre Forderung, das, was Sie fürchten, nicht erleben zu müssen. Wenn Sie jedoch loslassen und sich Ihrem göttlichen Wesen hingeben, erkennen Sie, dass Sie sich wahrscheinlich gerade dieser Erfahrung stellen müssen. Indem Sie die gefürchtete Erfahrung durchleben, verwandelt sich Ihre Angst in liebevolles Mitgefühl. Das schließt die Erfahrung des Sterbens mit ein." (Brennan 1, S. 439).

Bei meinem Lehrer *Jeru Kabbal* konnte ich die Erfahrung machen, dass die größte Angst des Menschen die Angst vor dem Positiven ist. Warum ist es nicht in Ordnung, vertrauensvoll, kreativ, schön, intelligent, fähig, erleuchtet und was sonst noch alles zu sein? Warum wehren wir uns gegen die Gaben, die Existenz uns gegeben hat oder bereit ist, uns zu geben?
Antwort darauf finden wir nur in unserem eigenen Glaubenssystem, in dem Redewendungen gespeichert sein können wie „Wer morgens schon singt, den holt abends die Katz'", oder „Freu' dich nicht zu früh, das dicke Ende kommt nach" und Ähnliches.
Mit diesen Glaubenssätzen stellt sich unser Unterbewusstsein aus Angst gegen das Positive und verhindert, dass es Einzug hält in unser Leben.

Der Südafrikaner *Nelson Mandela* sprach es in seiner Antrittsrede als Präsident im Mai 1994 aus:

„Unsere tiefste Angst ist nicht, ungenügend zu sein.
Unsere tiefste Angst ist, dass unsere Kraft jedes Maß übersteigt.
Unser Licht, nicht unsere Dunkelheit ist es,
das uns am meisten Angst macht.
Wir fragen uns, wer bin ich, von mir zu glauben,
dass ich brillant, großartig, begabt und einzigartig bin?
Doch in Wirklichkeit – wie kannst du es wagen, es nicht zu sein?
Du bist ein Kind Gottes.
Wenn du dich klein machst,
erweist du damit der Welt keinen Dienst.
Es zeugt nicht von Erleuchtung, sich zurückzunehmen,
damit sich andere Menschen in deiner Gegenwart nicht unsicher fühlen.
Wir wurden geboren, um die Herrlichkeit Gottes, die in uns liegt, zu verwirklichen.
Sie ist nicht nur in einigen von uns; sie ist in jedem!
Und wenn wir unser eigenes Licht strahlen lassen,
geben wir unbewusst den anderen Menschen die Erlaubnis,
das Gleiche zu tun.
Wenn wir von unserer eigenen Angst befreit sind,
befreit unser Dasein automatisch die Anderen."
(Zusammenfassung verschiedener Übersetzungen durch die Autorin)

Auf der anderen Seite stellen die Dinge, vor denen wir die größte Angst haben, oft gleichzeitig unsere größten und geheimsten Wünsche dar, so dass viel Energie gebraucht wird, in die Richtung des Wunsches zu streben und gleichzeitig ihn zu verhindern. Es ist so, als ob wir beim Autofahren gleichzeitig auf Gas und Bremse drücken würden.
Erst seit ich die tiefe Erkenntnis habe, dass es geradezu ein Affront gegen die Existenz ist, das, was sie mir schenken will, nicht anzunehmen, kann ich zu mir und meinen Fähigkeiten stehen und an die Quelle meiner Kraft gelangen.
Mit Hilfe dieser Einsichten ist es möglich, die eigenen Ängste abzubauen und den Patienten beim Freiwerden von deren Ängsten zu helfen, indem wir für sie wie „ein Fels in der Brandung" sind, auf den sie sich dabei stützen können.

5.6.5 Hingabe und Demut

Die vielleicht wichtigste Eigenschaft des Heilers bei der Energieübertragung ist die vollkommene Zurückstellung des eigenen Willens, um sich dem Willen Gottes zu überlassen. Das heißt, das energetische Heilen muss völlig absichtslos geschehen, der Heiler selbst darf nichts wollen, sondern lediglich sich als Medium zur Verfügung stellen, damit das, was an Heilung geschehen soll, geschehen kann. Man könnte diese Tugend Demut nennen.
Barbara Ann Brennan spricht von „Hingabe: Heiler werden, heißt Hingabe. Nicht Hingabe an eine spezifische spirituelle Praxis, eine Religion oder strikte Regeln, sondern Hingabe an deinen besonderen Weg der Wahrheit und Liebe." (Brennan 1, S. 437).
Choa Kok Sui bezieht dies direkt auf den Vorgang der Energieübertragung: „Je kraftvoller und vibrierender Sie werden, desto weniger dürfen Sie Ihren Willen einsetzen, um dem Patienten nicht zu schaden." (Choa 3, S. 113).

Hingabe und Demut an den göttlichen Willen bedeutet auch, keine Erwartungen zu haben bezüglich des Ergebnisses beim Patienten. Hilfreich ist während des Übertragens von

Heilenergie der Gedanke, dass das, was geschieht, dem höchsten Gut des Patienten dienen möge. Das heißt auch, dass oftmals ein Symptom so lange bleiben muss, bis ein innerer Prozess abgeschlossen ist.

Fallbeispiel:

> Ich selbst hatte unangenehme Warzen an den Fingern, die ich mit allen möglichen therapeutischen Maßnahmen versuchte loszuwerden. Je mehr ich daran arbeitete, umso mehr Warzen kamen zum Vorschein, bis es schließlich zweiundzwanzig waren.
> Als mir schulmedizinische Mittel aus dem Freundes- und Kollegenkreis vorgeschlagen wurden, lehnte ich ab, weil ich bisher in meinem Leben schon die Erfahrung gemacht hatte, dass alles sich zur rechten Zeit von selbst ergibt.
> So arbeitete ich lediglich energetisch und thematisch daran weiter. Und schließlich war es so weit: als alle mit den Warzen verbundenen Themen gelöst waren, fielen sie fast von alleine ab mit Hilfe einer homöopathischen Dilution (Homöopathie hatte ich zuvor auch schon dafür angewendet).
> In diesem Moment war der eigene Wille mit dem göttlichen Willen in Übereinstimmung gekommen, was vorher nicht der Fall gewesen war – das Symptom konnte verschwinden.

5.6.6 Bedingungslose Liebe und Gnade

Die Haltung des Heilers gegenüber dem Patienten sollte geprägt sein von bedingungsloser Liebe für ihn.

Manchmal ist es gar nicht so leicht, einen Patienten zu lieben, dessen Unterbewusstes sich wie ein kleines Kind verhält, das von der „Mutter" Therapeutin (oder dem „Vater" Therapeut) etwas haben möchte, was sie oder er ihm nicht geben kann. Manche Patienten sind auf andere Weise anstrengend.

Doch während der Arbeit „an der Liege" müssen wiederum alle persönlichen Missstimmungen und Gefühle beiseite gelegt werden. Durch den Trancezustand, in den der Heiler sich begibt, wird dies möglich. Denn in diesem Zustand tritt der persönliche Wille in den Hintergrund, und die bedingungslose Liebe kann fließen. Das bedeutet, kein Urteil zu fällen, nicht zu bewerten, sondern einfach nur die Energie fließen zu lassen. In diesem „Zustand" kann der Heiler erkennen, was der Patient ihm gibt; denn jeder Patient ist gleichzeitig auch Lehrer für ihn. Somit ist das Heilen keine „Einbahnstraße", sondern sie wird zum Geben und Nehmen, Empfangen und Geben.

An dieser Stelle möchte ich *Brennan* wieder zu Wort kommen lassen, die Kraft mit Liebe verbindet: „Kraft geht mit der Fähigkeit zur bedingungslosen Liebe einher. Sie geben alles, was zu Ihnen kommt, mit Liebe zurück, ohne sich zu betrügen. Das ist nur möglich, wenn Sie sich zuerst selbst lieben und in Wahrheit leben. Sie sind wahrhaftig in Ihren Gefühlen und durchleben sie, um zur Liebe zu gelangen. Wenn Sie negative Reaktionen leugnen, indem Sie sie verdrängen, dann lieben Sie weder sich selbst noch andere." (Brennan 1, S. 448).

Für mich heißt das nicht, als Heiler keine negativen Gefühle an der Oberfläche haben zu dürfen und nur gut sein zu „müssen" (ich bin auch nur ein Mensch), sondern vielmehr sich selbst zu beobachten und zu erkennen, wo noch negative Gefühle stecken, wann und in welchen Situationen sie auftreten, um dann deren Ursache auf den Grund zu gehen. Nur so werden sie nicht verdrängt und können langfristig wirklich gelöst werden.

Dieses Loslassen und Lösen von Themen und Verstrickungen ist eine Gnade, die uns zuteil werden kann oder auch nicht. „Durch das Praktizieren von Wahrheit, göttlichem Willen und Liebe, die Glaube und Kraft mit sich bringen, schaffen wir in unserem Leben Raum für das Wirksamwerden von Gnade. Wir empfangen Gnade, indem wir uns der göttlichen Weisheit hingeben, und erfahren diese als Seligkeit." (Brennan 1, S. 448).

Gnade wird von *Francis Melville* wie folgt definiert: „Gnade, in religiösem Sinne, ist eine Segnung oder eine Tugend, die den Menschen erhebt, indem sie ihn seines Selbst bewusster werden lässt und Gott näher bringt. Tugenden wie Weisheit, Gerechtigkeit und Barmherzigkeit werden den Menschen als Gnade des Allmächtigen durch den Dienst seiner Engel zuteil. Alle Engel befinden sich im Zustand der Gnade, da sie sich in liebender Harmonie mit dem Schöpfer befinden." (Melville, S. 80).
Es ist Gnade, von einer Krankheit zu genesen und erkannt zu haben, was die Lernaufgabe für die Seele war. Von daher ist es nur möglich, um diese Gnade auf der Seelenebene und bei der geistigen Welt zu bitten. Ein Therapeut oder Heiler kann sie nicht geben.

Teil III
Die Behandlung mit Manebua Schamanische Psycho-Kinesiologie (MSPK)

Nach der Klärung der Grundlagen von Manebua Schamanische Psycho-Kinesiologie (MSPK) gehe ich nunmehr darauf ein, wie mit der Methode praktisch auf der Liege oder im Sitzen gearbeitet werden kann.
Nach vielen Jahren der Anwendung des Heilens auf Energieebene in Verbindung mit Psycho-Kinesiologie habe ich ein bestimmtes Schema parat, nach dem ich in der Praxis vorgehe, um die Ursachen von Erkrankungen oder Lebensproblemen zu finden und auf energetische Weise die Selbstheilung anzuregen.

6. Die Anwendung von Manebua Schamanische Psycho-Kinesiologie (MSPK)

In der Manebua Schamanischen Psycho-Kinesiologie (MSPK) verwende ich einen Muskeltest, der für die Vierte Ebene geeignet ist, sowie andere „Ablösungsmethoden" aus dieser Ebene. Auch unterscheidet sich der Weg, wie ich zu den tiefen Themen eines Patienten komme von der von *Dr. Klinghardt* vorgegebenen Struktur.
Das „Schamanische" daran ist, dass Phänomene aus der Vierten und Fünften Ebene zur Heilung eines Patienten oder Klienten herangezogen werden, die über die Dritte Ebene bis auf die Erste Ebene herab reichen und Heilung bewirken.

6.1 Vorbereiten der Behandlung

Es ist unerlässlich, dass zuerst der Heiler sich selbst, eventuell seinen Arbeitsraum und dann seinen Patienten auf die bevorstehende Sitzung vorbereitet. Dazu gibt es unterschiedliche Möglichkeiten. Am Beispiel meiner eigenen Praxis zeige ich auf, wie die Vorbereitung stattfinden könnte.
Letztlich muss aber jeder seinen eigenen Weg entsprechend seiner eigenen Stärken und Schwächen dabei finden und sich auf die verschiedenen Patienten „einschwingen".

6.1.1 Vorbereiten des Therapeuten

Ein energetisch arbeitender Therapeut sollte jeden Morgen zuerst etwas für sich selbst tun, bevor er mit anderen Menschen zusammentrifft, damit er kraftvoll und gestärkt in den Tag geht.

Ich selbst mache gleichzeitig etwas für meinen Physischen Körper und den Energiekörper, indem ich nach dem Aufstehen das circa zwanzig Minuten dauernde „Psycho-Calisthenics" durchführe. Es handelt sich dabei um „Atmen und Bewegen".
Ich besitze eine doppelseitig bespielte Musikkassette davon, um praktischerweise nicht zurückspulen zu müssen. Unter den Klängen einer manchmal etwas „militärisch-zackig" anmutenden Musik wird von einem Übungsleiter jede Übung in englischer Sprache angekündigt. Man muss vorher gelernt haben, wie die Übungen durchzuführen sind, damit man sich mit der Musik bewegen kann. Von Kopf bis Fuß kommen alle Körperteile dran, zuerst im Stehen, dann in einer Bodenserie im Liegen. Wichtig dabei ist die entsprechende Atmung, die während der Bewegungen fließen muss.
Als letzte Übung füge ich zur Reinigung meiner Aura die Drehung um die eigene Achse aus den Fünf Tibetern hinzu (siehe Übung 1, S.103). Dazu spreche ich dreimal laut aus: „Ich

nehme meinen Raum in Liebe", dann „Ich fülle meinen Raum mit Liebe". Je nach Thema, das bei mir gerade zur Bearbeitung ansteht, kann das Wort „Liebe" durch andere Worte, zum Beispiel „Klarheit", „Freude", Dankbarkeit", „Vertrauen", „Zuversicht" ersetzt oder damit kombiniert werden.

Danach fühle ich mich jedes Mal frisch, fit und geerdet, also voll und ganz im Physischen Körper, obwohl ich „eigentlich" keine Frühaufsteherin, sondern eine „Nachtarbeiterin" bin.

Während des anschließenden Duschens visualisiere ich goldenes Licht, das mit dem Wasser zugleich alle meine Körper reinigt. Dies geht ganz einfach und ohne besondere Anstrengung oder Zeitaufwand nebenbei.

Beim Blick in den Kleiderschrank finde ich heraus, welche Farbe mich an diesem heutigen Tag anzieht und wähle diese aus. Es ist meistens die Farbe, die in der Aura gerade fehlt oder deren Frequenz eine besondere Unterstützung gibt. Ich überlege kurz, welche Bedeutung die gewählte Farbe für mich haben könnte. Wenn ich merke, dass ich zum Beispiel Schwarz brauche, weiß ich schon, dass es um Schutz und Abgrenzung heute geht und kann mich auch mental darauf einstellen.

Danach gehe ich auf meine weiteren Bedürfnisse für diesen Tag ein, indem ich über meinen Selbsttest herausfinde, ob ich etwas brauche (das ist dann „obligatorisch" und wichtig), oder ob mich etwas unterstützen kann (das ist etwas „Fakultatives", Zusätzliches). Das kann etwas für den Schutz sein, für die Offenheit zur Existenz (zum Beispiel in Form einer Meditation) oder etwas Körperorgan- oder -Funktionsstützendes. Dies sind meist irgendwelche Essenzen, Steine, Chlorella und Ähnliches oder eine kleine Behandlung, die ich mit mir selbst durchführe. Dazu gehört auch die Arbeit mit Glaubenssätzen und Affirmationen. Normalerweise kenne ich schon meine Themen über die ausgetesteten Emotionen, die meist so lange bestehen bleiben, bis sich innerlich eine Veränderung vollzogen hat, die sich auch im Alltag zeigt.

Als nächstes teste ich aus, ob mein Praxisraum etwas braucht. Dabei geht es meistens um Reinigung oder Schutz, weil die Patienten oder Mitarbeiter und Besucher allerhand „hängen lassen" in den Räumlichkeiten, was mit bloßem Lüften nicht entweicht.

Zuletzt finde ich heraus, ob ich vorbereitend für die Patienten, die an diesem Tag kommen werden (bei mir sind es im Allgemeinen fünf Behandlungen zu je 1,5 Stunden), etwas tun muss. Das kann das Heraussuchen einer Information sein oder ebenfalls etwas zur Reinigung oder zum Schutz, oder ich bekomme schon einen Hinweis darauf, was in dieser Sitzung behandelt werden sollte.

Für manchen Leser scheint dies alles viel Zeit in Anspruch zu nehmen, aber normalerweise brauche ich dafür nicht mehr als eine Stunde, die ich für einen Behandler als tägliche Psychohygiene für selbstverständlich und unabdingbar halte. Etwas Wichtiges dabei ist, all diese Vorbereitungen nicht als „Muss", sondern mit Freude zu tun – das ändert die Einstellung oft kolossal!

6.1.2 Vorbereiten des Patienten

Wenn der Patient zu mir in den Praxisraum kommt, kann er wählen, ob er innerhalb der kleinen Sitzgruppe mit drei Korbsesseln um ein kleines Tischchen herum rechts von mir oder

mir gegenüber sitzen möchte. Der ausgewählte Platz gibt mir schon einen Hinweis darauf, ob die Person mehr Nähe haben kann oder sogar braucht, oder ob eine gewisse Distanz nötig ist.
Dass ich auf jeden Fall links vom Patienten sitze (wenn nicht gegenüber), hat damit zu tun, dass ich dem Patienten die „Hauptrolle" für die Sitzung gebe, mit der er Inhalt und Gesprächsdauer bestimmt. Dennoch habe ich die Führung inne, indem ich manchmal gezielt dazwischenfrage oder eine Information einfüge. Das oberste Gebot hier ist jedoch das gleiche wie in der Psycho-Kinesiologie, nämlich ein dynamischer Wechsel von Pacing und Leading, dem Folgen und Führen, zwischen Patient und Behandler.

Zu Beginn gibt es jedoch zuerst als „warming-up", einer Art verbalen „Aufwärmphase", etwas „small talk", ein kleines Gespräch über den vergangenen Urlaub, das Wetter, die Kinder oder was auch immer.
Dann lenke ich mit der gezielten Frage, wie es seit der letzten Behandlung gegangen ist, auf das „Hinführungsgespräch", wie ich es nenne, hin, in dem ich zum einen den Patienten erzählen lasse, was sich seit der letzten Behandlung ergeben hat, zum anderen aber auch Fragen stelle zu Symptomen und/oder Themen, die ich gerne beantwortet haben möchte, um dadurch Hinweise für den Inhalt der heutigen Behandlung in dem vorgesehenen zeitlichen Rahmen zu erhalten. Ab hier läuft auch erst die Uhr, da ich nach Zeit abrechne.
Nacheinander frage ich alle Symptome und Themen, die in der letzten Sitzung behandelt und sorgfältig dokumentiert wurden, ab um festzustellen, ob etwas verschwunden, verbessert, verschlechtert ist oder stagniert. Das gibt Hinweise darauf, wie ich in die heutige Sitzung einsteigen könnte beziehungsweise auf den Schwerpunkt der Behandlung.

Ist das Vorgespräch beendet, geht es auf der Liege weiter, es sei denn, der Patient muss aus irgendeinem Grund (körperliches Gebrechen oder Angst und Panik beim Liegen) im Sitzen weiter behandelt werden.
Ich achte darauf, dass der Patient eine angenehme Lage bezüglich Höhe des Kissens, Kniekehlenrolle und Wärme hat; denn nur in entspanntem Zustand kann wirklich Heilung stattfinden.

Danach beginne ich mit den Vorbereitungen für die eigentliche Testung, damit wir ehrliche Antworten über den Muskeltest erhalten.

Wer sich nicht sicher ist, ob die anschließend beschriebenen schamanischen Notwendigkeiten erfüllt sind, kann sie einfach im Zuge des Flussdiagramms nacheinander durchführen – schaden kann es nicht, es gibt kein „zu viel" an Erdung, Reinigung und Schutz.

6.1.3 Erdung von Therapeut und Patient

Bevor mit dem Muskeltest begonnen wird, ist sicherzustellen, dass das „Duo" von Heiler und Klient geerdet ist, damit klare und sichere Antworten erfolgen. Im Fall von fehlender Erdung, oder wenn Zweifel darüber bestehen, ist eine der Erdungsmaßnahmen, die in Kapitel 4.4.1.1 beschrieben sind, anzuwenden.
Früher habe ich sie zeitgleich mit dem Patienten durchgeführt, heutzutage spüre ich sofort, wenn ich nicht (mehr) geerdet bin und treffe eine entsprechende Maßnahme; denn nur in geerdetem Zustand sollte ein Heiler Energiearbeit anwenden, um sich nicht selbst zu schaden.
Ist der Therapeut geerdet und stark genug, diese Erdung auch im Verlauf der Sitzung zu halten, so kann der Energiekörper des Patienten sich daran orientieren und ebenfalls geerdet bleiben.
Auch während der Behandlung ist auf Erdung zu achten und gegebenenfalls zu erneuern.

6.1.4 Reinigung von Therapeut und Patient

Manchmal ist eine sofortige Reinigung der Aura oder des Raumes nötig von dem, was der Patient „mitgebracht" hat oder beim Hinführungsgespräch schon freigesetzt wurde. Entweder spüre ich das, oder ich benütze den Selbsttest und führe eine geeignete Reinigungsmaßnahme durch (siehe Kapitel 4.4.2).
Während der Behandlung, wenn im Zimmer „dicke Luft" entsteht, kann ebenfalls gereinigt werden, was dann normalerweise bis zum Ende der Sitzung anhält.

6.1.5 Schutz von Therapeut und Patient

Im Lauf der Jahre habe ich gelernt, dass der Muskeltest klarer und exakter ist, wenn von vornherein eine Schutzmaßnahme ergriffen wird, die meist über die Dauer einer Behandlung anhält. Als einfach durchführbar lege ich, wie es im Seminar PK II gelehrt wird, das Labyrinth von Chartres auf (siehe Kapitel 4.4.3.2.1.1). Allerdings habe ich einige meiner Labyrinthe mit rosa Folie (Farbe des Herzchakras, der bedingungslosen Liebe) und magenta Folie (Farbe des Familiensystems und der Verbindung von Himmel und Erde) hinterklebt, wie wir es in einem speziellen Kinesiologen-Arbeitskreis einmal austesteten. (Vgl. Kapitel 4.4.3.2.1.1 Das Labyrinth von Chartres) Sie sind außerdem mit Lederbändern zum Umhängen versehen, was sich auch für Familienaufstellungen sehr gut bewährt hat.
Wenn ich mir nicht sicher bin, welches Labyrinth gebraucht wird, teste ich es im Selbsttest kurz aus. Manchmal zeigt sich dann, dass eine andere Schutzmaßnahme benötigt wird (siehe Kapitel 4.4.3 Schutz des Energiekörpers).

Sind diese Vorbereitungen ohne Einsatz des Muskeltests beim Patienten abgeschlossen, so kann nun die Biofeedback-Testung beginnen.

6.2 Kinesiologische Testung auf der Vierten Ebene

Da von vornherein klar ist, dass ich auf der Ebene des Traumkörpers und nicht auf der des Physischen Körpers testen möchte, brauche ich nicht den neuralkinesiologischen, starken Test über den Physischen Körper, sondern benütze einen Muskeltest, der von seiner Feinheit her für diese Ebene passt und der „einfach so" zu mir kam.

6.2.1 Testung im Liegen

Ich lasse den Arm des auf dem Rücken liegenden Patienten relativ starr geradeaus strecken und dabei sanft gegen die Liege drücken. Kindern gegenüber nenne ich ihn „Roboterarm", und sie wissen sofort, was ich meine. Gleichzeitig ziehe ich den Arm kurz oberhalb des Handgelenks nach oben in Richtung Zimmerdecke. Entweder der Arm „rastet ein" nach wenigen Zentimetern, oder er gibt völlig nach und geht frei nach oben durch.
Der starke Arm entspricht einer „Ja"-Antwort oder Stressfreiheit, der schwache wird als Vorhandensein von Stress oder „Nein" interpretiert.

Weil die Patienten bei diesem Test nicht so viel Kraft aufwenden müssen wie beim üblichen psycho-kinesiologischen Muskeltest mit dem Arm etwa 90° nach oben gehalten, sind damit auch schwache, sehr kranke und alte Menschen sowie kleine Kinder gut zu testen. Meine Jüngsten, die ich auf diese Weise direkt getestet habe, waren 2,5 Jahre alt.

Eine „JA"-Antwort   Eine „NEIN"-Antwort

6.2.2 Testung im Stehen

Manchmal muss jemand aus irgendwelchen Gründen im Stehen getestet werden, was ich nicht gern tue, weil einmal noch in den Anfängen meiner Praxis ein Schüler dabei fast ohnmächtig wurde, als wir an die psychische Ursache seiner Lernstörungen kamen. Außerdem ist der für die Manebua Schamanische PK-Behandlung (MSPK) erforderliche Trance-Zustand im Stehen nur schwer erreichbar.

Beim Test im Stehen lasse ich einen abgewinkelten Arm nah am Körper halten, während ich gegenüber stehe und den Arm oberhalb des Handgelenks nach unten drücke, wobei ich meine andere Hand am Schultergelenk des Patienten abstütze.

Eine „JA"-Antwort   Eine „NEIN"-Antwort

6.2.3 Testung im Sitzen

Der gleiche Test ist gut im Sitzen durchführbar, was ich gegenüber dem Test im Stehen bevorzuge. Dabei setze ich mich mit meinem Stuhl etwas seitlich dem Patienten gegenüber.

Eine „JA"-Antwort   Eine „NEIN"-Antwort

6.2.4 Alternative Testung im Liegen

Eine Variante ist es, den Arm im Liegen bis zum Ellbogen aufzustützen, und dann den Unterarm gerade nach oben in die Luft strecken zu lassen. Die Hand darf dabei gerade hochgestreckt oder locker nach vorn gekippt sein.
Der Tester drückt unterhalb des Handgelenks auf den Arm in Richtung Liege. Hält der Arm dem Druck stand, so bedeutet das eine „Ja"-Antwort, wird er schwach, dann entspricht es einer „Nein"-Antwort.

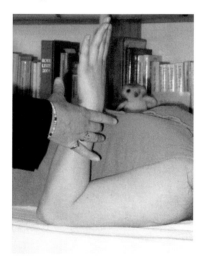 

Eine „JA"-Antwort   Eine „NEIN"-Antwort

6.2.5 Alternative Testung im Stehen

Dieser Test lässt sich auch im Stehen durchführen, wobei der Patient seinen abgewinkelten Arm ziemlich steif halten muss, damit man ein ehrliches Testergebnis erzielen kann.

Eine „JA"-Antwort   Eine „NEIN"-Antwort

6.2.6 Alternative Testung im Sitzen

Dagegen ist dieser Test im Sitzen dann leicht durchführbar, wenn der Arm bequem auf einem Armlehnenstuhl abgelegt werden kann. Der Tester sitzt dann dem Klienten etwas seitlich gegenüber.

Eine „JA"-Antwort   Eine „NEIN"-Antwort

6.2.7 Der Armlängenreflex-Test

Ein ebenfalls auf dieser Ebene angesiedelter und einfach anzuwendender Test ist der Armlängenreflextest, den die meisten Psycho-Kinesiologen kennen und mit dem viele schon in ihrer Praxis arbeiten.
Dabei sitzt der Therapeut bequem am Kopfende des auf dem Rücken liegenden Patienten und lässt ihn beide Arme auf der Liege nach oben strecken (die Handflächen zeigen dadurch automatisch Richtung Zimmerdecke). Dies ist natürlich nur dann möglich, wenn der Klient keine Schulterbeschwerden hat.

Der Tester nimmt die Arme an den Handgelenken in seine Hände, lockert sie einige Male durch Auf- und Abbewegen und zieht sie schließlich so weit wie möglich, aber immer noch angenehm für den Patienten, in seine Richtung, so dass die beiden Daumen nebeneinander zu liegen kommen. Nun vergleicht er die Länge der beiden Daumen miteinander.
Diesen Test führt er zum „Eichen" ein paar Mal durch, bis er sicher die Einstellung des Ausgangstests kennt. Es gibt dabei drei Möglichkeiten:

1. Beide Daumen sind gleich lang.
2. Der rechte Daumen ist länger als der linke.
3. Der linke Daumen ist länger als der rechte.

Von dieser Ausgangssituation aus werden bei den weiteren Tests etwaige Veränderungen beachtet, die als Stress oder „Ja"-Antwort gewertet werden, während keine Veränderung als Stressfreiheit oder „Nein"-Antwort interpretiert wird. Die Veränderung entspricht einem schwachen Muskel bei den oben beschriebenen Muskeltests.

Dieser Test ist, wenn notwendig, im Stehen durchführbar, wobei Therapeut und Patient einander gegenüber stehen und die Arme des Klienten nach vorn gezogen werden.

Ganz bequem funktioniert diese Testung auch im Gegenübersitzen, was für die Arbeit von kinesiologischen Beratern oft am besten geeignet ist.

Eine ausführliche Beschreibung des Armlängenreflextests im Liegen und im Sitzen mit entsprechenden Fotos sind in *Dr. Klinghardts* „Lehrbuch der Psycho-Kinesiologie" zu finden (S. 116ff.).

6.2.8 Selbsttestung

Für den schamanisch arbeitenden Psycho-Kinesiologen ist es von Vorteil, wenn er sich selbst testen kann. Wichtige Gründe hierfür:

1. Er kann sich auf eine Sitzung optimal vorbereiten, indem er austestet, was er zu dieser Sitzung für sich selbst braucht (Erdung, Reinigung, Schutz, Selbstbehandlung).
2. Er kann herausfinden, ob der Arbeitsraum in Ordnung ist (Schutz, Geopathie).
3. Er kann eine Sitzung mit einem Klienten vorbereiten durch Überprüfung seines Glaubenssystems hinsichtlich der angewandten Methoden und Techniken, seiner Glaubenssätze das Gesundwerden des Patienten und dessen Umfeld betreffend sowie zur Mobilisierung von Ressourcen für sich und den Klienten.

Dafür gibt es verschiedene Testmöglichkeiten:

6.2.8.1 Selbsttestung im Sitzen

Wenn es von der äußeren Umgebung her möglich ist, teste ich mich am liebsten im Sitzen, weil dies am bequemsten ist. Für mich hat sich folgende Art zu testen bestens bewährt:

Der linke Arm (für mich als Rechtshänder) wird angewinkelt und steif an der Seite angedrückt. Mit ein bis vier Fingerspitzen der rechten Hand – je nach Gefühl – drücke ich den Arm knapp unterhalb des Handgelenks in Richtung Fußboden.

Ich führe die üblichen Vortestungen durch (siehe Kapitel 6.3 Vortests). Dann kann ich Körperstellen, Organe und andere Bereiche austesten, Glaubenssätze überprüfen oder Fragen stellen, die nur eine „Ja"- oder eine „Nein"-Antwort zulassen.
Durch Substanzen, Energiearbeit oder auf geistigem Weg kann ich mich auf diese Weise selbst behandeln.

Weiterhin kann ich diesen Test verwenden, wenn mich ein Patient anruft und etwas für sich wissen möchte, zum Beispiel, ob er wegen eines Symptoms etwas Bestimmtes einnehmen oder sonst etwas tun sollte.
Dabei stelle ich mir den Patienten intensiv bildlich vor und frage, ob ich etwas für ihn austesten darf. Ist dies der Fall, so teste ich nach einem bestimmten Schema Substanzen, Glaubenssätze oder Ähnliches für ihn zur Selbsthilfe aus.
Diese Vorgehensweise hat sich bestens bewährt, weil sowohl dem Patienten als auch mir Praxistermine dadurch erspart werden.

Eine „JA"-Antwort

Eine „NEIN"-Antwort

6.2.8.2 Selbsttestung im Stehen

Auf die gleiche Art und Weise lässt sich die Testung auch im Stehen durchführen. Dies ist sehr praktisch und unauffällig, wenn man etwas austesten möchte, während man sich vor den Regalen in einem Laden oder in der Praxis befindet.

Außerdem teste ich so über mich weiter, wenn der Patient aus irgendeinem Grund, zum Beispiel bei eingetretenem Yin-Zustand, oder überhaupt bei Gebrechlichkeit nicht direkt zu testen ist. Dabei stelle ich mich neben ihn und berühre ihn möglichst mit dem Bein oder Fuß, um eine direkte energetische Verbindung zu haben.

Eine „JA"-Antwort　　　　　　　　　　Eine „NEIN"-Antwort

6.2.8.3 Selbsttestung im Liegen

Der gleiche Test funktioniert auch sehr gut im Liegen. Manchmal möchte ich, wenn ich morgens aufwache und einen Traum hatte, gleich etwas austesten, oder mir kommen Gedanken an bestimmte Dinge, während ich noch im Bett liege.

Dies gilt auch für die Einschlafphase, wenn mir plötzlich noch etwas einfällt, was ich testen will.

Ich bin auch schon aufgewacht und merkte, dass ich vor Übelkeit nicht aufzustehen vermochte. Mit meinem Test konnte ich herausfinden, wie ich mir energetisch oder mit Mitteln, die ich im Nachtkasten aufbewahre, so weit helfen konnte, dass es mir besser ging, und es mir dann nach dem Aufstehen möglich war, weitere Schritte zu unternehmen.

 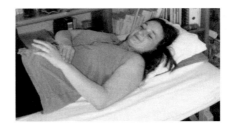

Eine „JA"-Antwort　　　　　　　　　　Eine „NEIN"-Antwort

6.3 Vortests

Zuerst teste ich den Muskel mit der Aufforderung „Bitte halten", ob er von vornherein stark oder schwach ist, um die Ausgangssituation zu kennen. Ist er schwach, so lege ich nacheinander einige Mittel auf den Körper, bis ich eine Substanz finde, die den Muskel stark sein lässt. Ich kann diese Substanz sofort einnehmen lassen, einreiben (bevorzugt am Punkt Hara, dem energetisch empfindlichsten Punkt des Körpers, ungefähr zwei Finger breit unter dem Bauchnabel gelegen), oder nah am Patienten, am besten in der Nähe seines linken Ohres, stehen lassen.

Dann lasse ich mir über den Muskel eine „Ja"- und eine „Nein"-Antwort geben (starker und schwacher Muskel). Die ganze Behandlung wird in diesem Modus durchgeführt, was sehr einfach ist, wenn die entsprechenden Fragen gestellt werden, die nur „Ja" oder „Nein" zur Antwort haben können. Wichtig ist dabei, dass weder der Tester noch der Getestete etwas w o l l e n, sondern einfach auf völlig neutral schalten und mit einer gewissen Neugier die Antwort des Muskels abwarten.

Ist dieser Test ungenau, so veranlasse ich den Klienten, mit der höchsten Instanz in seinem Inneren, dem Höheren Selbst, Kontakt aufzunehmen, um dann per Muskeltest erneut zu klären, was für diese Person eine „Ja"- und was eine „Nein"-Antwort ist. Manchmal ist die Antwort dann umgekehrt, und ich als Behandler muss mich auf diese Testung einstellen.

Als nächstes teste ich den Energiefluss des vorderen und hinteren Hauptmeridians, sowie des Nieren- und Milz/Pankreas-Meridians. Außerdem stelle ich fest, ob genügend Wasser im Körper ist (vgl. Kapitel 5.1.3 Gesundes Wasser), weil sonst der Energiefluss schwach oder gestört sein kann, was sich auf den Muskeltest auswirkt. In diesem Fall müssen Patient und Therapeut etwas Quellwasser trinken. Dieses ist meistens nicht mehr nötig, seit der Klient bei mir im Vorgespräch automatisch ein Glas Wasser zu trinken bekommt.
Anschließend führe ich den Test auf Eingeschränkte Regulation und Switching aus der Regulations-Diagnostik (RD) beziehungsweise Kinesiologie nach *Dr. Klinghardt*® (KnK) durch und „korrigiere", was sich zeigt. Dies geschieht allerdings oft nicht mit den dort erlernten Mitteln, sondern mit Mitteln aus dem Manebua Schamanische PK-Schatz an Steinen, Essenzen, Klängen usw.

Der nächste Vortest ist ein verbaler, mit dem ich austeste, ob der Patient bereit ist, „alles, was wir hier erarbeiten, anzunehmen (Test), zu integrieren (Test), zu seinem Besten zu verwenden (Test) und die volle Verantwortung dafür zu übernehmen (Test)". Wenn es kein Einverständnis gibt, muss zuerst am betreffenden Punkt gearbeitet werden, weil dies eine Sabotage gegen die Behandlung oder Heilung darstellt beziehungsweise einer „Psychologischen Umkehr" oder „Mentalem Switching", wie es in der Psycho-Kinesiologie heißt, gleich kommt. Würde dieser Teil übersehen, könnte die folgende Behandlung wirkungslos sein.

Als letzten Vortest stelle ich ebenfalls verbal klar, ob es „in Ordnung ist, mit dem Patienten zu arbeiten" (Test) oder ob „etwas dagegen spricht" (Test). Diese Art, Gegenfragen zu stellen, ist bei dieser Methode sehr wichtig, damit sofort eine eventuelle Unstimmigkeit herausgefunden wird. Meistens handelt es sich dann um eine ungenau gestellte Frage. In diesem Fall muss so lange umformuliert werden, bis beide Antworten „richtig", also auf die erste Frage mit „Ja" und im zweiten Fall mit „Nein", geantwortet wird. Auf diese Weise habe ich seit 1990 gelernt, sehr präzise Fragen zu stellen.
Scheint dennoch eine Zusammenarbeit nicht möglich, so muss man herausfinden, woran das liegen könnte. In einem bewussten Gespräch sind Unstimmigkeiten oder Abwehrreaktionen zwischen Behandler und Patient zu klären oder herauszufinden, ob einer von ihnen oder beide noch ein Mittel oder Ähnliches brauchen, damit die Sitzung möglich wird.

6.4 Diagnostisches Vorgehen

Als nächstes wird mit dem Höheren Selbst des Patienten abgeklärt, welches Thema oder Symptom zuerst behandelt wird. Das Höhere Selbst bestimmt die Reihenfolge, was für mich wunderbar ist, weil ich nicht über den Verstand oder mein Gefühl beziehungsweise meine Intuition gehen muss, sondern nur „Mittlerin" bin.

Hat ein Patient viele Symptome, so ist oft eine „ganzheitliche" Behandlung nötig, das heißt, wir gehen auf die Ursache(n) der Störungen ein, ohne ein einzelnes Symptom zu erforschen. In diesem Fall gibt es auch häufig ein Mentales Switching, das ich „Sabotage" nenne, dessen Ursachen zuerst aufgedeckt werden müssen. Dazu erteste ich, ob die Hinderungsgründe für eine Heilung auf der physischen, der emotionalen, der mentalen oder der Seelenebene zu finden sind.

6.4.1 Test auf Sabotagen

Die Testung zu Beginn der Diagnosefindung, ob es irgendwelche Sabotagen gibt, hat sich als sehr sinnvoll erwiesen um festzustellen, ob das Unterbewusstsein des Klienten gar nicht mitmachen und Änderungen nicht wirklich zulassen will.
Durch die Bearbeitung der Hintergründe für die Sabotage wird der Verlauf der Sitzung von Anfang an positiv beeinflusst, und es kann nicht passieren, dass zuerst eine Stunde gearbeitet wird, bevor der Therapeut dann feststellt, dass das Unterbewusstsein dagegen arbeitet, weil es eine Heilung nicht oder nicht ganz zulassen will.

6.4.1.1 Sabotagen auf der Physischen Ebene

Diese Art von Sabotage kommt als alleiniges Problem so gut wie nie vor, da bei genauem Hinsehen kein strukturelles Problem im Physischen Körper entstanden ist, sondern der Physische Körper nur Ausdruck von Störungen in den anderen Körpern ist.
Die Sabotage zeigt sich dadurch, dass massive körperliche Blockaden, zum Beispiel im Organbereich, vorhanden sind, die durch Erreger, Pilze, Giftstoffe und Ähnliches ausgelöst wurden. Häufig finden sich hier auch Blockierungen in der Wirbelsäule oder von Rippen.
Jede Veränderung dieser Art hat eine Ursache auf einer der darüber liegenden Ebenen, weshalb ich auch hier die damit zusammenhängenden Emotionen und Glaubenssätze suche und damit arbeite.
Sie müssen herausgefunden und ausgemerzt werden, damit strukturelle Maßnahmen wirklich greifen können, bis die physischen Blockaden nicht mehr testen und auch subjektiv nicht mehr spürbar sind.

Ein Fallbeispiel für diese Ebene ist folgendes:

> Eine junge Leistungssportlerin, die von mir betreut wird, hat plötzlich ständig wiederkehrende physische Probleme, zum Beispiel Schmerzen in den Fußgelenken, wodurch ihr Physischer Körper zeigt, dass er die Leistung verweigert, obwohl die Sportlerin vom Bewusstsein her unbedingt weitermachen will.
> Wir finden heraus, dass ihrem Unterbewusstsein das ständige Training viermal pro Woche sowie die zusätzlichen Sportveranstaltungen am Wochenende einfach zu viel sind. Es will Ruhe haben und Dinge tun, die andere junge Menschen machen, wie Freunde treffen und ausgehen.

Nachdem wir mit dem Unterbewusstsein einen Kompromiss über sicher eingeplante Freizeit schließen können und die Patientin energetisch behandelt ist, kann auch der Physische Körper den Leistungssport wieder durchführen.

6.4.1.2 Sabotagen auf der emotionalen Ebene

Ein Hinderungsgrund für die Heilung besteht in Gefühlen, die in Zusammenhang mit einer bestimmten Person oder Situation stehen und die Heilung boykottieren. Diese Emotionen müssen zuerst gefunden und abgelöst werden, bevor weiter gearbeitet werden kann.

Fallbeispiel:

Eine Patientin möchte gern gesund werden, fühlt sich aber nur geliebt, wenn sie von ihrem Partner umsorgt wird. Dies geschieht vor allem dann, wenn sie krank ist. Also hat sie Stress damit, gesund zu werden, weil sie nicht glauben kann, dass sie auch geliebt wird, wenn sie nicht so sehr umsorgt wird.
Das Gefühl von ungeliebt sein musste abgelöst werden, damit die Sabotage aufgehoben werden konnte und dauerhafte Heilung möglich wurde.

6.4.1.3 Sabotagen auf der mentalen Ebene

Damit sind Gedanken gemeint, die meist als Einschränkende Glaubenssätze im System verankert sind und deshalb herausgefunden und durch Freimachende Glaubenssätze ersetzt werden müssen, damit Heilung möglich wird.

Fallbeispiel:

Im oben beschriebenen Fall des Ungeliebt-Fühlens waren auch Einschränkende Glaubenssätze vorhanden wie „Ich werde nur geliebt, wenn ich krank bin" und „Mein Partner liebt mich nur, wenn er mich umsorgt".
Während die Freimachenden Glaubenssätze „Ich werde um meiner selbst willen geliebt" und „Mein Partner liebt mich, auch wenn ich als Erwachsene mich selbst umsorge" laut ausgesprochen wurden, wurde die Energie dieser Sätze auf der Vierten Ebene verändert. Dazu muss die Stressenenergie, die in diesen positiven Sätzen im Energiefeld des Patienten steckt, transformiert werden.

6.4.1.4 Sabotagen auf der spirituellen Ebene

Solche Sabotagen entstehen durch Konflikte auf der spirituellen Ebene oder zwischen der spirituellen und einer der anderen Ebenen, häufig zwischen dem Mentalkörper und dem Seelenkörper.

Beispielsweise glauben viele Therapeuten, die spirituell als Heiler arbeiten, tief in ihrem Inneren, dass sie Sexualität und Spiritualität nicht zusammen leben dürfen. Aus diesem Grund ziehen sie sich vom Partner zurück, um wie eine Nonne oder ein Priester asketisch zu leben. Dies geschieht jedoch nicht im Sinne der Schöpfung, sondern aufgrund Einschränkender Glaubenssätze. Da wir beides, Sexualität und Spiritualität, als Gabe von der Existenz bekamen, lässt sich auch beides gut zusammen bringen. (Vgl. Kapitel 3.4.1.3 Einssein mit Gott)

Hier kann ebenfalls auf der Vierten Ebene behandelt werden, so dass die Wirkung bis auf die Erste Ebene durchschlägt.

6.4.2 Test auf benötigte Substanzen

Im nächsten Test erfrage ich, ob für die Behandlung irgendwelche Substanzen benötigt werden, zum Beispiel Giftstoffe, Krankheitserreger (als Nosoden) oder deren Gegenmittel, Essenzen, Steine, Homöopathie oder dergleichen.

Die benötigten Mittel müssen oft gleich eingenommen werden (zum Beispiel Bach-Blüten) oder eine Zeitlang beziehungsweise die ganze Behandlung über neben dem Körper liegen bleiben.

Dieser Test nach benötigten Substanzen kann an verschiedenen Stellen des weiteren Behandlunsgangs immer wieder einmal gestellt werden, vornehmlich dann, wenn es irgendwie nicht weitergeht oder starke Gefühls- und Körperreaktionen auftreten.

6.4.3 Zugehörige Emotionen / Themen

Nach Abklärung, welches Thema oder Symptom zuerst zur Behandlung dran ist, wird erfragt, welche Emotion zum Thema oder Symptom gehört. Dazu kann man meine eigene Emotionsliste verwenden oder alle anderen Listen, die man aus irgendwelchen Kursen oder Büchern kennt.

Nach den Themen der Meridiane, wie ich sie in Kinesiologie-Seminaren kennen lernte, habe ich meditativ meine eigene Liste zusammengestellt, die nicht nur Eigenschaften in Adjektivform, sondern auch Substantive und Verben zu den einzelnen Themen enthält und beliebig ergänzt werden kann.

Dieses Register beinhaltet sowohl positive als auch negative Stichwörter. Dahinter steht die Tatsache, dass beide Eigenschaften Stress auslösen können.
Dass die negativen Worte Stress erzeugen, wenn jemand damit in Resonanz geht, ist leicht nachvollziehbar. Genauso können aber auch positive Merkmale individuell „Stress besetzt" sein, wenn eine Person im Leben schlechte Erfahrungen damit machte und ihr Unterbewusstsein als Folge davon jetzt Angst davor hat, das Schöne und oft verzweifelt Angestrebte wirklich zu erreichen (vgl. Kapitel 5.6.4 Freisein von Angst).

Fallbeispiel:

Bei einem Patienten, Mitte vierzig, der sehr traditionsbewusst ist und dessen Unterbewusstsein sich deshalb sehr schwer tut, die für seine Heilung notwendigen Veränderungen anzunehmen und Neues zuzulassen, testet immer wieder das Adjektiv „weit" – an sich ein eher positiver Begriff. Für diesen Patienten ist dieses Wort aber absolut Stress besetzt, weil er eher eng denkt und traditionell verankert ist in den Gebräuchen seines Heimatorts.

Außerdem zeigt sich darin eine sehr starke Loyalität zu seiner Mutter (äußerst enge Beziehung), weshalb er schon seit Jahren krank ist, was ihm im Alltag große Einschränkungen bringt. Sein Unterbewusstsein will sich nur ungern öffnen, weit werden. Es braucht einige Sitzungen, bis das Unterbewusstsein sich allmählich ändert in Richtung einer offeneren Weltanschauung. Dies zeigt sich in der zunehmenden Tätigkeit der Chakren, die mehr Energie aufnehmen und dem Energiefeld des Patienten zur Verfügung stellen können, wodurch seine Erschöpfung nachlässt. Gleichzeitig verbessert sich seine Erdung, wodurch er mehr Standvermögen hat. Er fängt an, sich von den engen Traditionen seines Heimatortes und der engen Beziehung zu seiner Mutter innerlich zu distanzieren, wodurch die Symptome verschwinden oder nachlassen.

Die individuelle Bedeutung des aus der Emotionsliste ertesteten Begriffs muss im einfühlsamen Gespräch mit dem Patienten und seinem Höheren Selbst herausgefunden werden. Eventuell bietet der Therapeut verschiedene Möglichkeiten an, bis die zutreffende über den Muskeltest verifiziert werden kann.

Manebua Emotionsliste von Monika Obendorfer

I. Leber-Meridian. Thema: Verwandlung / Widerstand gegen Veränderungen
(Un)veränderlich – stetig – labil – schwankend – entschlossen – ändern – Entwicklung – Wachstum – Starre – Zielstrebigkeit – Zaudern – zaghaft – zögernd – Flexibilität - dynamisch

II. Gallenblasen-Meridian. Thema: Entscheidungen treffen / aufschieben
Entscheidungsfreudig – entscheidungs(un)fähig – Verantwortung - selbstverantwortlich - entscheidungs(un)willig – mitverantwortlich – ringend – innerer Kampf – riskant

III. Milz-Pankreas-Meridian. Thema: Reflexion / Übertriebene Sorgen
Sorgen – grübeln – entspannen – angespannt – froh – gelassen - heiter – freudig – fröhlich – schön – bestmöglich – deprimiert – niedergeschlagen – (Un)ruhe - nervös

IV. Lungen-Meridian. Thema: Wert / Stolz
Stolz – Überforderung – Unterforderung – hochmütig – Alleswisser – Besserwisser – belehrend – lehrreich – gelehrig – staunend – verneinend – wundervoll – einzigartig

V. Nieren-Meridian. Thema: Vertrauen / Angst
Furcht – Angst – Lebensangst – Todesangst – Verlustangst - riskant – Vertrauen – Selbstvertrauen – erschüttern – Mut – risikobereit – risikofreudig – vertrauensvoll – ängstlich – Liebe – leben – sterben – sich erfreuen – forschen – lernen – fehlerfrei – Zutrauen - feige

VI. Dickdarm-Meridian. Thema: Loslassen / Festhalten
Loslassen – festhalten – (un)brauchbar – freudvoll – positiv – negativ – freudlos – mühsam – Plage – mühselig – erquicken – Dogmatismus – Perfektionismus – anpacken

VII. Kreislauf-Sexus-Meridian. Thema: Verbinden / Verhaftetsein
Verzeihen – (un)verantwortlich – schwierig – leicht – (Un)recht – Wachstum – (un)schuldig – starrköpfig - gewähren lassen – grollen – „am ausgestreckten Arm verhungern lassen"

VIII. Dreifacher Erwärmer-Meridian. Thema: Harmonie / Disharmonie
(Un)gleichgewicht – (dis)harmonisch – gelingen – misslingen – seltsam – Einklang – Dissonanz – missmutig – launisch – elend – übel – ausgleichen – erfreuen – (un)angenehm

IX. Magen-Meridian. Thema: Zufriedenheit / Ärger
Ärger – Verdruss – Bedürfnisse – (un)zufrieden – (un)glücklich – beleidigt – behutsam – (un)überlegt – Freude – Trauer - Sorglosigkeit – Pflichtbewusstsein

X. Blasen-Meridian. Thema: Selbstbestimmung / Fremdbestimmung
Lenken – kontrollieren – (selbst)gestalten – (mit)bestimmen – gehen lassen – gleichgültig – (gem)einsam – (be)herrschen – (Ohn)macht – zuschauen – (un)beteiligt – Einfluss

XI. Herz-Meridian. Thema: Liebe / Hass
Bedingungslos – Identität – fremd – kennen – hassen – (un)erfüllt – Freude – (Un)dankbarkeit – bohrend – schmerzen – zielbewusst – Trauer – frei – gut – schlecht – geborgen – Mitgefühl

XII. Dünndarm-Meridian. Thema: Aufnahme / Ablehnung
Assimilieren – blockieren – lernen - Lebenserfahrungen – Lernerfahrungen – (un)annehmbar – lösen – Knoten - (Un)wissen – Bewusstsein – verbreiten – eng – weit – getragen

6.4.4 Der Dialog mit dem Höheren Selbst

An dieser Stelle wird der Patient oder Klient aufgefordert, die Augen zu schließen und sich mit der höchsten Instanz in seinem Inneren zu verbinden. Er gibt ein kleines Zeichen, dass dies geschehen ist.
Nun kann der Dialog mit dem Höheren Selbst beginnen, indem der Therapeut entsprechend ausgefeilte Fragen stellt, die nur mit JA oder NEIN beantwortet werden können, was über den Muskeltest sichtbar wird.
Bei besonders sensiblen Bereichen ist es immer wieder erforderlich, dass der Therapeut seine Anbindung „nach oben und unten" überprüft, damit sicher gestellt ist, dass die Antworten wirklich exakt sind.

6.4.4.1 Klärung der Umstände in Gegenwart und / oder Vergangenheit

Zu den einzelnen Begriffen ist meistens zuerst die aktuelle Situation zu besprechen und der zugehörige Stress aufzulösen, bevor die entsprechenden Umstände in der Vergangenheit gesucht werden.
Um die entsprechende Situation in der Vergangenheit zu lösen, geht der Therapeut symbolisch mit dem Patienten schrittweise in dessen Lebensalter zurück, bis er am Ursprungsalter angekommen ist. Die dortigen Umstände werden geklärt, und der Stress der Situation wird energetisch aufgelöst. Das heißt, die zum Ursprungszeitpunkt in Unordnung oder ins Stocken geratene Energie wird in Ordnung gebracht, so dass die Energie wieder frei fließen kann.
Danach muss man herausfinden, ob es noch weiter zurück zu einem früheren Zeitpunkt geht, um auch dort nochmals eine Stresssituation auflösen zu können.
Ansonsten geht man stufenweise wieder ins Hier und Jetzt, wobei die nun in Fluss gekommene Energie bis in die Gegenwart hinein weiter fließen kann, wodurch Heilung möglich wird.

In letzter Zeit hat es sich gezeigt, dass ich vor allem bei Patienten, die schon viel von ihren Themen bearbeitet und abgelöst haben, gar nicht mehr symbolisch in die Vergangenheit zurück muss, um eine Emotion oder Situation abzulösen. Die Behandlung in der Gegenwart genügt mit dem Blickwinkel, dass alles, was der Patient jetzt noch in sich trägt, aus seiner Vergangenheit kommt. Wenn wir etwas jetzt in der Gegenwart verändern, ändern wir das Mitgebrachte automatisch mit, und ab jetzt darf etwas Neues ins Leben treten.

Auf diese Weise kann ein Symptom oder Thema ums andere bearbeitet werden, bis das Höhere Selbst angibt, dass es genug für heute ist. Das ist manchmal der Fall, obwohl noch nicht alles bearbeitet wurde, weil der Patient aber nicht noch mehr an energetischen Veränderungen ohne starke Reaktionen verkraften würde. Denn diese Behandlungen verlaufen im Allgemeinen sehr sanft, ohne große Dramen auf der Liege oder danach – und sind vom Ergebnis her trotzdem sehr effektiv.

6.5 Durchführen der Behandlung

Die Veränderung selbst wird ausgelöst durch das Auflösen des Stresses, wodurch das Energiefeld wieder in seinen „gesunden" Fluss zurück versetzt wird. Die unendlichen Selbstheilungskräfte des Menschen sorgen dafür, dass alle Schichten des Energiekörpers im Fluss bleiben und letztlich auch der Physische Körper Heilung erfährt.

6.5.1 Auflösung des Stresses

Die Auflösung der Stress besetzten Situation geschieht energetisch mit Hilfe der benötigten Frequenzen, die über ein Hilfsmittel (Essenz, Stein, Instrument, Farbe) an den Klienten abgegeben werden oder über die Heilenergie durch die Hände des Therapeuten erfolgen kann.

Während eine Essenz, eine Farbe oder ein Stein die nur ihr oder ihm eigene Frequenz abstrahlt, kann die Heilenergie verschiedenste Frequenzen beinhalten, die sich auch im Lauf der Behandlung ändern können. Je flexibler der Energiekörper eines Heilers ist, umso mehr unterschiedliche Schwingungen können über seinen Körper an die Patienten fließen.
Meist dauert es Jahre, bis praktisch jede Art von Schwingung über den Heiler als Kanal weitergegeben werden kann, da sein Körper als „Transformator" dienen muss, um hohe Frequenzen auf verträgliche, niedrigere Schwingungen umzuwandeln.

6.5.1.1 Orte des Energieflusses

Während der Zeit, als ich meine eigenen Erfahrungen mit Energieübertragung sammelte, gab es verschiedene Phasen entsprechend meines eigenen Wachstums.

So konnte ich lange Zeit nur aus der linken Handfläche, dem Handchakra, heilende Energie fließen lassen. Dies geschah eher flächendeckend und eignete sich besonders gut, um ganze Organe oder Körperstellen zu „bestrahlen".

Als nächstes wurden die Fingerspitzen einbezogen. Die Energie aus den Fingerspitzen wirkt wie ein Laserstrahl, so dass dieses Vorgehen sich besonders gut bewährt hat für kleine Stellen am Körper (Akupunkturpunkte) und zur Narbenentstörung. Hierbei können auch mehrere Fingerspitzen nebeneinander gelegt als kleine Fläche mit drei, vier oder fünf Fingern verwendet werden. Dies ist häufig zum Beispiel beim Mediastinum (Stelle etwa in der Brustmitte) der Fall.

Schließlich kam das rechte Handchakra hinzu, und ich lernte zu unterscheiden, wann die linke und wann die rechte Hand gebraucht wird. Üblicherweise ist es bei mir so, dass die rechte Hand Energie wegnimmt, zum Beispiel von negativen Emotionen, die im Körper oder in der Aura hängen, während die linke Hand göttliche Energie zuführt.

Meine weiteren Beobachtungen und Erfahrungen haben mir gezeigt, dass sogar von ein und demselben Handchakra heilende Energie zum Patienten hin und gleichzeitig Stressenergie wegfließt. (Vgl. Kapitel 3.1.2 Die Chakren) Damit braucht es keine Überlegung mehr, welche Hand für welchen Zweck verwendet werden sollte.

Letzten Endes kann ich als fortgeschrittene Heilerin im Prinzip durch jede Pore meines Körpers hindurch die Heilenergie fließen und wirken lassen, wie dies mir auch der texanische Psychologe und Heiler *Dr. Steven Vazquez* von sich berichtete.

Deshalb fängt die Energie oft schon ohne mein Zutun beim Hinführungsgespräch an zu fließen, während ich noch dem Patienten gegenüber sitze, und nimmt so den ersten Stress von den angesprochenen Themen weg. Da spüre ich dann meinen ganzen Körper in Aktivität, und aus der gesamten Vorderseite, die dem Patienten zugewandt ist, fließt Heilenergie, während mein Gaumensegel arbeitet, um vom Patienten abströmende „kranke" Energie zu transformieren.

6.5.1.2 Prinzipien bei der Energiearbeit

Durch den kinesiologischen Muskeltest, den ich in den Behandlungen anwende, konnte ich bestimmte Prinzipien herausfinden, wie während der Behandlung effektiv vorgegangen wird.

Meine Patienten waren und sind meine Lehrer, und so habe ich einige Male die Rückmeldung bekommen: „Wenn Sie jetzt nicht die Hand wegnehmen, verbrenne ich, weil es hier so heiß geworden ist" oder „Das ist wie ein Laserstrahl, den Sie da auf mich richten."
Durch die entstandene **Wärme** wird die Blutzufuhr im betreffenden Organ weiter geöffnet, und die Zellen können mehr Sauerstoff und Nährstoffe aufnehmen, was zur Selbstheilung des Organs führt.
Der „Laserstrahl" arbeitet dagegen punktuell, beispielsweise zur Entstörung von kleinen Narben oder zum „Verschweißen" von kleinen Löchern in der Aura, durch die der Patient Energie verliert.

Im Lauf der Zeit lernte ich, die Energiearbeit mit dem zusammen, was ich sehe und was ich spüre, in das System der Chakren und der Aura einzuordnen, das ich in der Literatur fand.

Seitdem habe ich sehr viel mit so genannten „Austherapierten" zu tun, wo ich der x-te Therapeut bin oder wo es heißt: „Ich habe jetzt schon so viel gemacht, war bei allen Kapazitäten, aber es geht mir immer schlechter". Dann ist der Patient genau richtig bei mir, weil ich weiß, es ist physisch, neurologisch, emotional und mental schon vieles geklärt, aber was in den Behandlungen meistens fehlte, ist die Energieebene.

Was diese Patienten betrifft, so habe ich allmählich gelernt, welche Körperstellen oder Chakren aus welchem Grund Behandlung erfordern.

Häufig müssen einfach **Organe** „bestrahlt" werden, zum Beispiel die Leber, um einen Entgiftungsprozess anzuregen, oder die Nieren, um Angst, die dort sitzt, abzubauen.

Bei **paarigen Organen**, zum Beispiel der Lunge, von der nur ein Lungenflügel geschwächt ist, erlebe ich oft, dass nicht der geschädigte Teil selbst, sondern das adäquate gesunde Organ bestrahlt werden muss. Das heißt, dass die Heilenergie nicht in das geschwächte Organ „gepumpt", sondern stattdessen das starke Organ noch weiter mit Energie versorgt wird, bis diese sozusagen im Sinne des morphogenetischen Feldes „überschwappt" und die Energie an das erkrankte Organ weitergibt. Dieses Vorgehen scheint für den Behandler weniger anstrengend zu sein, als wenn das „Vakuum" aufgefüllt werden müsste, wofür mehr Energie aufzubringen wäre, um den gleichen Effekt zu erzielen.

Genauso verhält es sich mit anderen Körperstellen, beispielsweise **Gelenken**. Ist das rechte Knie schmerzhaft, läuft die Behandlung über das linke Knie, das dann „weiß", wie die richtige Schwingung sich anfühlt. Das erkrankte Knie hat das andere als Vorbild und kann daraus lernen (so wie der Energiekörper eines geerdeten Therapeuten als Vorbild dient für einen ungeerdeten Klienten), indem es die gesunde Schwingung übernimmt.

Ein weiteres Prinzip ist, dass eine **Schmerzstelle** fast nie direkt mit Energie versorgt wird, sondern oft die Organe oder Chakren daneben „bestrahlt" werden müssen, bis zu aller letzt die Schmerzstelle direkt dran ist.

Außer den Organen und Gelenken (zum Beispiel Schultern, Hüften, Fußgelenke), teste ich häufig **kleine Stellen** am Körper als schwach, oftmals unter den Rippenbögen.

Dabei spüre ich, dass es darum geht, „Löcher" in der Aura, durch welche die Energie austritt, zu „stopfen", so dass das energetische Leck beseitigt wird.

Manchmal muss ich auch einzelne **Akupunkturpunkte** oder ganze **Meridianabschnitte** behandeln, um die Energie in Fluss zu bringen.

Brauchen **Chakren** einen Energieschub, so teste ich die Entfernung vom Physischen Körper, von wo aus das jeweilige Chakra behandelt wird. Dies kann ganz nah oder bis zu 150 cm weg sein. Manchmal ist die Arbeit mit der flachen Hand und manchmal mit den Fingerspitzen zu leisten, was ich jeweils austeste.

In der Nähe geht es meistens darum, ein Energiezentrum zu öffnen oder anzuregen, während aus größerer Entfernung ein abgespaltener Energieanteil zurückgeholt und an die übrige Aura angeschlossen werden muss.

Es kommt auch darauf an, ob eine Imbalance des Elektrischen Körpers ausgeglichen werden soll, die sich im allgemeinen nahe beim Physischen Körper befindet, oder ob ein Ungleichgewicht auf der Mentalen Ebene oder des Intuitiv- oder Seelenkörpers ausgeglichen werden soll, die entsprechend weiter weg sind.

6.5.1.3 Zum Behandlungsort gehörige Themen

Durch meine jahrelangen Aufzeichnungen konnte ich erkennen, dass zu bestimmten Körperregionen oder Chakren, die als Ort der energetischen Behandlung testen, bestimmte Themen gehören (vgl. auch Kapitel 3.1.2 Die Chakren).

Testet der **Kopf** oben am Physischen Körper, so geht es meist um die Integration der rechten intuitiven Gehirnhälfte mit der linken logisch-analytischen Hemisphäre. Üblicherweise handelt es sich um eine Situation, in der Verstand und Gefühl nicht zusammenkommen, was durch die Energiearbeit unterstützt werden kann.

Direkt über dem Kopf in der Aura geht es um das Thema Urvertrauen, Selbstvertrauen, fehlendem Vertrauen überhaupt bei bestehendem Misstrauen Personen oder Situationen gegenüber. Häufig war dieses Urvertrauen auf Grund bestimmter Umstände noch nie vorhanden und muss allmählich aufgebaut werden.

Befindet sich die Stelle weiter hinten, am Übergang vom höchsten Punkt des Kopfes zum oberen Hinterkopf, geht es häufig um das Thema „Zutrauen", dass der Patient sich selbst eine Sache nicht zutraut oder anderen nicht zumutet.

Sind die **Augen** eines Patienten – entweder die des Physischen Körpers oder die des Energiekörpers – beeinträchtigt, weil er vor etwas die Augen verschließt, was er nicht sehen kann oder will, so müssen die Sehorgane behandelt werden. Dies geschieht entweder direkt an den Augen oder an den entsprechenden Stellen am Hinterkopf, wenn man sich von den physischen Augen eine Gerade durch den Kopf hindurch dorthin denkt.

Der **Hinterkopf** testet im Fall von „alten" Emotionen und Themen, die schon in dieses Leben mitgebracht wurden oder sehr früh entstanden sind. Dort befindet sich das Stammhirn mit den beiden grundlegenden Verhaltensweisen des Menschen, Kampf oder Flucht. Der Patient kann im Gespräch selbst erkennen, welche Verhaltensweise die ihm eigene, vertraute ist: Kampf in Form von Aggression, auch Auto-Aggression wie bei Allergien und Autoimmunerkrankungen, oder Rückzug und Introvertiertheit als Fluchtverhalten. Letzteres kann auch

nach außen verlagert sein und sich zeigen in der ewigen Suche (Seminare, Methoden, Therapeuten, Hobbys, ...), das kein Finden erlaubt.
Emotional stellen diese „alten" Themen für das Unterbewusstsein eine Gefahr für das Überleben dar, weshalb der Klient sich irgendwie ruiniert, am Ende fühlt, weil das Unterbewusstsein keinen Ausweg findet.

Um ebenfalls ganz „alte", grundlegende Themen wie Selbstwert, Liebe und Akzeptanz geht es, wenn die Aura am Hinterkopf, dem sogenannten Alta Major-Zentrum, testet. Häufig muss hier in einer Entfernung von etwa zwanzig Zentimetern „bestrahlt" werden.

Testen **Hals und/oder Genick**, so kann dies ein Zeichen dafür sein, dass zum Zeitpunkt der Geburt die Nabelschnur um den Hals war. In Verbindung damit treten Existenzangst oder existenzielle Themen auf, weil ja die Energiezufuhr mehr oder weniger stark abgeschnitten und damit das Leben ernsthaft in Gefahr war.

Wie der Hals eine Engstelle am Physischen Körper zwischen Kopf und Rumpf ist, kann dies auch eine Engstelle im Energiekörper sein.

Fallbeispiel:

> Bei einem Psychiatriepatienten, den ich betreute, konnte ich sehen, dass die Energie nur noch an einem dünnen Faden zwischen oben und unten floss. Physisch zeigte sich das als Verwirrtheit, chronische Müdigkeit, nichts auf die Reihe bringen, Konzentrationsstörungen, Lernstörungen usw. Ihm war als Kind von den Eltern sozusagen „das Genick gebrochen" worden durch ständige physische und psychische Gewalteinwirkung und Willensbrechung. Nachdem ich ihn mehrmals energetisch behandelt hatte, bildete der Hals wieder ein kräftig fließendes Energieband, das die Erdenergie nach oben und die Himmelsenergie nach unten beförderte, wodurch die Symptome zuerst besser wurden und schließlich ganz verschwanden.

Melden sich die **Schultern** als Behandlungsort, so geht es fast immer um eine zu große Belastung, zu großen Druck, dem der Patient ausgesetzt ist.
Durch die Behandlung des Energiekörpers wird oft erst der Weg frei gemacht für die wirksame und erfolgreiche physiotherapeutische oder krankengymnastische Arbeit.

Auch die **Hände** von Klienten müssen immer wieder einmal energetisch behandelt werden. Dabei geht es meistens um Themen, wo Aktivität gefordert ist (Handflächen), damit eine Idee in die Tat umgesetzt werden kann, oder manchmal ein Zuviel an Tatkraft gebremst werden muss (Handrücken).
Wenn jemand heilende Hände entwickeln soll, müssen meist die Handchakren aktiviert werden, indem die Handfläche des Heilers auf die Handfläche des künftigen Energiearbeiters gelegt wird.

Die **Hüften, Leisten, Beine und Füße** haben mit Vorangehen im Leben zu tun, was oft aus Angst vor dem Unbekannten gebremst wird. Mit der energetischen Behandlung der testenden Stellen kann Abhilfe geschaffen werden.
Die Bremsprogramme in diesem Bereich sind meiner Erfahrung nach am größten, wenn es die **Hüften** und die **Leisten** betrifft. Hier ist stärkster Widerstand vorhanden gegen anstehende Veränderungen im Leben, weil sie einen riesigen Schritt bedeuten.
Knieprobleme zeigen oft fehlende Demut an, gegenüber Personen oder Lernaufgaben im Leben.

Die **Knöchel** sind prädestiniert als energetische Leckstellen, so dass zwar Energie über die Fußsohlen aufgenommen, aber nicht in den Körper gelangen kann. Der Patient empfindet seine Füße dadurch oft als nicht zum Körper gehörig, sie sind meist kalt, und der Patient knickt häufig um.
Den **Füßen** kommt eine ganz besondere Bedeutung zu. Meist schon zum Zeitpunkt der Geburt testen die Fußsohlen schwach, weil der Energiekörper des betreffenden Menschen nie richtig in den Physischen Körper hineinkam. Hier müssen eine oder zwei Fußsohlen und oft die Fersen dazu mit Druck gehalten werden, damit das Gefühl von Bodenberührung = Erdung hergestellt wird.
Die gleiche Vorgehensweise ist zu empfehlen nach einem Sturz oder im Fall einer Ohnmacht, wo sich der Energiekörper vom Physischen Körper entfernt. Durch das Fühlen der „lebendigen" Hände an den Füßen kommt das Energiefeld wieder zurück, und damit Lebendigkeit in den Körper.
Ist der Energiekörper sehr weit weggegangen, so muss er langsam von oben nach unten zurückgeholt werden, beginnend mit dem Kopf, dem Brustbereich und über den Rumpf abwärts zum Unterbauch, dann erst in die Beine und Füße.

Eine sehr gute Art, den Energiekörper, zum Beispiel während der Behandlung eines Traumas, nicht weggehen zu lassen, ist es, den Nabel mit einer Hand und die Stirn mit der anderen Hand zu halten. Das hält „oben und unten" zusammen und lässt damit das Trauma heilen, anstatt wieder eine Abspaltung am Energiefeld geschehen zu lassen (dadurch keine Retraumatisierung).

6.5.1.5 Individuelle Heilerzeichen

Schon vor Jahren hat sich bei mir das Gaumensegel als physischer Ausdruck des Kehl-Chakras zum individuellen Heilerzeichen entwickelt, welches während der Energieübertragung so lange „klickt", bis der Transformationsprozess abgeschlossen ist – eine praktische Sache für mich und die Patienten, weil wir beide hören können, wann die Behandlung an einer Stelle „fertig" ist, so dass es nicht zu einer Überenergetisierung kommen kann.
Ich nenne diese Erscheinung Transformationsprozess, weil ich über die Jahre erfahren habe, dass auf diese Weise negative Energie, die von den aufgefundenen Emotionen und zugehörigen Ursprungssituationen herrührt, in positive Energie umgewandelt und dann in die Umgebung zurückgegeben wird.
Außerdem wird die Heilenergie, die oft so hohe Schwingungen hat, dass sie vom System eines Patienten nicht ohne weiteres gut integriert werden könnte, auf individuell verträgliche Frequenzen gebracht.

Bei *Choa Kok Sui* habe ich eine Zeichnung gefunden unter dem Begriff „Hals- / Handchakra-Technik"(Choa 2, S. 77), weil gleichzeitig mit dem Kehlchakra Energie über die Hand fließt. *Kok Sui* meint dazu, das Halschakra würde als „Quellenchakra und das Handchakra als Projektionsfläche benutzt" (Choa 2, S. 76).
Wenn statt der Hand nur ein Finger zur Energieübertragung eingesetzt wird, so spricht *Kok Sui* von Hals- / Fingerchakra-Technik (vgl. Choa 2, S. 76).

Auf einem Energiekongress in England traf ich eine Heilerin aus USA, bei welcher die Nasenlöcher während des Heilvorganges wie die Nüstern eines Pferdes arbeiten, indem sie vermehrt Energie über die Nase einsaugt und stoßweise wieder an die Umgebung abgibt. Manchmal sind zum Ausgleich bestimmte Kopfbewegungen vonnöten.

Ein weiterer Heiler aus den USA muss während der Energieübertragung immer wieder stark gähnen, was manchmal geradezu animalisch aussieht mit den Bewegungen, die der Mund dabei macht.

Glücklicherweise sind diese individuellen Heilerzeichen, wie ich sie nenne, bei allen Heilern nur während der Arbeit, aber nicht im Alltag vorhanden, was deutlich zeigt, wann ein Heiler auf der Vierten Ebene ist und wann nicht.

6.5.2 Abschließen der Behandlung

Meldet sich auf die Frage an das Höhere Selbst über den Muskeltest kein Thema, kein Symptom oder keine Person mehr, wozu oder womit am heutigen Tag etwas zu lösen wäre, und der Patient fühlt sich gut (was im Allgemeinen der Fall ist; sonst bestehendes Symptom oder Gefühlszustand zum Gegenstand der weiteren Behandlung machen beziehungsweise nach Sabotage fragen), wird die Behandlung abgeschlossen.

6.5.2.1 „Homeplay"

Für die Zeit bis zur nächsten Behandlung wird zuerst noch die „Hausaufgabe" ausgetestet:
1. Mittel, die der Patient einnehmen soll und in welcher Dosierung;
2. Substanzen, die er einreiben soll, an welcher Stelle und in welcher Menge;
3. Glaubenssätze oder Affirmationen, die der Patient aussprechen soll, und auf welche Art und Weise er sie optimal in sein System einbringen kann;
4. Übungen, die er durchführen sollte;
5. andere Aktivitäten, zum Beispiel einen Brief schreiben, ein Gespräch führen und Ähnliches.

Im Lauf der Zeit habe ich gelernt, dass unter dem Begriff „Hausaufgabe" nur die Mittel gefunden werden, die der Patient tatsächlich braucht, die also unabdingbar sind für die Genesung.
Darüber hinaus gibt es aber Mittel, welche die Rekonvaleszenz unterstützen, ohne dass sie unbedingt benötigt werden. Deshalb stelle ich auch noch die Frage nach unterstützenden Maßnahmen, die aus den gleichen fünf Bereichen kommen können wie die eigentliche „Hausaufgabe".

6.5.2.2 „Verankerung"

Zuletzt wird die getane Arbeit „verankert" mit dem Satz: „Sie sind zu hundert Prozent und auf allen Ebenen bereit, alles, was wir hier erarbeitet haben, anzunehmen (Test), zu integrieren (Test), zu Ihrem Besten zu verwenden (Test) und die volle Verantwortung dafür zu übernehmen." Sollte an einer dieser Stellen der Muskel schwach testen, so muss man den Grund dafür herausfinden, weil dies einer Sabotage gleichkommt. (Vgl. Kapitel 6.4.1 Sabotagen)
Bei dem hier beschriebenen Behandlungsablauf kommt dies aber so gut wie nie vor.

7. Nachweis über die Wirksamkeit des Heilens auf Energieebene

Es gibt heute verschiedene Verfahren, den Energiefluss sichtbar zu machen und dessen Effekt auf erkrankte Organe oder Körperteile beziehungsweise ganzheitlich nachzuweisen.

7.1 Nachweis des Energieflusses mittels Kirlianfotografie

Schon 1967 konnten der Armenier *Semjon Kirlian* und seine Frau *Valentina* mit einer von ihnen speziell entwickelten Hochfrequenzfotografie, der Kirlianfotografie, den Energiefluss aus Fingern und Händen nachweisen. Dazu wird eine Person oder ein Objekt einem Magnetfeld ausgesetzt und auf einen entsprechend empfindlichen Film aufgelegt. Auf dem entwickelten Foto sieht man die Umrisse der Person oder des Objekts mit einem Strahlenkranz, der sogenannten Korona, der je nach Intensität des Energieflusses schwach oder stark erscheint. Dadurch kann das Bild als diagnostisches Mittel in der Alternativmedizin eingesetzt werden.

Inzwischen hat sich die Kirlianfotografie mit Hilfe modernster Geräte weiter entwickelt und nimmt in der Komplementärmedizin einen wichtigen Raum ein für die Diagnose von Erkrankungen sowie die Überprüfung der Wirksamkeit der verwendeten Methoden und Heilmittel.

7.2 Nachweis des Energieflusses mittels Fotomultiplier

Ähnliche Ergebnisse wie mit der Kirlianfotografie wurden 1974 von *Gregor Komitiani*, einem Mitglied der Georgischen Akademie der Wissenschaften, mit einem Fotomultiplier erzielt, mit dem die Ultraviolett-Biophotonenabstrahlung sichtbar gemacht werden kann. (Vgl. Bischof, S. 376) Diese Abstrahlung aus der Hand eines Heilers erhöhte sich dramatisch während einer Heilsitzung.

Hier das Diagramm der Aufzeichnung einer Biophotonenmessung vom Finger der amerikanischen Heilerin *Rosalyn Bruyere* durch *Dr. F.A. Popp*:

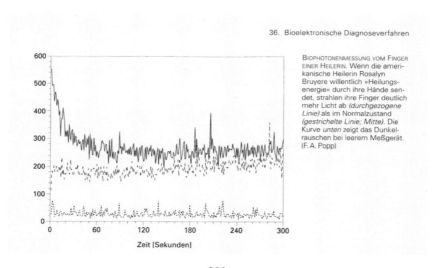

36. Bioelektronische Diagnoseverfahren

BIOPHOTONENMESSUNG VOM FINGER EINER HEILERIN. Wenn die amerikanische Heilerin Rosalyn Bruyere willentlich »Heilungsenergie« durch ihre Hände sendet, strahlen ihre Finger deutlich mehr Licht ab *(durchgezogene Linie)* als im Normalzustand *(gestrichelte Linie; Mitte)*. Die Kurve *unten* zeigt das Dunkelrauschen bei leerem Meßgerät. (F. A. Popp)

7.3 Nachweis des Energieflusses mittels Restlichtverstärker

Die Arbeitsgruppe des Biophotonenforschers *Dr. Fritz Albert Popp* konnte im Jahr 1992 die Strahlung aus Heilerhänden mittels eines Restlichtverstärkers sichtbar machen. Dieses Gerät ist weniger empfindlich als ein Fotomultiplier und vermag dennoch das verstärkte Leuchten, welches eine Hand oder ein Finger beim Heilen abgibt, deutlich nachzuweisen.

RESTLICHTVERSTÄRKERAUFNAHME VOM FINGER EINES HEILERS. Selbst mit dem Restlichtverstärker, der weit weniger empfindlich ist als ein Photomultiplier, ist das verstärkte Leuchten, das ein Finger beim Heilen abgibt, deutlich nachzuweisen. Hier der Finger des italienischen Heilers Nicola Cutolo, aufgenommen im Labor von F. A. Popp.

7.4 Messungen mit der Heart Rate Variability (HRV) Methode

Für mich ist es die Krönung meiner Arbeit, dass man mit dem modernen Heart-Rate-Variability (HRV) Test sehen kann, dass die energetische Arbeit wirkt.

Mit der HRV Software, die in jeden Laptop aufgespielt werden kann, wird die Herzfrequenzrate einer Person zuerst im Liegen und dann im Stehen, und damit der Zustand des autonomen Nervensystems, gemessen. Mittels grafischer Darstellungen wird gezeigt, ob die autonome Regulation eines Patienten eingeschränkt ist oder nicht und ob ein Switching vorliegt. Außerdem lässt sich der Stressindex messen und die Adaptionsreserve, die der Patient noch hat oder die ihm fehlt. (Vgl. Klinghardt 1, Bildteil vor S. 169)

Ich kann den Patienten also vorher messen, meine energetische Behandlung machen ohne Benützung von Spritzen, Medikamenten oder anderen Substanzen, dann nachher messen, und habe hinterher ein sehr stark verbessertes Ergebnis im HRV, was die Wirksamkeit der Methode belegt.

Es gibt 45 Teilnehmer eines RD-I-Seminars bei mir im Januar 2000 in Stuttgart, darunter einige Ärzte, die eine „unfreiwillige" energetische Behandlung miterlebten.

Fallbeispiel:

> Ich hatte beim Testen eine Pocken-Impfnarbe am Oberarm einer 34-jährigen Teilnehmerin als Störfeld gefunden. Wir hatten vorher den HRV Test durchgeführt, welcher ein Switching anzeigte.
> Während ich meine linke „heilende" Hand weiter auf den Oberarm hielt und meine Assistentin anwies, die Impfnosoden für die Resonanztestung herzureichen, begann plötzlich – ohne mein weiteres Zutun – die Heilenergie zu fließen.
> Ich erschrak sehr darüber, weil dies für mich etwas Neues war; bisher musste ich immer bewusst mit meiner Aufmerksamkeit dabei sein (so dachte ich jedenfalls), um die Energie fließen zu lassen.
> Da der Beginn gemacht war, fuhr ich fort, bis Stille kam, was mir das Ende des Energieflusses aus den höheren Ebenen anzeigte. Beim Nachtesten befand sich die Patientin in einem tiefen Yin-Zustand.
> Wie alle im Raum war ich sehr gespannt auf die anschließende objektive Nachmessung mittels HRV. Das Schaubild zeigte, dass das Switching sich vollkommen normalisiert hatte (siehe nächste Seite).

Obwohl ich von der Veränderung der Symptomatik und vielen Heilungen bei Patienten her wusste, dass energetisches Heilen funktioniert, war ich doch überrascht von diesem Ergebnis.

Hier der Test mit dem *Heart Scanner®*, den Dominique Vermeire im Januar 2000 durchgeführt hat:

Protokoll des Tests :
- 5 Minuten Liegen (rote Anzeige)
- 5 Minuten Stehen (blaue Anzeige)

Nach dem internationalen Standard für Heart Rate Variability (HRV) werden von der *'Task Force of the European Society of Cardiology'* und der *'North American Society of Pacing and Electrophysiology'* immer Messungen von 5 Minuten Dauer empfohlen.

Fallstudie: *Das HRV Diagramm einer 34 jährigen Patientin mit* 'Switching':

1) Normalerweise muss vom Liegen zum Stehen eine Erhöhung der sympathischen Aktivität LF (low frequency - blau) und eine (relative) Einschränkung der Vagus Aktivität HF (high frequency - rot) stattfinden.
In diesem Fall sinken aber beide ab: LF (blau) geht nach links auf die X Achse, und HF (rot) geht nach unten auf die Y Achse. Das heißt, dass die Regulation des autonomen Nervensystems in die gegenüberliegende Richtung reagiert hat, was ein ‚Switching' („Verschaltetsein") bedeutet.

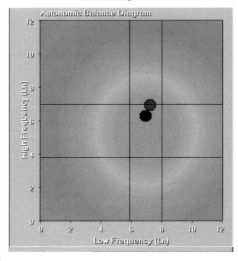

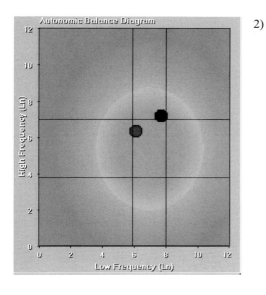

2) Als Ursache für das ‚Switching' wurde eine Impfnarbe am rechten Oberarm mittels Regulations-Diagnostik nach *Dr. Klinghardt* ertestet. Nach einer energetischen Behandlung durch Monika Obendorfer (Narbenentstörung) wurde die Regulation wieder in den normalen Zustand gebracht. Das heißt, dass sich die sympathische Aktivität LF (blau) vom Liegen zum Stehen erhöht und sich die Vagus Aktivität HF (rot) *relativ* vermindert.
Im Diagramm geht die niedrige Frequenz nach rechts auf die X Achse und die hohe Frequenz nach oben auf die Y Achse, aber relativ weniger als die niedrige Frequenz (die sympathische Aktivität möchte dominant werden…).

Meine Vision ist, dass noch weitere hoch sensible Geräte entwickelt werden, mit denen der Energiefluss sichtbar gemacht und seine Wirkungsweise dargestellt und überprüft werden kann. Damit könnte die Wissenschaft die Existenz des Energiekörpers akzeptieren. Auf dem medizinischen Sektor würde dann einer Mitbehandlung von Patienten durch Heiler im Alltag, im Krankenhaus und in der Rehabilitationsklinik nichts mehr entgegenstehen.

8. Die Entwicklung des Patienten zur Eigenverantwortlichkeit für seine Gesundheit

In unserem heutigen Gesundheitssystem mit kassenärztlicher Ausrichtung ist es der Patient von Klein auf gewohnt, dass der Arzt die Verantwortung für die Gesundheit des Patienten übernimmt. Denn im Allgemeinen bestimmt der Arzt darüber, welche Untersuchungsmethode und welche Therapieform angewendet wird, die meistens in der Verabreichung eines synthetischen Medikaments besteht. Der Patient – wenn er nicht gerade Privatpatient ist - sieht und bezahlt die Rechnung mit den einzelnen Punkten der Gebührenordnung nicht selbst, sondern gibt lediglich die Scheckkarte seiner Krankenkasse ab.
Dies führt dazu, dass der Patient auf gewisse Weise unmündig gehalten wird und keine Ahnung von den Kosten einer Untersuchung oder Behandlung hat. Oft findet sich nicht genügend Zeit für eine umfassende Information und Beratung des Patienten, weil diese von den Kassen auch kaum honoriert wird.

Ein Heiler hingegen nimmt sich sehr viel Zeit für eine Behandlung, meist mindestens eine Stunde, die von Fall zu Fall bis zu zwei oder gar drei Stunden Dauer ausgedehnt werden kann. Im Lauf der Behandlungen ist es für den Heiler wichtig, dass sein Patient erkennt, dass nur er selbst die Verantwortung für sich und seine Gesundheit hat auf Grund der inneren Haltungen, Glaubenssätze und Einstellungen, mit denen er sich die Welt kreiert. Er öffnet ihm den Blick dafür, was seine Krankheit bedeutet, welch tieferer Sinn – spirituell gesehen – dahinter steckt.
Rosenbohm führt zu diesem Thema aus: „Verstünden auch wir, nach dem Vorbild schamanischer Kulturen, Krankheit und Leiden wieder als einen Zustand der körperlichen und psychischen Transformation, könnten wir einen tieferen und offeneren Blick in das

psychosomatische und psychospirituelle Geschehen werfen. Schmerz, psychisches und physisches Leiden als Mittel der Bewusstseinsveränderung blieben in unserer Kultur jedoch bis vor kurzem stark vernachlässigt." (Rosenbohm, S. 167)
Schultze ergänzt: „Wir müssen wieder auf das Rauschen des Blutes und das Pochen des Herzens achten. Das sind nämlich die Stimmen, durch die Gott zu uns spricht, und wenn wir gelernt haben, auf die zu hören, dann können wir auch wieder absichtslos Anderen zuhören." (Schultze, S. 189)

Das aktive Zuhören des Heilers mit Akzeptanz und Respekt (vgl. Kapitel 5.6 Adäquater Umgang mit Patienten) macht schon einen Teil der Heilung des Patienten aus. Den anderen Teil bringt die Aufklärung des Klienten über die Zusammenhänge von Physischem Körper und Energiekörper mit der energetischen Behandlung, in welcher der Heiler das Erarbeitete umzusetzen hilft.
Zusätzlich sind die Informationen aus der Vierten Ebene, das Familiensystem betreffend, wichtig, und der Patient muss sich darum bemühen, diese einzuholen. Denn Eigeninitiative schafft Eigenverantwortung und somit das „In-die-Hand-nehmen" des eigenen Lebens, wie es für einen Erwachsenen von der Schöpfung gedacht ist.
Ein spirituelles Bewusstsein, das entscheidend ist für den spirituellen Weg des Patienten, wird durch Information über und aus den Fünf Ebenen geweckt, aber niemals vorgegeben.

Als „moderne" Schamanin nehme ich Rücksicht auf die speziellen Wünsche des Patienten, die Art und Weise der Diagnose oder Therapie betreffend. Er wird im Lauf der Zeit zur Selbsthilfe angeleitet, indem er beauftragt wird, einfache, aber wirkungsvolle pflanzliche oder energetische Mittel zu Hause zu haben. Auf diese Weise kann er sich zum Beispiel selbst eine Bach-Blütenmischung zubereiten und Schutzessenzen oder Ausleitungsmittel verwenden. Natürlich ist ein behutsames Vorgehen in Richtung Eigenverantwortung nötig, so dass der Patient sich nicht überfordert fühlt. Gleichzeitig entbindet dies den Heiler natürlich nicht von seiner Pflicht, die Verantwortung für das zu übernehmen, was er in der Praxis tut und weitergibt.
Ein verantwortungsbewusster Behandler schickt den Klienten beispielsweise auch zur Abklärung gewisser Symptome zu einem Arzt oder anderen Therapeuten, welche die eigene Diagnose untermauern und die Behandlung ergänzen können.

Die Anleitung des Patienten geschieht hauptsächlich durch Aufklärung, so dass er lernen kann, der universellen Gesetze im Alltag gewahr zu werden, vermeintliche Zufälle zu erkennen und Geschehnisse sowie eigene Verhaltensweisen zu hinterfragen.
Durch die Behandlung mit Manebua Schamanische Psycho-Kinesiologie (MSPK) oder ähnlicher energiemedizinischer Heilverfahren kann dies sehr schnell geschehen, da eine Öffnung für die Energieebene stattfindet, von wo aus in oft rasantem Tempo ein Erfolg auch auf den unteren Ebenen eintreten kann.

Wichtig ist, dass der Patient lernt, sich mit seinem Gesundheitszustand auseinanderzusetzen, ohne dass er jedes Zwicken und Zwacken am Körper angstvoll beobachtet. Je mehr er selbst über sich weiß, umso selbstbewusster kann er für sich einstehen. Dann ist seitens des Heilers nur noch eine Unterstützung beim weiteren Vorangehen des Patienten, eine spirituelle Lebensbegleitung, nötig.

Manchmal braucht der Klient auch psychische Unterstützung bei der Veränderung von Lebensgewohnheiten und –umständen, zum Beispiel beim Einbauen täglicher Übungen in den Alltag oder beim Beenden einer krank machenden Beziehung.

Mit Hilfe des Heilers wird der Patient selbst zum Meister seines Lebens.

9. Fallbeispiele

In diesem Kapitel habe ich einige Fallbeispiele aus meiner Praxis zusammengestellt, vom Säugling bis zum Greis, um zu zeigen, dass Manebua Schamanische Psycho-Kinesiologie (MSPK) für jedes Alter und jede Erkrankung als Heilmethode geeignet ist.

1. Fall: Schreikinder

Ich fange bei den ganz kleinen Menschen an, den Neugeborenen. Diese schreien oft halbe und ganze Tage und Nächte hindurch, bis die Eltern völlig entnervt sind und Aggressionen bekommen gegen ihr eigenes Kind. Schulmedizinisch ist nichts festzustellen.
Diese Babys sind meist „nicht richtig im Körper". Die Aura ist verschoben, meistens nicht seitlich, sondern nach oben, und zwar durch das Geburtstrauma. Durch dieses einschneidende Erlebnis kommt das Energiesystem des Kindes, inklusive der Seele, nie wirklich von Kopf bis Fuß in den Körper hinein, sondern bleibt irgendwo hängen und schwebt darüber.
In der Behandlung kann das Kind selbst bewusst nichts verstehen, aber sein Unterbewusstsein und seine Seele sind reine Intelligenz und verstehen, was ich ihnen sage, vor allem nonverbal. Ich teste das Baby möglichst über den Vater, weil die Beziehung zu diesem oft weniger belastet ist als die zur Mutter, wenn sie das Kind den ganzen Tag betreut, während der Vater im Berufsleben steht und dadurch andere Dinge um sich herum hat als das schreiende Kind.
Wir gehen symbolisch zum Zeitpunkt der Geburt zurück und sprechen das Ereignis nochmals durch. Dann arbeite ich an dem Kind und bekomme mit, wo das Energiefeld sich befindet, ob es schon am Unterleib aufhört, ob es bis zu den Knien geht, oder ob es bis zu den Füßen reicht.
Ich halte einfach die Hüften, die Knie, die Fersen, die Fußchakren oder den Rist und warte, bis ich den Puls spüre, und in dem Moment ist dann die Energie voll und ganz da.
Nach nur einer einzigen Behandlung hören diese Kinder im Allgemeinen mit ihrer Dauerschreierei auf und schlafen durch. Es ist so einfach, wenn man weiß, dass es hier um den Energiekörper geht, der sich noch nicht in der richtigen Position befindet.

2. Fall: Allergikerin

C. kommt im Alter von 2 Jahren und 2 Monaten zu mir, weil sie starke Allergien hat, die sich über Ekzeme auf der Haut, besonders im Gesicht und am Rumpf, zeigen. Außerdem hat sie noch keine Haare.
Ich teste sie mit meinem speziellen Muskeltest und diagnostiziere eine Allergie gegen Kuhmilch, Mandeln, Birnen, Steinobst, Erdbeeren, Trauben, Nuss-Nugat-Creme, Konservierungsmittel und vor allem Melone, ohne nach dem psychischen Hintergrund zu suchen.
Als Therapie erteste ich die Einnahme der Bach-Blüte Star of Bethlehem (Schockblüte), das Einreiben der Haut mit Bach-Blüten-Rescue-Creme, und natürlich müssen alle Allergene weggelassen werden.

4 Wochen später – der Ausschlag ist fast abgeheilt - finde ich eine geopathische Belastung. Diese macht die Umstellung des Bettes im Kinderzimmer notwendig, und C. braucht die Bach-Blüte Larch (Basisblüte für Urvertrauen) für 4 Wochen.

Nach weiteren 8 Wochen darf ich erst eine Desensibilisierung auf Kuhmilch durchführen. Mit Unterstützung der Bach-Blüte Rescue (Notfalltropfen) komme ich bei der Ursprungssuche in den 1. Schwangerschaftsmonat und einen spirituellen Konflikt in Bezug auf den Vater, der sehr engstirnig ist, und dem die Seele seiner Tochter helfen will, sich zu öffnen, was als Aufgabe aber sehr schwer erscheint. Die Kleine braucht die Bach-Blüte Wild Oat, die dem Sucher hilft, den Weg leichter zu finden. Dann testet das Kehl-Chakra, das für Kommunikation steht, und ich kann die Aura in diesem Bereich mit meiner linken Hand „bestrahlen". Zusätzlich testen nacheinander die Farbbrillen Grün – Blau – Indigo – Violett sowie die Bach-Blüte Willow (Opferrolle).
Damit Kinder die Farbbrillen leicht annehmen, bringe ich sie mit der Brille auf der Nase vor den Spiegel und zeige ihnen, wie sie damit aussehen. Den meisten Kindern gefällt das sehr, so auch C.

6 Wochen später ist die Haut gut, aber das Kind ist sehr unruhig. Es braucht zu Beginn 1 Tr. Rescue, und mit der „inneren Unruhe" ist die Energie aus den Beinen weg. Ich muss mit meiner linken Hand die linke Hüfte halten und einen weiteren Tropfen Rescue geben.
Wir kommen an den Zeitpunkt der Geburt, die mit Hilfe einer Saugglocke erfolgt ist. Wieder sind die Beine energielos, aber ich muss diesmal die rechte Hüfte halten, bis die Energie hindurchfließt. Dann gibt es 1 Tr. Rescue zur Unterstützung.
Im 1. Schwangerschaftsmonat besprechen wir nochmals das Problem mit dem Vater (ich finde es durch Testen heraus und spreche mit der Seele, da ich ja den Verstand des Kindes noch nicht erreichen kann), gebe 1 Tr. Rescue und arbeite in der Aura über der rechten Hüfte. Zum Abschluss wird nochmals 1 Tr. Rescue gebraucht.

Nach weiteren 8 Wochen ist die Haut wieder etwas rau, weil die Weihnachtszeit dazwischen lag, und es der Mutter sehr schwer fiel, dem Kind die geliebten aber unverträglichen Nahrungsmittel zu verbieten.
Wir testen Melkfett als Therapie aus, und die Desensibilisierung des Steinobstes ist angesagt. Unvermittelt gelangen wir in ein Vorleben als Mann, der sich „ruiniert" fühlte, als er in der Politik nicht den gewünschten Erfolg hatte. Ich „bestrahle" die Aura am Herz-Chakra und nehme die Energie von „Willow" in der Flasche auf dem Körper aus diesem Vorleben mit in die Gegenwart. Die Bach-Blüte wird auch zu Hause weiter gebraucht.

Als nächstes muss ein grippaler Infekt, der 6 Wochen nach der letzten Sitzung aufgetreten ist, behandelt werden. Die bisherigen Themen tauchen nochmals auf (Geburt, Schwangerschaft, Vorleben) und werden über das Kronen-Chakra, welches das Thema Vertrauen/Urvertrauen anzeigt, abgelöst. Die Bach-Blüte Aspen (gegen unbestimmte Ängste) hilft dabei.

Ab dem darauffolgenden Termin, circa 11 Monate nach Beginn der Behandlung, bezeichnet die Mutter den Zustand ihrer Tochter als „gut". Nacheinander müssen noch Nektarinen und Kakao desensibilisiert werden, bis wir an das Hauptallergen, Melonensaft, gelangen, was als Primärallergie sehr ungewöhnlich ist.
Als Ursprungskonflikt zeigt sich wieder der 1. Schwangerschaftsmonat, in dem das Kronen-Chakra „abschaltet" und in der Aura wieder zum Fließen gebracht werden muss.
Dann endlich testet das von mir schon lange vermutete Amalgam. Wir kommen in den 5. Schwangerschaftsmonat, der ja bekanntlich der Monat ist, in dem die Mutter sich häufig über ihr Kind entgiftet (die kleine Patientin hatte noch keine Füllungen, wohl aber beide Elternteile). Über das Gehirn muss die bestehende „Disharmonie" durch meine linke Hand

ausgeglichen werden. Zu Hause beginnen wir die sanfte Ausleitung mit dem IUG-Mittel Sulphur. Zur Unterstützung gibt es wieder die Bach-Blüte Aspen.

Schließlich kann das Hauptallergen Wassermelone behandelt werden: Über die Niere und die Emotion „Panik" gelangen wir in den 4. Schwangerschaftsmonat. Dort wurde eine Punktion zur Fruchtwasseruntersuchung durchgeführt, und der Melonensaft, auf den C. so stark reagierte, entsprach symbolisch dem Fruchtwasser im Mutterleib!!! Die Form der Wassermelone ist der Form einer Gebärmutter ebenfalls sehr ähnlich! Nach dem Halten der rechten Niere muss ich noch die Energie zwischen der linken und der rechten Gehirnhälfte fließen lassen, um die Panik zu entkoppeln.

Seit dieser bahnbrechenden Behandlung sind alle Allergien weg! Aber: es hat doch diverse Termine und Mittel gebraucht, bis das Unterbewusstsein bereit war, den eigentlichen Ursprungskonflikt frei zu geben, damit die Symptome endgültig verschwinden konnten. Also: Geduld haben und Schritt für Schritt entsprechend der intuitiven Testung vorgehen.

3. Fall: Hyperaktivitätssyndrom

Das fünfzehnjährige Mädchen M., mein „Sternenkind", war der Fall einer austherapierten Hyperaktiven.
Mit 15 fängt man normalerweise bei Hyperaktiven gar nicht mehr an zu arbeiten, weil die meisten schon viel früher in der Schule auffallen, und wenn sie bis dahin noch nicht erfolgreich behandelt wurden, bekommen sie meistens Ritalin zum Einnehmen.
M. hatte auch schon Ritalin bekommen, aber wieder abgesetzt, weil die Mutter nicht gern Medikamente anwenden wollte. Bei der einzigen Tochter war wirklich alles Erdenkliche versucht worden, um Besserung zu erzielen.
Dieses Mädchen konnte sich nicht konzentrieren, nicht ruhig sitzen bleiben und kam an ihre intellektuellen Fähigkeiten nicht heran. Wie wir wissen, sind Hyperaktive im Allgemeinen sehr intelligent, können diese Intelligenz aber nicht zeigen, weil in ihrem Kopf zu viel auf einmal vor sich geht.
Solche Kinder bewegen sich meistens zwischen der Zweiten, Dritten und Vierten Ebene hin und her, und damit springen sie von Emotion zu Emotion, von Gedanke zu Gedanke, von Impuls zu Impuls und können nicht still sein. Sie stören im Unterricht und werden dafür auch oft bestraft.
Diese Fünfzehnjährige hatte schon mehrere Jahre an verschiedensten Therapien hinter sich und war zu dem Zeitpunkt in Klasse 9, 1. Halbjahr, hatte im Zwischenzeugnis vier „Fünfen" und war versetzungsgefährdet.
Die Mutter war von einem Lehrer an mich verwiesen worden und war sehr skeptisch, wollte aber diesen letzten Therapieversuch starten. Wir waren uns einig, dass sie bei den Behandlungen nicht dabei sein sollte.

Als ich mit der Arbeit anfing, kamen wir sofort symbolisch an den Zeitpunkt der Geburt, und es stellte sich heraus, dass es eine Saugglockengeburt gewesen war. Ich weiß inzwischen, wenn ein Kind hyperaktiv ist, hatte es immer auf irgendeine Weise eine schwierige Schwangerschaft oder Geburt.
Dieses Mädchen, das erste Kind der Mutter, war im Geburtskanal stecken geblieben und konnte nicht von alleine durch den Geburtskanal kommen, sondern brauchte massive Hilfe.
Dieses Trauma musste energetisch gelöst werden.

Ab dieser ersten Behandlung kamen wir mit M. immer wieder mit den verschiedensten Emotionen zu diesem Zeitpunkt, später dann auch noch in die frühe Schwangerschaft. Jedes

Mal musste ich energetisch am Herz-Chakra arbeiten, nichts anderes. (Das Herz ist das erste Organ, das sich beim Embryo ausbildet.) Später folgten die benachbarten Chakren.

Bereits nach der dritten Behandlung platzte der Knoten: Die Schülerin schrieb die erste „Zwei" in Englisch, und von da an wurden die Noten in allen Fächern besser. Lehrer und Schüler sprachen sie außerdem auf ihre Verhaltensänderung an – sie wurde wesentlich ruhiger, konzentrierter.
Am Ende der 9. Klasse war von „Sitzenbleiben" keine Rede mehr, und die 10. Klasse der Realschule schloss sie als Schulbeste ab. Außerdem hatte sie einen von drei begehrten Ausbildungsplätzen mit über 200 Bewerbern beim Rundfunk bekommen.

Dies alles wurde möglich, weil M. durch die Behandlungen mit Manebua Schamanische PK ihr Potential entfalten und an ihre Kraft kommen konnte, während vorher ihr Energiefeld, wie ich es wahrgenommen hatte, in alle Winde zerstreut war durch die verschiedenen Emotionen, die sie während und nach der Geburt und seitdem sich ständig wiederholend erlebt hatte. Diese abgespaltene Energie muss wieder herangeholt werden, was einfach durch das Aufdecken der Emotionen und Situationen am Ursprungszeitpunkt und die Anwendung von Heilenergie geschieht.

4. Fall: Psychose

Ein 17-Jähriger wurde von seinen Eltern als „austherapiert" zu mir gebracht, weil er „wirres Zeug" geredet und immer wieder mit Selbstmord gedroht hatte in Verbindung mit schweren Tobsuchtsanfällen, die den weiteren Schulbesuch unmöglich machten.
Als er zu mir kam, hatte er das Sprechen vollkommen eingestellt. Also war der kinesiologische Muskeltest unsere einzige Kommunikationsmöglichkeit.
Ich fand heraus, dass er auf der Vierten Ebene war und gleichzeitig an verschiedenen Orten verschiedene Gespräche Anderer verfolgen konnte, aber auch deren Gedanken wahrnahm. Dies brachte eine Informationsflut in sein Gehirn, derer er sich nicht erwehren konnte, und der er auch nicht gewachsen war.
Auslöser war seine erste große Verliebtheit gewesen, welche die Eltern nicht akzeptieren wollten, weil ihnen Schule und Abitur wichtiger schienen. Er war 17, das Mädchen 15, und in Euphorie dieser ersten Verliebtheit sah er, wie er dieses Mädchen heiraten würde und noch vieles andere Zukünftige, wa er seinen Eltern erzählte. Diese sagten: „Du bist verrückt, so etwas gibt es doch gar nicht" und beraubten ihn damit seiner Realität, in der er gerade war.
Er befand sich auf der Vierten Ebene, wo Gleichzeitigkeit da ist, wo es keine Chronizität gibt wie im Alltag, sondern wo es sein kann, dass ein späteres Ereignis jetzt schon gesehen wird oder ein früheres Ereignis als im Augenblick geschehend erlebt wird. Durch mein Wissen über die Fünf Ebenen konnte ich dem jungen Mann einfach Glauben schenken – eine Grundvoraussetzung für Heilung.

Wir kamen bei der Behandlung in ein Vorleben, wo es um „Schwarze Magie" ging. Der Junge hatte eine Besetzung in sich (vgl. Kapitel 3.3.1.5 Besetzungen), und diese kam durch mich selbst hindurch aus ihm heraus. Mir ging es danach zwar schlecht, und ich musste mich selbst in Behandlung begeben, aber der Patient konnte wieder sprechen.
Der junge Mann brauchte noch einige Zeit der Behandlung und war etwa alle 2 Wochen einmal bei mir. Das ist für mich oft, weil ich sonst die Leute nur alle 6-8 Wochen sehe.

Dann konnte er den Unterricht wieder aufnehmen und sein Abitur machen, und jetzt studiert er. Das war vorher nicht möglich, weil er zwei Jahre aus der Schule draußen war. Er wurde von mir nur auf der energetischen Ebene behandelt, eben weil ich wusste, dass alles andere ja schon versucht worden war.

Auf der physischen Ebene spielten mit Bioresonanzverfahren gelöschte Milch- und Getreideallergien sowie eine Borreliose-Infektion die Hauptrollen.

5. Fall: Borreliose (mit Schlafstörungen, Panikattacken und Herzsymptomen)

Ein 48-jähriger Patient, leitender Angestellter, kommt im Mai 2003 in meine Praxis.
Vor vier Wochen hatte er eine Virusinfektion mit extremen Kopfschmerzen an einem Wochenende über Nacht. Sein Arzt gab ihm an drei aufeinander folgenden Tagen sehr hoch dosiertes Vitamin C und Aspisol (entspricht Aspirin Tabletten). Der Patient reagierte sehr stark allergisch auf diese Infusionen und war seither nicht mehr gesund. Er litt unter Schlafstörungen mit Panikattacken und nervösen Herzbeschwerden. Die Nacht vor dem Termin bei mir hatte er wegen rasendem Herzklopfen und Herzstechen überhaupt nicht mehr schlafen können.
Medizinisch bekam er weiterhin Aspirin, ein Psychopharmakon hatte den Zustand noch verschlechtert, weshalb er letzteres wieder weg ließ.
Seine Aussagen bei mir sind (Zitat): „Ich komme nicht auf den Boden" und „Ich bin nicht ich". Solche Aussagen nehmen wir Energietherapeuten wörtlich.
Die erste Aussage bedeutet, der Energiekörper befindet sich nicht im Idealzustand um den Physischen Körper herum, sondern schwebt oberhalb darüber (kann auch schräg seitlich sein). Das heißt, die Erdung fehlt.
Die zweite Aussage bedeutet, dass der Patient eine Energie in seinem Energiefeld spürt, die nicht zu ihm selbst gehört. Hier muss der Energiekörper gereinigt und anschließend geschützt werden.
Zu Beginn der Behandlung muss ich den momentanen Allgemeinzustand zum Thema nehmen und dazu ein Calcium-Präparat neben das linke Ohr legen (Calcium wird gern zur Behandlung von Allergien eingesetzt). Über das Stichwort „unannehmbar", was sich auf seinen derzeitigen Gesundheitszustand bezieht, müssen wir das Gehirn mit der Frequenz der hellgrünen Farbe entkoppeln. Unter dem Adjektiv „eng" finden wir auf der spirituellen Ebene, dass er zwar gläubig, aber zu sehr mit der Materie beschäftigt ist. Seine Seele findet zu wenig Beachtung. Auch dazu brauchen wir die hellgrüne Frequenz. Anschließend muss die Gegend des Wurzel-Chakras in der Aura ungefähr 40 cm über dem Physischen Körper bearbeitet werden.
Danach kann ich das Calcium wegnehmen, und es geht energetisch weiter. Unter dem Stichwort „Freude" meldet sich wieder die nicht beachtete Seele. Das Herz muss gehalten werden, bis der Energiefluss sich normalisiert hat. Dann testet „angespannt" als Reaktion im Physischen Körper. Hier muss das Gehirn mit der hellgrünen Frequenz entkoppelt werden.
Mit „bestmöglich" zeigt sich der Hang des Patienten zum Perfektionismus. Wieder meldet sich das Gehirn und die hellgrüne Frequenz.
Da ich weiß, dass Borrelien hellgrüne Lichtwesen sind, die sich meist an den Stellen niederlassen, wo sich Quecksilber befindet, das im Spektrometer ebenfalls eine hellgrüne Farbe hat und beides mit der gleichen Farbe in Resonanz geht, vermute ich, dass die Virusinfektion durch Borrelien verursacht ist. Ich spreche dies allerdings nicht aus, sondern behandle wie alles auf meine Weise weiter, weil damit die Heilung meiner Erfahrung nach leichter und schneller geschieht als durch Diagnosestellung. Wichtig sind nur die benötigten Heilmittel, in diesem Fall die hellgrüne Farbe.

Danach muss die Nosode Variolinum LM 60 über den Signalverstärker einwirken, so dass ich folgern kann, dass die Pockenschutzimpfung für diesen Patienten eine Therapieblockade darstellte.
Als „homeplay" testet ein Magnesium Präparat, Aspirin, eine Mineralstoffkombination und Calcium (Magnesium und Calcium als Gegenspieler werden zeitlich um einen halben Tag versetzt eingenommen).
Als der Patient im Juni wiederkommt, beschreibt er seinen Zustand mit „deutlich besser, aber noch nicht symptomlos". Er hat schon wieder mit Joggen begonnen, was seit der Virusinfektion nicht möglich gewesen war. Er nahm wieder 2 kg zu (während der vergangenen Wochen hatte er einen Gewichtsverlust von circa 5 kg) und hat eigenmächtig alle Medikamente, außer Aspirin und Magnesium, abgesetzt. Auch vom Aspirin will er noch wegkommen.
Er vermutet inzwischen bei sich auf Grund seiner Beobachtungen eine Allergie auf Weizen. Seine Unsicherheit und Angst sind noch nicht gewichen. Er klagt außerdem über eine Krampfader am rechten Bein, die er seit ungefähr 3 Monaten hat.
Der Patient braucht für die gesamte Behandlungszeit in meiner Praxis einen Hämatit auf die Stelle „Hara" (KG 6) gelegt, ungefähr zwei Finger breit unter dem Bauchnabel. Dieser Stein „regt den Blut- und Zellaufbau an, aktiviert den Kreislauf und das Herz. ... Er fördert den Genesungsprozess während oder nach einer Krankheit. ... hilft aber auch bei Krampfadern...soll auch das Einschlafen und Durchschlafen fördern. ... aktiviert unsere Willenskraft, unseren Mut und unsere Tatkraft. Er regt uns an, erneut zu beginnen, Spontaneität, Entschlusskraft und den nötigen Lebensmut zu entwickeln." (Schaufelberger-Landherr, S. 31)
Ich soll zunächst wieder ganzheitlich, das heißt ohne Fokussierung auf ein Symptom oder Thema, arbeiten. Unter dem Begriff „Ungläubigkeit" kommen wir auf sein Misstrauen zu sprechen, vor allem im Berufsleben. Die linke und die rechte Gehirnhälfte müssen durch Halten des Daumens auf einer Kopfseite und der vier anderen Fingerspitzen auf der anderen Kopfhälfte energetisch besser miteinander verbunden werden. Das „Annehmen" Anderer im Berufsleben, was ihm schwer fällt, ist das nächste Thema. Die Entkopplung geschieht wie zuvor. Auch das Thema „Plage", zu dem der Patient sein ganzes Leben assoziiert, muss auf diese Weise gelöst werden.
Nun meldet sich tatsächlich eine Allergie, aber nicht nur auf Weizen, sondern sogar auf Gluten, allerdings mit unterschiedlichem Schweregrad: Weizen verursacht eine Eingeschränkte Regulation, Hafer testet nur mit dem Allergiemudra. Zum Weizen finde ich „erquicken", der Patient kann sich unbewusst an Frauen nicht erfreuen. Dazu muss das Gehirn mit der hellgrünen Frequenz entkoppelt werden. Als Hausaufgabe heißt es, 6 Wochen kein Getreide essen.
Nun erst finden wir Quecksilber im Körper. Die Resonanz zeigt sich bei 6 Boxen „Silberamalgam"-Ampullen. Chlorella vulgaris testet als einziges Ausleitungsmittel. Aspirin soll noch weiterhin eingenommen werden.

In der nächsten Nacht bekommt der Patient eine Panikattacke, die ich während eines Telefonats am nächsten Morgen als Erstverschlimmerung teste. Tatsächlich sind die Symptome in der darauffolgenden Nacht weg.

Einen Tag später muss ich wiederum behandeln, weil starke Herzsymptome aufgetreten sind. Dies ist häufig der Fall, wenn mit einer Schwermetallausleitung begonnen wurde. Außerdem hat sich der Stuhl zu einer schmierigen Konsistenz verändert. Der Nacken fühlt sich steif an, der Hinterkopf drückt – ebenfalls typische Begleiterscheinungen beim Ausleiten sowie bei Borrelien. Auch „zitterte und bebte der ganze Körper kurz vor dem Einschlafen" (Zitat des

Patienten), und die Pankreasgegend links sticht. Nach dem Essen hatte er auf beiden Wangen einen Ausschlag bekommen.
Der Patient erzählt von selbst etwas mehr über Traumen in seinem Leben, zum Beispiel dem Tod seiner Freundin, als er 24 war.
Wir müssen mit dem Austesten der Nahrung beginnen und finden Schweinefilet über das Mudra als Allergen. Der Hinterkopf muss energetisch balanciert werden. In der nächsten Zeit soll Schweinefleisch nicht verzehrt werden.
Auf der mentalen Ebene finden wir eine Sabotage. Der Satz „Ich bin es wert, zu 100% gesund zu sein" testet schwach. Als Ursache finden wir das Stichwort „Plage" (wie beim letzten Termin) und den Pankreas als zugehöriges Organ. Das „niedere Selbstwertgefühl" ist dadurch entstanden, dass der Patient als Kind rote Haare hatte und deswegen viel gehänselt wurde. Der Pankreas wird energetisch behandelt, dann ist der Glaubenssatz okay.
Wir sollen wieder ganzheitlich behandeln und finden die Emotion „niedergeschlagen" zum Zeitpunkt der Geburt. Er hätte für die Mutter ein Mädchen sein sollen (was sich das ganze Leben lang auswirkt und jetzt Sinn gibt für das beim vorigen Termin gefundene Thema, dass er sich an Frauen nicht „erquicken" kann). Das Herz muss energetisch bestrahlt werden.
Dann testet ebenfalls zum Zeitpunkt der Geburt wieder „angespannt fühlen" mit dem gleichen Thema und der gleichen Ablösung. Außerdem finden wir noch „beleidigt sein" als Gefühl der Mutter, weil er ein Junge war, was die Ursache für sein „niedergeschlagen sein" ist. Das Kronen-Chakra muss etwa 40 cm vom Kopf weg ins Gleichgewicht gebracht werden. Dieses Chakra steht immer für das Thema „Urvertrauen", welches sich auf Grund irgendwelcher Ereignisse nicht oder nicht genug entwickeln konnte.
Mit dem Gefühl „niedergeschlagen" gelangen wir noch in den 1. Schwangerschaftsmonat, weil die Mutter ihn damals noch nicht beachtete, da sie seine Anwesenheit noch nicht bemerkt hatte. Das Gehirn verlangt die hellgrüne Frequenz zum Ausgleich. Beim folgenden Stichwort „Sorglosigkeit", zu dem der Glaubenssatz „Ich muss mir immer Sorgen machen im Leben" testet, muss ebenfalls das Gehirn mit der hellgrünen Farbbrille entkoppelt werden. Der Glaubenssatz „Mein Leben darf frei sein von Sorgen" ist danach in Ordnung.
Der Patient braucht zu den bisherigen Mitteln noch Bach-Blüten Rescue und soll ein Gespräch mit seiner Mutter führen über das Herausgefundene. (Solche klärenden Gespräche sind oft für beide Beteiligten sehr hilfreich, um die Zusammenhänge besser verstehen und sich gegenseitig akzeptieren zu können).

Zwei Wochen später ruft der Patient an. Es geht ihm „um Klassen besser, wunderbar!".
Erst vierzehn Tage später hat er wieder einen Behandlungstermin, an dem das Thema „rote Haare" nochmals auftritt und energetisch abgelöst werden muss. Sein Zustand ist stabil und bleibt es auch über einen langen Urlaub hinweg.

Inzwischen kommt der Patient noch alle 2 Monate, um das zu bearbeiten, was gerade dran ist. Schlafstörungen mit Panikattacken sowie Herzsymptome sind seit Juni 2003 nicht mehr aufgetreten, dem Patienten geht es nach eigenen Angaben „sehr gut".

6. Fall: Ischias

Ein 63-jähriger Patient kam zu mir, weil er Ischiasschmerzen hatte. Schulmedizinische und homöopathische Behandlungen hatte er schon monatelang erfolglos versucht.
Dieser Patient brauchte eine energetische Behandlung am Herzchakra, am Kronenchakra und schließlich am Dickdarm. Kronenchakra/Gehirn und Dickdarm hängen zusammen, weil der Darm sozusagen das zweite Gehirn beherbergt, ein „Ableger" vom eigentlichen Gehirn ist. „Unerfüllt sein" war das Gefühl, das ich bei ihm fand. Es testete 8. Lebensjahr, als sein Vater

verstorben war, und wir fanden heraus, dass er sich seitdem unerfüllt fühlte, weil der Vater nicht mehr vorhanden war.
Es brauchte eine einzige Sitzung, und nach wenigen Tagen war der Ischiasschmerz ohne weitere Behandlung völlig verschwunden.

7. Fall: Schmerzen und Zittern

Jetzt noch der Fall einer meiner ältesten Patientinnen mit 82. Sie kam mit ständigen linksseitigen Kopfschmerzen, Herzbeschwerden und starkem Zittern der Extremitäten. Bisher war schon vieles gemacht worden, ich glaube, sie nahm zwölf Medikamente ein.

Bei ihr testeten Leber und Gehirn, die ebenfalls einen starken Zusammenhang haben. Wenn die Leber vergiftet ist, dann wird auch schnell das Gehirn vergiftet.
Nach einer einzigen energetischen Behandlung waren die Symptome weg.

Dafür bekam die Patientin aber Bauchprobleme. Die Symptome waren also sozusagen heruntergerutscht vom Kopf in den Bauch. Nach einer weiteren energetischen Behandlung waren auch diese Bauchprobleme weg, ohne dass es zu weiteren Symptomen kam.

Diese Fallbeschreibungen dienen meinem Anliegen mit diesem Buch, dass nämlich die Energieebene in die Heilung unbedingt einbezogen werden muss, vor allem bei chronischen Erkrankungen und unklaren Symptomen sowie „seltsamen" Wahrnehmungen, die schulmedizinisch nicht eingeordnet werden können oder unter die Rubrik „psychiatrisch" fallen würden.

ANHANG

10. Meditationen

Die in den verschiedenen Kapiteln erwähnten Meditationen habe ich alle hier aufgeschrieben, damit sie von Einzelpersonen oder Gruppenleitern so oder ähnlich verwendet werden können. Sie sind außerdem mit Musik unterlegt bei „Manebua" auf CD erhältlich.

10.1 Meditation zum Erden (Baummeditation)

Setze dich bequem, aber aufrecht auf einen Stuhl, beide Beine nebeneinander und die Füße fest auf dem Boden. Schließe deine Augen und konzentriere dich auf deinen Atem. Beobachte, wie der Atem ganz von alleine kommt und geht, ohne etwas zu verändern. Atme dann etwas voller und tiefer, indem du deinen Atem bis tief in den Bauch, ja in den Genitalbereich hineinschickst als ob du ein Gefäß von unten nach oben mit deiner Luft auffüllen würdest. Wenn das Gefäß gefüllt ist, atme mit leicht geöffneten Lippen etwas geräuschvoll aus. Lass' nun beim Ausatmen alles, was dich heute schon belastet oder gestresst hat, los. Mach' das ein paar Mal, bis du eine Erleichterung verspürst.
Konzentriere dich nun auf deine Füße. Fühle, wie sie fest auf dem Boden stehen und lass' aus deinen Fußsohlen heraus Wurzeln in den Boden hineinwachsen. Die Wurzeln werden länger und wachsen tief in den Boden hinein in Richtung Mittelpunkt der Erde. Sie durchdringen die Erdkrumen und breiten sich aus, indem sie aus der Hauptwurzel heraus viele kleine Seitenwurzeln bilden, die sich fest im Erdboden verankern. Sie breiten sich immer weiter aus und haben einen festen Platz im Boden.
Diese Wurzeln holen sich die Energie der Erde und lassen sie nach oben fließen, dem Sonnenlicht entgegen. So bricht der Boden auf, und ein kleiner Trieb wächst heraus. Er wird gespeist durch die Energie aus der Erde und wächst nach oben, immer weiter und weiter, dem Licht entgegen. Dabei wird aus dem kleinen Trieb ein großer und kräftiger Baumstamm, der Äste bekommt und Zweige, so dass eine Krone entsteht, die ebenso groß ist wie das riesige Wurzelwerk in der Erde, das dem Baum Halt gibt. Über die Zweige und Äste kann der Baum die Energie des Himmels aufnehmen und von oben nach unten fließen lassen, in die Wurzeln hinein. Aus dem Boden holen sich die Wurzeln die Kraft der Erde, so dass ein unaufhörlicher Kreislauf entsteht: von unten nach oben und von oben nach unten.
Die beiden Energien von Himmel und Erde vereinigen sich im Baum und lassen in der Krone aus den Zweigen kleine Gebilde sprießen, die sich zum Licht hin öffnen und wunderschöne Blätter werden in einer Form, wie nur du sie gerade sehen kannst. Und aus den Zweigen sprießen Knospen, die sich ebenfalls zum Licht hin öffnen und wunderschöne Blüten bilden in einer Farbe, wie nur du sie gerade siehst. Schau dir die Blätter und Blüten und deinen Baum genau an und fühle, wie die Energie in ihm unaufhörlich weiter fließt. Denn dieser schöne Baum bist du! Und wenn du wie er im Wind und Sturm des Lebens mitgehst, dich auch einmal in einem Orkan mitbewegst, kann dir nichts geschehen – denn deine Wurzeln sind fest verankert in der Erde und nähren dich mit deren Energie.
Denke an diesen Baum im Alltag und in schweren Zeiten! Geh' nun mit deiner Aufmerksamkeit an die Stelle, wo der Baumstamm in den Boden hineingeht und fühle, wie deine Füße fest auf dem Boden stehen. Bewege deine Füße, deine Hände, deine Arme. Strecke dich und bewege dich und werde dir des Raumes gewahr, in dem du gerade sitzt. Und erst wenn du wieder ganz „Mensch" bist, dann blinzele deine wunderschönen Augen auf und komme wieder ganz hier an.

10.2 Reinigungsmeditation

Schließe deine Augen und konzentriere dich auf deinen Atem, wie er von alleine kommt und geht, ohne dass du etwas dazu tun musst. Es atmet dich.
Begib' dich nun in Gedanken hinaus ins Freie, wo du eine blühende Wiese betrittst. Die Sonne scheint, und du lässt die Strahlen deine Haut und dein Gesicht sanft streicheln.
Du entdeckst einen kleinen Flusslauf, den du entlang gehst. Er führt dich in einen lichten Wald mit einem angenehm weichen Boden unter den Füßen. Durch das klare Wasser hindurch kannst du die Steine am Grund des Flüsschens erkennen und die Pflanzen, die darin wachsen, sowie die Fische, die sich sanft wie du selbst fortbewegen.
Das Flüsschen weitet sich aus zu einem klaren See, an dessen gegenüberliegendem Ufer von einer Erhöhung aus ein kleiner Wasserfall über moosbewachsene Felsen in den See mündet.
Die Sonne scheint warm, und du legst am Ufer deine Kleider ab und begibst dich langsam in den See. Sehr gut kannst du dich entweder schwimmend oder gehend auf den Wasserfall zubewegen.
Dort angekommen, stellst du dich unter das fließende Wasser in der hellen Sonne und lässt es über deinen Kopf und deinen Körper fließen. Das klare Wasser nimmt alles mit, was nicht oder nicht mehr zu dir gehört und reinigt deinen physischen und deinen energetischen Körper.
  Wenn du das Gefühl hast, jetzt bist du ganz und gar gereinigt, bewegst du dich voll Freude und Erleichterung ans Ufer zurück. Ganz schnell trocknen dich die warmen Sonnenstrahlen ab und du willst dich wieder anziehen. Jedoch sind deine alten Kleider mit deinen alten Gewohnheiten, die sie an sich tragen, verschwunden, aber dafür liegt ein neues helles Gewand bereit, das du dir überstreifst. Mit ihm streifst du dir das über, was du von jetzt ab anders machen möchtest, was du neu in dein Leben integrieren möchtest.
Voller Motivation und Lebensfreude gehst du durch den lichten Waldweg am Flusslauf zurück, bis du auf der blühenden Wiese ankommst.
Du nimmst noch einmal einen tiefen Atemzug, konzentrierst dich auf deinen Atem, wirst dir des Raumes gewahr, in dem du dich hier befindest und bewegst langsam deine Hände, deine Füße und dehnst und streckst dich. Erst wenn du ganz wieder hier angekommen bist, blinzelst du deine wunderschönen Augen auf.

10.3 Schutzmeditation

Setze dich aufrecht, aber bequem auf einen Stuhl und schließe die Augen.
Konzentriere dich auf deinen Atem. Beobachte, wie der Atem ganz von alleine kommt und geht, ohne dass du etwas dazu tun musst.
Geh' nun mit der Aufmerksamkeit zu deinen Füßen und fühle, wie sie fest auf dem Boden stehen. Lass' aus den Fußsohlen feine Lichtwurzeln in den Boden wachsen, immer tiefer und tiefer in Richtung Erdmittelpunkt.
Das gibt dir Halt auf der Erde, und du kannst dich nun konzentrieren auf den Punkt in deiner Brustmitte, dem Energiezentrum des Herzens, wo dein innerer Wesenskern, dein Höheres Selbst seinen Ursprung hat. Sieh dort die kleine Lichtflamme, die unaufhörlich brennt. Lass' diese Flamme sich allmählich ausbreiten in alle Richtungen und größer und immer größer werden, so dass sie deinen ganzen Körper erfüllt.
Lass' dein Licht nun durch die Poren deiner Haut nach Außen fließen und den Raum um deinen Körper herum ausfüllen. Diese deine Aura wird immer größer und kräftiger und nimmt die Form eines Ovals, eines Eies an. Die Lichtquelle aus deinem Herzen sprudelt unaufhörlich weiter, so dass deine Aura stark und kräftig wird. Außen herum hat sie eine Schutzhülle wie ein Ei, durch die nur das zu dir hindurch kommen kann, was hindurchkommen soll. Negative Gedanken oder Bilder Anderer prallen daran ab und gehen zurück zum Absender.

Halte dieses Bild in Erinnerung auch im Alltag, so dass du in Zeiten, in denen du eine Gefahr fühlst, sicher und geschützt bist in deiner Eihülle. Und die Lichtquelle aus deinem Herzen versiegt nie.
Gehe nun mit der Aufmerksamkeit zurück zum Ursprung des Lichts in deinem Herzen und von dort nach unten zu deinen Füßen. Fühle, wie deine Füße fest auf dem Boden stehen, mit den Lichtwurzeln tief in der Erde.
Bewege nun deine Füße, deine Beine, dein Gesäß, deine Arme, dehne und strecke dich und werde dir des Raumes bewusst, in dem du dich befindest. Erst wenn du wieder ganz hier angekommen bist, dann blinzele deinen wunderschönen Augen auf, um das Hier und Jetzt zu sehen.

10.4 Chakrameditation

Setze dich bequem auf einen Stuhl und acht auf deinen Atem. Sieh dir mit geschlossenen Augen zu, wie der Atem ganz von alleine kommt und geht, ohne etwas zu verändern. Spüre, wie deine Füße fest auf dem Boden stehen und lass' den Atem gleichmäßig weiterfließen.
Richte deine Aufmerksamkeit nun auf dein Basis- oder Wurzelchakra, das sich zwischen Anus und Genitalien nach unten öffnet. Es verbindet dich energetisch mit der Erde und allem Irdischen und nimmt die rote Energie der Erde in deinen Körper auf. Diese Energie macht dich stark für das Alltagsleben mit seinen materiellen Anforderungen. Konzentriere dich einfach auf dieses Chakra, dann strömt die Erdenergie ganz von alleine in deinen Körper ein.
Konzentriere dich nun auf die Mitte zwischen deinem Bauchnabel und deinem Schambeinknochen, wo sich das Sakral- oder Sexualchakra befindet. Es verleiht dir mit seinem orangefarbenen Energiestrom sexuelle Kraft, aber auch viel Kreativität im Leben.
Das nächste Chakra, das Solarplexuschakra, befindet sich in deiner Bauchmitte am Solarplexus und hat eine sonnengelbe Energie. Wie die wärmenden Strahlen der Sonne fließt sie in dich ein und lässt deine Persönlichkeit wachsen, so dass du unabhängig wirst vom Wohlgefallen Anderer und der Anerkennung durch Andere.
In der Mitte deiner Brust befindet sich das Herzchakra, welches ein zartes Grün sowie ein Rosa einfließen lässt. Beide Farben schaffen die Basis für bedingungslose Liebe für dich selbst und gegenüber Anderen.
Zwischen Herz und Hals befindet sich der Thymus mit seinem türkisfarbenen Thymus-Chakra. Es verteilt die Energie in deinem oberen Brustbereich, um dein Immunsystem anzuregen, damit du gefeit bist vor Erkrankungen aller Art.
Das Hals- oder Kehlchakra vermittelt dir die passende hellblaue Energie für gute Kommunikation mit deinen Mitmenschen, die von Verständnis und Wohlwollen füreinander geprägt ist.
Auf der Stirn zwischen den Augenbrauen breitet sich das Dritte Auge mit seiner indigofarbenen Energie aus wie ein still ruhender Bergsee. Diese Energie verhilft dir zu deiner Intuition sowie Ein-Sicht in die Begegnungen deines Lebens, seien sie in Form von Menschen oder Objekten.
In deiner Kopfmitte öffnet sich das Kronenchakra nach oben, um die violettfarbene Energie des Himmels aufzunehmen. Über sie kannst du den Schöpfer in allem erkennen und lieben.
Noch weiter oben befindet sich ein Chakra, das die Farbe Magenta hat. Sie ist die Farbe der Familienseele und stellt zugleich die Verbindung zwischen Himmel und Erde her. Setze damit deine Lebensaufgabe, deretwegen du hierher gekommen bist, in Materie um und manifestiere sie im Leben.
Dazu spürst du nun deine Füße, und wie sie fest auf dem Boden stehen. Über die von der Fußmitte nach unten gerichteten Fußchakren nimmst du die rote Energie der Erde auf und

verbindest sie mit deinem unteren Beckenbereich, wo sich das Wurzelchakra zwischen Anus und Genitalien öffnet.
Bewege nun sanft deine Füße, deine Beine, deinen Rumpf, deine Arme und deine Hände. Dehne und strecke dich, und wenn du wieder ganz hier im Raum angekommen bist, blinzele deine wunderschönen Augen auf, um die Welt um dich herum zu sehen.

10.5 Farbmeditation

Setze dich bequem, aber aufrecht auf einen Stuhl, beide Beine fest nebeneinander auf dem Boden. Schließe deine Augen und konzentriere dich auf deinen Atem. Nimm wahr, wie dein Atem ganz von alleine aus- und einfließt, ohne dass du etwas dazu tun musst. Es atmet dich.
Konzentriere dich nun auf deine Füße und spüre, wie sie sicher und fest mit dem Boden verbunden sind.
Ein tiefer Atemzug versetzt dich auf eine blühende Wiese, und deine Füße bewegen sich langsam darauf vorwärts. Du siehst in der Ferne ein Haus, zu dem du dich hingezogen fühlst und gehst langsam darauf zu.
Du öffnest die Tür und betrittst einen weiten Raum, der ganz mit roter Farbe gestrichen ist. Alles in diesem Zimmer ist kräftig rot. Du schaust dich um und fühlst dich mit der Erde verbunden. Du nimmst so viel rote Farbe in dir auf, wie du gerade brauchst.
Da siehst du eine weitere Tür im Zimmer, die dich in einen zweiten Raum führt. Dieser ist ganz in Orange gehalten, alles, was sich darin befindet, ist orange. Du atmest tief ein, verabschiedest dich und betrittst ein weiteres Zimmer.
Es ist goldgelb, weil die Strahlen der Sonne durch eine große Fensterfront hereinleuchten. Alles ist von gelber Farbe durchdrungen, die dich im Bauchbereich ganz weit werden lässt. Du nimmst so viel Goldgelb auf, wie dir gerade gut tut und gehst weiter in einen nächsten Raum.
Dieser strahlt in einem rosafarbenen Licht, während überall im Raum zartgrüne Pflanzen gedeihen. Beide Farben, Rosa und Grün, öffnen dein Herz für die Liebe zu dir selbst. Sauge die beiden Farben ein, damit du sie über dein geöffnetes Herz auch wieder an andere weiter geben kannst. Wenn du spürst, dass die Energie in deinem Herzen ein- und ausfließt, bewegst du dich weiter in den nächsten Raum, der sich vor dir auftut.
Er hat die Farbe Türkis, und du spürst die Heilkraft dieser Farbe. Atme sie intensiv ein, bis dein ganzer Körper erfüllt ist von dieser Farbe.
Dann gehst du durch die nächste Tür und findest ein hellblaues Zimmer vor. Alles, was sich darin befindet, ist hellblau. Du spürst, wie dein Hals sich öffnet, während du das hellblaue Licht einatmest.
Du siehst schon den nächsten Raum vor dir. Er ist indigoblau, wie das Himmelszelt, auf dem die Sterne leuchten. Du fühlst die Ruhe, die dieses Zimmer durch seine dunkelblaue Farbe ausstrahlt, und verweilst ein wenig. Dann zieht es dich weiter in den nächsten Raum.
Er ist violett und von weißem Licht durchstrahlt. Alles leuchtet violett mit einem weißen Schimmer. Du hast ein sehr schönes Gefühl von Verbundenheit mit Allem in diesem Raum. Du nimmst dieses Gefühl mit und gehst weiter in das letzte Zimmer.
Es ist magentafarben, rotviolett, und verbindet dich mit deinen Ahnen, mit allen, die zu deiner Familie, deiner Sippe, gehören. Du fühlst dich wohl unter ihnen, weil du fühlst, dass ihr alle irgendwie zusammen gehört, ob gewollt oder ungewollt. Du merkst auch, dass dir dieser Raum Kraft gibt für die Bewältigung deines Alltags und nimmst so viel Magenta in dir auf, wie du nur kannst.
Dann wird es Zeit, auch diesen Raum wieder zu verlassen, und du siehst als nächstes Zimmer vor dir das rote, in dem du die Reise durch das Haus angetreten hast. Du hast einen Rundgang

gemacht und verabschiedest dich nun von dem Haus. Du bedankst dich für die schönen Farben, die du darin sehen konntest und gehst wieder ins Freie.
Auf der blühenden Wiese gehst du weg von dem Haus mit den verschiedenen Farbräumen. Du fühlst den Boden unter deinen Füßen und bewegst sie vorsichtig. Du bewegst auch deine Hände, Arme, deinen Körper und fühlst, wie du auf dem Stuhl sitzt. Du nimmst diesen Raum, in dem du auf dem Stuhl sitzt, wahr, und wenn du ganz hier angekommen bist, blinzelst du deine wunderschönen Augen auf!

10.6 Heilmeditation (Gruppenmeditation, im Kreis sitzend)

Setze dich aufrecht, aber bequem auf einen Stuhl und schließe deine Augen. Konzentriere dich auf deinen Atem. Sieh zu, wie er ganz von alleine kommt und geht, ohne dass du etwas dazu tun musst. Es atmet dich.
Richte nun die Aufmerksamkeit auf deine Füße. Spüre, wie deine Fußsohlen fest den Boden berühren. Lass' von deinen Fußsohlen kleine Lichtwurzeln in den Boden hinein wachsen, die sich immer weiter und weiter verzweigen wie ein riesiges Wurzelwerk und immer länger und weiter in Richtung Erdmittelpunkt wachsen. Über diese Lichtwurzeln nimmst du die Energie der Erde auf. Sie fließt nach oben über deine Beine in deinen Beckenbereich und erfüllt jede einzelne Zelle deines Körpers mit dieser Erdenergie. Sie erfreut jedes Organ, jeden Muskel, jeden Knochen und wandert weiter nach oben über die Schultern in die Arme und Hände, dann in den Hals und Kopf hinein. Am oberen Ende des Kopfes öffnet sich eine Stelle, um die Energie des Himmels einzulassen, die darauf wartet, sich mit der Energie der Erde zu vermischen, um mit ihr in deinem Körper einen Freudentanz aufzuführen. Diese Mischung aus den beiden Energien, der des Himmels und der der Erde, ist äußerst kraftvoll und heilend. Sie bildet ein starkes Energiefeld, das deinen gesamten Körper erfüllt und über ihn hinausgeht durch alle Hautporen hindurch. Sie bildet ein riesiges eiförmiges Lichtgebilde um dich herum, das sich mit den Lichteiern der beiden Personen rechts und links von dir verbindet. So entsteht ein großer Lichtkreis, der wie eine riesige Lichtsäule in den Himmel hinauf ragt und angefüllt ist mit Heilenergie.
Stelle nun einen Menschen hinein, der krank ist und der Hilfe durch diese Lichtsäule bedarf. Lass' ihn darin eine Lichtdusche nehmen, bis er genügend heilende Energie aufgetankt hat. Dann stell' noch weitere Menschen hinein, denen diese kräftige, heilende Energie ebenfalls gut tut.
Lasst uns nun alle Lehrer und Therapeuten in die Lichtsäule stellen, alle Industriebosse, alle Kirchenführer und Staatsmänner, damit sie alle profitieren von dieser heilenden Energie. Denn nur wer selbst heil ist, kann wirklich anderen helfen, heil zu werden und weise Entscheidungen zum Wohl aller treffen.
Ziehe nun deine Energie langsam von deinen Nachbarn wieder zurück. Nimm' sie zurück in deinen eigenen Körper, der laufend weiter damit versorgt wird, auch wenn du nicht speziell daran denkst.
Gehe mit deiner Aufmerksamkeit zu deinen Füßen und bewege sie ein wenig. Bewege auch deine Hände und werde dir gewahr, dass du auf einem Stuhl hier im Raum sitzt. Erst wenn du wieder vollständig angekommen bist, blinzelst du deine wunderschönen Augen auf, um ganz hier anzukommen.

10.7 Meditation mit dem Auge der Liebe (Gruppenmeditation)

Setze oder stelle dich einer Person gegenüber mit beiden Beinen fest auf dem Boden. Schließe die Augen und konzentriere dich auf deinen Atem. Sieh einfach zu, wie der Atem ganz von alleine kommt und geht, ohne etwas zu verändern.
Schicke deine Aufmerksamkeit nun zu deinen Füßen und spüre, wie sie sicher und fest auf dem Boden stehen. Deine Füße nehmen die Energie der Erde auf und lassen sie sanft in deinem Körper nach oben strömen.
Konzentriere dich nun auf den Scheitel deines Kopfes und spüre, wie sich in der Kopfmitte dein dortiges Energiezentrum, das Kronenchakra öffnet. Es nimmt die Energie des Himmels auf und lässt sie sanft in deinem Körper nach unten strömen.
Beide Ströme, von der Erde und vom Himmel, verbinden sich in deinem Körper und tanzen in liebevoller Umarmung miteinander durch deinen Körper.
Du verfolgst sie, bis deine Aufmerksamkeit durch etwas in der Mitte deiner Brust angezogen wird. Es ist ein wunderschönes, imaginäres Auge, das nach Außen in Richtung der Person dir gegenüber schaut. Du lässt dieses Auge sich langsam öffnen. Es schaut den Menschen dir gegenüber an und nimmt seine Gestalt wahr, die von Licht erstrahlt. Du erkennst die Schönheit im Anderen und lässt ganz viel Liebe von deinem Herzen über dein Auge in das Auge direkt dir gegenüber, das dich ansieht, fließen. Du erkennst das Göttliche in ihm, und du kannst die Person ganz und gar annehmen wie sie ist.
Nun drehst du das imaginäre Auge nach Innen, so dass es dich selbst anschaut. Du kannst nun deine eigene Schönheit erkennen und lässt die gleiche Liebe, die du deinem Gegenüber geschickt hast, zu dir selbst fließen. Du erkennst das Göttliche in dir und kannst dich ganz und gar annehmen, wie du bist.
Lass' dein imaginäres Auge sich nun langsam schließen, bis du es bewusst wieder öffnest.
Konzentriere dich auf deine Füße und spüre, wie sie sicher und fest auf dem Boden stehen. Bewege sie ein wenig, bewege auch deine Hände und deinen Körper auf sanfte Weise.
Werde dir des Raumes gewahr, in dem du dich mit dieser Gruppe befindest, und wenn du ganz hier angekommen bist, dann blinzele langsam deine wunderschönen physischen Augen auf.

UNSERE SUCHE NACH DEM GLÜCK

IST EINE LANGE REISE:

SIE ENDET EWIG AM GLEICHEN ZIEL

- IN UNS SELBST!

11. Flussdiagramm Manebua Schamanische Psycho-Kinesiologie (MSPK)

Vorbereitung Therapeut

Vorbereitung Patient

Erdung

Reinigung

Schutz

Vortests

Substanzen

Sabotagen

Thema / Symptom / Person

Substanzen

Emotion

*Umstände in der Gegenwart

Behandlung / Ablösung

Ursprungsalter

Umstände in der Vergangenheit

Behandlung / Ablösung

Voranschreiten ins Hier und Jetzt

Weitere Emotion

Weiter s.o.*, bis keine Emotion / kein Thema mehr auftritt

„Homeplay"

Verankerung

Literaturverzeichnis

Andrews, Ted 1: Die Aura sehen und lesen, Freiburg (Bauer) ³1993

Andrews, Ted 2: Animal-Speak. The Spiritual & Magical Powers of Creatures Great & Small, St. Paul, Minnesota/USA (Llewellyn) 1996

Aura Soma (Hrsg.): The Tincture Brochure, Tetford/GB o.J.

Ayren, Armin: Wo sind die grünen Männchen geblieben? In Betrachtung einiger Rätsel der Astrophysik: was wir vom Weltall wissen und was nicht, in: Stuttgarter Zeitung, Wochenendbeilage 19.08.2000

Bach, Edward: Blumen, die durch die Seele heilen. Die wahre Ursache von Krankheit, Diagnose und Therapie, München (Hugendubel) ¹²1991

Baggott, Andy/Morningstar, Sally: Kristalle, Chakren und Farben. Eine Einführung in die Heilkraft der Edelsteine, München (Droemer Knaur) 2000

Bauer, Wolfgang: Schamanismus im Alltag: Die Welt der Geister in unserer Gesellschaft, in: Rosenbohm, Alexandra (Hrsg.): Schamanen zwischen Mythos und Moderne, Leipzig (Militzke) 1999

Baumont, Hunter: Die spirituelle Dimension der Paar-Beziehung, in: Döring-Meijer, Heribert (Hrsg.): Systemaufstellungen - Geheimnisse und Verstrickungen in Systemen. Ein neuer dynamischer Beratungsansatz in der Praxis. Paderborn (Junfermann) 2004

Beitel, Erhard/ Niesel, Walter: Bochumer Gesundheitstraining. Ein Trainingsprogramm zur Unterstützung der natürlichen Heilkräfte bei Krebs und anderen Erkrankungen, Bochum (Ruhr-Universität) 1986

Billie, Susie in: Schenk, Amélie (Zusammenstellung): Die Weisheit der Indianerfrauen. Über die Schönheit der Welt und das Geheimnis des Lebens, Bern, München, Wien (Scherz) o .J.

Bischof, Marco: Biophotonen - Das Licht in unseren Zellen, Frankfurt (Zweitausendeins) ¹⁰1999

Blome, Dr.med. Götz: Das neue Bach-Blüten-Buch, Freiburg (Bauer), 1992

Blue Spruce, Beryl in: Schenk, Amélie (Zusammenstellung): Die Weisheit der Indianerfrauen. Über die Schönheit der Welt und das Geheimnis des Lebens, Bern, München, Wien (Scherz) o .J.

Bösch, Dr.med. Jakob: Spirituelles Heilen und Schulmedizin, in: Natur & Heilen, 10/2003

Brennan, Barbara Ann 1: Licht-Arbeit. Das Standardwerk der Heilung mit Energiefeldern, München (Goldmann) ⁵1998

Brennan, Barbara Ann 2: Licht-Heilung. Der Prozess der Genesung auf allen Ebenen von Körper, Gefühl und Geist, München (Goldmann) 1994

Buzzi, Gerhard: Indianische Heilgeheimnisse. Die Lehren von Großvater, dem heiligen Mann, Bergisch Gladbach (Bastei-Lübbe), ²1997

Byrnes, Stephen: Politically Incorrect: The Neglected Nutritional Research of Dr. Weston Price, DDS, in: Internet http://www.sumeria.net/health/price.html, 2004

Cayce, Edgar: Über das Höhere Selbst. Die verborgene Kraft der menschlichen Seele, München (Goldmann) 1995

Chang, Jolan 1: Das Tao der Liebe. Unterweisungen in altchinesischer Liebeskunst, Reinbek (Rowohlt) ⁸³1995

Chang, Jolan 2: Das Tao für liebende Paare. Leben und Lieben im Einklang mit der Natur, Reinbek (Rowohlt) ⁶2001

Coldwell, Leonard: Die unbegrenzte Kraft des Unterbewusstseins. Das Erfolgsprogramm für ein erfülltes Leben, München (Hugendubel), ²1994

Cooper, J.C.: Illustriertes Lexikon der traditionellen Symbole, Wiesbaden (Drei Lilien), o. J.

Cypress, Jeanette, o. T., in: Schenk, Amélie (Zusammenstellung): Die Weisheit der Indianerfrauen. Über die Schönheit der Welt und das Geheimnis des Lebens, Bern, München, Wien (Scherz) o. J., S. 78

Dalichow, Irene/Booth, Mike: Aura Soma. Heilung durch Farbe, Pflanzen- und Edelsteinenergie, München (Droemer Knaur) 1994

D'Angelo, James: Healing with the Voice. Creating harmony through the power of sound, London (Thorsons) 2000

DAS BESTE (Hrsg.): So deute ich meine Träume. Traumforscher und Psychologen sagen, was hinter ihren Traumbildern steckt, Stuttgart 1978

Das große Lexikon der Heilsteine, Düfte und Kräuter, Neu-Ulm (Methusalem) 1994

Döring-Meijer, Heribert (Hrsg.): Systemaufstellungen - Geheimnisse und Verstrickungen in Systemen. Ein neuer dynamischer Beratungsansatz in der Praxis. Paderborn (Junfermann) 2004

Emoto, Masaru 1: The Message from Water. The Message from Water is telling us to take a look at ourselves, Tokyo 1999

Emoto, Masaru 2: Die Botschaft des Wassers ist, nach innen zu schauen, deutscher Text ⁶2000 zur englisch-japanischen Ausgabe The Message from Water, Tokyo 1999

Emoto, Masaru 3: Wasserkristalle. Was das Wasser zu sagen hat. Burgrain (KOHA Verlag) ²2002

Energetik-Verlag (Hrsg.): Farbklang Therapie, Bruchsal 1987

Esparza, Roberta, o. T., in: Schenk, Amélie (Zusammenstellung): Die Weisheit der Indianerfrauen. Über die Schönheit der Welt und das Geheimnis des Lebens, Bern, München, Wien (Scherz) o. J.

Farfalla Duftladen: Ätherische Öle, ... Kristalle und Edelsteine, Zürich 1992

Farkas, Viktor: Morphogenetische Felder, in: Matrix 3000, Nr. 01/2003, S. 14, Peiting

Ferreira, Peter, s. Hendel/Ferreira

Feyler, Günther: Die persönlichen Traumsymbole, Freiburg (Bauer Ton Programm) o. J.

Fischer, Ulrike Johanna: Schwermetallausleitung und Schamanische PK, in: Hier & Jetzt, Fachzeitschrift für Neurobiologie nach Dr. Klinghardt, 4/2001, S. 8-9

Fontaine, Janine: Heilung beginnt im Unsichtbaren. Entdeckungsreise zur Medizin des Energiekörpers, München (Droemer) 1990

Fremming, Grethe/Hausboel, Rolf 1: Transformation durch Kinesiologie, Seminarscript, Kopenhagen 1995

Fremming, Grethe/Hausboel, Rolf 2: Transformation durch Kinesiologie II, Seminarscript, Kopenhagen 1993

Fremming, Grethe/Hausboel, Rolf 3: Transformation durch Kinesiologie III, Seminarscript, Kopenhagen 1996

Geheimnisse des Unbekannten: Seelenreisen, Amsterdam (Time-Life Books B.V.) ⁸1992

Ghyssaert, Ivan U. 1: Der Führer des Energetikers, Douglas/UK o. J.

Ghyssaert, Ivan U. 2: Lithotherapie IUG, Chexbres/CH o. J., Loseblatt-Sammlung

Gienger, Michael: Die Steinheilkunde. Ein Handbuch, Saarbrücken (Neue Erde) 1995

Green Man Tree Essences. For meditation, growth and self-healing. Broschüre, Exminster/GB o. J.

Hackl, Monnica: Crystal energy. Neue Jugend und Gesundheit durch Metalle, Blüten und Farben, München (Herbig) 1993

Heilen mit Steinen. Heilkraft und Wirkung, Limassol (Eurobooks Cyprus Ltd.) 1999

Hellinger, Bert: Ordnungen der Liebe, Heidelberg (Carl-Auer-Systeme), 2001

Helm, Beate: Die Heilkräfte der Kalifornischen Blütenessenzen, Grafing (Aquamarin), ^{2}2003

Hendel, Dr.med. Barbara/Ferreira, Peter: Wasser & Salz – Urquell des Lebens. Über die heilenden Kräfte der Natur, Herrsching (INA) o. J.

Henschel, Uta: Die Kraft, die aus uns selber kommt, in: GEO 10/2003, S. 38-47

Hirschi: Mudras – Yoga mit dem Kleinen Finger, Freiburg (Bauer)

Hüsing, Karl: Auswirkungen einer Infektion und gesundheitsfördernde Hinweise am Beispiel der Borreliose. Krank nach Zeckenbiss – Wege zur Heilung, Chieming (Eigenverlag) 2004

Hungry Wolf, Beverly: Die weisen Frauen der Indianer. Hüterin des Hauses, Jägerin, Medizinfrau – eine Schwarzfußindianerin schildert das Leben ihrer Vorfahren. Bern, München, Wien (Scherz) ^{3}1995

Iatrochemia (Hrsg.): Spagyrik in der täglichen Praxis. Hinweise zu der Therapie mit spagyrischen Heilmitteln, Tapfheim 1992

Jacobi, Jolande: Vom Bilderreich der Seele. Wege und Umwege zu sich selbst, Olten und Freiburg (Walter) 1969

Kabbal, Jeru 1: Erleuchtung, in: Clarity Talks, Satsang mit Jeru Kabbal, Band 1, Westerland 2001

Kabbal, Jeru 2: Wegweiser zur Freiheit, in: Clarity Talks, Satsang mit Jeru Kabbal, Band 2, Westerland 2002

Kabbal, Jeru 3: Klarheit in Liebe, Sex und Beziehung. Wege zur Erfüllung, in: Clarity Talks, Satsang mit Jeru Kabbal, Band 3, Westerland 2002

Kaminski, Patricia and Katz, Richard: Flower Essence Repertory. A Comprehensive Guide to North American and English Flower Essences for Emotional and Spiritual Well-Being, Nevada City, CA/USA 1994

Klein, Stefan: ...ohne Risiken und Nebenwirkungen, in: GEO 10/2003, S. 48-64

Klinger-Raatz, Ursula: Die Geheimnisse edler Kristalle, Haldenwang (Edition Shangrila) 1987, S. 102

Klinghardt, Dr. Dietrich 1: Lehrbuch der Psycho-Kinesiologie, Freiburg (Bauer Verl.) 1996

Klinghardt, Dr. Dietrich 2: Lehrbuch der Psycho-Kinesiologie, Stuttgart (INK), 5. Aufl.2003

Klinghardt, Dr. Dietrich 3: RD I-A, Autonome Regulations-Diagnostik®. Die nicht-invasive Diagnostik mittels Muskel-Biofeedback, Seminarscript, Stuttgart (INK) 2000

Klinghardt, Dr. Dietrich 4: RD II-A, Autonome Regulations-Diagnostik für Fortgeschrittene®, Seminarscript, Stuttgart (INK) 2003

Klinghardt, Dr. Dietrich 5: Mentalfeldtherapie (MFT)®, Seminarscript, Stuttgart (INK) 2002

Klinghardt, Dr. Dietrich 6: Die Chakra Diagnostik, in: Hier & Jetzt, Fachzeitschrift für Neurobiologie nach Dr. Klinghardt®, 2/2003, S. 11-13

Klinghardt, Dr. Dietrich 7: Das Mentalfeld, in: Hier & Jetzt, Fachzeitschrift für Neurobiologie nach Dr. Klinghardt®, 2/2002, S. 4-5

Klinghardt, Dr. Dietrich 8: Die Lichtmodulation nach Klinghardt (LMK), RD II-B®, Autonome Regulations-Diagnostik für Fortgeschrittene, Seminarscript, S. 88

Klinghardt, Dr. Dietrich 9: Knoblauch – König der Heilgewürze, in: RD III®, Autonome Regulations-Diagnostik für Fortgeschrittene, Seminarscript, S. 62

Klinghardt, Dr. Dietrich 10: Schwermetalle und chronische Erkrankungen, in: Hier & Jetzt, Fachzeitschrift für Neurobiologie nach Dr. Klinghardt, Stuttgart (INK) 3/2000, S. 10-13

Klinghardt, Dietrich/Williams, Louisa: Zur gezielten Anwendung der Sanum-Arzneimittel mit Hilfe der „Neuralkinesiologie", in: Sanum-Post Nr. 30, Hoya, Jg. 1995, S. 3

Kok Sui, Choa 1: Grundlagen des Pranaheilens, Freiburg (Bauer) [3]1996

Kok Sui, Choa 2: Die hohe Kunst des Pranaheilens, Freiburg (Bauer) 1995

Kok Sui, Choa 3: Grundlagen der Prana-Psychotherapie, Energetische Behandlung von Stress, Sucht und Traumata, Freiburg (Bauer) 1997

Korse, Amandus: Edelstein-Essenzen. Anleitung zur Therapie mit Edelstein-Elixieren, Den Haag 1993

Korte, Andreas: Ratgeber Blütenessenzen. Korte PHI, Mother-Earth-Essenzen, 2001

Krämer, Dietmar 1: Neue Therapien mit Bach-Blüten, Teil 2, Interlaken (Ansata) 1989

Krämer, Dietmar 2: Esoterische Therapien 1, Heilen mit ätherischen Ölen und Edelsteinen in Verbindung mit Blütenessenzen nach Dr. Bach, Interlaken (Ansata) 1993

Kraus, Michael: Einführung in die Aromatherapie, Pfalzpaint (Simon & Wahl), 1989

Krieger, Dolores: Therapeutic Touch. Die Heilkraft unserer Hände, Freiburg (Bauer) [2]1995

Krystal, Phyllis: Die inneren Fesseln sprengen. Befreiung von falschen Sicherheiten, Olten (Walter) 1989

Kuby, Clemens: Unterwegs in die nächste Dimension. Meine Reise zu Heilern und Schamanen, München (Kösel) [4]2004

Kübler-Ross, Elisabeth: Über den Tod und das Leben danach, Güllesheim (Silberschnur) 2002

Langholf, Markus: Der Pfad des Lebendigen Geistes. Loslassen! Ein aktueller Reisebericht des Entwicklungsweges der Seele durch die sieben menschlichen Bewusstseinsräume, Wasserburg (Sheema Medien) 1997

Laverdure, Betty, o. T., in: Schenk, Amélie (Zusammenstellung): Die Weisheit der Indianerfrauen. Über die Schönheit der Welt und das Geheimnis des Lebens, Bern, München, Wien (Scherz) o. J.

Leadbeater, Charles W. 1: Der sichtbare und der unsichtbare Mensch. Darstellung verschiedener Menschentypen, wie der geschulte Hellseher sie wahrnimmt, Freiburg (Bauer) [7]1991

Leadbeater, Charles W. 2: Die Chakras. Eine Monographie über die Kraftzentren im menschlichen Ätherkörper, Freiburg (Bauer) [11]1994

LichtWesen® Erzengel-Essenzen. Broschüre, Stuttgart (Rainbow) o. J.

Ludwig, Dr. Wolfgang: Informative Medizin. Krankheitsursachen/Behandlung ohne Chemie, Essen (VGM) 1999

MacLaine, Shirley: Die Reise nach Innen. Mein Weg zu spirituellem Bewusstsein. München (Goldmann) 1991

Malin, Lisa: Die schönen Kräfte. Eine Arbeit über Heilen in verschiedenen Dimensionen. Frankfurt (Zweitausendeins) [11]1991

Mandel, Peter: Energetische Terminalpunkt-Diagnose, Essen (Synthesis) 1983

McFadden, Steven (Hrsg.): The Little Book of Native American Wisdom, Shaftesbury / Rockport / Milton) 1994

Melville, Francis: Engel, Niedernhausen/T. (Bassermann), 2002

Meyers Taschen Lexikon A-Z, Leipzig / Mannheim, 6., neu bearb. Aufl. 2002

Mohr, Bärbel: Bestellungen beim Universum. Ein Handbuch zur Wunscherfüllung, Aachen (Omega) ^{17}2003

Moody, Dr. Raymond A.: Leben nach dem Tod. Die Erforschung einer unerklärten Erfahrung, Hamburg (Rowohlt) 1977

Morse, Dr. Melvin/Perry, Paul: Zum Licht. Was wir von Kindern lernen können, die dem Tod nahe waren, Frankfurt/Main (Zweitausendeins) 1992

Murphy, Dr. Joseph: Die Macht Ihres Unterbewusstseins, Kreuzlingen (Ariston) ^{62}überarb. Ausg. 1997

Mutter, Dr. Joachim: Gesundes Licht, in: Hier & Jetzt, Fachzeitschrift für Neurobiologie nach Dr. Klinghardt, 4/2000, S. 27-29)

Nordwald Pollock, Maud: Vom Herzen durch die Hände. Bedingungslose Liebe & Therapeutic Touch. Eine neue Methode des Heilens, Freiburg (Bauer) 1994

Ondruschka, Wolf: Geh den Weg des Schamanen. Das Medizinrad in der Praxis, Saarbrücken (Neue Erde) 2002

One Brain, Visuelle Motivationskarten, Freiburg (IAK) o. J.

Papen, Dr. Eva von: Die weit reichende Bedeutung der Aroma-Therapie, Memmingen (M.O. Klein KG), 1989

Peppler, Antonie, Psycho-Kinesiologie und Homöopathie, in: Hier & Jetzt, Fachzeitschrift für Neurobiologie nach Dr. Klinghardt, 1/2002, S. 6-14

Perelandra Guide to Rose and Garden Essences, Warrenton/USA (Perelandra Ltd.) ^{3}1992

Ponder, Catherine: Die Heilungsgeheimnisse der Jahrhunderte. Die 12 Geisteskräfte des Menschen, München (Goldmann) 1992

Porges, Stephen W.: Orienting in a defensive world: Mammalian modifications of our evolutionary heritage. A Polyvagal Theory, in: Psychphysiology, 32 (1995), S. 301-318

Powers, Rhea: Heimkehren ins Licht, Planegg (Falk) 1987

Price, Weston: Nutrition and Physical Degeneration, Keats Publishing, 1943

Primavera, Duftende Essenzen und feine Körperöle, Sulzberg 1991

Pschyrembel 1 Klinisches Wörterbuch, Berlin / New York (Walter de Gruyter Verl.), 256., neu bearb. Aufl., 1990

Pschyrembel 2 Wörterbuch Naturheilkunde und alternative Heilverfahren mit Homöopathie, Psychotherapie und Ernährungsmedizin, Berlin (de Gruyter), ^{2} überarb. 2000

Ramm-Bonwitt, Ingrid: Mudras – Geheimsprache der Yogis, Freiburg (Bauer), ^{3}1997

Reichl, Alexander: 5-Elemente-Farbbalance, Freiburg (VAK) 1995

Rieder, Dr.med. Beate/Wollner, Fred: Duftführer. Eine Beschreibung von über 90 ätherischen Ölen, ihrer Wirkung und praktischen Anwendung, Börwang 1992

Rosenbohm, Alexandra 1 (Hrsg.): Schamanen zwischen Mythos und Moderne, Leipzig (Militzke) 1999

Rosenbohm, Alexandra 2: Von Sibirien nach Cybiria: Schamanische survivals und revivals, in: Rosenbohm, Alexandra (Hrsg.): Schamanen zwischen Mythos und Moderne, Leipzig 1999

Rossi, Ernest Lawrence: Die Psychobiologie der Seele-Körper-Heilung. Neue Ansätze der therapeutischen Hypnose, Essen (Synthesis) 1991

Schäfer, Maximilian: Licht – die universelle Kraft, in: Hier & Jetzt, Fachzeitschrift für Neurobiologie nach Dr. Klinghardt, 4/2002, S. 20-22

Schäfer, Thomas: Was die Seele krank macht und was sie heilt. Die psychotherapeutische Arbeit Bert Hellingers, München (Droemer Knaur) 1998

Schaufelberger-Landherr, Edith: Die Kraft der Steine, Band 1, Hünenberg 1992

Schaufelberger-Landherr, Edith: Die Kraft der Steine, Band 2, Hünenberg 1993

Scheffer, Mechthild: Bach-Blütentherapie. Theorie und Praxis, München (Hugendubel) 1990

Schenk, Amélie (Zusammenstellung): Die Weisheit der Indianerfrauen. Über die Schönheit der Welt und das Geheimnis des Lebens, Bern, München, Wien (Scherz) o.J.

Schenk, Christine 1: Der Energiekörper, dein Partner auf Lebenszeit. Ein Leitfaden für ein besseres Verstehen Eurer Beziehung, Wien (Oiri) 1998

Schenk, Christine 2: Ich und Ich. Die erfolgreiche Beziehung zwischen Energiekörper und physischem Körper, Wien (Oiri) [2]2003

Schmitz, Wulff: Anbau in Artenvielfalt, in: Hier & Jetzt, Fachzeitschrift für Neurobiologie nach Dr. Klinghardt, 2/2003, S. 19-24

Schneider, Petra/Pieroth, Gerhard K. 1: LichtWesen Meisteressenzen. Ein Weg zur Meisterschaft im Leben. Eine systematische Einführung in die Energie der Aufgestiegenen Meister, Aitrang (Windpferd) 1997

Schneider, Petra/Pieroth, Gerhard K. 2: Hilfe aus der geistigen Welt. Spirituelles Wachstum und feinstoffliche Helfer aus der geistigen Welt: Aufgestiegene Meister, Schutzengel, Schutzgeister, Engel, Erzengel, Erdwesenheiten... Mit Anleitungen und Meditationen, Aitrang (Windpferd) [2]2000

Schneider, Petra/Pieroth, Gerhard K. 3: Engel begleiten uns. Erzengel und Erdengel sind an unserer Seite, Aitrang (Windpferd) [8]2004

Schreiber, Gisela: Lexikon der Heilsteine. Die Energie der Mineralien nutzen, um körperliche und seelische Blockaden zu lösen, München (Econ) 2001

Schultze, Miriam: Von Kriegern, Priestern und Schamanen im wilden Osten: Neo-Schamanismus bei den deutschen Indianistik-Clubs, in: Rosenbohm, Alexandra (Hrsg.): Schamanen zwischen Mythos und Moderne, Leipzig 1999

Seiler, Benjamin / Zwerenz, Siegfried: Elektrosmog: Das Damokles-Schwert über unseren Köpfen, in: Hier & Jetzt, Fachzeitschrift für Neurobiologie nach Dr. Klinghardt, 3/2003, S. 14-20

Sharamon, Shalila und Baginski, Bodo J. 1: Chakra-Handbuch, Durach (Windpferd) [6]1990

Sharamon, Shalila und Baginski, Bodo J. 2: Edelsteine und Sternzeichen, Durach (Windpferd) 1989

Sheldrake, Rupert 1: Das schöpferische Universum. Die Theorie des Morphogenetischen Feldes, München (Goldmann), [2]1990

Sheldrake, Rupert 2: Sieben Experimente, die die Welt verändern könnten. Anstiftung zur Revolutionierung des wissenschaftlichen Denkens, Bern/München/Wien (Scherz) [7]2003

Sherwood, Keith: Die Kunst spirituellen Heilens. Der Weg zur vollkommenen Gesundheit, Freiburg (Bauer) [5]1994

Simonton, O.C./Matthews-Simonton, S./Craighton, J.: Wieder gesund werden, Reinbek (Rowohlt) 1982

Small Wright, Machaelle: Die Perelandra-Blütenessenzen, München (Droemer Knaur) 1990

Spezzano, Chuck/Patrick, Janie E.: Heilung des Körpers durch den Geist. Krankheit als körperlicher Ausdruck psychischer Störungen, Petersberg (Via Nova) 2002

Staufen-Pharma (Hrsg.) 1: Spagyrisches Heilverfahren nach Dr. med. Zimpel, Göppingen überarb. 1978

Staufen-Pharma (Hrsg.) 2: Spagyrik nach Dr. Zimpel. Spagyrische Einzelmittel und homöopathisch-spagyrische Komplexmittel, Göppingen 2003

Stoll, Dr. Thomas und Stoll, Gerhard: Biophotonen. Feinstoffliche Wege der Informationsmedizin, in: Hier & Jetzt, Fachzeitschrift für Neurobiologie nach Dr. Klinghardt 1/2001, S. 22-25

Summer Rain, Mary: Leben und Heilen mit der Natur. Earthway, die Botschaft einer indianischen Seherin, Freiburg (Bauer Verl.) [3]1997

Tepperwein, Kurt: Die Geistigen Gesetze. Erkennen, verstehen, integrieren. München (Goldmann) 1992

Unicorn 2000 Australia. Die Harmony Öle. Das Essenzen System. Stuttgart (Rainbow) o. J.

Visser, Naveen: The Quest For Clarity, Based on the Clarity Process of Jeru Kabbal, Hannover (Denk Art!) 2003

Visser, Naveen/Fox, Barry/Strock, Robert/Zunin, Leonard (Ed.): Finding Clarity. A Step-by-Step Guide into the Deeper Levels of your Being. Based on the Teachings of Jeru Kabbal, USA, o. J.

Valkenberg, Ron van: Atlas der Engel & Feen. Die Geheimnisse der Himmelsboten und Naturgeister. Kontakte zu Lichtwesen aufnehmen, München (W. Ludwig) [2]2001

Völkel, Dr. Karin: Energetische Medizin – Medizin der Zukunft, in: Natur & Heilen, 3/2003

Vonderau, Christoph: Wege und Orte der Geister: Die Erfahrung des Schamanen in Nordamerika, in Rosenbohm, Alexandra (Hrsg.): Schamanen zwischen Mythos und Moderne, Leipzig 1999

Waddington, Nicola: Aura-Soma – Die Heilkraft der Quintessenzen und Pomander, München (Droemer) 1999

Wall, Vicky: Aura Soma. Das Wunder der Farbheilung und die Geschichte eines Lebens, Frankfurt (Maurer) [2] überarb. 1996

Weidner, Gisela (Hrsg.): Die Geisteskräfte des Menschen und Geistige Meditation, Wien 1992

White, Ian: Australische Bush Blüten Essenzen, Chieming (Laredo), [3] 2000

Williams, Louisa: Psychokinesiologie mit Mudras, Seminarscript, Freiburg (VAK) 1997

Woydt, Cristine: Schamanische Psycho-Kinesiologie in: Hier & Jetzt, Fachzeitschrift für Neurobiologie nach Dr. Klinghardt, 3/2002, S.12

Glossar
Die Pfeile verweisen auf weitere Erläuterungen innerhalb dieser Rubrik

Abkapselung: Selbstheilungsversuch des Körpers, schädliche Stoffe oder Erreger zum Beispiel Richtung Hautoberfläche zu verschieben und so vom übrigen Organismus abzutrennen.

Aborigines: Ureinwohner Australiens

Adaptionsreserve: Dabei geht es um die Fähigkeit des Körpers, sich an veränderte oder schnell verändernde Umstände anzupassen. Je näher ein Mensch in seinem Krankheitsverlauf dem Tod ist, umso geringer wird seine Adaptionsreserve, seine Anpassungsfähigkeit an die Umweltbedingungen.

Affirmation: Positiver Satz, der durch Selbst→suggestion im Unterbewusstsein programmiert wird und eine positive Lebenseinstellung unterstützt.

Akupressur: Heilmethode, bei der →Akupunkturpunkte oder →Reflexzonen des Körpers mit den Fingern gedrückt oder „gezupft" werden, um damit in Verbindung stehende Organe anzuregen oder zu entschlacken.

Akupunktur: Altes chinesisches Heilverfahren, bei welchem Metallnadeln in →Akupunkturpunkte gesteckt werden, um den Energiefluss anzuregen oder Energie abzuleiten.

Akupunkturatlas: Bildwerk, in dem die Meridiane und →Akupunkturpunkte eingezeichnet sind.

Akupunkturpunkte: Energiepunkte der Meridiane auf der Körperoberfläche, die über das Abfahren der Haut mit einem eigens dafür entwickelten Metallstäbchen aufgefunden werden, damit diese mittels Nadeln, Klopfen, Halten oder farbigem Licht behandelt werden können.

Alchemist: Bezeichnung für einen Menschen, der bestimmte Essenzen energetisch herstellt, oft unter Zuhilfenahme von Mineralien und Pflanzen, die in Quellwasser gelegt werden, welches die Schwingung der Substanz annimmt und dann chemisch nachgewiesen werden kann.

Amalgam: Metall-Quecksilber-Legierung, die als Zahnfüllung verwendet wird und zu 50% aus dem giftigsten aller Schwermetalle, dem →Quecksilber, und zu 50% aus Silber, Kupfer und anderen Metallen besteht.

Amethystdruse: Nicht ein einzelner Kristall des Amethysts, sondern eine aneinanderhängende Ansammlung an Amethysten, wie sie natürlich im Berg gefunden werden, wird als Druse bezeichnet. Die Druse ist die ehemalige Luftblase, in welcher der Amethyst sich über Millionen von Jahren hinweg in einem geschlossenen Organismus gebildet hat. Die Blase wurde zu festem Quarzgestein, meist in einer Art Eiform, welches in der Mitte aufgeschnitten wird. In eine solche Hälfte werden andere Steine oder Substanzen zur Reinigung hineingelegt, weil dem Amethysten diese besondere Wirkung nachgesagt wird.

Anaphylaktische Schockreaktionen: lebensbedrohliche körperliche Zustände, die durch Allergien gegen artfremdes Eiweiß hervorgerufen werden, zum Beispiel durch den Genuss von Meeresfrüchten. Dabei versackt das Blut in der Peripherie, während die lebensnotwendigen Rumpforgane keine Blutzufuhr mehr erhalten.

Anasazi: Indianervolk in Nordamerika, das sich als Urstamm aller Indianer ansieht.

Angewandte Kinesiologie: Eine →Biofeedback-Methode, mit der per Muskeltest Rückschlüsse auf die Funktion von Muskeln und ihnen in Verbindung stehenden Organen und Gefühlen gezogen werden können. Körper, Geist und Seele werden auf diese Weise auf ihren Gesundheitszustand hin überprüft und balanciert. Innerhalb der Angewandten Kinesiologie gibt es berufsbezogene Spezialrichtungen wie Sportkinesiologie, Musikkinesiologie und Pädagogische Kinesiologie.

Anhaftung: Wenn die Energie einer anderen Person oder eines Geistwesens in der Aura eines Menschen hängt oder geradezu dort „klebt", spricht man von Anhaftung (auch von Fremdenergie oder Besetzung).

Anorganisch: ohne Kohlenstoffanteil

Anthropologie: Lehre von der Abstammung des Menschen

Archetypen: Seelische Grundmuster bei den Menschen, die als angeboren gelten und bestimmte Verhaltensweisen hervorrufen. Es sind menschliche Erfahrungen aus dem →kollektiven Unbewussten, die überall auf der Welt von allen Menschen verstanden werden.

Aspirin: synthetisches Schmerzmittel, welches Blut verdünnend wirkt

Assimilation: Aufnahme, zum Beipiel von Nahrung, um körperfremde Stoffe in körpereigene überführen zu können.

Assoziation: Begriff in der Psychologie über die unbewusste Verbindung einer gegenwärtigen Wahrnehmung oder Emotion oder eines Eindrucks mit einer gleichen oder ähnlichen Situation beziehungsweise Vorstellung meist aus der frühen Kindheit.

Asthma: Anfallsartig auftretende Lungenerkrankung, bei der durch Verengung der Atemwege mehr Luft aufgenommen als abgegeben wird, wodurch Enge- und Erstickungsgefühle entstehen, die oft mit Todesangst einhergehen.

Atheist: Ein Mensch, der die Existenz Gottes bzw. von Göttern leugnet.

Aufschwingphänomen: Eine bestimmte Energie oder ein Thema des Therapeuten kann unbewusst so auf den Patienten aufgeschwungen werden, dass es beim kinesiologischen Test aussieht, als ob es das Problem des Patienten wäre.

Augen-Bewegungs-Methode (ABM): Mit horizontalen, vertikalen oder schrägen Augenbewegungen werden in der →Psycho-Kinesiologie nach *Dr. Klinghardt®* Ursprungskonflikte →entkoppelt.

Aura Soma Öle / Balance Öle: Zweifarbige Öle, die durch ein bestimmtes Wasser-Emulsionsgemisch in einer durchsichtigen Glasflasche übereinander bleiben und vor dem Auftragen auf bestimmte Körperregionen verschüttelt werden. Es gibt inzwischen über einhundert Öle für eben so viele Grundthemen.

Ausleitungsverfahren: In der →Komplementärmedizin geht man davon aus, dass Lebewesen unter bestimmten Voraussetzungen anderen Lebewesen oder Stoffen einen Nährboden bieten, die dem Wirt aber hinsichtlich seiner Gesundheit schaden. Deshalb muss man dafür sorgen, dass diese Lebewesen oder Stoffe den Körper wieder verlassen. Dies geschieht häufig durch den Einsatz von ausleitenden Mitteln, die in einem oft länger dauernden Prozess von Wochen oder Monaten die unliebsamen Substanzen aus dem Körper heraustransportieren. Dies bezieht sich sowohl auf →Parasiten, Viren, Bakterien, Pilze und Keime aller Art wie auch auf Rückstände von Impfungen, synthetischen Medikamenten und sonstigen chemischen Stoffen (Schwermetalle, Pestizide usw.).

Auslöschphänomen: Haben Therapeut und Patient hinsichtlich eines Themas die gleiche Schwingung, so kann sich diese im kinesiologischen Test gegenseitig auslöschen und so zeigen, als ob es dieses Problem nicht gäbe.

Außersinnliche Wahrnehmungen: Wahrnehmungen, die außerhalb unserer fünf Sinne stattzufinden scheinen wie in einem Traum, die aber im wachen Zustand geschehen. Häufig kann sich eine Person dabei über dem eigenen Körper empfinden oder schwebend sehen.

Autonomes Nervensystem (ANS): Der Teil des Nervensystems, der nicht dem Willen unterworfen, sondern für die Vitalitätsfunktionen des Körpers zuständig ist. Es besteht aus dem →Sympathikus, der allgemein die Aktivitäten im Körper unterhält, und dem →Parasympathikus, welcher Ruhe- und Reparaturfunktionen innehat. Das ANS scheint der sogenannte „Sechste Sinn" des Menschen zu sein, da es Schwingungen über die Haut aufnehmen und deuten kann.

Babesien: durch Zecken übertragene →Parasiten, die meist mit →Borrelien zusammen auftreten und mit ihnen →Co-Infektionen hervorrufen.

Bartonella: Erreger einer in zwei Schüben verlaufenden Infektionskrankheit, die häufig mit →Borrelien zusammen auftritt.

Bedingungslose Liebe: Liebe von Herz zu Herz oder Seele zu Seele, die aus Freude gibt, ohne etwas dafür haben zu wollen oder zu erwarten. Sie ist normalerweise nicht auf eine bestimmte Person gerichtet, sondern auf alle Lebewesen.

Bewegungen der Seele: Begriff aus dem fortgeschrittenen →Familienstellen nach *Hellinger*, bei dem die aufgestellten Personen keine →heilenden Sätze mehr aussprechen, sondern ihren Körper einfach nur nach dem Wunsch der Seele bewegen. Die Teilnehmer spüren eine innere Berührung oder Bewegtheit. Diese „Bewegungen der Seele" bieten die Chance für individuelle Entwicklung und individuelles Wachstum.

Biochemie: Vorgänge im Körper, bei denen Substanzen erzeugt und verteilt werden, die der Körper zum Überleben braucht.

Biologisch-dynamischer Anbau: Ökologischer Landbau, der Nahrungsmittel auf natürliche Weise heranzieht unter Berücksichtigung von Standort, Bodenbeschaffenheit, Klima und anderen Lebewesen. Die biologische Selbstregulation des Ökosystems wird dabei angestrebt und ausgenutzt, auf synthetische Dünge- und Spritzmittel wird verzichtet.

Biophotonen: Die kleinsten Einheiten eines elektromagnetischen Feldes sind die →Quanten, bei Lebewesen →Photonen geannt, die in ihnen gespeichert sind und den Informationsaustausch zwischen den Zellen vornehmen. Diese →Photonen werden nach *Prof. Fritz Albert Popp* Biophotonen genannt.

Biophotonenstrahlung: Der von *Prof. Fritz Albert Popp* geprägte Begriff für seine Entdeckung, dass lebende Zellen eine Lichtstrahlung abgeben. Sie dient den Zellen zu einer Art Funkverkehr, dessen Signale mit weit größerer Geschwindigkeit und Effizienz Informationen weitergeben und biologische Prozesse steuern können, als dies über →biochemische Kanäle möglich ist.

Bioplasmatische Materie: Unsichtbare, feinstoffliche oder ätherische Materie, die den Energiekörper bildet. „Bios" bedeutet Leben, „plasma" ist ionisiertes Gas oder Gas mit positiv und negativ geladenen Teilchen.

Bioresonanzverfahren: Mit Hilfe eines Schwingungsgerätes wird zwischen einer Person und einem Menschen das →Direkte Resonanzphänomen erzeugt, mit dessen Hilfe Belastungen des Körpers diagnostiziert und therapiert werden können.

„Bochumer Gesundheitstraining für Allergiker": eine Weiterentwicklung der →Imaginationstherapie von Simonton und Matthews-Simonton (USA), die an Krebspatienten eingesetzt wird, spezialisiert auf Allergiker.

Borrelien: Erreger (Borrelia burgdorferi) der →Borreliose

Borreliose: eine sich seuchenartig ausbreitende Erkrankung unserer Zeit, die durch Bisse von Zecken und anderen Insekten übertragen wird. Die Erreger rufen vielfältige neurologische Krankheitssymptome hervor, besonders wandernde Gelenkbeschwerden und zyklisch auftretende grippeähnliche Erscheinungen.

Botenstoffe: Substanzen im Körper, die an eine Stelle im Körper wandern, an der sie einen Impuls geben, damit dort ein weiterer Stoff produziert oder aktiviert wird.

Braingym: Früher Edu-Kinesthetik, Teil der Pädagogischen Kinesiologie. Mit Hilfe bestimmter Übungen wird die Gehirnfunktion dahingehend verbessert, dass die linke und die rechte Gehirnhälfte besser zusammen arbeiten.

Buddhismus: Religionsform nach ihrem Begründer Buddha benannt, in der es →Wiedergeburt und →Karma gibt. Am Ende eines langen Lernprozesses der Seele steht die →Erleuchtung.

„Bumerang-Effekt": Wenn jemand einer anderen Person negative Gedanken schickt und diese Person nicht darauf reagiert, prallt die negative Energie von ihr ab und kehrt wie ein Bumerang zu ihrem Urheber zurück.

Candida albicans: Eine Pilzart, die in etwa einhundert verschiedenen Arten vorkommt und sich häufig im menschlichen Darm befindet, wodurch dessen →Immunabwehrfunktion gestört wird. Außerdem lagert der Pilz sich in Organen ab, die eine Schwermetallbelastung haben, um das Organ positiv zu unterstützen, indem er die Giftstoffe aufnimmt und anreichert, damit der Organismus nicht durch die Toxine erkrankt und stirbt. Menschen, die einen Nagel- oder Fußpilz haben, beherbergen meistens auch den Candida albicans im Körper. Der Pilz ernährt sich von Kohlenhydraten und Zucker, weshalb zu seiner Ausrottung eine strikte Diät notwendig ist. Gleichzeitig müssen die Pilztoxine - Abfallprodukte, welche Fuselalkohol erzeugen und somit eine Gefahr für die Leber darstellen mit häufig unerklärlich hohen Leberwerten bei den Patienten - sowie die Schwermetalle abgebaut werden.

Chemisch-pharmazeutische Präparate: Synthetische Medikamente, die mit chemischen Substanzen in der Pharmaindustrie hergestellt werden.

Chi Gong: Aus der chinesischen Lehre stammende Bezeichnung für „vitale Gestaltung". Mit ihr lässt sich durch bestimmte Übungen die Lebensenergie aufbauen und auf einem hohen Niveau halten.

Chlamydien: Erreger mit zwei Arten: der erste wird von Vögeln übertragen, der zweite von Mensch zu Mensch durch Kontaktinfektion; häufig zusammen mit →Borrelien auftretend.

Chlorella: Süßwasseralge, welche die Fähigkeit besitzt, Schwermetalle aufzunehmen und deshalb zur Ausleitung benützt wird. Dazu werden die beiden botanisch sich ähnlichen Arten Pyrenoidosa und Vulgaris verwendet.

CHRIS®-Technik: Von der Hellsichtigen *Christine Schenk* aus Wien entwickelte Methode (Cellulär Harmonisierendes Regeneratives Integrations System), welche sich mit der Verbindung von Physischem Körper und →Energiekörper beschäftigt. Sie beschreibt die Anatomie des Energiekörpers, energetische Regenerierung und Stabilisierung, Energiekörperkrankheiten und Medikamente für ihn. Außerdem macht sie auf energetischen Missbrauch aufmerksam.

Chronische Hepatitis: schon länger bestehende, sich langsam entwickelnde und verlaufende Leberentzündung, die je nach Art durch Erreger oder Schadstoffe hervorgerufen wird.

Chronizität: Abfolge von Ereignissen nacheinander, nicht zeitgleich. Auf der Vierten Ebene herrscht das Gegenteil vor, dass nämlich frühere und spätere Erlebnisse gleichzeitig gesehen werden können, weil es dort keine Zeit gibt.

Clarity Process nach *Jeru Kabbal*®: Ein spiritueller Weg zur →Erleuchtung mittels verschiedenster „Werkzeuge", über die eine Kontaktaufnahme zum →Unterbewusstsein und die Veränderung der in ihm gespeicherten Programme möglich ist. Dadurch wird der Weg frei, um dauerhaft im „Hier und Jetzt" zu leben, anstatt ständig alles Aktuelle mit alten Verhaltensmustern und Strategien zu →assoziieren.

Co-Infektionen: Zusammen mit oder im Gefolge einer Hauptinfektion auftretende weitere Infektionen, welche die Symptomatik verschlimmern.

Damoklesschwert: Dieser Begriff ist benannt nach einem Höfling des Tyrannen Dionysos (um 400 v.Chr.) mit der Bedeutung, ein Schwert, das jederzeit fallen kann, also eine schwere drohende Gefahr darstellt.

Direktes Resonanzphänomen: die Erscheinung, dass eine Substanz mit der gleichen →Frequenz wie das Energiefeld einer Person schwingt, also die Substanz mit der Person in →Resonanz tritt und zwar an der Stelle, über welcher die identische Substanz gehalten wird. Wird zum Beispiel ein Thermometer mit einer Quecksilbersäule über die Niere gehalten und ergibt einen positiven Test mit einem kinesiologischen Verfahren, dann bedeutet dies, dass sich in der Niere →Quecksilber befindet.

Dissipative Strukturen: Der Nobelpreisträger in Chemie *Ilja Prigogine* fand heraus, dass Stress in einem Organ gleichmäßig auf benachbarte Organe verteilt wird, damit der Stress nicht zu groß wird und das Organ lebensfähig bleibt.

Dissoziation: Psychologischer Ausdruck für abgespaltene Gefühle oder eine Persönlichkeitsspaltung.

Distraktion: Überdehnung

Dualitäten: Gegensätzlichkeit von zwei einander bedingenden Polen wie zum Beispiel gut – böse, die aber in Wirklichkeit eines sind, nämlich hier die subjektive Beschreibung einer Charaktereigenschaft, die personen- und situationsbezogen unterschiedlich bewertet wird.

„Durchsagen": Dieser Begriff wird verwendet für Bücher oder Kapitel in Büchern, die in Trance geschrieben wurden, weil ein →Geistwesen den Körper des Autors benützte, um Erkenntnisse aus der geistigen Welt weiterzugeben zu können.

Dysregulation: Fehlregulation im System

Ego: „das Ich", die Persönlichkeit mit all ihren Ausprägungen

Ehrlichien: Erreger, die oft als Co-Infektionen bei der →Borreliose auftreten.

Eingeschränkte Regulation (ER): Begriff aus der →Regulations-Diagnostik nach *Dr. Klinghardt®*, der eine gravierende Störung in der Funktion des →Autonomen Nervensystems bezeichnet, welche durch das Hauptproblem des Patienten hervorgerufen wird. Nach *Klinghardt* gibt es 7 Faktoren, die eine ER verursachen können: 1. Schwermetalle, 2. Nahrungsmittelallergien, 3. Lösungsmittel, 4. →Geopathie, 5. Malokklusion der Zähne, 6. →Unerlöste Seelische Konflikte, 7. →Störfelder.

Einweihung: Bestimmte →Zeremonie, mit der Wissen oder Geheimnisse weitergegeben werden, wie zum Beispiel über das Funktionieren energetischer Heilung.

Ekstatischer Zustand/Ekstase: Ein Zustand der Verzückung, in dem sich eine Person ganz ihren Gefühlen hingibt, zum Beispiel beim Musik hören oder beim Tanzen, wobei sie alles um sich herum vergisst und meist auch nicht ansprechbar ist.

Elektromagnetisches Feld: Begriff aus der Physik: Elektrische Impulse, die von A nach B fließen, erzeugen ein sich nach außen abschwächendes und bis ins Unendliche ausbreitendes elektrisches Feld. Im Abstand einer halben Wellenlänge bildet sich auch ein magnetisches Wechselfeld aus. Dieses magnetische Wechselfeld erzeugt seinerseits wieder ein elektrisches Wechselfeld usw. Es entsteht eine elektromagnetische Welle, die in den Raum gesendet wird.

Elektromagnetisches Spektrum: Zerlegung eines Wellengemisches in seine Bestandteile, nämlich elektrische Wechselfelder und magnetische Wechselfelder.

Elektron: Negativ geladenes Elementarteilchen, zum Beispiel von Metallen. Die Metallatome geben Elektronen an den umgebenden Raum ab.

Elektrosmog (vom englischen Wort smog = rauchdurchsetzter Nebel): →Elektromagnetische Felder von elektrischen und elektronischen Geräten sowie elektrischen Leitungen im Haus, auch Sender, Hochspannungsleitungen und schnurlose Telefone „verschmutzen" den Raum und belasten die Umwelt. Mensch und Tier können davon krank werden.

Elfen: Kleine →Geistwesen in weiblicher Gestalt aus der germanischen Mythologie, die um Hilfe gebeten werden können.

Empirie: durch Erfahrung und Beobachtung gewonnene Erkenntnisse

Energetiker: Jemand, der mit Energien arbeitet, um Veränderungen im Energiesystem eines Menschen zu bewirken. Er arbeitet entweder an einzelnen Meridianen oder Chakren oder anderen Stellen in der Aura.

Energiekörper: Zusammenfassender Begriff für den Zweiten bis Fünften Körper, weil diese sich durchdringen und nicht wirklich voneinander getrennt werden können.

Energie-Medizin: Bezeichnung für Energie-Arbeit, die von Ärzten ausgeführt wird, wobei beispielsweise Operationen am Energiekörper vorgenommen werden. Diese Bezeichnung gibt der Heilarbeit eine wissenschaftliche Komponente.

Energieströmen: Behandlungsmethode, bei der verschiedene →Akupunkturpunkte des Körpers so lange gehalten werden, bis der Energiefluss zu spüren ist. Häufig werden die Anfangs- und Endpunkte eines Meridians dafür genommen (die sogenannten Terminalpunkte).

Energiezentren: anderer Begriff für Chakren

Engel: Geistwesen in Menschengestalt, die als Mittler zwischen der Fünften Ebene und den Menschen wirken. Die Engel sind in einer Hierarchie angeordnet und haben verschiedene Aufgaben zu erfüllen. So gibt es zum Beispiel Schutzengel, Reinigungsengel und andere. Engel dürfen den freien Willen der Menschen nicht beeinflussen, weshalb diese um Hilfe bitten müssen, damit die Engel eingreifen können.

Entkoppeln: der von *Dr. Dietrich Klinghardt* geprägte Begriff in der →Psycho-Kinesiologie, um Gefühle von den Ereignissen zu trennen, so dass die Stressreaktion, die durch die Gefühle ausgelöst wurde, ausbleibt und Heilung eintreten kann.

Erdstrahlen: Strahlen, die aus der Erde nach oben kommen und durch Mauern dringen, auch über viele Stockwerke hindurch, und auf den Menschen schädlich wirken können, besonders wenn sie am Schlafplatz auftreten. Katzen suchen solche Strahlenplätze, Hunde meiden sie.

Erleuchtung: Zustand von absoluter Klarheit, in dem das →Ego verschwunden und eins mit allem ist. Dieser Zustand kann erreicht werden über das →Höhere Selbst, das ein erweitertes Bewusstsein zulässt, und den direkten Kontakt zu Gott vermittelt. Erleuchtungszustände können von ganz kurzer Dauer sein (Sekunden oder Minuten), Stunden oder Tage anhalten oder letztlich ein ständiger Zustand sein, welcher nur wenigen Menschen auf der Erde vorbehalten ist. Denn damit ist das Ziel der Seele und somit ihrer Reise auf der Erde erreicht, und sie kann dorthin zurückkehren, woher sie gekommen ist, „nach Hause".

Ethnologie: Völkerkunde

Evolution: stetige schrittweise Weiterentwicklung der Lebewesen in der Geschichte sowie des gesamten Universums.

Existenz: neutrales Wort für Gott, das in diesem Buch auch in dieser Bedeutung verwendet wird.

Exorzismus: →Zeremoniell betriebene Form der Geisteraustreibung, meist „Teufelsaustreibung", wie sie in verschiedenen Religionen gehandhabt wird, wenn eine Besetzung eine Krankheit oder eine Verhaltensänderung hervorgerufen hat.

Extrazellulär: außerhalb der Zelle befindlich, zum Beispiel im Bindegewebe.

Familienseele: Neben der individuellen Seele scheint es eine Familienseele zu geben, in die jedes Mitglied eines „Familienclans" seine individuelle Erfahrung einbringt und so zu einer Gesamterfahrung vereint, damit es den einzelnen Familienmitgliedern erspart bleibt, alle Erfahrungen selbst machen zu müssen.

Familiensystem: Dazu gehören alle Personen einer Familie, auch uneheliche Kinder und Alkoholiker, über mehrere Generationen zurück. Prinzipiell hat jeder das Recht auf Zugehörigkeit zum Familiensystem, unabhängig von seinem Charakter oder seinen Handlungen.

Farbbrillenmethode (FBM): Mit neun verschiedenen Farbbrillen – die sieben Regenbogenfarben plus Türkis und Magenta - werden in der →Psycho-Kinesiologie nach *Dr. Klinghardt*® Ursprungskonflikte →entkoppelt. Meistens werden dabei die →Augen-Bewegungs-Methode (ABM) und FBM miteinander kombiniert.

Fluch: Eine negative Verwünschung, die gegen eine Einzelperson oder eine ganze Familie beziehungsweise ein Familiensystem gerichtet sein kann und ihre Wirkung tut, auch wenn die Empfänger des Fluches nichts davon wissen oder der Fluch bereits in einem früheren Leben ausgesprochen wurde.

Frequenz: ist eine Schwingung mit einer bestimmten Häufigkeit pro Sekunde, welche in Hertz gemessen wird.

Frequenzbänder: Strang- oder plattenförmige Energiegebilde, die einen schmalen Bereich an Frequenzen innehaben.

Fünf-Elementen-Lehre: in der →Traditionellen Chinesischen Medizin (TCM) besteht alles Lebendige aus den fünf Elementen Feuer, Holz, Wasser, Metall und Erde, die miteinander verbunden sind, einander bedingen und einander brauchen. Gerät ein Element ins Ungleichgewicht, so hat es Auswirkungen zuerst auf das nächstgelegene Element, und schließlich – bei weiterer Imbalance – auch auf die anderen Elemente.

„Fünf Tibeter": Übungsreihe an Körperbewegungen, welche die Lebensenergie zum Fließen bringen und im Fluss halten.

Fungizide: Spritzmittel gegen Pilzbefall an Pflanzen

Galaxien: eigenständige Sternsysteme, auch außerhalb unseres Milchstraßensystems.

Gaumensegel: Am oberen Abschluss der Mundhöhle gegen die Nasenhöhle hin gelegener weicher Teil des Gaumens, der aus Muskulatur und Bindegewebe besteht.

Geführte Meditation: Ein medial begabter Mensch stellt seinen Körper zur Verfügung, um in einem meditativen Vorgang geistige Informationen an die Gruppe weiterzugeben. Er führt die Gruppe durch eine Meditation hindurch.

Geisteskräfte: sind Energieumwandler, auch Chakren genannt, eine Art rotierende, turbinenartige Energieaufbereitungsanlage mit zwölf verschiedenen Aufgabenbereichen wie Glauben, Stärke, Vorstellung, Verstehen, Ordnung, Freude und Begeisterung. Jede Geisteskraft verfügt über spezifische transformatorähnliche Abstufungen, um die geeignete Schwingung zu erzeugen.

Geistwesen: Auf →Energiekörperebene existierende Wesen, zum Beispiel →Engel oder →Krafttiere, die den Menschen auf seine Bitte hin unterstützen.

Geopathischer Stress: Orte mit erhöhter natürlicher Boden-Radioaktivität können bei längerdauerndem Aufenthalt (zum Beispiel am Schlafplatz) Stress auf Lebewesen ausüben, der sie schließlich erkranken lässt. Siehe auch →Erdstrahlen.

Glaubenssätze: Allgemeine Aussagen oder Redewendungen, die oft die Worte „immer" oder „nie" enthalten und dadurch eher negativ sind, weil sie in einer Situation keine freie Wahl erlauben, sondern entsprechend dem eingespeicherten „Einschränkenden Glaubenssatz" (EGS) (unbewusst) gehandelt wird. Das →Glaubenssystem ist auf der Ebene des Mentalkörpers gespeichert und kann in positive, „Freimachende Glaubenssätze" (FGS) verändert werden.

Glaubenssystem: Ein Gefüge im Mentalkörper, welches die →Glaubenssätze, inneren Haltungen und Einstellungen einer Person zu sich selbst, zu Anderen und zur Welt und dem Leben überhaupt enthält. Entsprechend dieser „kleinen Welt" im Inneren des Menschen verhält sich die „große Welt" im Außen (im Zuge des Resonanzprinzips), um die vorgefasste Meinung zu bestätigen, unabhängig davon, ob sie positiv oder negativ ist.

Gnome: Kleine →Geistwesen in männlicher Zwergengestalt aus der Mythologie, die um Hilfe gebeten werden können.

„Göttliche Energie": Heilenergie, die im Universum vorhanden ist, und mit deren Hilfe jedes Lebewesen auch ohne Behandler von selbst wieder gesund werden kann.

Gotteserlebnis: Ein Ereignis im Leben eines Menschen, das ihn Gott erfahren lässt, die Fünfte Ebene erleben lässt. Dieses Erlebnis wird sehr tief empfunden und kann daher Spontanheilungen hervrufen, weil es mit Allem verbindet und tiefe Freude sowie vollständiges Vertrauen in dieser Einheit erfahren wird.

Hara (KG 6, ZG 6): Eine Stelle etwa 2 cm unter dem Bauchnabel, die als Kraftzentrum und energetisch empfindlichste Stelle gilt.

Heilende Sätze: In der Behandlung mit →Systemischer Psycho-Kinesiologie nach *Dr. Klinghardt*® (SPK) nimmt der Patient unter Anleitung des Therapeuten Kontakt auf mit einem imaginativen Familienmitglied. Ein ungelöster seelischer Konflikt, der mit dieser Person besteht, wird in Anlehnung an *Bert Hellinger* gelöst, indem mit Liebe und Achtung sogenannte „heilende Sätze" ausgesprochen werden, bis sich der Patient gut fühlt.

Hellsichtigkeit: Fähigkeit, außerhalb der sinnlichen Wahrnehmung des Physischen Körpers liegende Erscheinungen wahrzunehmen durch Sehen, Hören, Riechen, Schmecken, Spüren.

Hochpotenzen: Vielfache →homöopathische Verdünnungen des eigentlichen Ausgangsstoffes, die durch rhythmische Verschüttelung (heutzutage meistens maschinell) hergestellt werden und nach dem →Simileprinzip die beste Wirkung haben sollen.

Höheres Selbst: Bezeichnung für die höchste Instanz in uns Menschen, die wir als Berater nutzen können, weil sie mit dem All in Verbindung steht und dadurch Zugriff hat auf das Gesamtwissen des Universums.

Homöopathie: Von *Hahnemann* entwickeltes Heilverfahren mit dem Prinzip, dass „Gleiches mit Gleichem" geheilt wird; beispielsweise die Zwiebel heilt einen Schnupfen, weil sie eine Schnupfensymptomatik auslöst. Dazu wird die Grundsubstanz oft sehr stark verdünnt. Der Grad der Verdünnung wird als →Potenz angegeben.

„Hormonelle Achse": Verbindungslinie, die von der Schilddrüse zu den weiblichen und männlichen inneren und äußeren Geschlechtsorganen verläuft. Bei hormonellen Störungen sind häufig mehrere Drüsen und Organe auf dieser Verbindungslinie betroffen.

Hybride: das Produkt der Kreuzungen von Pflanzen

Hyperaktivität: Überaktivität von Personen, meist Kindergarten- und Schulkindern, die sich in Form von fehlendem Vermögen zum Stillsitzen, Unordnung, Chaos, „Fahrigkeit", Instabilität, fehlender Aufmerksamkeit und fehlender Konzentration zeigt. Als Ursache werden Schwierigkeiten in der Schwangerschaft oder bei der Geburt, Umweltbelastungen in Verbindung mit Allergien und →Unerlöste Seelische Konflikte (USK) angesehen.

Hypnotherapeut: Psychologisch geschulter Therapeut, der mittels →suggestiver Beeinflussung die im →Unterbewusstsein gespeicherten und verdrängten Erlebnisse und Erfahrungen eines Patienten hervorholen kann, um sie durch Bewusstwerdung zur Ausheilung zu bringen.

Hypochonder: Übertreibender in Bezug auf die Gesundheit; eine Person, die nach außen hin vorgibt, sehr krank zu sein, ohne dass wirklich eine Diagnose zu finden ist, oder die schlimmere Schmerzen angibt als von der Sache her tatsächlich sein können: „eingebildeter Kranker", Wehleidiger.

Hysterie: Hineinsteigern in eine Angelegenheit, so dass eine völlig übersteigerte, abnorme Verhaltensweise auftritt, die als Persönlichkeitsstörung angesehen wird.

Identische Reaktion: Nach dem Resonanzprinzip löst eine Reaktion im Außen eine ebensolche Reaktion im Inneren aus.

Imagination: Bildhafte Vorstellung, die man positiv zu Heilzwecken einsetzen kann, weil das →Unterbewusstsein in Bildern arbeitet und sich von Bildern beeindrucken und lenken lässt.

Immunabwehr: Körpersystem, welches für das Überleben sorgt, indem eingedrungene Erreger abgefangen und unschädlich gemacht werden. Siehe →Immunsystem

Immunsystem: Der Teil des Körpers, der für die Abwehr von Krankheitserregern zuständig ist. Etwa 80% des Immunabwehrsystems sitzen im Darm, die anderen Teile im Thymus und in der Milz.

Impfblockaden: Impfungen können Heilhindernisse darstellen, da auf Grund ihres Wirkstoffes das Thema der Krankheit „eingeimpft" wird, welches dann unweigerlich bearbeitet werden muss, ob beim Geimpften momentan der richtige Zeitpunkt dafür da ist oder nicht. Bei Mehrfachimpfungen sind entsprechend mehrere Themen gleichzeitig zu verarbeiten.

Impfnosoden: homöopathische Zubereitungen von Krankheitserregern, gegen die eine Impfung erfolgte, oder von den entsprechenden Impfstoffen beziehungsweise Gegenmitteln.

„Indigokinder": Bezeichnung für besonders feinfühlige, →hellsichtige Kinder unserer Zeit, die offensichtlich hier sind, um die anstehende Schwingungserhöhung des Universums mit ihren Auswirkungen auf die Lebewesen mitzutragen.

Indikationsliste: Liste mit Symptomen und deren Behandlungsmöglichkeiten

Individualisierung des Bewusstseins: Das Allwissen, welches im bewussten Zustand vorhanden ist, befindet sich im Individuum und dessen persönlicher (Lern-)Situation in einem eingeschränkten, auf die Person bezogenen (individualisierten) Zustand, in dem „das Große Ganze" nicht gesehen werden kann, aus dem heraus es aber wieder zum All-Eins-Sein mit der → Familienseele und dem Kosmos strebt.

Induktanz: die Flussdichte von Energie

Infraroter Spektralbereich: Frequenzgemisch im Lichtbereich unterhalb der →Frequenz des roten Lichtes, für den Menschen nicht sichtbar, aber als Wärme wahrnehmbar

Inkarnation: Das „Fleischwerden" des Menschen als Physischer Körper.

Innere Führung: Das → Höhere Selbst steht mit dem Wissen des Kosmos in Verbindung und kann deshalb für einen Menschen die Innere Führung übernehmen, wenn er auf sein Innerstes hört.

Integration: die Verbindung und Verschmelzung des im Behandlungsprozess erarbeiteten Neuen mit dem bestehenden System

Interdependent: gegenseitig voneinander abhängig

Internalisiert: Psychologische Bedeutung: die Normen von Anderen, meist der Eltern oder Gruppen, denen ein Mensch angehört oder denen er zugehören will, werden vom →Unterbewusstsein als eigene tiefe Wahrheit verinnerlicht.

Intrazellulär: innerhalb der Zelle befindlich

Intuition: Ein-Sicht im Sinne von Hinein-Sicht in Situationen oder Verhaltensmuster, die sich meistens als plötzlicher Gedanke zeigt und oft auch gefühlt wird als Wärme, Gänsehaut oder andere individuelle Reaktion.

Ional-kolloidal: in feinster Verteilung elektrisch geladen

Irrationales: Dinge, die geschehen, ohne dass der Verstand sie begreifen kann, weil sie als nicht real eingestuft werden. Betrifft die Phänomene auf der Vierten und Fünften Ebene.

Irreale Bilder: Traumartige Erlebnisse mit unwirklichen Bildern von Gegenständen oder Situationen, wie sie in der dreidimensionalen Welt nicht vorkommen.

Irritation: ein Reiz, eine Störung oder Verwirrung

Joint: Umgangssprachlicher Begriff für eine mit Haschisch versetzte Zigarette.

Junk Food: Essen von schlechter Qualität ohne gute Nährstoffe, wenn man sich zum Beispiel nur von Imbissbudenessen ernährt (Burger, Pommes usw.).

Karma: Die Überzeugung, dass im →Reinkarnationsprinzip (Wiedergeburt) ein Ausgleich für alle Handlungen in den verschiedenen Leben vorhanden ist, die das Schicksal eines Menschen bestimmen. Demnach wird ein Täter selbst zum Opfer und umgekehrt.

Karzinom: Bösartige Krebsgeschwulst, die zu Metastasen (Verschleppung an andere Stellen) neigt

Klopfakupressur: Von *Dr. Dietrich Klinghardt* geprägter Begriff für das Beklopfen bestimmter Meridianpunkte mit den Fingerspitzen zum →Entkoppeln eines Ursprungskonflikts.

Körperchemie: neutrale Bezeichnung für Gefühle

Kohärenz: Elektromagnetische Strahlung in gleicher Richtung, mit gleicher Wellenlänge und der Fähigkeit der Überlagerung (Interferenz).

Kollektives Unbewusstes: Psychologische Bezeichnung für eine tiefe Schicht im →Unterbewusstsein, mit der die Menschen überall auf der Welt Symbole auf die gleiche Weise verstehen können, weil wir auf dieser Ebene alle miteinander verbunden sind.

Komplementärfarbe: Nach der Farbenlehre von *Goethe* werden die Grundfarben Rot, Gelb und Blau mit ihren Zwischenfarben Orange, Grün und Violett im Kreis angeordnet, so dass die jeweilige Komplementärfarbe gegenüberliegt: Rot – Grün, Gelb – Violett, Blau – Orange. Wird eine der Farben mindestens eine Minute lang vor einem hellen Hintergrund betrachtet, so produziert das Auge automatisch die Gegenfarbe, welche wie ein Lichtsaum um die betrachtete Farbe herum erscheint. Die Gegenfarbe leuchtet auch auf, wenn die ursprüngliche Farbe weggenommen wird.

Komplementärmedizin: Gegenpart zur Schulmedizin; Anwendung alternativer Heilmethoden

Konventionen: Gesellschaftliche Regeln, die auch unausgesprochen gelten

Kosmische Strahlen: Strahlen, die aus dem Universum kommen und auf das Leben auf der Erde einwirken. Auch durch sie kann es – wie bei →Erdstrahlen - zu Erkrankungen kommen.

Kraftfeld: der Raum um beispielsweise elektromagnetisch geladene Körper

Krafttier: Kraftwesen in Tiergestalt, welches der Schamane als Hilfsgeist in der Unteren Welt trifft. Jeder Mensch hat ein ganz persönliches Krafttier, mit dem er kommunizieren kann, indem er mit dem Geist dieser Tierart in Kontakt tritt.

Kristalline Struktur: eine Struktur von Wasser oder anderen Substanzen, die den atomaren Bausteinen von Kristallen gleicht

Kundalini Meditation: Meditation in vier Abschnitten zu je 15 Minuten mit Schütteln des Körpers, Tanzen, Stillsitzen und auf den Atem achten sowie Stillliegen. Die Kundalini- oder Lebensenergie wird dadurch angeregt.

Laserstrahl: ein scharf gebündelter Lichtstrahl eines Lasers (Light Simplification by Stimulated Emission of Radiation = Lichtverstärkung durch induzierte Strahlungsemission) mit hoher Energiedichte, der im medizinischen Bereich zur Diagnose und Therapie verwendet wird.

Lernpsychologie: Fachrichtung der Pädagogischen Psychologie, die sich speziell mit dem Lernen befasst und der Aufnahme sowie Verarbeitung von Lerninhalten.

Lichtquanten: von *Albert Einstein* geprägter Begriff für →Photonen

Lichtwesen: Bezeichnung für →Geistwesen aus der Vierten Ebene, zum Beispiel →Engel.

Limbisches System: ist der Teil des Gehirns tief im Inneren, der den Speicher des →Unterbewusstseins auf der physischen Ebene darstellt. Durch ankommende Informationen können sehr schnell zum Beispiel Gefühle identifiziert und Vernetzungen hergestellt werden.

Lokalanästhetika: Betäubungsmittel, die nur in einem kleinen Gebiet örtlich wirken, wie sie beispielsweise der Zahnarzt verwendet.

Luzide Wachheit: Zustand von klarer Erkenntnis, stellt sich beispielsweise häufig bei Heilern während ihrer Tätigkeit ein.

Makrokosmos: Der Kosmos als Ganzheit, als Allumfassendes mit den dort gültigen Gesetzmäßigkeiten. Er ist einer bestimmten Ordnung unterworfen, innerhalb derer er funktioniert.

Manifestation: das Sichtbarwerden einer vorher versteckten Sache, weil sie zum Beispiel zuerst nur im →Energiekörper vorhanden war, bevor sie sich auch im Physischen Körper zeigt.

Manipulation: Aufzwingen einer Meinung oder eines Ergebnisses; auch bei alternativ-medizinischen Testverfahren wie der Kinesiologie möglich. Der Getestete sollte sehr sensibel dafür sein und gegebenenfalls den Behandler wechseln. Der Therapeut sollte sich ebenfalls immer wieder beobachten, ob er wirklich neutral bleibt und geschehen lässt.

Mantra: Ein Bild oder Wort, das durch seine Beschaffenheit Konzentration zulässt, um Ruhe und Kraft zu geben.

Materie: wahrnehmbares, messbares und berechenbares Sein, von dem man jedoch heute weiß, dass es aus verdichteter Schwingung besteht

Mediale Zustände: In Trance gelangen Schamanen auf die Ebene des Traumkörpers und können von dort Informationen für den Patienten einholen, die sich ihnen in Form von Bildern, Symbolen, Worten, Gerüchen und deren Zusammenhängen zeigen. Diese Informationen werden oft von verstorbenen Ahnen oder →Geistwesen weitergegeben.

Meditativ-imaginäre Methoden: Heilverfahren, welche Meditationen und das bildliche Vorstellungsvermögen der Patienten verwenden

Meister-Quintessenzen: Von Aura Soma gibt es fünfzehn Meister-Quintessenzen, welche nach den „Aufgestiegenen Meistern" wie Hilarion, St. Germain oder Pallas Athene benannt sind und für die Bearbeitung bestimmter Grundthemen eingesetzt werden.

Mentalfeldtherapie nach *Dr. Klinghardt* (MFT)®: Eine von *Dietrich Klinghardt* nach *Roger Callahan* weiterentwickelte Methode der →Klopfakupressur, die Mentalfeldabrisse, welche durch →Traumata entstanden sind, im Mentalkörper „reparieren" kann, indem die →dissoziierten Teile zurückgeholt und wieder integriert werden. Auch positive Veränderungen des →Glaubenssystems sind auf diese Weise möglich.

Metapher: ein Beispiel in Bildern, bildlicher Ausdruck für Worte

Mikrochirurgie: chirurgische Eingriffe in feinsten Körperstrukturen wie dem Nervensystem

Mikrokosmos: Das Universum ist im Kleinen wieder zu finden in allen einzelnen Lebewesen und Objekten auf der Erde. Die Gesetze und die Ordnung, die im Großen gelten, sind auch im Kleinen gültig.

Mitochondrien: Die „Kraftwerke" in den Zellen, die Energie liefern durch die Zellatmung.

Moleküle: kleinste Verbindungsbausteine in Organismen. Die Bindungskräfte zwischen Molekülen und Atomen sind elektromagnetischer Natur, und alle →biochemischen Umsetzungen sind →elektromagnetische Vorgänge. Die an die Moleküle angekoppelte →elektromagnetische Energie hat die Form von schwingenden Feldern.

Morphogenetische Felder: Ein von *Rupert Sheldrake* geprägter Begriff für das Phänomen, dass auch über große Distanzen hinweg zwischen Lebewesen drahtlose Kommunikation stattfinden kann. Für ihn gehören diese Felder aber nicht zum Energiesystem, weil sich ihre Wirkung über die Grenzen von Raum und Zeit hinaus erstrecken.

Multiple Persönlichkeit: Innerhalb einer Person existieren zwei oder mehrere Persönlichkeiten, die ihr Verhalten und ihr Aussehen von einem Augenblick zum anderen abwechselnd unter Kontrolle nehmen. Diese Erscheinung könnte daher rühren, dass mehrere Seelen einen Körper gleichzeitig „bewohnen", weil die ursprüngliche Seele in wiederholten →Traumen teilweise aus dem Körper ausgetreten ist und dadurch den anderen Seelen Platz machte.

Multiple Sklerose (MS): Neurologische Erkrankung bis hin zu Lähmungserscheinungen, die durch →Toxine, →Unerlöste Seelische Konflikte (USK) und Sabotagen verursacht wird.

Mycoplasmen: Erreger, welche häufig zusammen mit einer →Borreliose auftreten.

Mystiker: Menschen, die in Einheit mit Gott oder dem Ganzen sind. Es gab und gibt sie unabhängig von einer Religionsart in allen Kulturen, beispielsweise im Taoismus Chinas, in Indien, Griechenland, Spanien, Frankreich, Deutschland, Russland mit bekannten Personen wie Bernhard von Clairvaux, Meister Eckhart, Hildegard von Bingen, Ignatius von Loyola, Theresia von Avila, Johannes vom Kreuz oder Franz von Sales.

Nachtsichtgerät (Infrarot-Kamera): Elektro-optisches Gerät, das ursprünglich für militärische Zwecke entwickelt wurde und im →Infraroten Spektralbereich arbeitet. Personen und Gegenstände können damit auch nachts sichtbar gemacht werden.

Narkotika: Betäubungsmittel, die vollständig oder teilweise im Körper wirken können, um Schmerzfreiheit bei operativen Eingriffen hervorzurufen.

Netzfreischalter: Kleines elektrisches Teil, welches in den Sicherungskasten eingebaut wird und die Stromzufuhr in einem Raum (beispielsweise Schlafzimmer) unterbricht, damit das Zimmer von →Elektrosmog frei bleibt. Wird ein Strom ziehendes Gerät, zum Beispiel die Nachttischlampe, angeschaltet, so wird der Stromfluss wieder in Gang gesetzt.

Neuraltherapeutische Injektionen: Ein →Lokalanästhetikum, beispielsweise →Procain, wird in autonom dicht innervierte Strukturen wie Narben, die Mandeln usw. gespritzt, um den Energiefluss (wieder) in Gang zu setzen. Dabei geschehen häufig „Sekundenphänomene", indem zum Beispiel Schmerzen sofort verschwinden.

Neuraltherapie: Heilverfahren, bei dem Injektionen in autonom dicht innervierte Strukturen gegeben werden, die als →„Störfelder" (Narben, „Herde") erkannt wurden, um den blockierten Weg zu einem Organ wieder frei zu machen.

Neuropeptide: Eiweißbausteine der Nervenzellen, die als Kommunikationssubstanzen im Nervensystem wirken.

Neurotransmitter: Botenstoffe im Nervensystem wie →Neuropeptide, Aminosäuren und andere kleine →Moleküle, die in der Nervenzelle produziert und auf andere Nervenzellen übertragen werden.

New Age: Bezeichnung für die heutige Zeit und die Beschäftigung mit esoterischen Themen, in denen es um außerphysisches Leben geht

Nosode: →homöopathische Verdünnung eines Erregers oder toxischen Stoffes, um nach dem Prinzip „Gleiches mit Gleichem heilen" zu behandeln.

Nozebo Effekt: Die Diagnosestellung eines Behandlers hat die Wirkung, dass das inhaltlich Gesagte auch tatsächlich eintrifft, weil mit dem Aussprechen der Diagnose eine Verbindung geschaffen wird zu dem Mentalfeld, in welchem alles Wissen und alle Erfahrungen über die Erkrankung gespeichert sind. Die Patienten verhalten sich entsprechend diesem Mentalfeld. Es geht ihnen schlechter als den Patienten einer Kontrollgruppe, denen die Diagnose verheimlicht wurde, und sie bekommen die beschriebenen Nebenwirkungen der verabreichten Medikamente.

Nummerologie: Methode, die sich mit Ziffern und deren Bedeutung befasst, zum Beispiel von Geburtsdaten und Namen, indem auch den einzelnen Buchstaben Ziffern zugeordnet werden.

Orakel: Ort, an dem Rätselhaftes erfahren wird, oder die göttliche Handlungsanweisung selbst. Schamanen bekommen Orakel von beziehungsweise auf der Vierten Ebene des Intuitiven Körpers oder Traumkörpers.

Organisch: mit Kohlenstoff

Osmose: Stoffttransport in Form einer einseitigen Diffusion von Flüssigkeiten oder Gasen auf Grund ihrer unterschiedlichen Konzentration durch eine halb-poröse Membran hindurch zum Konzentrationsausgleich, beispielsweise in Zellen

Oszillieren: schwingen, schwanken

Papilloma-Virus: Auslöser von Warzen

Parasiten: Klein- und Kleinstlebewesen, die als Schmarotzer in einem Wirt leben, zum Beispiel Würmer und Pilze.

Parasympathikus: Teil des →autonomen Nervensystems, der für Regeneration zuständig ist

Peripherie: Extremitäten (Arme, Beine) und der Hals mit Kopf des Körpers befinden sich außen an der Peripherie im Gegensatz zum zentralen Rumpf. In einem Schockzustand versackt das Blut in der Peripherie, während die Zentralstelle mit den Rumpforganen keine Blutzufuhr mehr erhält, wodurch ein lebensbedrohlicher Zustand entsteht. Siehe → Anaphylaktische Schockreaktionen.

Pestizide: Sammelbezeichnung für chemische Substanzen zur Bekämpfung von schädlichen Tieren und Pflanzen in der Landwirtschaft, aber auch in der Hobbygärtnerei. Am häufigsten verwendet werden →Fungizide gegen Pilzbefall, Herbizide gegen Unkräuter und Insektizide gegen Insektenbefall.

„Pforten": indianisches Wort für Chakren

Phänomenologie: Lehre von dem, was man mit den Sinnen erfassen kann, wie etwas erscheint und sich als Erkenntnis im Bewusstsein darbietet. *Bert Hellinger* benützt diesen Begriff für das, was sich in den Familienaufstellungen seiner Art zeigt.

Photonen: Die kleinsten Einheiten eines →elektromagnetischen Feldes sind die →Quanten, bei Lebewesen Photonen genannt, die in ihnen gespeichert sind und den Informationsaustausch zwischen den Zellen vornehmen. Es sind Elementarteilchen von Licht oder Strahlung, die sich mit Lichtgeschwindigkeit bewegen.

Phytotherapeutisch: etwas Pflanzenstoffliches, zu Heilzwecken Verwendbares

Piercings: Einstiche in die Haut von Körperteilen wie Nase, Augenbraue, Nabel oder in die Zunge, durch die ein Schmuckstück gezogen wird, ähnlich einem Ohrring.

Polarität: Gegensätzlichkeit von zwei einander bedingenden Polen wie zum Beispiel warm – kalt, die aber in Wirklichkeit eines sind, nämlich hier die vage Beschreibung eines Temperaturzustandes, der personen- und situationsbezogen subjektiv bewertet wird.

Polfilter: Eine in der →Regulations-Diagnostik nach *Dr. Klinghardt*® verwendete lineare Linse eines Fotoapparates, mit deren Hilfe der Grad einer Erkrankung und die Wirksamkeit eines Heilmittels gemessen werden kann.

Polyvagale Theorie der Emotionen: Von *Porges* geprägter Begriff dafür, dass der Vagus, der Hauptnerv des →parasympathischen Nervensystems, mehrere Teile und Funktionen hat. Dieser Forschung nach entspringt der Vagus im Stammhirn und zieht sich abwärts in den Körper mit einem Zweig in jedes Organ. In den verschiedenen Organen gibt es verschiedene Chemikaliensätze, die aus →Neuropeptiden, →Neurotransmittern und anderen Botenstoffen bestehen und ein bestimmtes Gefühl erzeugen. Das heißt, ein Gefühl entsteht →biochemisch in einem Organ und wird elektrisch ans Gehirn weitergeleitet, wo es identifiziert und mit früheren Erfahrungen →assoziiert wird.

Pomander: Von Aura Soma existieren fünfzehn Pomander, wohlduftende Flüssigkeiten, welche zur Klärung der Atmosphäre in Räumen, zur Reinigung und zum Schutz dienen. Sie sind benannt nach ihren Farben, zum Beispiel „Tiefrot", „Koralle" oder „Smaragdgrün" und werden auf die Handflächen aufgetragen, verrieben und dann in die Aura „eingefächelt".

Positives Denken: Methode, mittels des verwendeten Gedankengutes das →Unterbewusstsein „umzuerziehen", nämlich das Gute im Leben zu sehen, damit dieses sich tatsächlich →manifestieren kann. Jedoch wirkt es oft nur „übertünchend", nicht aber radikal verändernd.

Potenz: Bezeichnung für das Ergebnis der schrittweisen Verdünnung und Verschüttelung der Urtinktur eines Erregers, Schadstoffs oder Heilmittels in der →Homöopathie.

Prana: Lebensenergie, Heilenergie

Procain: →Lokalanästhetikum, welches gern zu →neuraltherapeutischen Injektionen verwendet wird.

Projektion: Psychologischer Begriff mit dem Inhalt, dass ein Mensch seine Probleme auf einen anderen überträgt und glaubt, dass der Andere diese Probleme habe, aber nicht er selbst.

Probanden: Teilnehmer an einer Versuchsreihe

Psychiatrie: Fachgebiet der Medizin, das sich mit seelischen Störungen aller Art befasst

Psycho-Biofeedback-Methode: geht zurück auf den →Hypnotherapeuten *Milton Erickson*, der herausfand, dass der Körper auf Fragen mit bestimmten Bewegungen, die sehr klein sein können, eine Zustimmung oder eine Ablehnung anzeigt. Diese Körperantwort kommt aus dem Unbewussten und ist oft kontrar zu dem, was der Klient ausspricht. Daher können mit dieser Methode Antworten über psychische Zusammenhänge herausgefunden werden. Im Fall der Psycho-Kinesiologie wird dafür im Allgemeinen der Armmuskel verwendet.

Psycho-Calisthenics: Körperübungen nach Musik von Oscar Ichazo, USA, unter Einbeziehung bestimmter Atemweisen mit der Bedeutung „Lebenskraft aus der Mitte".

Psychohygiene: Entsprechend der Körpersäuberung und -reinhaltung geht es hier um die Säuberung und Reinhaltung der Seele durch psychotherapeutische und →spirituelle Verfahren.

Psycho-Neuro-Immunologie (PNI): Noch relativ junger Wissenschaftszweig in der Medizin, welcher den Zusammenhang von psychischen Störungen auf das Nervensystem und das →Immunsystem erforscht. Hier wurde beispielsweise erkannt, dass bei einem Pferdeallergiker schon das Bild eines Pferdes eine allergische Reaktion hervorrufen kann, als ob ein reales Pferd in der Nähe wäre, weil das →Unterbewusstsein, welches die allergischen Zusammenhänge gespeichert hat, in Bildern „denkt".

Psychopharmakon: Einzelmittel aus dem Bereich der Psychopharmaka, einem Sammelbegriff für synthetische Substanzen, die vor allem die Aktivität des Zentralnervensystems beeinflussen und als Beruhigungs- und Stimmungsaufhellungsmittel dienen.

Psychose: Schulmedizinische Bezeichnung für außersinnliche Wahrnehmungen und ähnliche Erlebnisse auf der Vierten Ebene

Quanten: kleinste Einheiten einer physikalischen Größe, zum Beispiel Energieportionen, welche durch die →Frequenz der betreffenden Strahlungsart bestimmt werden.

Quantensprung: In der Quantenphysik wurde bewiesen, dass zwei Elementarteilchen, zum Beispiel Elektronen, unabhängig vom Raum über beliebig große Distanzen miteinander kommunizieren. Durch Sprünge der Elementarteilchen können große Veränderungen in einem System hervorgerufen werden wie beispielsweise die Mutation von Genen.

Quecksilber (Hg): gilt als das giftigste Schwermetall überhaupt, das meist durch → Amalgamfüllungen, die zu etwa 50% aus Quecksilber bestehen, den Körper vergiftet, indem das Hg ins Nervensystem eingelagert wird. Oft gesellen sich weitere Schwermetalle hinzu, deren Wirkung sich aber nicht nur addiert, sondern potenziert. Dadurch entstehen vor allem neurologische Störungen, und die Verbindung zur eigenen Intuition (→ Höheren Selbst) und zur → Spiritualität wird unterbrochen.

QLB (Quantum Light Breath): eine einstündige Atemmeditation von *Jeru Kabbal*, die es mit seiner Stimme und von ihm ausgewählter Musik auf CDs gibt und in den fortgeschrittenen Psycho-Kinesiologie Seminaren eingesetzt wird. Durch die Konzentration auf den Atem, der primär ist, weil das Atmen immer im Augenblick stattfindet, werden alle aufkommenden Erinnerungen in Form von Bildern, Geräuschen, Gerüchen und Gefühlen sekundär und können dadurch losgelassen werden. Gelehrt wird das Atmen unter anderem im →„Clarity Process" nach *Jeru Kabbal*".

Reflexzonen: Bestimmte Bereiche an den Fußsohlen, den Händen oder Ohren, welche die Organe des Menschen repräsentieren. Durch Drücken der Reflexzonen mit den Fingern lassen sich Organdiagnosen erhärten und durch Reflexzonenmassage positiv beeinflussen.

Regulations-Diagnostik nach Dr. Klinghardt®: Biofeedback-Methode, mit welcher über den kinesiologischen Muskeltest die Ursachen von Erkrankungen herausgefunden werden und auch die individuell besten Therapien getestet werden können.

Reinkarnation (Wiedergeburt): Die Überzeugung, dass die Seele aus der Einheit kommt und immer wieder in einem anderen Körper auf der Welt lebt, um bestimmte Erfahrungen sammeln zu können, durch welche die Seele und der Seelenverband, dem sie angehört, bestimmte Lernaufgaben erfüllt und dadurch Erkenntnisse hat, bis sie nach der Erleuchtung zur Einheit zurückkehrt.

REM-Phase: Schlafphase mit „Rapid Eye Movements" (schnelle Augenbewegungen), die eine Traumphase erkennen lassen.

Resonanzboden: Bezeichnung für einen Körper, in dem Schwingung erzeugt werden kann

Rickettsien: Erreger der Rickettsiose, häufig als →Co-Infektion mit der →Borreliose auftretend

Ritual: Eine bestimmte →zeremonielle Handlung oder ein feierlicher Brauch zu einem bestimmten, oft religiösen Zweck.

„Röntgenblick": Der Blick eines →Hellsichtigen durch Körper hindurch, wenn er beispielsweise die inneren (kranken) Organe eines Menschen sehen kann oder feinste Details wie die Blattadern der Blätter eines Baumes oder Strauches in so großer Entfernung, dass sie von „Normalsichtigen" nicht wahrgenommen werden können.

SANUM-Mittel: →Homöopathische Medikamente der Firma Sanum-Kehlbeck in Hoya

Schlaflabor: Labor zur Erforschung des menschlichen Schlafverhaltens, in dem die →Probanden einige Tage oder Wochen ohne natürliches Licht und ohne Zeitangaben leben. Sie gehen ihrer Beschäftigung nach und legen sich dann zum Schlafen hin, wenn sie müde sind. Dabei werden sie an Messinstrumente angeschlossen, die Auskunft geben über die Gehirntätigkeit in den verschiedenen Schlafphasen.

Schwarze Magie: Bezeichnung für das bewusste Einsetzen von Gedanken, →Ritualen und Handlungen zu einem negativen Zweck, um einer Person zu schaden, indem man sich beispielsweise an ihr rächen möchte.

Signalverstärker: Ein in der →Regulations-Diagnostik nach *Dr. Klinghardt*® verwendeter quadratischer Plexiglaskörper, der die Eigenschwingung des →elektromagnetischen Feldes einer Substanz verstärkt, wodurch ein sehr exakter kinesiologischer Test möglich wird.

„Silberschnur": Art Energiefaden, mit dem die Seele beziehungsweise der Vierte und Fünfte Körper auf Astralreisen mit dem Physischen Körper verbunden bleiben, um wieder zurückzufinden, damit der Physische Körper weiter leben kann.

Simileprinzip: Vom „Vater" der →Homöopathie, *Samuel Hahnemann* aufgestellter Grundsatz für die Wirksamkeit homöopathischer Mittel, welche lautet: „similia similibus curentur" (Ähnliches soll durch Ähnliches geheilt werden).

Sozialisation: Einordnung in die Gemeinschaft durch Erziehung und dem natürlichen Bedürfnis, dazugehören zu wollen.

Spektrometer: optisches Messinstrument, mit dessen Hilfe sich Frequenzgemische im Lichtbereich in seine Bestandteile zerlegen lassen.

Sphärenklänge: Die feinen Töne aus dem Himmel/Kosmos, die eine viel höhere Schwingung haben als die Töne, die wir im Allgemeinen mit unserem menschlichen Gehör aufnehmen können.

Spiritualität: Das Streben und die Öffnung zum All-Eins-Sein auf der göttlichen Ebene.

Spirituelles Bewusstsein: Eine Form von innerem Wissen und von Weisheit, dass alles, was geschieht, von der Existenz so gewollt oder zugelassen wird und nichts davon sinnlos ist. Demnach hat jeder Mensch eine Lebensaufgabe, sein Dasein erfüllt einen bestimmten Zweck. Sind wir nicht im Einklang damit, bekommen wir Probleme oder werden krank, um über das Korrektiv der Krankheit wieder auf den spirituellen Weg gelangen zu können.

Spirituelles Licht: Dieser Begriff drückt die Auffassung aus, dass Gott Licht und Liebe ist, die auf der Fünften Ebene vorhanden sind.

Spontanheilung: Plötzliche Heilung, oft über Nacht, meist auf Grund einer besonderen →spirituellen Erfahrung, auch von Krankheiten, die als unheilbar gelten.

Stimmbandknötchen: Schleimhautverdickungen auf dem Stimmband, die chronische Heiserkeit hervorrufen.

Störfeld: Begriff für pathologisch verändertes Gewebe, das elektrische Signale an andere Körperregionen sendet, die daran erkranken. So kann zum Beispiel die Weisheitszahngegend – auch lange Zeit nach der Extraktion des Zahns – Herzbeschwerden verursachen.

Sufi-Tradition: in der Überlieferung der Sufis stehend, eine islamische Tradition

Suggestion: Einwirken auf den Mentalkörper beispielsweise durch beständiges Aussprechen oder Aufschreiben eines positiven Glaubenssatzes.

Switching: Begriff in der Kinesiologie, welcher die paradoxe Reaktion („Verschaltetsein") einer Testperson bezeichnet: Lachen statt Weinen, „links" statt „rechts" sagen usw. Nach *Dr. Klinghardt* sind akute Störfelder, zum Beispiel Narben und Zähne, die Ursache.

Sympathikus: Teil des autonomen Nervensystems, der für Aktivität zuständig ist, zum Beispiel des Herzens, der Lunge, des Darms usw.

Synapse: Halbkreisförmig ausgestülpte Endstelle einer Nervenbahn, in der Neurotransmitter produziert und auf elektrischem Weg an eine andere Nervenbahn weitergegeben werden. Dadurch ist sie eine Schaltstelle im Nervensystem, die wie ein Transistor arbeitet.

Systemische Familientherapie nach *Hellinger*: Der deutsche Psychotherapeut und ehemalige Geistliche *Bert Hellinger* hat auf Grund phänomenologischer Aufstellungen von Familien erkannt, dass es im Familiensystem eine bestimmte Ordnung gibt, die eingehalten werden muss, damit das System gesund bleiben oder werden kann. Dazu lässt er Stellvertreter für Angehörige sogenannte „heilende Sätze" zueinander sprechen, welche die tiefe

Wahrheit ausdrücken und dadurch mehr Liebe ins System bringen, indem der blockierte Energiefluss der Seelen wieder in Bewegung gerät.

Systemische Psycho-Kinesiologie nach *Dr. Klinghardt* (SPK)®: Fortgeschrittene Psycho-Kinesiologie, welche das Familiensystem in der Arbeit auf der Liege mit einbezieht.

Tätowierung: Durch Einstichelung von Farbstoffen in die Haut produziertes Bild, das bei sensiblen Menschen den Körper durch die benützte Farbe, welche Schwermetalle und andere toxische Soffe enthalten kann, vergiftet.

Tagträumen: Zustand, in dem jemand sich sehr phantasievoll eine Situation ausmalt, die auch eine Vision sein kann, und sie oftmals für wahr hält. Flucht aus dem Alltag in „Luftschlösser".

Tai Chi: aus China stammende Meditationsform, in der durch Konzentration auf den Atem und langsamen, fließenden Bewegungen ein Sammeln des Bewusstseins stattfindet

Tantrischer Sex: Eine Form des sexuellen Beisammenseins, die aus dem Tantra stammt, wo nicht der Sexualakt das Wichtige ist, sondern Zärtlichkeit und vollständige Befriedigung, insbesondere der Frau. Bei diesem Vorgehen kann im sexuellen Zusammensein mit dem Partner die Einheit auf der Fünften Ebene und damit höchste Erfüllung erlebt werden.

Telepathie: Lautlose, drahtlose Kommunikation, meist zwischen zwei oder mehreren Lebewesen, bei der Gedanken und Gefühle übertragen werden, auch über Erdteile hinweg.

Tetanus: Wundstarrkrampf; schwere Infektionskrankheit, welche durch die Tetanusimpfung verhindert werden soll.

Totem: Gegenstand oder Lebewesen bei den Indianern, dem eine übernatürliche Kraft zugesprochen wird.

Toxine: Durch die Verschmutzung der Umwelt und die immerwährende Produktion von Chemikalien – auch ständig neuen – gibt es heutzutage auf der Erde keine reine Luft, kein klares Wasser, keinen sauberen Boden und somit keine reinen Nahrungsmittel mehr. Die Giftstoffe reichern sich im Körper von Lebewesen an und führen zu unterschiedlichsten Krankheitssymptomen.

Traditionelle Chinesische Medizin (TCM): Nach dieser Jahrtausende alten Lehre besteht alles Lebendige aus den fünf Elementen Feuer, Holz, Wasser, Metall und Erde, die miteinander verbunden sind, einander bedingen und einander brauchen. Gerät ein Element ins Ungleichgewicht, so hat es Auswirkungen zuerst auf das nächstgelegene Element, und schließlich – bei weiterer Imbalance – auch auf die anderen Elemente. Die Körperorgane und ihre Emotionen sind den einzelnen Elementen zugeordnet. Zur Heilung dienen Mittel, welche die Überenergie in einem Element abbauen und die Unterenergie in einem anderen Element ausgleichen.

Transpersonaler Bereich: Gebiet, welches jenseits einer Person und ihrem physischen Körper liegt, im nonverbalen Bereich der Symbole, Trance, Träume usw. Psychologische Bezeichnung für die Vierte Ebene des Traum- oder Intuitivkörpers.

Transzendentale Meditation: Meditationsart, in der durch die Konzentration auf ein →Mantra in Form eines einfachen Wortes eine Leere des Geistes bewirkt wird, die letztlich zur Erleuchtung führen soll.

Trauma, Traumen, Traumata: Plötzliche, oft wiederholt auftretende Einwirkungen auf den physischen Körper oder auf die Psyche, die in der subjektiven Wahrnehmung eine Gefahr für Leib und Leben darstellen.

Unerlöster Seelischer Konflikt (USK): der von *Dr. Dietrich Klinghardt* geprägte Begriff für ein psychisches Problem beziehungsweise die psychische Komponente einer physischen Störung, die mit allen Details im Unterbewussten gespeichert ist und dort wie eine „Zeitbombe" wirkt, bis sie entlarvt und erlöst werden kann.

Unterbewusstsein (UB): ist der Teil des Gehirns und des Energiekörpers, der alle Situationen im Leben eines Menschen überwiegend in Form von Bildern, aber auch Geräuschen und Gerüchen wie in einem Computer aufzeichnet und speichert. Gleichzeitig trifft es Entscheidungen für unser Leben, welche sich in Glaubenssätzen, Einstellungen und inneren Haltungen zeigen. Wenn neue, ähnliche Situationen auftreten, kann das UB sofort auf die gespeicherten zurückgreifen (assoziieren) und uns vor (vermeintlicher) Gefahr bewahren. Es ist auch dieser Teil in uns, der einmal erlernte Strategien oder Verhaltensmuster unaufhörlich weiter verwendet, unabhängig davon, ob sie heute noch adäquat sind oder nicht. (Die Erforschung und positive Änderung des eigenen UB wird im „Clarity Process nach *Jeru Kabbal*® gelehrt und erfahrbar. Informationen bei Manebua.)

UV-Licht: Ultraviolettes Spektrum des sichtbaren Lichts, das nicht mehr wahrgenommen werden, aber Gesundheitsschäden hervorrufen kann.

Vegetarismus: Ernährungsweise, die ausschliesslich rein pflanzliche Kost beinhaltet

Verhaltensmuster: die Wiederholung bestimmter Geschehnisse oder Handlungen einer Person entsprechend ihrem Glaubenssystem und der daraus entstandenen Lebensstrategien. Diese bilden oft einen Teufelskreis, aus dem heraus eine Veränderung nur durch das Bewusstwerden der Muster möglich wird.

Verstrickungen: Begriff aus der Systemischen Familientherapie nach *Bert Hellinger*, wonach es Verstrickungen zwischen Familienmitgliedern gibt aufgrund bestimmter Dynamiken, die in der Familie wirken. So kann zum Beispiel ein Kind, dessen Mutter verstorben ist, dieser mit der Seele (unbewusst) folgen wollen, was sich in einer schweren Erkrankung, einer überhöhten Risikobereitschaft oder einem Unfall äußern kann beziehungsweise in den gleichen Beziehungsschwierigkeiten, wie sie die Verstorbene hatte.

Vertikales Heilmodell: Bezeichnung für die von *Dr. Dietrich Klinghardt* ausgearbeitete Fünf-Körper-Lehre, die aus der alten indischen Heilslehre stammt.

Verwünschung: Gedanken, Worte, Rituale oder Symbole werden bewusst negativ gegen eine Person oder eine Familie oder ein ganzes Familiensystem eingesetzt, um entweder selbst einen Vorteil zu erreichen oder sich zu rächen. Eine Verwünschung aus einem Vorleben kann eine Person bis ins heutige Leben hinein verfolgen.

Vision: Eine Fantasie, die mit Geisteskraft realisiert werden soll.

Vorleben: Hinter diesem Begriff steht die Annahme, dass sich die Seele, um sich durch Lernprozesse weiterentwickeln zu können, in verschiedenen Zeiten, an verschiedenen Orten und in verschiedenen Rollen wiederholt inkarniert (ins Leben kommt). Auf diese Weise kann sie unterschiedliche Erfahrungen sammeln in verschiedenen Berufen, Lebenssituationen usw. So betrachtet, gibt es für die meisten Menschen vom heutigen Leben aus gesehen mehrere oder viele Vorleben, in denen sie schon einmal gelebt haben.

Wassermann-Zeitalter: Dieser Begriff stammt aus der Astrologie, welche die Zeit in bestimmte Zeitalter einteilt, die jeweils circa 2.000 Jahre betragen. Diese Zeitalter entstehen durch die so genannte Präzession, das heißt, die Gravitationskräfte von Sonne und Mond wollen die Erdachse gerade stellen, wodurch diese ins Schlingern gerät. Dabei rotiert die Erde durch die verschiedenen Tierkreise. Die Zeitdauer des Durchgangs der Erdachse durch ein Sternzeichen beträgt 2.150 Jahre. Das Wassermannzeitalter fängt demnach um circa 2.000 n.Chr. an und endet um etwa 4.000 n.Chr. Diese Zeit ist gekennzeichnet durch den Beginn einer neuen Ära mit den inhaltlichen Möglichkeiten des Wassermanns. Diese bestehen aus Intuition in der direkten Verbindung zum Schöpfer mit der Möglichkeit der Erleuchtung für viele Menschen. Dazu ist geistige Beweglichkeit notwendig, damit die „Freiheit des Geistes" als Motto des Wassermann-Zeitalters verwirklicht werden kann.

Yin-Zustand: Vagotoner Zustand, in welchem alle Muskeln auf angenehme Weise schwach werden und der Patient in eine wohlig empfundene Ruhe und Gelassenheit übergeht. Der →parasympathische Teil des →autonomen Nervensystems wird aktiv und übernimmt Reparaturmaßnahmen, die zur Heilung führen. Heilung ist im Allgemeinen nicht im aktiven, sondern im Ruhezustand möglich, was durch die schwachen Muskeln angezeigt wird.

Zeitalter der Industrialisierung: Zeitraum seit dem 19. Jahrhundert, in dem die maschinelle Massenproduktion von Gütern in größeren Betriebsstätten einsetzte. Daraus entstanden neue gesellschaftliche Normen und Klassengegensätze.

Zeremonien: Feierliche, genau festgelegte Handlungen, zum Beispiel bei der Einweihung von Schamanen.

Zimbel: Klanginstrument, das aus zwei metallenen Scheiben, die durch ein Lederband aneinandergebunden sind, besteht und durch das Aneinanderschlagen der Seiten der Scheiben einen Gong erzeugt.

Personen- und **Sachregister**

Abkapselung 92, 227
Aborigines 106, 227
Achtsamkeit, achtsam 42, 60, 62, 157, 165, 166, 171
Ätherische Öle 98, 105, 113, 120, 129
Affirmation(en) 154, 178, 199, 227
Aggression(en) 42, 196, 205
Akupressur 18, 31, 65, 75, 153, 227, 235
Akupunktur, -punkte 30, 65, 66, 71, 75, 99, 105, 122, 124, 129, 153, 194, 196, 227
Alchemist, alchemistisch 113, 124, 137, 152, 227
Alta Major-Zentrum 197
Allergen(e), Allergie(n), Allergiker, allergisch 13, 15, 28, 30, 102, 129, 139, 143, 157, 163, 196, 205, 206, 207, 209, 210, 211, 227, 229, 231, 234, 239
Aluminium 104
Amalgam 27, 28, 206, 210, 227, 240
Amethyst(druse) 122, 159, 227
Anaphylaktischer Schock 15, 227, 238
Anasazi 16, 114, 130, 134, 143, 227
Anhaftung(en) 22, 108, 113, 143, 167, 227
Archetypen, archetypisch 137, 143, 228
Aromaöle 98, 105, 113, 114, 120, 129, 130, 137
Armlängenreflex-Test 183, 184
Assoziation(en), assoziieren 16, 119, 141, 142, 169, 210, 228, 230, 239, 242
Asthma, Asthmatiker 13, 61, 70, 89, 152, 228
Astralreisen 76, 79, 80, 81, 241
Atemtechniken, Atemtherapie 23, 142
Atheist(en) 38, 228
Aufschwingphänomen 164, 228
Augen-Bewegungs-Methode (ABM) 18, 228, 232
Augensymptome 162
Aura 15, 22, 23, 34, 36, 48, 49, 50, 51, 52, 59, 63, 64, 65, 72, 75, 88, 89, 90, 92, 94, 97, 98, 99, 102, 103, 104, 105, 106, 107, 108, 109, 110, 112, 113, 114, 115, 117, 118, 122, 125, 126, 127, 128, 134, 136, 137, 138, 142, 143, 149, 150, 152, 154, 163, 177, 178, 180, 194, 196, 195, 196, 197, 205, 206, 209, 214, 220, 221, 226, 227
Aurafoto 49, 59, 134
Ausleitung, -smittel, -verfahren 29, 69, 90, 92, 99, 124, 204, 207, 210, 221, 228, 229
Auslöschphänomen 164, 228
Ausschlag 206, 211
Außersinnliche Wahrnehmung(en) 35, 78, 79, 228, 240
Autoimmunerkrankung(en) 196
Autonomes Nervensystem (ANS) 18, 30, 202, 228, 231, 238, 241, 242

Babesien 91, 228
Bach, Dr. Edward 51, 123, 124, 223
Bach-Blüten 13, 98, 105, 113, 123, 125, 126, 127, 190, 204, 205, 211, 220, 223, 225
Balance Öle 97, 99, 136, 138, 228
Bartonella 91, 228
Bauchschmerzen, -probleme 94, 212
Beaumont, Hunter 37
Bedingungslose Liebe 13, 38, 39, 44, 56, 67, 85, 115, 175, 180, 215, 224, 228
Besetzung(en) 23, 24, 35, 81, 82, 101, 208, 227, 232
Bewegungen der Seele 38, 228, 229
Bewusstsein, -serweiterung, bewusst 15, 21, 24, 25, 29, 31, 32, 38, 39, 42, 44, 45, 47, 50, 51, 58, 75, 76, 81, 84, 85, 86, 87, 88, 92, 94, 95, 96, 99, 107, 108, 117, 118, 119, 124, 127, 128, 130, 131, 138, 140, 141, 142, 143, 146, 148, 149, 151, 152, 153, 157, 158, 160, 166, 170, 173, 176, 187, 188, 191, 192, 202, 204, 205, 215, 218, 223, 232, 234, 238, 240, 241, 242, 243
Bewusstlosigkeit, bewusstlos 80, 81
Bienengift 92
Biochemie, biochemisch 29, 51, 81, 156, 158, 160, 229, 237, 239
Biofeedback-Methode, -verfahren 15, 18, 25, 180, 222, 227, 239, 240
Biologisch-dynamischer Anbau 29, 121, 157, 229

Biophotonen, -strahlung 36, 51, 103, 140, 159, 200, 201, 220, 226, 229
Bioplasmatische Materie 103, 229
Bioresonanz(verfahren) 139, 209, 229
Bischof, Marco 27, 29, 36, 49, 51, 139, 140, 147, 148, 158, 159, 161, 200, 220
Black Elk 144
Blue Spruce, Beryl 45, 220
Bochumer Gesundheitstraining 13, 143, 220, 229
Bösch, Dr. Jakob 88, 220
Borrelien, Borreliose 91, 92, 139, 209, 210, 222, 228, 229, 230, 237, 240
Botenstoffe 29, 229, 238, 239
Braingym 96, 229
Brennan, Barbara Ann 49, 50, 51, 52, 54, 76,79, 80, 84, 88, 89 , 92, 93, 102, 103, 150, 157, 162, 172, 173, 174, 175, 176, 220
Brooke Medicine Eagle 40, 167
Bruyere, Rosalyn 150, 200
Buddha 172, 229
Buddhismus 44, 147, 229
Bumerang(-Effekt) 73, 119, 229

Callahan, Dr. Roger 75, 237
Candida albicans 28, 229
Cellulite 160
Chakra, Chakren 30, 52, 53, 54, 55, 56, 57, 58, 59, 60, 61, 62, 63, 64, 65, 72, 78, 92, 96, 98, 99, 100, 104, 113, 119, 120, 122, 124, 125, 129, 130, 131, 133, 134, 135, 138, 143, 148, 149, 150, 155, 180, 191, 194, 195, 196, 197, 198, 205, 206, 208, 209, 211, 215, 216, 218, 220, 222, 223, 225, 231, 233, 238
Chemische Energie 36
Chemisch-pharmazeutische Präparate 121, 229
Chi Gong 102, 230
Chlamydien 91, 230
Chlorella 178, 210, 230
CHRIS-Technik 16, 230
Chronische Erkrankungen (Bronchitis, Erschöpfung, Heiserkeit, Hepatitis, Leberentzündung, Müdigkeit) 23, 28, 61, 68, 69, 197, 212, 223, 230, 241
Chronizität 35, 208, 230
Clarity Process 13, 16, 42, 43, 86, 99, 157, 165, 166, 226, 230, 240, 243
Co-Infektionen 91, 228, 230, 240
Criscom, Chris 103
Crystal-Card(s) 104, 105, 112, 114, 135, 222

Dankbarkeit 38, 46, 152, 153, 157, 170, 178, 192
Del Blanco, Bigu 30
Demut, demütig 19, 46, 151, 174, 197
Depression(en), depressiv 23, 55, 58, 92
Devas 124
Dilution 121, 123, 126, 128, 129, 175
Direkte(s) Resonanz(phänomen) 32, 41, 66, 90, 229, 230
Dissipative Strukturen 34, 155, 230
Dissoziation, dissoziiert 23, 153, 230, 237
Downey, Vickie 16, 17, 39, 46, 47, 85
Dritte Ebene 31, 33, 47, 73, 177, 207
Dritter Körper 31, 49, 51, 72, 75
Dualität 41, 81, 230
Durchsagen 78, 230

Edelstein(e) 13, 63, 97, 99, 104, 112, 121, 122, 125, 126, 134, 135, 137, 150, 152, 220, 221, 223, 225
EEG 147, 148
Ego 45, 56, 230, 232
Ehrlichien 91, 230
Eid des Hippokrates 171
Eingeschränkte Regulationsfähigkeit (ER) 187, 201, 231, 234
Einheit, -ssein, eins sein 18, 21, 38, 39, 45, 56, 58, 76, 84, 85, 86, 95, 120, 131, 146, 171, 173, 190, 232, 233, 234, 237, 238, 240, 241, 242

Einstein, Albert 12, 36, 236
Ekstatische Zustände, Ekstase, ekstatisch 18, 20, 23, 130, 147, 148, 231
Ekzem(e) 89, 162, 205
Elektrischer Körper 29, 30, 31, 37, 49, 51, 72, 162, 163, 164, 196
Elektromagnetische(s) Abstrahlung, Energie, Feld(er), Spektrum, Strahlung, Vorgänge, Welle(n) 29, 30, 36, 52, 89, 163, 229, 237, 238, 241
Elektron(en) 36, 39, 231, 240
Elektrosmog 30, 31, 112, 163, 225, 231, 237, 246
Elfen 35, 231
Emoto, Masaru 129, 158, 159, 221
Endorphine 86, 131
Energetische Terminalpunkt-Diagnose 122, 231
Energiebahn(en) 65, 66, 67, 68, 70, 71
Energieebene 15, 17, 18, 19, 22, 27, 88, 89, 94, 111, 119, 155, 177, 195, 200, 204, 212
Energiefeld 22, 30, 49, 50, 51, 52, 53, 54, 62, 74, 75, 78, 89, 90, 92, 101, 102, 105, 107, 109, 112, 113, 114, 115, 117, 129, 132, 138, 139, 140, 150, 163, 164, 167, 189, 191, 193, 198, 205, 208, 209, 217, 220, 230
Energieformen 34, 72
Energiekörper 15, 16, 18, 20, 23, 24, 25, 26, 30, 35, 48, 49, 51, 54, 61, 63, 75, 77, 82, 84, 88, 89, 93, 94, 95, 97, 98, 99, 100, 101, 102, 103, 105, 107, 108, 111, 117, 118, 120, 124, 129, 131, 134, 142, 153, 154, 155, 169, 177, 179, 180, 193, 194, 195, 196, 197, 198, 203, 204, 205, 209, 221, 225, 229, 230, 231, 233, 236, 242
Energiequanten 27
Energieströmen 31 66, 231
Energiesystem 49, 53, 54, 65, 74, 128, 134, 205, 231, 237
Energieverlust 21, 23, 24, 60
Energiezentren, -zentrum 30, 53, 54, 55, 56, 58, 60, 61, 62, 63, 65, 196, 214, 218, 231
Engel 13, 21, 35, 45, 80, 106, 109, 110, 118, 126, 128, 129, 146, 152, 176, 223, 224, 225, 226, 231, 233, 236
Entkopplung, entkoppeln 18, 66, 90, 135, 144, 145, 146, 165, 207, 209, 210, 211, 228, 231, 232, 235
Erdstrahlen 30, 164, 232, 233, 236
Erdung, geerdet 17, 22, 25, 55, 58, 60, 94, 95, 96, 97, 98, 99, 100, 101, 107, 117, 119, 128, 168, 178, 179, 184, 191, 195, 198, 209, 219
Erdungsmaßnahmen 25, 95, 99, 179
Erhöhte Sinneswahrnehmung(en) 63, 78, 79, 80
Erickson, Milton 100, 239
Erkältungskrankheiten 156
Erleuchtung, erleuchtet 84, 85, 173, 174, 222, 229, 230, 232, 240, 242, 243
Ermüdbarkeit, Erschöpfung, erschöpft 23, 52, 61, 191
Erste Ebene 28, 53, 88, 171, 190
Erster Körper 27, 36, 49, 51, 173
Evolution 40, 44, 232
Exorzismus (Teufelsaustreibung) 24, 232
Extraktion 23, 24, 35, 241

Fallbeispiel(e) 23, 34, 35, 37, 47, 63, 72, 78, 81, 82, 88, 122, 133, 145, 152, 155, 175, 188, 189, 190, 197, 202, 205
Familienaufstellung(en), Familienstellen 34, 37, 39, 90, 110, 153, 167, 180, 228, 238
Familienseele 34, 215, 232, 234
Familiensystem 34, 40, 51, 115, 167, 168, 180, 204, 232, 241, 242, 243
Farbbrillen 18, 37, 90, 99, 135, 136, 137, 168, 206, 211, 232
Farbessenzen 97, 99, 124, 137
Farbfolien 115, 136, 137
Fernheilung 154, 155
Ferreira, Peter 104, 158, 159, 160, 221, 222
Finger Modes 83
Fischer, Ulrike Johanna 90, 201, 221
Flowerfahrung 131
Flüche, Fluch 24, 36, 37, 80, 110, 232, 242
Fontaine, Janine 85,88, 221
Fremdenergie(n) 24, 35, 102, 103, 106, 108, 109, 111, 114, 116, 143, 227
Frequenz(en) 17, 25, 27, 30, 36, 37, 40, 50, 54, 55, 60, 91, 94, 99, 101, 115, 119, 120, 121, 122, 128, 130, 131, 132, 133, 134, 135, 136, 137, 138, 139, 140, 147, 150, 154, 159, 160, 162, 168, 172, 178, 194, 198, 200, 201, 203, 209, 210, 211, 230, 232, 234, 240, 241
Frequenzbänder 40, 232

Fünf Ebenen 46, 48, 204, 208
Fünf Elemente 67, 144, 232, 242
Fünf Körper 15, 17, 26, 41, 47, 48, 51, 87, 156
Fünf Tibeter 101, 177, 232
Fünfzack 115, 116
Fünfte Ebene 15, 37, 47,48, 56, 58, 76, 84, 151, 152, 177, 231, 233, 235, 241, 242
Fünfter Körper 27, 37, 48, 49, 51, 79, 80, 84, 231, 241
Fungizide 157, 232, 238
Fußchakren, -chakra 53, 59, 60, 98, 99, 100, 205, 215
Fußpilz 229

Gallensteine 126, 160
Gaumensegel 194, 198, 232
Gebet(e), gebetet 22, 38, 46, 84, 85, 95, 118, 137, 149, 152, 170, 172
Geburt 32, 37, 38, 41, 44, 45, 63, 64, 140, 141, 197, 198, 205, 206, 207, 208, 211, 229, 234, 235, 240
Geburtsrecht 41
Gedankenformen 34, 73, 79
Gedankenübertragung 74, 75
Geführte Meditationen 13, 17, 146, 147, 148, 233
Geisteskraft, Geisteskräfte 43, 124, 224, 226, 233, 243
Geistige Gesetze 27, 39, 40, 226
Geistiges Heilen 88
Geistige Welt 15, 25, 77, 78, 79, 84, 109, 118, 125, 128, 149, 151, 152, 154, 161, 172, 176, 225, 230
Geistwesen 22, 35, 76, 77, 78, 80, 83, 118, 151, 152, 227, 230, 231, 233, 236
Gelenkbeschwerden 229
Gelübde 36, 110, 171
Gem Lamp Therapy 122
Geopathischer Stress, Geopathie, geopathisch 30, 31, 136, 184, 206, 231, 233
Geschwür(e), Geschwulst 41, 92, 155, 235
Gesundheitsprophylaxe 36, 162, 168
Ghadiali, Dinshah 134
Ghyssaert, Dr. Ivan U. 113, 124, 137, 221
Giftstoffe, giftig, Entgiftung, entgiftet 27, 28, 29, 53, 69, 78, 90, 91, 92, 99, 104, 120, 121, 130, 145, 159, 160, 188, 190, 195, 206, 212, 227, 229, 240, 242
Glaubenssätze, -satz, -system 18, 21, 32, 33, 34, 58, 64, 66, 72, 73, 74, 88, 90, 109, 130, 153, 165, 166, 173, 178, 184, 185, 188, 189, 199, 203, 211, 233, 237, 241, 242, 243
Gluten 210
Gnade 43, 45, 170, 175, 176
Gnome 35, 233
Goethe, Johann Wolfgang von 235
Göttliche Energie 48, 94, 149, 154, 156, 169, 172, 194, 233
Grippale(r) Infekt(e) 156, 206
Gouverneursgefäß 66, 92, 96
Gurwitsch, Prof. Alexander 51

Hackl, Monnica 104, 112, 135, 222
Hahnemann, Samuel 139, 233, 241
Handauflegen 93, 150
Handchakra(en) 59, 60, 150, 194, 197, 198
Hara 105, 124, 129, 186, 210, 233
Hauptchakren 53, 54, 55, 59
Hauterscheinungen, -verletzungen 124, 162
Heart Rate Variability (HRV), Heart Scanner 62, 201, 202
Heilende Sätze 18, 109, 168, 228, 233, 241
Heilenergie(n) 15, 94, 102, 140, 149, 150, 154, 156, 164, 167, 169, 175, 194, 195, 198, 202, 208, 217, 233, 239
Heilmaßnahmen 119
Hellinger, Bert 18, 34,37, 39,40, 90, 110, 114, 140, 153, 167, 168, 222, 225, 228, 233, 238, 241, 243
Hellsichtigkeit, -sichtige, hellsichtig 16, 49, 58, 79, 87, 119, 138, 230, 233, 234, 240
Helm, Beate 127, 222
Hendel, Dr. Barbara 158, 159, 160, 221, 222
Herz-Rhythmus-Störungen, -Symptome, -beschwerden 57, 163, 209, 212, 213, 241
Himalaya Salz 104

Hochpotenzen 139, 140, 158, 233
Höheres Selbst 12, 38, 84, 132, 146, 170, 187, 188, 191, 193, 199, 214, 220, 232, 233, 235, 240
Homöopathie, homöopathisch 92, 139, 140, 150, 152, 158, 166, 175, 190, 211, 224, 226, 233, 234, 238, 239, 240, 241
Hormonelle Achse 57, 234
Hyperaktivität, hyperaktiv 22, 53, 58, 207, 234
Hysterie 61, 234

Imagination, imaginativ, imaginär 43, 63, 93, 95, 99, 101, 107, 115, 117, 143, 146, 149, 218, 229, 233, 234, 236
Immunabwehr, -system 28, 29, 46, 60, 62, 85, 118, 215, 229, 234, 239
Impfung(en) 28, 30, 140, 202, 203, 210, 228, 234, 242
Indianer(in), indianisch 16, 17, 18, 19, 20, 21, 22, 24, 25, 37, 38, 39, 40, 43, 45, 46, 50, 75, 77, 79, 84, 85, 86, 87, 97, 106, 107, 110, 112, 114, 118, 119, 121, 134, 141, 143, 144, 145, 151, 155, 157, 167, 168, 169, 171, 220, 221, 222, 223, 225, 226, 227, 238, 242
Indigokinder 87, 234
Indikation(en) 121, 122, 126, 130, 135, 136, 234
Induktanz 50, 234
Industrialisierung 121, 243
Infekt(e), -ionen 60, 61, 91, 125, 156, 206, 209, 210, 222, 228, 230, 240, 242
Infraroter Spektralbereich 30, 234, 237
Innere Führung, Stimme, Wesenskern, Weisheit, Wissen 16, 19, 43, 45, 58, 75, 85, 110, 127, 146, 214, 235, 241
Intuition, intuitiv 37, 58, 59, 78, 101, 105, 112, 121, 122, 123, 137, 167, 168, 188, 196, 207, 215, 235, 240, 243
Intuitiv(er) Körper 21, 25, 34, 35, 36, 48, 49, 75, 76, 77, 83, 155, 167, 169, 196, 238, 242
Ischias 211, 212

Jungsche Psychotherapie 83

Kabbal, Jeru 13, 14, 16, 42, 43, 44, 46, 56, 57, 86, 99, 100, 107, 117, 140, 141, 147, 157, 162, 165, 166, 167, 173, 222, 226, 230, 240, 243
Kaminski, Patricia 127, 222
Karma 44, 229, 235
Katz, Richard 127, 222
Kenya-Essenzen 105, 113
Kinesiologie, kinesiologisch 12, 13, 15, 16, 17, 29, 31, 54, 62, 63, 64, 72, 83, 95, 97, 112, 115, 121, 123, 126, 127, 129, 130, 135, 136, 137, 144, 155, 162, 164, 165, 180, 184, 190, 195, 208, 221, 223, 227, 228, 229, 230, 236, 240, 241
Kinesiologie nach *Dr. Klinghardt* (KnK) 187
Kirlian, Semjon und Valentina 200
Kirlianfotografie 68, 69, 200
Klanghölzer, -stäbe, Klangschalen 98, 106, 131
Klinghardt, Dr. Dietrich 12, 13, 14, 15, 16, 17, 18, 21, 26, 28, 29, 30, 32, 33, 34, 37, 38, 41, 43, 48, 49, 51, 54, 55, 59, 60, 62, 65, 66, 71, 73, 75, 77, 84, 89, 90, 92, 100, 114, 115, 119, 130, 136, 140, 145, 146, 153, 165, 166, 170, 173, 177, 184, 187, 201, 203, 221, 222, 223, 224, 225, 226, 228, 231, 232, 233, 235, 237, 239, 240, 241, 242, 243
Klitzing, Lebrecht von 163
Klopfakupressur 18, 75, 153, 235, 237
Körbler, Erich 163
Kohärenz 148, 235
Kok Sui, Choa 102, 103, 117, 119, 149, 154, 172, 174, 198, 223
Kollektives Unbewusstes 75, 83, 227, 235
Komitiani, Gregor 200
Komplementärmedizin 164, 200, 228, 235
Kontrolliert-biologischer Anbau 157
Konzentrationsschwäche, -störungen 163, 197
Konzeptionsgefäß, Zentralgefäß 66, 129
Kopfschmerzen 58, 209, 212
Korte, Andreas 113, 124, 125, 126, 129, 223
Kosmische Strahlen 30, 236
Krämer, Dietmar 97, 98, 104, 106, 112, 122, 124, 223
Krafttier(e) 22, 24, 95, 143, 233, 236
Krampfader 210
Kreative Homöopathie 140

Krebs (Karzinom) 32, 72, 92, 104, 143, 155, 157, 220, 229, 235
Krystal, Phyllis 116, 223
Kuby, Clemens 81, 138, 170, 223
Kundalini Meditation 148, 236

Labyrinth von Chartres 115, 136, 180
Laser 164, 194, 195, 236
Laverdure, Betty 107, 171, 223
Leading 146, 179
Lebensaufgabe(e) 21, 24, 38, 42, 45, 48, 51, 170, 215, 241
Lenkergefäß (Gouverneursgefäß) 66, 92, 96
Lernstörungen 181, 197
Lichtkörper 49, 50
Lichtpyramide 116, 117
Lichtquanten 36, 236
Liebke, Dr. Frank 145, 146
Limbisches System 18, 236
Lipome 92
Lösungsmittel 27, 231
Lokalanästhetika 28, 236, 237, 239
Loslassen 42, 71, 80, 85, 90, 110, 119, 142, 163, 176, 192, 223
Louis, Else 13, 15
Ludwig, Dr. Wolfgang 27, 29, 30, 33, 36, 223, 226
Luna, Luis E. 19, 21
Lungenemphysem, -erkrankung 61, 228
Luzide Wachheit 148, 236

Magengeschwüre 155
Makrokosmos 27, 84, 236
Malin, Lisa 141, 144, 223
Mandala(s) 140, 143
Mandel, Peter 99, 122, 224
Mandela, Nelson 174
Manebua 15, 25, 100, 113, 128, 213, 243
Manebua Schamanische Psycho-Kinesiologie (MSPK) 13, 14, 15, 16, 17, 18, 29, 34, 47, 90, 99, 107, 120, 123, 129, 135, 140, 146, 149, 152, 164, 165, 166, 167, 168, 177, 181, 187, 204, 205, 208, 219
Manifestation, manifestieren 29, 41, 45, 50, 54, 56, 89, 92, 93, 215, 236, 239
Medial(e Zustände) 18, 34, 76, 77, 78, 136, 233, 236
Meditation, meditativ, meditieren 13, 17, 22, 38, 42, 51, 63, 84, 85, 93, 95, 96, 99, 100, 107, 109, 114, 115, 117, 118, 119, 121, 127, 133, 142, 146, 147, 148, 149, 161, 165, 168, 170, 171, 178, 190, 213, 214, 215, 216, 217, 218, 222, 225, 226, 233, 236, 240, 242
Medium 77, 151, 174
Medizinbeutel 25
Medizinmann, -männer, -frau 19, 84, 171, 222
Meister Eckhart 39, 237
Meister-(Quint)essenz(en) 105, 125, 127, 128, 136, 137, 225, 237
Melville, Francis 45, 116, 128, 176, 224
Mental(er) Körper 26, 31, 32, 33, 37, 49, 51, 73, 75, 161, 165, 166, 189, 233, 237, 241
Mentales Switching (MSw) 187, 188
Mentalfeld 75, 88, 172, 222, 238
Mentalfeldtherapie (MFT) 29, 34, 65, 75, 153, 166, 222, 237
Meridian(e) 30, 65, 66, 67, 68, 69, 70, 71, 72, 96, 99, 124, 129, 150, 187, 190, 192, 196, 227, 231, 235
Meridianpunkte 65, 235
Middendorf, Prof. Ilse 142
Mikrochirurgie 133, 237
Mikrokosmos 27, 66, 84, 237
Mitochondrien 36, 237
Mikrowellen 163
Mohr, Bärbel 43, 224
Moleküle 27, 36, 237, 238
Monro, Jean 139
Moody, Raymond A. 80, 224

Morphogenetische(s) Feld(er) 72, 74, 155, 195, 221. 225, 237
Mudra(s) 83, 210, 222, 224, 226
Multiple Persönlichkeit 35, 81, 237
Multiple Sklerose (MS) 47, 237
Murphy, Dr. Joseph 32, 33, 72, 224
Muskeltest 12, 15, 17, 18, 25, 29, 41, 62, 63, 66, 115, 128, 144, 177, 179, 180, 184, 187, 191, 193, 195, 199, 205, 208, 227, 240
Mycoplasmen 91, 92, 237
Mystiker 40, 78, 148, 237

„Nach Hause kommen" 173
Nagelpilz 229
Nahtodeserfahrungen, -erlebnis 15, 80, 81
Narbe(n) 30, 68, 69, 164, 194, 195, 202, 203, 237, 241
Narkotika, Narkose 28, 81, 160, 237
Nebenchakra, -en 53, 59, 60
Netzfreischalter 31, 163, 237
Neurologische Erkrankungen, Störungen 237, 240
Neuropeptide 29, 228, 239
Neurotransmitter 29, 238, 239, 241
New Age 129, 238
Nierensteine 160
Nosode(n) 63, 90, 190, 202, 210, 234, 238
Nozebo Effekt 32, 173, 238
Nummerologie 124, 137, 238

Obere Welt 21
Ödeme 160
Ohnmacht 198
Ohrakupunktur 66
Ohrensausen 163
Omura, Prof. Yoshiaki 32, 41, 66, 71
Ondruschka, Wolf 19, 21, 22, 24, 83, 144, 224
Operation(en) 30, 72, 81, 89, 133, 153, 164, 231
Ordnungen der Liebe 39, 222

Pacing 146, 179
Panik(attacken) 47, 58, 64, 70, 81, 90, 140, 164, 179, 207, 209, 210, 211
Papilloma-Virus 92, 238
Parasit(en) 28, 89, 90, 113, 130, 228, 238
Parasympathikus, parasympathisch 132, 148, 160, 228, 238, 239, 243
Peppler, Antonie 140, 224
Persönlichkeitsstörung 234
Pestizide 27, 157, 228, 238
Phantasiereisen 43
Photonen 36, 148, 229, 236, 238
Photon Wave 99, 136
Photron 136
Physische Ebene 19, 23, 55, 58, 94, 119, 151, 188, 209, 236
Physischer Körper 18, 23, 25, 26, 27, 28, 29, 30, 31, 32, 35, 36, 37, 39, 47, 48, 49, 50, 51, 53, 54, 57, 61, 62, 63, 64, 65, 75, 76, 77, 79, 80, 81, 82, 85, 88, 89, 91, 92, 93, 94, 95, 98, 99, 100, 101, 103, 120, 122, 130, 131, 142, 148, 149, 150, 153, 155, 156, 161, 169, 172, 173, 177, 178, 180, 188, 189, 193, 196, 197, 198, 204, 209, 214, 225, 230, 233, 234, 236, 241, 242
Phytotherapie, phytotherapeutisch 92, 121, 126, 238
Piercings 30, 238
Pieroth, Gerhard K. 127, 128, 225
Polarität, polarisiert 40, 41, 62, 80, 239
Polfilter 62, 239
Polyvagale Theorie der Emotionen 29, 224, 239
Pomander 63, 97, 99, 105, 113, 125, 136, 137, 226, 239
Ponder, Catherine 111, 224
Popp, Prof. Dr. Fritz Albert 68, 51, 62, 140, 148, 158, 159, 200, 201, 229

Porges, Stephen 29, 224, 239
Positives Denken 33, 42, 165, 166, 167, 239
Prana 102, 117, 223, 239
Price, Dr. Weston 28, 220, 224
Prigogine, Ilja 34, 230
Psycho-Calisthenics 162, 177, 239
Psychohygiene 42, 178, 239
Psycho-Kinesiologie (PK), psycho-kinesiologisch, Psycho-Kinesiologe(n) 12, 13, 15, 16, 18, 26, 29, 34, 37, 43, 62, 65, 83, 90, 115, 123, 135, 140, 145, 155, 164, 166, 177, 179, 180, 183, 184, 187, 222, 224, 228, 231, 232, 233, 239, 240, 242
Psychologische Umkehr 187
Psycho-Neuro-Immunologie (PNI) 29, 239
Psychopharmakon 209, 239
Psychose, psychotisch, Psychotiker 23, 35, 58, 78, 208, 240
Pubertät 45
Pyramidenmodell 48

Quanten 27, 36, 229, 236, 238, 240
Quantensprung 36, 240
Quantum Light Breath (QLB) 99, 107, 117, 142, 240
Quecksilber 27, 29, 41, 89, 90, 91, 92, 130, 209, 210, 227, 230, 240

Rabia 16, 103, 114, 127, 128, 130, 132, 133, 142, 165
Räuchern 106, 107
Rassel(n) 23, 24, 106, 130, 131, 168
Realitätsverlust 35, 55
Reflexzonen 227, 240
Regenmacher 106, 131
Regulations-Diagnostik (RD) 28, 62, 66, 89, 130, 187, 203, 222, 223, 231, 239, 240, 241
Reinigung, reinigen 17, 22, 24, 25, 29, 31, 33, 36, 37, 47, 48, 86, 94, 98, 101, 102, 103, 104, 105, 106, 107, 108, 109, 110, 111, 112, 114, 118, 119, 122, 125, 128, 134, 135, 137, 143, 163, 168, 177, 178, 179, 180, 184, 209, 214, 219, 227, 231, 239
Reinigungsmaßnahme(n) 101, 106, 134, 180
REM-Phase 145, 161, 240
Resonanz, -phänomen, -prinzip 27, 29, 30, 32, 36, 41, 44, 50, 66, 73, 74, 89, 90, 91, 118, 129, 139, 154, 158, 169, 190, 202, 209, 210, 229, 230, 233, 234, 240
Respekt, respektieren, respektvoll 22, 50, 70, 166, 172, 204
Rickettsien, Rickettsiose 91, 240
Ritual(e), rituell 19, 20, 22, 24, 37, 106, 107, 108, 109, 110, 111, 117, 121, 122, 130, 143, 151, 153, 240, 243
Röntgenblick 79, 240
Rosenbohm, Alexandra 19, 20, 21, 22, 23, 24, 25, 78, 131, 143, 203, 204, 220, 224, 225, 226
Rossi, Ernest 170, 225

Sabotage 64, 187, 188, 189, 199, 211, 219, 237
Säure-Basen(-Haushalt) 156, 160
Sauberkeitserziehung 141
Schäfer, Maximilian 162, 225
Schäfer, Thomas 40, 110, 114, 168, 225
Schamane(n)(in), schamanisch, Schamanismus 12, 16, 17, 18, 19, 20, 21, 22, 23, 24, 25, 35, 37, 48, 75, 77, 78, 80, 95, 98, 103, 106, 107, 108, 110, 111, 114, 118, 119, 120, 121, 122, 127, 129, 130, 131, 132, 133, 142, 143, 146, 151, 153, 165, 169, 171, 177, 179, 184, 203, 204, 220, 223, 224, 225, 226, 236, 238, 243
Schamanische PK → Manebua Schamanische PK
Schenk, Amélie 16, 17, 19, 38, 39, 40, 45, 47, 50, 77, 79, 81, 84, 85, 87, 107, 167, 220, 221, 223, 225
Schenk, Christine 14, 16, 49, 74, 75, 119, 154, 225, 230
Schicksal, -sgemeinschaft 33, 42, 44, 235
Schlaflabor 145, 240
Schlaflosigkeit, -störungen 55, 64, 163, 209, 211
Schlangengift 92
Schmitz, Wulff 157, 225
Schneider, Dr. Petra 127, 128, 225
Schultze, Miriam 19, 131, 204, 225

Schutz, schützen 17, 24, 25, 31, 35, 36, 37, 82, 94, 95, 111, 112, 113, 114, 115, 116, 117, 118, 119, 122, 124, 125, 128, 135, 137, 160, 168, 170, 178, 179, 180, 184, 204, 214, 219, 225, 231, 239
Schutzmaßnahme(n) 22, 95, 111, 113, 134, 180
Schwarze Magie, Energie 36, 80, 103, 112, 113, 208, 240
Schwermetall(e) 27, 30, 69, 89, 90, 210, 221, 223, 227, 228, 229, 230, 231, 240, 242
Schwingung(en) 27, 31, 37, 40, 41, 42, 46, 50, 62, 75, 76, 85, 91, 97, 98, 101, 105, 107, 111, 112, 114, 115, 120, 122, 123, 124, 127, 128, 129, 130, 134, 135, 136, 138, 139, 140, 150, 154, 158, 159, 160, 194, 195, 198, 227, 228, 229, 232, 233, 234, 236, 240, 241
Seele(n), seelisch 21, 23, 24, 25, 29, 37, 38, 39, 44, 46, 47, 51, 58, 75, 76, 77, 84, 85, 87, 88, 89, 95, 97, 101, 104, 109, 110, 112, 113, 114, 123, 124, 128, 130, 132, 141, 143, 147, 151, 152, 153, 169, 173, 176, 205, 206, 209, 220, 221, 222, 223, 225, 227, 228, 229, 232, 233, 237, 239, 240, 241, 242, 243
Seelenanteil(e) 21, 23, 75, 153
Seelenebene 37, 119, 168, 170, 176, 188
Seelenerinnerung 24
Seelenkörper 25, 26, 27, 37, 39, 46, 47, 48, 49, 51, 75, 76, 84, 146, 161, 170, 189, 196
Seelenrückholung 23, 24, 75, 153
Seelenverband 76, 240
Selbstheilung(skräfte) 15, 94, 138, 148, 177, 193, 195
Selbsttest(ung) 165, 166, 169, 178, 180, 184, 185, 186
Selektive Wahrnehmung 72, 73
SEM-Phase 145, 161
Sharamon/Baginski 54, 97, 225
Sheldrake, Rupert 74, 154, 225, 237
Sherwood, Keith 27, 31, 51, 225
Signalverstärker (SV) 62, 90, 210, 241
Silberschnur 79, 241
Simileprinzip 139, 233, 241
Simonton/Matthews-Simonton 143, 226, 229
Small Wright, Machaelle 95, 124, 226
Smith, Prof. Cyril W. 139, 158
Solarplexus, Sonnengeflecht 56, 133, 215
Spagyrische Essenzen, Heilmittel, -verfahren 126, 222, 226
Spektrometer 51, 91, 209, 241
Spektroskopie 27
Spiritualität, spirituell 12, 13, 16, 19, 22, 24, 37, 38, 45, 47, 51, 56, 58, 62, 74, 85, 86, 87, 88, 93, 94, 103, 115, 126, 127, 128, 138, 143, 145, 147, 151, 152, 156, 170, 174, 189, 203, 204, 206, 209, 220, 222, 223, 225, 230, 239, 240, 241
Spirituelles Bewusstsein 38, 47, 51, 151, 152, 204, 223, 241
Spontanheilung(en) 47, 233, 241
Stimmbandknötchen, -polypen 133, 241
Störfeld(er) 202, 231, 237, 241
Stoll, Gerhard/ Stoll, Dr. Thomas 36, 226
Streeter, Thornton 133
Sufi(s) 168, 241
Suggestion, suggestiv 34, 227, 234, 241
Summer Rain, Mary 85, 86, 87, 120, 121, 143, 145, 146, 156, 157, 165, 226
Supplemente 156
Switching 187, 188, 201, 202, 203, 241
Sympathikus, sympathisch 148, 202, 203, 228, 241
Symbol(e), symbolisieren 18, 25, 31, 36, 75, 76, 79, 83, 106, 109, 115, 116, 117, 143, 144, 145, 163, 169, 193, 205, 207, 221, 235, 236, 242, 243
Synapsen 31, 241
Systemische Familientherapie 18, 241, 243
Systemische Psycho-Kinesiologie (SPK) 233, 242

Tätowierung(en) 30, 242
Tai Chi 102, 242
Tantrischer Sex 56, 86, 242
Tao der Liebe, Taoismus 86, 220, 237
Telepathie 74, 75, 154, 155, 242
Tepperwein, Kurt 27, 32, 33, 36, 39, 43, 46, 50, 85, 226
Tetanus 91, 242

Thermischer Effekt 163
Three Point Attention 100
Tieropfer 24
Tinnitus 31
Tobsucht 208
Totem 120, 143, 144, 242
Toxine, toxisch, Toxizität 15, 27, 28, 89, 90, 105, 120, 145, 229, 237, 238, 242
Traditionelle Chinesische Medizin (TCM) 67, 233, 242
Träume(n), Traum 18, 34, 55, 59, 76, 79, 98, 145, 146, 160, 161, 167, 168, 169, 186, 221, 228, 235, 240, 242
Trance 18, 21, 34, 35, 76, 77, 78, 130, 175, 181, 230, 236, 242
Transformation, transformieren 24, 43, 60, 110, 127, 143, 151, 166, 189, 194, 198, 203, 221
Transpersonaler Bereich 34, 242
Transzendentale Meditation 148, 242
Traum(a)en, Traumata, traumatisch 23, 34, 35, 75, 99, 142, 153, 198, 205, 207, 211, 223, 237, 242
Traumkörper 21, 25, 27, 34, 35, 36, 37, 48, 51, 75, 76, 79, 84, 104, 117, 161, 167, 168, 180, 236, 238, 242
Trommel(n) 23, 24, 77, 98, 106, 130, 131, 168
Trotzphase 45
Trungpa, Chögyam 147

Übung(en) 33, 34, 96, 100, 101, 102, 116, 117, 142, 147, 162, 177, 199, 204, 229, 230, 232, 239
Unbewusst(es) 18, 32, 75, 130, 142, 153, 169, 174, 210, 227, 228, 233, 239, 243
Unerlöste(r) Seelische(r) Konflikt(e) (USK) 18, 28, 62, 66, 90, 92, 131, 135, 144, 146, 164, 231, 234, 237, 242
Unfälle, Unfall 35, 77, 80, 81, 108, 163, 164, 243
Unicorn Essenzen 105, 138, 226
Universelle Energie 51
Universelle(s) Gesetz(e) 27, 39, 42, 46, 47, 84, 204
Unterbewusstsein, unterbewusst(es) 12, 16, 18, 22, 32, 33, 34, 39, 43, 46, 64, 65, 73, 74, 104, 108, 111, 117, 119, 141, 142, 144, 145, 146, 165, 166, 167, 170, 172, 173, 175, 188, 189, 190, 191, 197, 205, 207, 224, 227, 230, 234, 235, 236, 239, 242
Untere Welt 21, 236

Vazquez, Dr. Steven 14, 16, 136, 150, 194
Vegetarier, Vegetarismus 156, 243
Vergebung, vergeben 68, 110, 111, 151
Verhaltensmuster 16, 32, 33, 230, 235, 242, 243
Vermeire, Leona 136, 202
Verschmutzungen, verschmutzen 22, 26, 27, 28, 30, 31, 32, 33, 36, 46, 54, 61, 62, 104, 106, 110, 164, 231, 242
Verstrickungen 37, 62, 128, 167, 176, 220, 221, 243
Vertikales Heilmodell 26, 48, 146, 243
Verwirrtheit, verwirrt 34, 78, 197
Verwünschung(en) 24, 36, 37, 80, 110, 232, 243
Vierte Ebene 15, 37, 47, 48, 76, 78, 88, 90, 110, 119, 130, 144, 146, 168, 169, 177, 180, 189, 190, 199, 204, 207, 208, 230, 235, 236, 238, 240, 242
Vierter Körper 34, 48, 49, 51, 75, 77, 79, 80, 84, 155, 241
Viren, Virusinfektion 28, 89, 92, 118, 209, 210, 228, 238
Vision(en), -suche, visionär 21, 24, 43, 76, 127, 203, 242, 243
Visualisieren, Visualisierung, 107, 108, 116, 117, 138, 143, 148, 152, 154, 178, 224
Vorleben 35, 37, 206, 208, 243

Wall, Vicky 125, 136, 226
Warze(n) 88, 92, 155, 175, 238
Wassermann-Zeitalter 16, 105, 243
Wesenheiten 81, 82, 118, 225
White, Ian 127, 226
Wiedergeburt 41, 44, 229, 235, 240
Williams, Louisa 59, 60, 83, 223, 226

Yang 65
Yin 65, 131, 132, 144, 185, 202, 243
Yoga(-Modell) 26 141, 142, 222

Zahnmaterialien 31

Zehn Indianische Gebote 22
Zentralgefäß: siehe Konzeptionsgefäß
Zeremonien, zeremoniell 20, 22, 43, 130, 231, 232, 240, 243
Zeugung 23, 32, 45
Zimbel(n) 106, 243
Zimpel, Dr. 126, 226
Zittern 212
Zufall, Zufälle, zufällig 16, 44, 47, 83, 84, 126, 204
Zweite Ebene 26, 30, 51, 53, 207
Zweiter Körper 29, 31, 48, 49, 51, 231

Hilfreiche Anschriften:

„Bochumer Gesundheitstraining für Allergiker":
Internet: http://www.therapeuten.de/therapien/bochumer_gesundheitstraining.htm

Deutscher Allergie- und Asthmabund e.V. (DAAB)
Fliethstraße 114, 41061 Mönchengladbach
Tel. 02161-814940, Fax: 02161-8149430
E-Mail: info@daab.de

„European Energy Psychology & Energy Therapies Conference"
Internet: www.TheAMT.com

ISSSEEM
The International Society for the Study of Subtle Energies and Energy Medicine:
11005 Ralston Rd., Ste. 100 D, Arvada, CO 80004
Tel.: USA 303-425-4625, Fax: USA 303-425-4685
E-mail: issseem@cs.com; Internet: www.issseem.org

Seminare in **Manebua Schamanische Psycho-Kinesiologie (MSPK)** sowie Bücher, CDs, Essenzen, Kettenglieder aus Plastik, Musikinstrumente, Räuchermaterialien und anderes über:
Manebua, Zentrum für spirituelles Wachstum, Monika Obendorfer,
Regerstraße 17, 70195 Stuttgart
Tel. 0711-6203288-0, Fax: 0711-6203288-19
E-mail: info@manebua.de; Internet: www.manebua.de

Seminare in **Angewandter Kinesiologie** und verwandten Methoden sowie dazu empfohlene Bücher und Materialien:
Institut für Angewandte Kinesiologie GmbH (IAK)
Eschbachstraße 5, 79199 Kirchzarten
Tel. 07661-98710, Fax: 07661-987149
E-mail: info@iak-freiburg.de; Internet: www.iak-freiburg.de

Seminare nach Dr. Klinghardt® sowie dazu empfohlene Materialien über:
INK-Institut für Neurobiologie nach Dr. Klinghardt GmbH
Magirusstraße 21 b, 70469 Stuttgart
Tel. 0711-806087-0, Fax: 0711-806087-34
E-mail: info@ink.ag; Internet: www.ink.ag

Deutsche Schule für angewandte Energiekörper-Medizin nach **Christine Schenk**:
Walddörferstraße 205, 22047 Hamburg
Tel.: 040-27167766, Fax: 040-27824918
E-mail: office@dsaes.de; Internet: www.dsaes.de

Farbfolien-Seminare:
Internet: www.verana.de

Blüten- und andere Korte PHI Essenzen:
Fa. Winterlich
Maximilianstraße 10, 78267 Aach-Hegau
Tel. 07774-920092, Fax: 07774-920091

Erzengelessenzen, Meisteressenzen:
LichtWesen AG
Pestalozzistraße 1, 64319 Pfungtadt
Tel. 06157-15020, Fax: 06157-150222
E-mail: info@lichtwesen.com; Internet: www.lichtwesen.com

Erzengelessenzen, Meisteressenzen, Australische Buschblüten, Kalifornische Essenzen, Orchideen Essenzen, Green Man Tree-Essenzen:
DEVA, Fachgeschäft für Blüten- und Energieessenzen
Inh. Beatrice Mark, HP
Häberlstraße 20, 80337 München
Tel./Fax: 089-533337
E-mail: Beatrice.Mark@t-online.de; Internet: www.deva-muenchen.de

IUG-Essenzen:
Manebua, Zentrum für spirituelles Wachstum, Monika Obendorfer,
Regerstraße 17, 70195 Stuttgart
Tel. 0711-6203288-0, Fax: 0711-6203288-19
E-mail: manebua@web.de; Internet: www.manebua.de
oder
BioLitho Energies Sarl
Case Postale 67, CH-1071 Chexbres
Tel. 0041-21-9462390
E-mail: info@iug.ch; Internet: www.iug.ch

Meisteressenzen, Aura Soma, Unicorn Chakra Essenzen:
Rainbow Esoterik Fachgeschäft
Pforzheimer Straße 348, 70499 Stuttgart
Tel.: 0711-8876863, Fax: 0711-8876862
E-mail: Web-info@esoterik-rainbow.de; Internet: www.esoterik-rainbow.de

Perelandra-Essenzen:
Perelandra Ltd.
Center for Nature Research
P.O. Box 3603, Warrenton, VA 20188
Tel. Overseas & Mexico: 1-540-937-2153
E-mail: email@perelandra-ltd.com; Internet: www.perelandra-ltd.com

Spagyrische Essenzen:
Staufen-Pharma GmbH & Co. KG
Bahnhofstraße 35, 73033 Göppingen
Tel.: 07161-676-231, Fax: 07161-676-298
E-mail: info@staufen-mp.de; Internet: www.staufen-mp.de

oder
Laboratorium SOLUNA Heilmittel GmbH
Artur-Proeller-Straße 9, 86609 Donauwörth
Tel. 0906-706060, Fax: 0906-7060678
E-Mail: info@soluna.de; Internet: www.soluna.de

Farbfolien:
Jörg Küper Fachgroßhandel e.K.
Krayer Straße 46, 44866 Bochum (Wattenscheid/Leithe)
Tel.: 02327-964685, Fax: 02327-964687
E-mail: info@joergkueper.de; Internet: www.joergkueper.de

Farbtherapiegerät („Photon-Wave"):
Leona Vermeire-Van Raemdonck
Quellinstraat 50 C, B-2018 Antwerpen
Tel.: 0032-3-8991719, Fax: 0032-3-8991719
E-mail: rainbow-flash@pandora.be; Internet: www.rainbow-flash.com

Farbbildteil

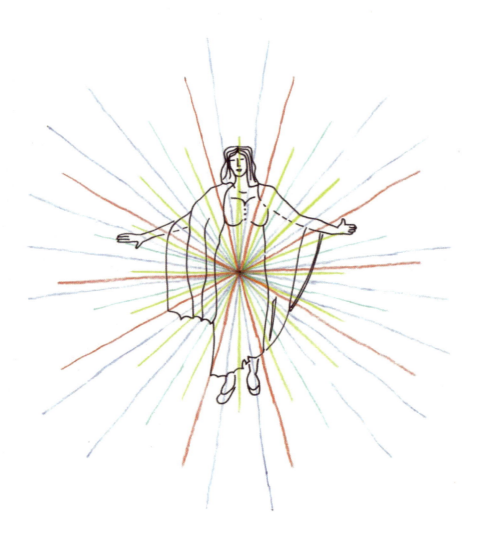

Abb. 1 Zeichnung der Aura (Zweiter bis Fünfter Körper):
die verschiedenen Energieschichten durchdringen einander und gehen bis ins Unendliche.

Abb. 2 Aurafotografie, in der die verschiedenen Farben des Energiekörpers sichtbar werden.

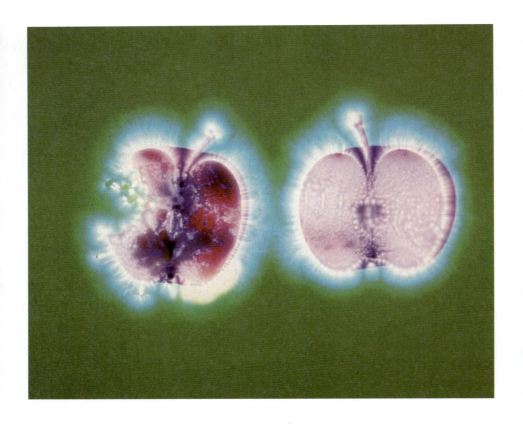

Abb. 3　　Das Energiefeld einer Apfelhälfte, dargestellt mittels Kirlianfotografie.

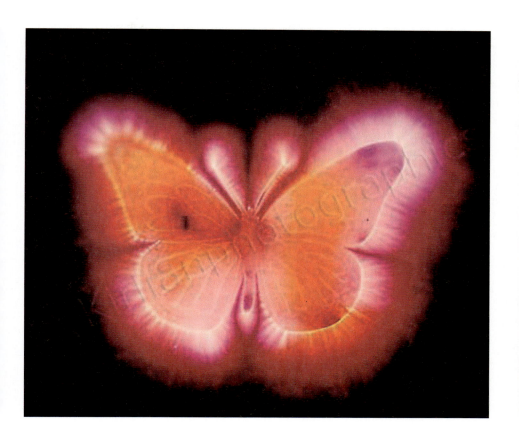

Abb. 4   Das Energiefeld eines Schmetterlings, ebenfalls per Kirlianfotografie aufgenommen.

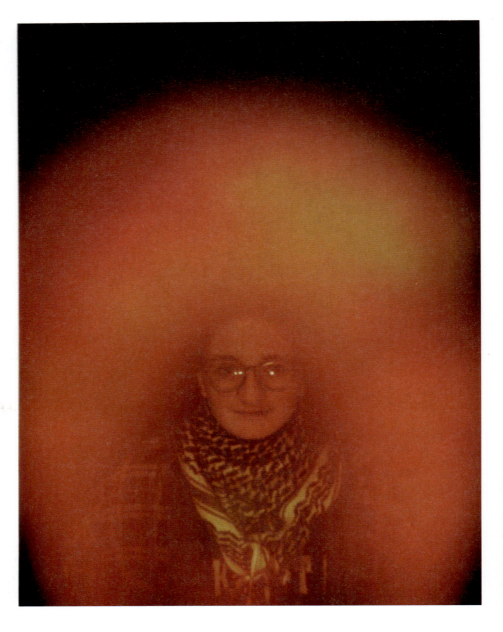

Abb. 5   Aurafoto einer Sechzehnjährigen: das Wurzelchakra (rot), das Sexualchakra (orange) und das Solarplexuschakra (gelb) sind aktiv und überwiegen gegenüber den anderen Chakren.

Abb. 6   Aurafotografie, die eine starke Aktivität des Herzchakras (hellgrün) wiedergibt.

Abb. 7   Bei dieser Aurafotografie zeigt sich die starke Aktivität des Kehlchakras (hellblau).

Abb. 8   Diese Aurafotografie lässt die Aktivität des Stirnchakras (indigo) erkennen.

Abb. 9 Aurafotografie, welche die Aktivität des Kronenchakras (weiß) zeigt.

Abb. 10 Aurafotografie, welche die Aktivität des Thymus- und des Lungenchakras (türkis) sehen lässt, welche bei Heilern zusammen mit dem Herzchakra besonders aktiv sind.

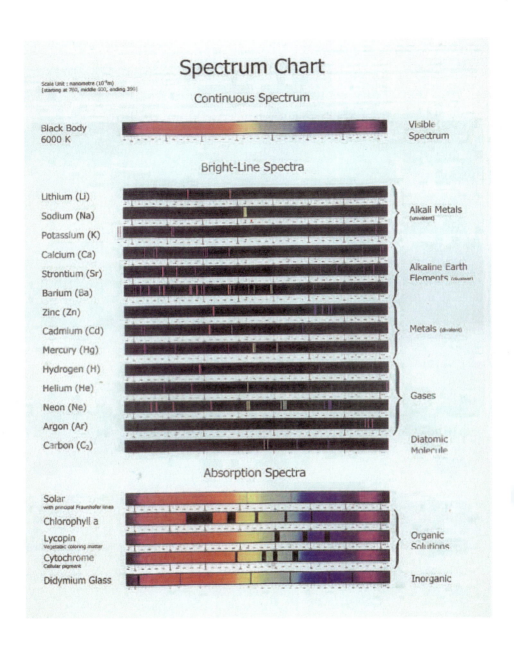

Abb. 11 Das Farbspektrum verschiedener chemischer Elemente. Besonders das Gelbgrün von Quecksilber Hg (Mercury) ist für die Ausleitung mittels Frequenzen von Bedeutung.